学术中国文丛

修辞论美学述略

王一川 著

广东高等教育出版社
Guangdong Higher Education Press
·广州·

图书在版编目（CIP）数据

修辞论美学述略/王一川著. —广州：广东高等教育出版社，2021.12
（学术中国文丛/张江，王兆胜主编）
ISBN 978-7-5361-7117-6

Ⅰ.①修⋯　Ⅱ.①王⋯　Ⅲ.①汉语-修辞学-文集　Ⅳ.①H15-53

中国版本图书馆CIP数据核字（2021）第185737号

XIUCILUN MEIXUE SHULÜE

修辞论美学述略

王一川　著

版权所有　翻印必究

总 策 划　黄红丽
项目统筹　靳　辉
责任编辑　吴晓谷
装帧设计　陈智慧
责任技编　吴练武　王丽珍
责任校对　吴旭芝
营销总监　姚永清

出版发行　广东高等教育出版社
　　　　　地　址：广州市天河区林和西横路
　　　　　邮政编码：510500　电话：(020) 87554153　87551436
　　　　　http://www.gdgjs.com.cn
印　　刷　广东鹏腾宇文化创新有限公司
开　　本　787毫米×1 092毫米　1/16
印　　张　28.25
字　　数　430千
版　　次　2021年12月第1版　2021年12月第1次印刷
定　　价　88.00元

如发现印刷、装订质量问题，请与出版社联系调换。

"学术中国文丛"编委会

学 术 顾 问：陈春声
总　 主 　编：张　江
执 行 主 编：王兆胜
文 学 卷 主 编：陈剑晖
历史学卷主编：仲伟民
哲 学 卷 主 编：赵培杰
经济学卷主编：张宇燕
编　　　　委（按姓氏笔画排序）：
　　　　丁　帆　王兆胜　仲伟民
　　　　张　江　张宇燕　陈春声
　　　　陈剑晖　赵培杰　南　帆
　　　　黄红丽　彭玉平

总　序

张　江

习近平总书记在哲学社会科学工作座谈会上的讲话指出，当代中国正经历着我国历史上最为广泛而深刻的社会变革，也正在进行着人类历史上最为宏大而独特的实践创新。这种前无古人的伟大实践，必将给理论创造、学术繁荣提供强大动力和广阔空间。这是一个需要理论而且一定能够产生理论的时代，这是一个需要思想而且一定能够产生思想的时代。

习近平总书记的重要论述是对思想理论发展规律的科学论断，也是对哲学社会科学工作者的殷切期望。当前中国处于近代以来最好的发展时期，世界处于百年未有之大变局，两者同步交织、相互激荡。一方面，当代中国比历史上任何时期都更接近中华民族伟大复兴的目标，比历史上任何时期都更有信心、有能力实现这个目标。另一方面，当代世界全球化潮流滚滚向前，逆全球化趋势暗流涌动，各种思潮相互激荡，各种文化相互交融，各种观念相互碰撞，多样性、差异性、复杂性、不确定性正在成为这个世界越来越突出的特征。

这样的时代条件，既为我们的哲学社会科学研究带来许多新问题和新挑战，也为思想理论的创新发展增添了强劲动能，开拓了宏阔空间。在这样的时代条件下，不断推进学科体系、学术体系、话语体系建设和创新，努力构建一个全方位、全领域、全要素的哲学社会科学体系，是坚持和发展中国特色社会主义的一项重要任务，也是当代哲学社会科学的重大使命。在中国特色社会主义进入新时代的今天，中国故事需要更好地被全世界所理解，中国经验需要更好地被现代社会科学所表达，中国学术也要更好地被世界学术界所倾听。让世界了解"学术中的中国""理论中的中国""哲学社会科学中的中国"，构建哲学社会科学的"中国学派"，恰逢其时，大有可为。

理论的生命力在于创新。创新是哲学社会科学发展的永恒主题，也是社会发展、实践深化、历史前进对哲学社会科学的必然要求。学术创新离不开两样东西：一是必须立足源自于本土经验的学术传统和时代问题，二是必须牢牢把握世界学术发展的趋势和潮流。学术创新更要有批判精神，这是马克思主义最可贵的精神品质。不管是对传统的理论、范畴、体系，还是外来的概念、话语、方法，都要有分析、有鉴别、有汲取、有批判，不要盲目崇拜，不可生搬硬套。尤其是面对西方话语霸权，不应该满足于向"为西方思想作注，为西方学术致敬"，更不应该"以西方的是非为是非，以西方的标准为标准"，必须立足于中华优秀传统文化，立足于中国特色社会主义建设的伟大实践，在世界视野中发现问题，在中国经验中思考问题，让思想理论更具中国特色、中国风格、中国气派。

"学术中国文丛"正是在这样的现实语境和文化背景下产生的。丛书希望通过对中国学术传统的资源挖掘与价值再发现，在构建"学术中的中国"方面有所作为，有所贡献。我们坚信，中华民族伟大复兴必将推动知识建构范式的革命，必将带来中国学派的诞生。"学术中国文丛"的历史使命就是要形成具有中国特色、解决中国问题的知识体系，并为人类发展提供中国智慧与中国方案。

"学术中国文丛"的出版，总体而言，具有开拓补白之功，它走的是"文化积累"与"学术建设""学科建构"的路子，其理论价值与现实意义，主要体现在以下几个方面。

一是响应时代主题精神，契合国家文化战略。"学术中国文丛"关注一流专家学者，反映中华人民共和国成立以来国内学术研究最高成果，它的出版对推动中国当代学术文化的发展繁荣，加强中外学术对话，在世界学术体系传播中国声音，展现中国学派，提升中国学术的世界地位，推进中国文化"走出去"，具有重要意义。

二是承接优秀传统文化，增强民族文化自信。文丛植根于中华优秀传统文化，通过深入挖掘中华优秀传统文化蕴含的思想观念、人文精神、道德规范，按照新时代精神，去粗取精，去伪存真，赋予新的时代内涵，对推动中华优秀传统文化的创造性转化和创新性发展，增强民族文化自信具有重要意义。

三是加强学术积累传承，推进高校学科建设。文丛广泛覆盖文、史、哲、经等学科，通过荟萃不同学科学派的经典名作，全面展现中国现代学术体系发展过程，促进学术体系和话语体系创新，推进人才培育，催生学术经典，为各领域研究者提供基础性的经典范本。

总之，"学术中国文丛"的出版，是构建"理论中的中国""学术中的中国"的一部分。中华民族伟大复兴为构建中国学派提供了丰厚的实践土壤，也提供了空前的历史性机遇。"学术中国文丛"的出版，正是将中华优秀传统文化当代化以及进行创造性转化的实践，是增进文化自信的有益尝试。

"学术中国文丛"具有权威性、经典性、时代性、中国性等特点。

一是在作者选取上坚持权威性。为了保证丛书的品质，作者一律选取国内各领域的顶尖学者，并且是资历深、水平高、广受认可、影响力大的作者，做到多中选好、好中选优、优中选精，从根本上保证丛书的高标准和权威性。

二是在内容组织上强调经典性。文丛的遴选标准首要是重视学术含量、学术价值，以学术史的眼光、经典性的标准，采用自选或精选的方法来确定图书内容。入选内容应是均为作者的开山之作、奠基之作、经典之作，必须站得住、立得稳，能成为学术标杆，能经得住历史考验，具有相当的文化积累意义和学术传承价值，在国内外具有较大影响。

三是在写作旨趣上契合时代性。在选材上，文丛优先考虑体现时代精神、富有宏大格局、与国家经济社会发展密切相关的研究成果。

以学术为出发点，以文化为立足点，以中国价值为落脚点，自觉承担起举旗帜、聚民心、育新人、兴文化、立形象的使命任务。换言之，就是要自觉关注时代主题、回应社会热点、着眼于国家战略、融入世界发展大势，不是单纯为学术而学术。

四是在关注焦点上体现中国性。文丛坚持立足中国、聚焦中国，把中国成就和中国经验等重大问题的历史经验和理论阐释作为重中之重，特别是关注反映当代中国经济社会发展现状趋势经验的具有中国特色的学术成果，以便讲好中国故事，反映中国成就，传播中国声音，分享中国经验，展示中国形象。

"学术中国文丛"，值得期待。

2020年6月8日

王一川 北京师范大学文艺学研究中心暨文学院教授。曾任北京大学艺术学院教授、院长。入选教育部 2005 年度长江学者特聘教授。中华美学学会副会长、中国文艺理论学会副会长。主要领域为文艺美学、艺术理论和影视批评。著有《修辞论美学》《艺术公赏力》等。

本书是作者继《修辞论美学》之后十余年间在此领域继续耕耘的新成果汇集，共收入25篇论文。全书分为修辞论美学与文学、影视艺术、文化、现代性四辑，分别就修辞论美学的中国本土根基、当代风格、文化层面及现代学知识型等问题做了新的阐述。到此，修辞论美学通过确立"感兴修辞"即"兴辞"范畴而开放出自身的本土根基；借助于对当代文学文本的修辞论阐释，见出中国文学现代性的当代风貌；通过当代中国电影和电视剧的修辞论阐释，揭示"大众艺术"所蕴含的特定思想；对文化文本、文化分层、文化类型特征等的分析，有助于发现文化的当代发展格局；将中国文学现代性的特征和颜面等的分析统合到中国现代学的框架中，是一种必然的选择。

| 目 录 |

引言 / i

第一辑　修辞论美学与文学

90 年代文论状况与修辞论批评
　　——兼谈中国形象诗学研究 / 002
近五十年文学语言研究札记 / 015
文化虚根时段的想象性认同
　　——金庸的现代性意义 / 036
伤痕文学的三种体验类型 / 053
古今融汇出兴辞
　　——对文学属性的新思考 / 069
论文学品质 / 079

第二辑　修辞论美学与影视艺术

文明与文明的野蛮
　　——影片《一个都不能少》中的文化装置 / 120
高雅型大众片与影片文化类型 / 131
中国电影的后情感时代
　　——《英雄》启示录 / 145
空间恐惧与化空为时
　　——看影片《两个人的芭蕾》/ 153
从双轮革命到独轮旋转
　　——第五代电影的内在演变及其影响 / 164

眼热心冷：中式大片的美学困境 / 176

异趣沟通与臻美心灵的养成

　　——从《三峡好人》到美学 / 185

励志偶像与中国家族成人传统

　　——从《士兵突击》看电视类型剧的本土特色 / 194

典型切片中的历史无意识

　　——电视剧《圣天门口》中的杭九枫及其他 / 201

当前中国现实主义范式及其三重景观

　　——以新世纪以来电影为例 / 209

第三辑　修辞论美学与文化

现代性情结与文化无意识

　　——有关"走向世界"口号的一点阐释 / 226

当代大众文化与中国大众文化学 / 249

走向文化的多元化生

　　——以文学艺术为范例 / 262

文化的物化年代

　　——新世纪十年中国艺术景观 / 278

第四辑　修辞论美学与现代性

现代性文学：中国文学的新传统

　　——兼谈中国现代学与文学研究 / 292

"望月"与回到全球性的地面

　　——读黄遵宪诗《八月十五日夜太平洋舟中望月作歌》 / 308

中国现代性的特征 / 317

中国现代性的颜面 / 368

王一川主要学术著述 / 411

后　记 / 428

引　言

这是一本关于修辞论美学的书，确切点说是以修辞论美学为题的论文汇集。有关修辞论美学及本书的由来，需要做简要交代。

一、修辞论美学的含义

修辞论美学，按照我在1994年明确提出时的初浅理解[①]，与其说是一种纯理论思考，不如说是美学理论与美学批评相互交融的状况，也就是一种论评交融体美学。确切点说，修辞论美学是将那时正面临相互分离境遇的认识论美学传统、19世纪达到高潮的体验美学和20世纪新兴的语言论美学三者之间加以综合的一种结果。它的基本考虑在于，认识论美学关于文艺依存于社会生活的观点和文艺是人生体验的结晶的观点，都需要传承下来，但都有必要同语言论美学关于文艺是一种特殊的语言构造的观点紧密交融起来，形成有关文艺通过特殊语言构造去传达人生体验和调整人在现实社会生活中的符号行为的基本观察。这也就是当初倡导修辞论美学的一点初衷吧。

这样的修辞论美学意味着，首先把文艺现象理解为人的修辞行为，进而透过文艺文本的语言修辞论阐释发掘其隐秘的人生体验意义及深

---

① 王一川：《走向修辞论美学——90年代中国美学的修辞论转向》，《天津社会科学》1994年第3期。

层的社会历史价值。相应地，这种意义上的修辞论美学需要走出美学的纯理论推演境地，而致力于文艺现象的文本阐释及由此生成的新理论观察，从而体现出美学理论与美学批评之间难以分离的交融状态，也即论评交融体美学。在这里，美学理论不得不同时成为美学批评，而美学批评也不得不同时成为美学理论。

由此，修辞论美学具体地体现为由四方面转向构成的"修辞论转向"：一是内容的形式化，是将文艺作品内容分析移位为语言形式分析，透过语言形式而窥见其意义构造；二是体验的模型化，即是运用"语言论转向"以来的现代语言学分析手段去重新考察文艺作品中表现的个体体验；三是语言的历史化，把文艺作品的语言创造视为特定的社会历史过程的产物，坚持对语言艺术加以历史化理解；四是理论的批评化，即是走出封闭的理论象牙塔，让美学理论在美学批评实践中检验，实现美学理论与美学批评的交融。

考虑到实施这种修辞论转向的美学，不能仅仅停留在纯理论推演层面，而必须沉落为具体的文艺阐释实践，因而就将20世纪中国文艺（主要包括文学和电影）作为这次美学实验的园地。这种在20世纪中国文艺现象阐释中加以实践的修辞论转向，正构成修辞论美学的主要内容。

以上是《修辞论美学》（1997）一书尝试论述的主要方面及抵达的目标。该书从自我倡导到完成写作，经历大约8年（1989—1997），与同时段的《中国现代卡里斯马典型》（1994）、《中国形象诗学》（1998）和《张艺谋神话的终结》（1998）共4本书一道，共同去实践修辞论美学思路。

二、回到修辞论美学之前

为了呈现上述修辞论美学的发端缘由，同时也为了显出修辞论美学后来发生演变的前因，有必要回溯修辞论美学之前，从那里找到修辞论美学中包含的某些东西。

引言

我在北京大学中文系攻读硕士学位期间，即 1982—1984 年，曾长时间痴迷于社会存在中的个体存在问题，那是改革开放时代初期一度吸引我和不少同龄学人的一个热门问题。刚刚走出"文革"内乱的我，迫切希望反思个体存在在那些年里遭到漠视或无视的原因，希望在马克思与海德格尔之间找到问题的答案。我曾经一次次往返宿舍与北大图书馆库本阅览室之间，借阅曾做过海德格尔弟子的熊伟先生所译《存在与时间》等著述，集中思考个人或个体存在在社会存在中的地位和作用问题，长时间地被"此在即烦""在还是不在"之类的疑惑搞得晕头转向。中间难免跟着阅读其他存在主义名家，如雅斯贝斯的"轴心时代"及"生存哲学"、萨特的"存在与虚无"、加缪的"西西福斯神话"等学说，感觉费力大而收获小。那时对我最具诱惑的美学专业问题就该是体验与体验美学了。确实，一边阅读海德格尔，一边思考从柏拉图到海德格尔的体验美学问题，一度成了我那时学习生活的基本内容。

硕士毕业后到北京师范大学中文系担任美学课教师并在职攻读博士学位，使我有机会把兴趣焦点汇集到"西方体验美学"这个问题域。其间，海德格尔的影子虽然不时地闪现，例如"此在"与"彼在"等章节的设置以及对"诗意的冥思"的向往等，但我总是求助于马克思，尝试用他的社会实践观去消解体验美学的过度个人迷醉偏向。等到我的博士论文（后来以《意义的瞬间生成》为题出书）接近完成时，我已经对自己一度痴迷的海德格尔和体验美学感到深深的怀疑和失望了：一是像存在现象学那样完全以个体为核心去退回内心思索人的存在，在语言迷宫中绕圈子，难道不是越来越走向神秘主义？二是把个体存在和艺术创造的境界置于如此高不可攀的位置，难道不是等于距离当代的文艺创作现状越来越远，乃至背道而驰？于是，如何走出海德格尔和体验美学的困境，成了那时我的内心困扰。

从 1988 年秋到 1989 年秋，一年的牛津大学博士后研究经历让我产生了一种前所未有的学术体验——我后来把它称作自己的"语言论震惊"。在那里的学术见闻让我猛然一惊：当我等在国内醉心于体验美学的浪漫氛围时，欧洲的学术早已经受过"语言论转向"的震荡，进入被我称为"语言论美学"的常态中了，并且已经从早期的语言论美学建构转向语言论美学解构时期。把人类创造的各种门类的艺术品都视为语言符号组织加以对待，进而运用语言学模型去分析，从中找到通常的审美体验和艺术鉴赏都难以发现的新的深层无意识意义构造，是这种语言论美学尤其擅长的。就连被海德格尔搞得充满神秘气息的个体存在体验，也可以交由语言学模型去阐释。语言论美学取代认识论美学，以及作为认识论美学的内部自反潮流之一的体验美学的理由，可谓足够堂皇，其艺术阐释的确定性威力足够让人迷恋。不过，语言论美学自身也并非万能，在发展中也暴露出难以化解的"语言乌托邦"偏向，难怪会受到来自于西方语言论美学世界本身的自我消解。伊格尔顿的《文学理论导论》（中译本名为《二十世纪西方文学理论》）和杰姆逊的《后现代主义与文化理论》等著作，已经提供了这方面的示范。

正是带着这种"语言论震惊"，我对自己曾经的体验美学研究经历，以及正在热心关注的语言论美学，都做了一次冷静的反思和清算。思前想后，感觉过去的认识论美学、体验美学和现在的语言论美学三方面，都既有其值得吸取的东西，同时也有其应当扬弃的东西，终究还是找到一条属于自己的学术道路为好。

修辞论美学，就是在这样的心境下提出来，以及随后一年一年地积累起来的，直到《修辞论美学》一书出版。

三、修辞论美学再探

此后，1998—2012 年的 15 年间，修辞论美学继续自己的问询之旅，不过在问询中陆续产生了一些新念头、积攒了一些新收获。现在汇集在这里的就是它们中的一部分，大约体现了几个新的着力点。

首先，探寻修辞论美学的中国性。这意味着让修辞概念和修辞论美学思路都重新回溯于中国古典感兴传统。在告别 20 世纪和迎接 21 世纪的时刻，我回忆起自己多年前修习过的中国古典"感兴"范畴，以及在它与西方"诗言回忆"论之间做过的跨文化比较，还有它与中国古典体验美学传统的联系等，认为有必要实现修辞论美学与中国自己的古典"感兴"传统及中国式体验美学传统之间的当代汇通。这样，"修辞"一词与"感兴"一词相互接通，进而产生"感兴修辞"即"兴辞"，由此获得对文艺的"兴辞"特性及其品质的新理解。一旦把文艺的基本特性理解为"兴辞"，就相当于让修辞论美学自身攀越到一个比原来更高的新台阶，由此可以遥望见此前未能目睹的新景致。不如说，那原本以为早已实现自我跨越的20世纪80年代的体验美学时段，现在又重新峰回路转地回归了，当然是在新的意义和层面上，使得修辞论美学与昔日体验美学时段实现一次新的美学交融。这种美学交融的理论后果之一在于，修辞论美学的语言修辞行为阐释的冷硬性，有可能重新被体验美学的个体体验热度所融化，至少可以产生一种相互容让和对话效应。

与此相应，将修辞回溯于古典"感兴"传统，还可以产生一种新的交融效应：本土化。修辞论美学这一新思路假如单纯寻求世界普遍性而轻视或忽略本土文化根基，势必如无源之水或无本之木难以行远。因此，它迫切需要从中国文化土壤中寻觅自身的根基。兴辞，意味着将认识论美学、体验美学和语言论美学三者之间的交融沉落到中国古典感兴范畴的地面。文艺归根到底是一种兴辞，也就是在富于感兴特质的语言修辞组织中传达人生体验和社会语境意义。这样一来，修辞论美学与其上一时段问询之旅相比，出现了一种微妙而又重要的自我调整或转向：认识论意义上的社会现实关怀、体验论意义上的个体想象力游戏和语言论意义上的符号结构分析，都回溯于中国古典感兴传统，三者在此传统地面实现新的交融。

其次，叩探中国当代文学的修辞论特征。从当代文学的具体案例中探究中国文学的文化修辞状况，特别是同清末民初文学相比产生了哪些新建树。这是将修辞论美学运用于改革开放时代文学新状况时所需要做出的新阐释，也就是从我所谓的中国文艺现代Ⅰ时段向中国文艺现代Ⅱ时段的一种延伸而已，这种延伸在传承中出现新变化，在新变化中又呈现某种稳定性。

还有一点，追问中国当代影视文化修辞。透过当代中国电影和电视剧作品去发现当代中国大众艺术中的文化修辞状况及其本土特质。随着改革开放时代的进程，电影和电视剧等被称为"大众艺术"的艺术门类和样式逐渐地牢牢吸引住普通公众的眼球，它们可以更加广泛而又深刻地透视普通公众的日常生活状况及其对未来理想生活的诉求。要尝试从当代文艺变化中把握中国社会新变化，这种大众艺术的修辞论阐释无疑是一条可行之道。

再有就是从修辞论美学视角去分析文化，探讨文化理论的构建问题。这里涉及文化概念、文化分层、大众文化的合法性、文化的物化等问题，但都力求透过对文学和艺术文本的修辞论阐释去把握。

最后，从修辞角度构建中国现代学。也正是在告别20世纪和展望21世纪的几年间，过去对中国现代和当代文艺现象的修辞论阐释逐渐地凝聚到一个新的学术目标上，这就是构建中国现代学。这种中国现代学，是指一种有关清末民初以来对中国文化现代性状况的研究，主要是尝试分析现代中国文艺修辞状况而把握中国文化现代性状况。它相当于让处于持续探索中的修辞论美学，与后来逐渐纳入视野中的中国文化现代性、中国形象诗学、中国现代性的特征和颜面等分散问题，得以实现一种交融，并且在此打了一个结。这个结，使文艺现象的修辞论美学研究得以沉落到更具普遍性和整体感的文化理论或文化学说基础上，实现文艺与文化之间的相互汇通和相互阐释。可以说，建立一种中国现代学阐释框架，相当于是修辞论美学获取到一块可以在其中持续耕耘和回味再三的文化园地。因为，当前中国文艺并未真正脱离中国现代学的松散而灵活的"围栏"，而不过是它的丰富多样景观中的新生力量而已。

四、本书内容

上面说的修辞论美学的几个新着力点,具体体现为本书的下列四辑内容:第一辑修辞论美学与文学,第二辑修辞论美学与影视艺术,第三辑修辞论美学与文化,第四辑修辞论美学与现代性。

透过这四辑内容,可以约略呈现修辞论美学在此时段所瞥见的新景致:

一是以"兴辞"概念为中心而构建修辞论美学的传统根基。

二是从当代文学和影视艺术的修辞论阐释中发现文艺现代性的当代风貌。

三是从艺术层面适当扩展到文化层面去观察。

四是通过文化现代性而构建修辞论美学的现代学知识型构架。

第一辑 修辞论美学与文学

90年代文论状况及修辞论批评[①]
——兼谈中国形象诗学研究

△：这些年不少人有这种感觉：文学理论在当前失去了20世纪80年代曾有过的那种威信，变得不吸引人了，好多作家和读者也都不大看理论书籍了。你是做文学理论和文艺美学理论研究的，你怎么看？

□：你说的这种"感觉"有一定道理，不过，并不全面，我还要说的是，有些东西可能被这种看似有理的"感觉"弄迷糊了，让人看不清楚了。这是需要加以辨别的。要理清这个问题，首先要看看理论在20世纪80年代的状况，然后再加以对比性说明。理论在20世纪80年代确实辉煌过，而且是一种"超常的辉煌"，这主要地当然不是就其成果而言，而是就其声势和吸引力来说的。在那个"思想解放"的年代，一切都需要"拨乱反正"，理论自然就被寄予厚望，成了"拨乱反正"的主导，扮演起文学界的"先锋"角色。人们要寻求文学创作的突破，或对新突破加以合理化阐释，都需要求助于理论的突破，或者与理论的突破一道前进。这样一个事实很能说明问题：不少作家、诗人都大量"消耗"新理论书，尤其是新译介的外国理论书。所以，在20世纪80年代文学界，人们是"格外"崇尚理论的，尤其相信理论的超常魅力。但是，到了20世纪90年代，原来那么具有魅力的理论为什么突然间变得不那么吸引人，甚至那么不吸引人了？

---

① 本文原载《山花》1998年第6期，有改动。

△：你的意思是理论一度被抬举得太高了？

□：是的。许多人，包括我自己在内，由于当时种种条件的作用，都难免对理论做了不切实际的想象、构想和理解。可以从这两方面看：一是犯有"理论至上"或"理论万能"的偏颇，即简单地割裂理论与批评的关系（这与"苏联模式"的影响有关），片面相信理论先于并高于批评，总是要用理论去指导创作和批评，而现在看来，真正的理论应来自批评、与批评难以分割；二是带有浓厚的"本质主义"倾向，这就是相信本质先于现象，本质是理论思考的起点和中心，只要本质清楚了，其他问题也就迎刃而解了，如构想文学理论体系总是先论证文学的本质再谈内容与形式、主题与题材等，而现在看来这是过于绝对化了。正是人们心中固有的"理论至上"和"本质主义"信仰为理论穿上一件神奇的外衣，使得它显得比自身更有魅力，从而制造了一种"理论神话"。我用"理论神话"的意思是说，理论被我们自己打扮得太神奇、太有权威了以致超出了它本身可能具有的能力范围，或忘记了为它的能力划定某种界限。这个教训是必须认真反省的。我这样说不是要否定20世纪80年代理论，其实那时的"理论神话"有其必然性和合理性，并确实产生过有益的作用，而且人们的理论激情也是十分宝贵和令人怀念的；但是，我觉得我们现在更需要做的，不是热烈的缅怀而是冷静的反省，这对继续发展理论是必要的。

△：你这样说好像有道理，但我想知道，如果说20世纪80年代的理论确实出现了你所说的"神话"式谬误，那么我更关心的是，20世纪90年代的理论到底怎么了？

□：20世纪90年代的理论可以说是处在一种解构和重构同时交织进行的状态。对"理论神话"的解构是理论界已经和正在努力做的。这种解构状况的主要标志在于，人们大多自觉或不自觉地抛弃了20世纪80年代那种"理论至上"和"本质主义"信仰（当然还有少数人仍不愿改变，但其影响已日渐衰微了），转而从事别的工作。这不妨概括为"三化"：一是理论的史化，大量学者由于认为目前在基本原理上已不可能有什么作为（这也与20世纪西方文论的"语言论转向"的影响有关），就干脆转向中外理论史研究，对既往理论得失加以总结，取得了许多成果；二是理论的批评化，人们感到抽象的理论构想已经丧失了灵性，不如走向具体批评，在批评中重整旗鼓，这显示了新的理论活力；三是理论的专题化，人们不再热衷于构想普遍适用的"堂皇理论"或"大理论"，而是专注于追究专门而细致的理论问题，这方面也有不少成果。

△：听了你的描述，我算明白理论工作者们在做什么了，我想别的朋友也会由此对理论界现状有了一种新"感觉"。但是，我想知道：这样的理论现状还能使理论重新具有吸引力吗？

□：如果你同意上述三方面说明，那么，你想必会承认，理论并没有像人们感觉的那样轻易退场，或者那样满足于自我解构，而是正在从事解构中的重构工作。也就是说，现在破灭的主要是理论的"神话"般幻觉，而不是理论本身。我认为，虽然"理论神话"破灭了，但理论的力量并没有消失。你所批评的当前理论缺乏吸引力的状况，诚然有道理，但应当看到，这一方面与理论界自身的素质有关，另一方面也应与创作界的理论素质关联起来，因为理论的发展并不只是理论界自己的事情，创作界也负有一份责任。我的意思是，不应当仅仅反思理论界，也应当同时反省创作界。

△：你这样说有点新鲜，不过，仔细想来，又确有道理。那么，创作界该怎样参与理论建设呢？

□：我觉得，一是要给理论界时间，不能指望它一下子就能拿出新的且富有征服力的东西来；二是创作界的朋友本身也应当清理自己内心的"理论神话"残余、对理论的不适当的过分崇信，转而冷静地对待理论，重新认识它的角色，更重要的是，根据自己的创作体验而建构新的理论。我说的这一点可能很关键：因为文学史告诉我们，很多新的理论其实往往来自于充满活力与个性的创造性作家，而不是那些故作高深的理论家。我说一句可能不大中听的话：不能只指责理论脱离创作，也应当看到创作疏远理论的情形。当理论已经脱尽"神话"外衣时，我们的一些作家却还在那里静待它的"神话"风采重新降临，以便由此获取创作灵感；当整个文学创作潮流已经发生重大变化或转向时，一些人还在那里死抱住旧有信条写作，这些岂非咄咄怪事？当然，好在有一些作家已经和正在积极地思考新的理论问题，并以他们的新作实际地证明了新的理论方向，或为新的理论的创生提供了可能性，从而激励理论家们去创造。因此，我乐观地相信，20 世纪 90 年代理论界失去 20 世纪 80 年代那种吸引力固然令人遗憾，但更重要的是看到其正常的和积极的方面，看到宁静表面下隐伏的理论潜流。很可能，理论丧失的只是其"神话"般超常威力，而得到的却是新的活力。所以，我希望更多的作家和诗人朋友能一道来关心理论重构，甚至成为理论重构的先锋或主力。

△：这一点我赞同，衷心祝愿你关于理论界和创作界联手创造新理论的想法成为现实，并且获得成功。那么，你近年来在做什么理论研究？能否介绍介绍？

□：20 世纪 90 年代以来，理论界的分化已成了必然，路子多样化了，各说各的，杂语喧哗，这很正常，谁也不能说自己就是正宗而别人是异端。至于我个人做的，实在算不了什么，这几年的工作或许都可以统括在"修辞论美学"或"修辞论批评"这名称之内。从 20 世纪 80 年代末以来，我对"理论神话"状况，尤其对其中的"理论至上"和"本质主义"不满意，希望有所变化。经过反省，我找到了自己的新起点：从纯理论转向批评性理论，在批评中重构理论。我发现，进入 20 世纪 90 年代以来，理论界现有的认识论美学、体验论美学和语言论美学已经丧失了往日的灵性及整体风貌，被肢解为碎片，但并不能说它们就都"寿终正寝"了，而是仍有其特殊价值，需要透过表面迷雾而加以分析和抢救。我认识到，应当突破以往认识论美学的内容阐释、体验论美学的个人体验还原和语言论美学的模式分析等各自的单一视界，转而寻求把它们以新的方式重新聚合起来的路径。这样就有了"修辞论批评"，就是把理论置放在批评之中，与批评紧密结合，以对文艺本文的修辞论分析为中心，着重考察本文与文化语境之间的修辞性"互赖"关系，再由此深探更为深层的历史。为此我对自己提出了内容的形式化、体验的模型化、语言的历史化和理论的批评化等具体要求。

△：你的"修辞论批评"有点新鲜，我感兴趣，因为我也希望有人做一点新的突破性工作。但同时，我更怀疑：你的主张真的有什么新东西吗？这些年打着新招牌炒旧货的主张不少，人们要的不是"招牌"，而是"实货"，你能否先拿点东西出来给我们看看？例如，你在著述中是怎样使你的新主张落到实处的？

□：你的警觉有道理，我很赞同，我对自己的尝试结果到底怎么样确实不敢自夸，但我欢迎你检验甚至挑剔，这我感谢还来不及呢！简单说吧：我在《中国现代卡里斯马典型》（1994）里做了最初的尝试，对20世纪中国文学中的一种正面中心英雄形象——"现代卡里斯马典型"做了修辞论阐释，其中尤其注意运用语言学或符号学模型去分析典型人物，如用"符号矩阵"分析陈天华《狮子吼》、鲁迅《祝福》和柳青《创业史》等，以"三角结构"分析《冲出云围的月亮》等；接着我在论文集《修辞论美学——文化语境中的20世纪中国文艺》（1997）中除了从理论上明确梳理"修辞论美学"主张之外，还把修辞论阐释视野从文学扩大到其他艺术，如分析"张艺谋神话"及20世纪90年代审美文化；最近，我刚出一本书《中国形象诗学》（1998），同样是顺着这个路子走的，研究近十年文学新潮中的中国形象。

△：你这样说我算是对你的工作有了一个大体了解。我感觉你用新路子重点分析的还是文学与某种外在的原因的联系，即你所说的文学文本与"文化语境"的联系，当然你加进了自己的新东西，如把语言学模型统合到修辞论阐释中，我感觉这在目前理论和批评界是有意义的。但是，另一方面，你是否考虑到，文学首先和直接地是审美的？你在那样做时把"审美"放到了何处？而如果不讲"审美"，那文学是否失去了很重要的东西？还有，我对你最近的"中国形象"研究有兴趣，能否告诉我：怎么想到研究这个问题的？

□：你这是搞贴身紧逼啊！这两个问题可以并到一起回答，它们对我而言其实是同一个问题。你说的有点道理，我在《中国现代卡里斯马典型》中确实主要是从文学的文化阐释角度去分析典型形象的，在那样做时，为了特别突出我所见出的文化意义，我不得不暂时忽略或淡化审美方面。写完后我自己也感到了一种不满足，回头做了认真的自我反省，吸收来自各方面的意见，越来越清楚地意识到，应当把文学的文化阐释同我过去曾十分投入的审美（体验）阐释结合起来，即探索一种对于文学的审美阐释与文化阐释结合的双向阐释之路。这就需要找到一个合适的形象概念或问题以便实现这种双向阐释，于是，"中国形象"问题就逐渐"跳"了出来，给我以极大的诱惑。我感到，作为一种象征性符号，中国形象正集中凝聚了20世纪中国的审美与文化危机及其化解策略，可以说是这种危机的一种尤其富有感召力的象征性解决方式，具有审美与文化双重意味，值得一做，而这在1985年以来的文学新潮中有丰富的展现。

△：能否谈谈中国形象问题研究现状？你的研究与这有什么关系？

□：近年国内涌动着一种"中国文化"或"中国形象"热。一是出版由国内或国外学者撰写的"外国人眼中的中国形象"一类著述，如《德国思想家论中国》《美国的"显学"——中国学》《世界的中国观》《日本人视野中的中国学》《费正清看中国》《外国政治家眼中的中国》等，这些主要是谈论外国人"看"到的"中国"，让我们了解中国在世界上的形象；二是重版一些旧作，如辜鸿铭的《中国人的精神》、林语堂的《中国人》等，重温中国人自己对中国的认识。这显然表明当前学术界的"中国热"正在持续升温。我认为这一热潮颇有意义，因为它反映了处于世纪之交的中国人对中国的现代性问题的迫切的反省渴望、憧憬及探究兴趣。我的研究无疑与这热潮有关，但我感到其中存在一个缺憾：大多是从文学以外或外国文学角度去谈论中国的，却没有充分体现来自我们自己的文学界的"声音"，即20世纪中国文学创造的丰富的中国形象，至今还缺乏集中有效的阐明。所以，我希望自己这本不大成熟的东西，能权且补缺，以待成功的后来者。

△：你的"中国形象"的内涵是什么？它是怎么包含你所说的审

美与文化双重意味的?

□：简单说来，"中国形象"是指有关"中国"的艺术形象，即艺术中那种由符号表意系统创造的能呈现"中国"，或能使人想象"中国"的具有审美魅力的艺术形象。中国形象所含有的审美与文化双重意味，可以首先从"中国"一词的原初的形象性见出。这个词语在最初和长时间里，原是用来形容或比拟中国文化的权威地位的象征性或形象性词语。只是由于后来沿用已久，尤其在现代，其原初的形象（象征）意味才渐渐地被淡化甚至遗忘了。"中国"，作为形象性词语，原初意味着"天下"之"中央"。"天下"一词代表的不是后来的"全球民族国家"，而是指世界文化或文化世界。如果用现代术语来表述，"中国"就大致相当于"世界文化的中心"。正由于如此，作为古代文化帝国的中国在长时间里一直不需要和不曾想到民族国家的国体名称，而只有作为世界文化中心的"中国"这一总体象征性形象。不过，中国的这种文化象征意义又是与特殊的审美魅力分不开的——"中国"一词本身就包含了某种深厚的审美内涵。不如说，在"中国"这个词语中，文化象征意义往往需要通过审美意义显现出来，并且始终不离开这种审美作用。所以，作为一种文化的总体象征，"中国"代表的是同时富于强大的政治、经济和军事实力，以及审美魅力的文化想象。在这个意义上可以说，"中国"本身就是在审美魅力中凝聚着丰富文化想象的形象，或者说，是洋溢着审美魅力的文化形象。"中国"同时蕴涵着审美意味和文化象征意味，即具有双重意味。"中国"如此，整个中国形象亦然，即都具有审美与文化双重意味。不过，在文学中，中国形象的审美意义总是直接的，而文化意义则是间接的，后者通过前者，并且始终不离前者而显现。如果不坚持这一点，就可能把文学中的中国形象与其他领域的"中国"观混为一谈。

△：你刚才说的多是"中国"的古时含义，能谈谈它在现代又发生怎样的变化了吗？

□：我们应当注意到一个耐人寻味的事实：作为国体名称的"中国"要直到作为文化象征或艺术形象的古典"中国"走向衰亡时才出

现,换言之,现代民族国家"中国"的诞生恰好成了古典文化"中国"衰亡的墓志铭!这一事实固然令人极度痛惜,但更应看到,也正是由于这种衰亡,现代中国人才可能更加清晰地重新唤起对于"中国"一词的丰富的文化想象和审美缅怀;同样,作为文化象征的"中国",也才能如此深刻地植根在现代中国人的"集体无意识"里,以致只要这个字眼一出现,就会激起似乎无穷的中国文化想象。因此,对20世纪的中国人来说,"中国"形成了不同于古代的特殊蕴涵:它在审美"平台"上把古代文化主义含义与现代民族国家含义交织在一起,即远不只是一个民族国家意义上的国体术语,而往往是一个寄托着有关自己民族的文化和主权的丰富想象力和审美体验的总体象征符号。我这里只要提到闻一多写于1925年的诗《一句话》就清楚了:

> 有一句话说出就是祸,
> 有一句话能点得着火。
> 别看五千年没有说破,
> 你猜得透火山的缄默?
> 说不定是突然着了魔,
> 突然青天里一个霹雳,
> 爆一声:
> "咱们的中国!"
>
> 这话叫我今天怎么说?
> 你不信铁树开花也可,
> 那么有一句话你听着:
> 等火山忍不住了缄默,
> 不要发抖,伸舌头,顿脚,
> 等到青天里一个霹雳,
> 爆一声:
> "咱们的中国!"

这里的"中国",被视为是一个集聚了五千年文化想象和审美内涵的具有强大魔力的字眼,它只要一说出而无需解释,就能如"晴天霹雳"或"火山爆发"地产生巨大作用:唤起民众、震垮敌胆、激发新的文化创造勇气。"中国"正是一个被赋予了如此深厚的文化象征和审美意味的艺术形象。

△:你这样说的话,那20世纪中国文学中还有不少这样的文本呢。艾青的名作《雪落在中国的土地上》(1937)就描绘了古老"中国"的沉痛:

雪落在中国的土地上,寒冷在封锁着中国呀……中国的路
是如此崎岖/是如此泥泞的呀。
……
中国的苦痛与灾难
像这雪夜一样漫长呀!
……
中国,
我的在没有灯光的晚上
所写的无力的诗句
能给你些许的温暖么?

这里的"中国"同样显示了文化象征与审美意味。"朦胧诗人"梁小斌也有《中国,我的钥匙丢了》(1980)的急切呼叫:

中国,我的钥匙丢了

那是十多年前
我沿着红色大街疯狂地奔跑……

□：对！在这两首诗里，一方面，"中国"作为被描写对象出现，分别表明"雪"落的范围和"钥匙"的适用范围。但"雪"在这里已不只是普通的影响人们生活的自然现象，而主要被想象成危及中国文化生命的文化现象；同样，"钥匙"也不只是用于打开普通家门的钥匙，而成了开启整个民族的封闭已久的文化之门的钥匙，从而这两个词语都体现出丰富的文化象征意味。另一方面，"中国"还被拟人化地充当了抒情人"我"的倾诉对象。"中国"如果单单作为"国家"术语，怎么足以成为个人的抒情性倾诉对象呢？这里显然也是在运用它的文化象征意味。不过，需要看到，正像这些作品所体现的那样，在文学中，文化象征意味总是从直接的审美意味中透露出来的。

△：你提出了"中国形象诗学"这一新概念，能否谈谈它的具体内涵？

□："中国形象诗学"其实不是标明一种诗学原理建构，而只是表示一种诗学阐释，即对中国形象在诸种文学潮流中的状况加以阐释。另外，它与"中国"的联系，本身就决定了它同时也是牵涉面更为广泛的文化问题，因此，这项研究也必然要在美学或诗学视野中体现文化视野，带有"文化诗学"或"文化研究"的某些特点，而这正是我的"修辞论美学"主张的具体体现。中国人眼中的中国像什么？或中国人想象之中国怎样？这正是令人既兴奋又焦虑的中国形象问题。

△：20世纪的中国文学浪潮迭起，中国形象是怎样在其中展开的呢？

□：在19世纪初民族危急关头，中国的仁人志士就把有关民族自我的文化想象倾注到"中国"上，"新中国""混沌国""民权村""晨曦"和"天空"等形象表明了理想的与现实的对立，展示了中国眼前的衰败和即将到来的美妙前景。其后，伴随着"五四"文化启蒙高潮，中国形象层出不穷，形成多元化局面：胡适眼中的东方"睡美人"美丽柔弱，需要由西方武士来吻醒；鲁迅笔下的"吃人"梦魇、"铁屋"等成了病态中国的隐喻；郭沫若则满怀浪漫激情把中国想象为一位"年轻女郎"。到了20世纪20年代后期至30、40年代，对中国现实的深重失望和对它的美好过去及未来的诗意体验，使得中国形象出现了彼此对立的两极，这以闻一多的"死水"与沈从文的"边城"为代表。从20世纪50年代初起，中华人民共和国的成立使有关现代中国的想象力终于找到了一个凝聚点，"铁路""矿井"等形象显示了有关公有化和工业化中国的统一而单一的浪漫形象模式。可以看出，中国形象的创造已成为上世纪初以来中国文学的一个传统。

△：从你的追溯中不难看出中国形象问题实际上是处于现代进程中的中国如何"认识你自己"的问题，这种认识仅仅是"自我"确认吗？

□：完整的中国形象，既包括自我形象，也包括"他者"形象，他者犹如镜子映照出自我的形象，"中国"只能在与周围他者的形象对比中认识自己的形象。简略地说，以1840年鸦片战争为界，中国形象呈现为前后两副不同图景：古典性形象，自我与他者之间属我强他弱关系，享受着作为世界中心的荣耀；现代性形象，由于西方的强势介入，关系被颠倒：我弱他强。当古典性中国形象在西方他者冲击下急剧破灭，重构新的现代性中国形象就成了一个前所未有的大问题。一方面，在西方他者的映照下，中国自我究竟已经呈现为何种形象？另一方面，凭借新的"现代性工程"，中国自我未来可能呈现为何种形象？因此，中国形象问题在20世纪出现，实在是首先出于急迫的文化复兴需要。对中国形象的反复寻找、呈现或重构，竟演变成了一个贯穿整个20世纪中国文学的"世纪性"传统。

△：你上面谈到这个寻找中国形象的传统曾一度断裂，那么20世纪80年代以来文学新潮与中国形象的关联又如何呢？

□：我们已经知道，在20世纪80年代之前，本世纪中国形象创造已出现过四次浪潮：19世纪初、五四时期、20世纪20—30年代和50—60年代，而20世纪80年代后期以来的文学新潮显然可以称为中国形象创造第五次浪潮。分析这时期的中国形象可以抽出如下要素：语言形象、表征形象、神话形象、家族形象和市民形象。语言形象即为直接而具体的语言组织和语言特色，多种向度的文学语言探索留下了立体语言、白描式语言、间离语言等多种语言形象；表征形象是指那种能在典范意义上表征"中国"文化独特风貌的形象，如"后朦胧诗"所创造的"黄河""大海"和"大雁塔"等形象；神话形象表达了当代人对中国文化根基的认同，是"寻根文学"的努力所在，如《爸爸爸》《小鲍庄》等；家族形象是能体现历来重视家族统治的中国的独特形象，在这方面《红高粱》《浮躁》和《古船》是值得分析的文本；市民形象是那些代表中国当代城市生活由政治国家向市民社会转变的新型市民人物，这是"新写实"小说对中国形象的一个特殊贡献。这几方面的中国形象涉及当下中国文化语境的各个层面，为我们留下可供深入探讨的广阔空间。

△：在20世纪80年代后期以来的文学新潮中，上述中国形象的共同特征是什么？其文化内涵如何？

□：如果仔细分析可以看到，在这一时期内语言形象体现为以新兴的奇语喧哗去消解主流化语言和精英独白，表征形象呈现出非正统形象对正统典型形象的瓦解趋势，神话形象表明文化的原始根基已经离散，家族形象显示正统家族权威受到了挑战，市民形象则披露出神圣的政治国家为世俗的市民社会取代的初始信息。总之，这些中国形象的共同特征是奇异或新奇性。从审美上看，当唯一神圣、庄重的正体中国支配乃至束缚了人们的审美想象力时，奇体中国的出场正是要打破正体一统天下格局，为想象力的解放制造良机；从文化层面来考察，"现代性工程"所生产的富有新的中心权威和魅力的伟大中国在此遭到质疑。

△："中国形象"的这种变化是否暗示了中国文化现代性自我确认的一个新阶段？

□：不完全如此。从现代中国形象在20世纪的演进看，80年代后期至今具有特殊的新旧交替位置。20世纪现代中国形象内部总是交织着两组话语冲突：中心与边缘、崇高与卑琐等。面对这冲突，现代性形象总是竭力突出和证明前者而掩饰和淡化后者，从而构造出一个崇高而伟大的中国。这大体上属于现代性第一期，由于把民族国家的生死存亡的伟大文化的持续生命力置于首要地位，所以主要的是一种民族国家——文化现代性。而到20世纪80年代后期及90年代，现代性第一期逐渐耗竭其能量而显示出衰败、解体迹象，80年代后期文学新潮创造的奇体中国正是一个明证。它不代表一个新的独立发展阶段，而是介于旧的解体和新孕育之间。目前和今后一个时期的中国文化处在"全球化"世界文化格局内，估计中国的民族国家问题不再会那么突出和紧迫，取而代之的首要的是经济和文化建设问题，这要求它着重从文化角度重新确立自己的新形象——而这则是需要从现代性第二期去考虑的了。我想由于时间关系，咱们下回再聊吧。我的修辞论批评不过是众多批评之路之一，请随时批评。

近五十年文学语言研究札记[①]

考察1949—2000年间中国当代文学中的美学问题时,语言状况是需要认真关注的。因为,正是在这五十年里,文学中的语言经历了一些引人注目的新变化,而这些新变化既构成了这个时期文学变化的一个重要组成部分,又在基础层次上给予这种文学变化以深刻影响。所以,要了解这个时期文学的审美风貌,其语言状况是不能不了解的。我想在这里概略地描述近五十年文学中语言的发展演变状况,以便从这个特定角度去接近这时期文学的总体审美风貌。为简便起见,我的讨论将纵向地展开。在我看来,这时期文学在语言上大致呈现四种演化形态:大众群言(1949—1977)、精英独白(1978—1984)、奇语喧哗(1985—1995)和多语混成(1996年至今)。这里拟依次讨论。而在讨论时则不是仅仅在文学内部谈论语言,而是从文化语境状况去说明一般语言状况进而阐释文学语言状况。文化语境是指影响语言变化的特定时代总体文化氛围,包括时代精神、知识范型、价值体系等,这种氛围总是产生一种特殊需要或压力,规定着一般语言的角色。一般语言是特定时期的普遍性语言状况,不仅包括文学中的语言,而且还包括其他各种语言如政府语言、新闻语言、学术语言和民间语言等。这种一般语言状况既是文化语境压力的结果,又与文学中的语言状况

[①] 本文原载《文学评论》1999年第4期,有改动。

具有直接关联:作家对语言的选择和使用受制于当时一般语言状况的总体语境,而一般语言状况又从深层显示出文化语境的制约。文化语境、一般语言和文学语言,这三者相互渗透和共生,从而可以作相互阐释。而"文学语言"一词在语言学界通常指书面语的标准语形态,并不能简单地等同于文学作品中的语言。文学作品中的语言往往不仅包括这种"文学语言",而且还包括口头语言、方言、政府语言、新闻语言和学术语言等,不过是这些语言的新的组合形态,所以常称"艺术语言"。这里为论述方便,还是把文学作品中的语言一律简称为文学语言。

一、政治整合、语言俗化与大众群言

考察20世纪50—70年代文学中的语言状况,不能不看到,这种语言状况与伴随新中国成立而出现的政治整合需要密切相关。中华人民共和国成立,标志着革命取得胜利,主权重新统一,整个国家进入到一个崭新的文化现代性建构时期。这种文化现代性建构的迫切任务之一,是找到并确立一种能整合全国各阶层亿万民众的思想和行动的统一的基本形式。这就产生了一种全体民众的政治整合需要。政治整合的目的是使过去彼此疏离、涣散的各阶层民众,能一律自觉地按一个统一意志去思想、想象、幻想和行动。而语言正是这种政治整合的有力和有效"工具"。这就陆续发生了一系列语言变革,如确立新的政府语言、新闻语言、学术语言、教育语言和文学语言等。而统一的汉字简化方案、汉语拼音方案、横排书写规定、标点符号方案等也正是这种语言变革过程的一部分。

文学作为"语言的艺术",它的语言历来被认为是最有典范性、最完美和最具感染力的语言形态,因而自然成为语言变革的重镇,承担起政治整合的大任。先后于1949年7月和1953年9月召开的第一、二

次全国文代会①，标志着来自解放区和国统区的两支文艺语言大军在新的政治整合旗帜下走向统一。这种统一在语言上的标志，就是逐渐探索并形成一种新的文学语言，它应能适应服务于以"工农兵"为主体的"大众"这一目标。这种大众的初等或初等以下文化程度决定了新的文学语言的一条重要标准：非文人化或非知识分子化，为工农兵大众所喜闻乐见。为达到这一标准，就需要对以前的文学语言传统来一次新的整合：语言俗化，也就是语言的大众化或通俗化。只有这种为工农兵大众所熟悉和使用的通俗化语言，才能广泛地适应动员工农兵大众、使他们走向政治整合这一历史性需要。

这种语言俗化进程基本上是按照毛泽东提出的三条原则来进行的。这三条原则就是："第一，要向人民群众学习语言。人民的语汇是很丰富，生动活泼的，表现实际生活的。……第二，要从外国语言中吸收我们所需要的成分。我们不是硬搬或滥用外国语言，是要吸收外国语言中的好东西，于我们适用的东西。……第三，我们还要学习古人语言中有生命的东西。"② 这三条原则实际上代表了新的文学语言所据以建构的三个方位：第一是要向"下"吸收，即不是向上层文人或知识分子吸收过分精致的、脱离实际生活的文人化语言，而是向下层工农兵大众吸收"丰富的，生动活泼的，表现实际生活的"语言，如大众口头语，这意味着排除以知识分子或文人语汇为资源的可能性，而明确地以大众语汇为基本标准；第二是要向"外"吸收，即吸收西方先进的语汇、语法和逻辑等现代语言规范，坚持汉语现代性方向，反对恢复以文言文为代表的古典性传统；第三是要向"古"吸收，但绝不是古典文言文传统，而是"古人语言中有生命的东西"，即古代白话中保存的活的语言传统。

可以说，有如下六类语言资源可供上述整合：

第一类，"五四"白话文运动以来成为主流的现代白话文。这种语

---

① 文代会即中华全国文学艺术工作者代表大会，后改称为中国文学艺术界联合会代表大会。
② 毛泽东：《反对党八股》（1942年），载《毛泽东选集》第3卷，人民出版社，1991，第837－838页。

言是根据人们日常生活中采用的通行白话或口头语并参酌外来语（如西方现代语言）而形成的，符合第一、第二个方位。由于如此，它不无道理地成为新的文学语言赖以建立的基础范式，因为这种新的文学语言不可能脱离这个现代基础范式而退回到已经衰落并失势的古典文言文基础上去。运用现代白话文去表达新的生活体验，显然被认为是有利于面向工农兵大众的，属于或接近他们自己的日常生活语言，而文言文却似乎只能背向或拒绝他们。

第二类，以俄苏文学语言为主的外国语言。在当时与欧美交恶而与苏联交好的特定条件下，这是一种无奈的选择。

第三类，大众活的口头语和方言。这种"活的语言"更能"表现"工农兵大众在特定地域的"实际生活"，显然符合第一个方位，因而必然受到推崇，如老舍的北京口语、赵树理的山西方言等。

第四类，下层民间文学语言。这种文学语言总是以"说唱文学"的形式活跃在下层大众（尤其是农民）之中，成为他们日常生活的组成部分，为他们所"喜闻乐见"，也符合第一个方位，所以必然要被吸收进新的文学语言中。

第五类，古典白话。这种古典白话是保存在古典白话文（如白话长篇小说）之中的，为现代人（无论工农大众还是文化人）所雅俗共赏，合于第三个方位（"古人语言中有生命的东西"），因而有理由整合进来。

第六类，解放区"革命文学"的大众语实践。自1928年"左翼文学"或"革命文学"兴起以来，尤其是在毛泽东《在延安文艺座谈会上的讲话》精神指导下，革命作家一直在努力探索新的既适应革命的政治整合需要又为大众所喜爱的大众化文学语言即"大众语"，如《小二黑结婚》《王贵与李香香》和《漳河水》等的语言。这应当说是统合上述四种语言而获得的成果，体现了上述三个方位的整合，具有未来整合化语言的"样板"性质。

而相比之下，一些此前曾活跃过的文学语言形态，如以沈从文、巴金、曹禺、林语堂和穆旦等为代表的文人化语言，及张恨水为代表的都市通俗文学语言，由于主要体现城市"小资产阶级"利益，与来自农村的工农兵大众的文学旨趣有相当距离，不符合上述语言三条，因而只能被排斥（如坚守文人语言旨趣的沈从文则从此永远停止了歌唱）。

这样，上述六类语言资源就按语言三条而被整合到新的文学语言之中，呈现出大众群言这一语言新状态。具体来说，第一类成为新的文学语言的基础范式或总体框架，第二类符合第二条，即"吸收外国语言中的好东西"，第三类是新的文学语言的活的资源，第四、第五类是它的传统资源，第六类则是它的可供仿效的样板形式。由这六类语言资源综合而成的新型文学语言形态，可以尝试地称为大众群言。大众群言，就是脱离了上层文人或知识分子旨趣的、符合工农兵大众群体审美旨趣的文学语言状况。这不再是文人的"一言堂"，而似乎成了大众的"群言堂"。在这里，判定作家的语言是否美的基本标准，就是看是否"大众化"。

为了达到这种大众群言状况，作家在写作中总是力求抛弃自己带有"小资产阶级情调"的文人化语言或"欧化语言"，而精心选择日常的通俗语言或大众化语言。来自国统区的老舍就竭力清理和抛弃"五四"以来的文人化语言。有人向老舍提问："'五四'运动以后的作品——包括许多有名作家的作品在内——一般工农看不懂、不习惯，这问题怎么看？"老舍一面肯定"五四"以来向西方学习这一方向及其成果，一面又明确地指出："'五四'运动对语言问题上是有偏差的。"这主要体现在片面崇拜欧美语言的"复杂"和"精密"而轻视中国语言的"简练"，形成一种盲目的"欧化"偏向，致使原本简洁明了的中国话变成了"啰哩啰嗦的东西"。为纠正这种偏向，他认为作家应当学习"人民的语言""创作还是应该以老百姓的话为主""从人民口头中，学习简练、干净的语言，不应当多用欧化的语法"。[①] 这些话集中地显示了他与自己过去的文人语言传统诀别而走向大众群言的努力。

然而，这种大众群言的目标，并不直接地指向大众的日常生存方

---

① 老舍：《关于文学的语言问题》，载《出口成章》，作家出版社，1964，第76页。

式的本相，而是要以他们能理解的程度去"整合"他们的感情、思想和行为。曹禺对此说得很明白："我们不是为兴趣而写作的。我们写诗歌，写小说，写剧本，是为革命，为人民的利益。因为马克思列宁主义者总是主张以'文'来载马克思列宁主义之'道'的。语言是手段，不是目的。"① 他认识到，作家决不应再为自己的文人"兴趣"而写作，从而必须放弃文人化语言，这意味着语言不再是表现的目的本身，而只能是表现其他外在目的的手段或工具——这种外在目的正是要使大众在政治上实现整合。所以，作家要竭力创造大众化语言，以此种语言去"载道"，达到使工农兵大众走向政治整合的目的。这样，大众群言似乎是要以满足工农兵大众的旨趣为最高目标，但在实际运作的过程中，这种目标却容易变形：大众的群言往往变为没有大众旨趣的统一意志的代言，如此，大众"群言堂"实际地变易为领导"一言堂"。这绝不只是理论推导的逻辑结果，而根本上是当代文学史发展的实际情形。按照老舍和曹禺的上述构想去写，是否实际地创造了美的语言呢？当年不少优秀作家，除了老舍和曹禺外，还有巴金、艾青和郭沫若等，都竭力清算自身的文人旨趣而寻求大众化，但实际收效甚微。老舍唯有《茶馆》是不错的，但它是否就来自这种大众化呢？而曹禺越想写好反倒越是事与愿违，没有再写出一部堪与《雷雨》和《北京人》媲美的佳作。其他作家也远未有达到自己过去曾达到过的语言美学高度。这表明，标举大众化语言固然有其文化与历史合理性，但绝对地抛弃文人化语言传统却往往违背文学语言发展规律，丧失了语言与美学合理性。文学语言既有向大众吸收的必要，但更有文人加以整理、提炼和创造的必要即文人化的必要。忽视后者必然付出沉重的美学代价：当文学语言一味迁就而不是提升大众、完全变成"载道"工具时，就越来越不"美"且不"活"了。

---

① 曹禺：《语言学习杂感》，《红旗》1962 年第 14 期，第 9 页。

二、思想解放、语言雅化与精英独白

自"文革"结束和新时期开始,文学被纳入到一种新的文化轨道中:思想解放。思想解放,就是思想上的启蒙或觉悟。这样,不再是被动地顺应大众的政治整合,而是主动地提升大众的思想解放,成了文学界的一项新的紧迫任务。要完成这项思想启蒙任务,就需要首先清理和扬弃大众群言,因为它必然地为着顺应大众旨趣而压抑住文人自己的高雅或精致语言。这样,思想解放在文学语言上首先就表现为语言俗化或大众化的一种反拨——语言的文人化或语言雅化。作家作为社会的"精英",应当以属于自身的高雅语言去启蒙大众,把他们从愚昧或蒙昧境地提升到文明的或理性的高度。与前面的语言俗化过程包含六种语言资源不同,这次语言雅化过程涉及如下一些语言资源:

一是以沈从文、钱锺书和"九叶诗人"等文人的陆续"重新发现"为标志,中断已久的现代文人化语言传统重新激活。

二是"五四"以来欧美语言影响的复活。走出俄苏语言城堡,人们从重新开放的欧美古典文学传统和新引进的现代主义文学原野上发现了新的语言生机(这种复活的火焰最初由文学青年们对被禁的"欧美资产阶级内部读物"的偷读中点燃,后来引爆了以语言革命为标志的"朦胧诗"运动)。

三是新的以"思想解放"为主导的语言实践。这一时期正进行的语言实践,力图发掘蕴含在文人化语言中的理性因子,去消除"文革"政治蒙昧给大众造成的内外创伤。

于是,我们在这时期文学中看到的,就是一种渗透了浓重的文人或精英人物语调的语言形态,这不妨称作精英独白。这是语言雅化的必然结果。这种精英独白典范的表现为,作家或诗人以精英姿态居高临下地向大众说话。本来,理想的情形应是精英和大众形成平等的对话,但在当时文化语境中,精英往往被推崇为理性的化身或真理的代言人,因而享有主动者或导师的崇高权威;而大众由于是愚昧或蒙昧的人群,所以是被动的听众,属于学生。精英总位居光芒四射的中心,而大众则置于冥暗的边缘,从而形成一种明显的语言等级制。这在短篇小说《班主任》(载《人民文学》1977年第11期)里表现得十分突出:面对"文革"造成的局面,中学教师张俊石以精英姿态去对学生说话。他的面前是两类学生:一类是宋宝琦(无知识,即相信"读书无用"、不懂知识的力量)和谢惠敏(反知识,即听从"四人帮"的蒙昧宣传,把优秀知识视为"毒草"),他们代表着冥顽不化而需要反复启蒙的一群。而另一类是石红等人,他们是启蒙者满意的那种善于豁然开朗的理想听众(例如,在石红家,张俊石被学生们簇拥在中心的场面)。无论在哪种情况下,只存在这位精英教师的自主性话语,而学生听众则是被动的,并没有真正获得发言权。作者刘心武还在其他小说中体现了同样的启蒙音调(如《醒来吧,弟弟》中作为中学教师的"我"以启蒙者姿态对蒙昧的弟弟展开启蒙攻势)。

同样,在"朦胧诗"中可以强烈地感受到精英们对于政治专制的坚决的抵抗吁求和对个体自由的激烈呐喊。这种吁求和呐喊是如此具有震撼力,以致大众极可能在强烈的共鸣中被唤醒,并不知不觉地把这种精英独白当作自己本来的话语。《你好,百花山》写道:

> 琴声飘忽不定,
> 捧在手中的雪花微微震颤。
> 当阵阵迷雾退去,
> 显出旋律般起伏的山峦。
>
> 我收集过四季的遗产,
> 山谷里,没有人烟。
> 采摘下的野花继续生长
> 开放,那是死亡的时间。
>
> 沿着原始森林的小路,

绿色的阳光在缝隙里流窜。
一只红褐色的苍鹰，
用鸟语翻译这山中的恐怖的谣传。

我猛地喊了一声：
"你好，百——花——山——"
"你好，孩——子——"
回音来自遥远的瀑涧。

那是风中之风，
使万物应和，骚动不安。
我喃喃低语，
手中的雪花飘进深渊。

在这首由五节组成的诗中，前三节展示了蒙昧的自然世界：充满"迷雾""恐怖的谣传"和"死亡"气息，"没有人烟""阳光"只是"绿色"的而且只在绿色"缝隙"中"流窜"。面对这片蒙昧和沉寂，"我"的突然呐喊立时展现巨大威力，唤醒沉睡而无语的自然界，引起生命的复苏和积极的"回音"。于是"我"不禁回头对自己声音的启蒙威力充满自豪：这是能"使万物应和"的神奇的"风中之风"。"我"与自然的关系不妨看作精英与大众的语言等级关系的一种寓言性显示。

在"伤痕文学""改革文学"和"反思文学"中，作为主角的中心典型们，如改革英雄李向南、科学家陈景润、知识分子张俊石和章永嶙等，往往就是精英人物的化身，代表精英向读者大众展开启蒙性讲演。这样，精英对大众的讲话就总是表现为精英自己的"单一"语言的"独白"，而过去那种"大众群言"情形则隐匿不见了。

这种精英独白是一种单语独白，即是精英人物的单一语言的独白。单语，在这里主要有两层意思。首先，从叙述声音看，叙述人在叙述中总是向读者发出"全知全能"的声音,似乎自己可以认识和解决世界的一切问题,从而对自己讲述故事的能力和驾驭世界的能力都表现出高度乐观和自信,而这在现在看来是难免简单化的。其次,从语言资源和表现力方面看,这时的文学语言刚刚或正在从大众化语言的僵化模式中挣脱,还无法充分地向古代文学语言、上世纪前期文学语言和西方文学语言吸取养料,从而显得语汇和表现力都相对单一、单调和贫乏。这种叙述声音简单化和语言资源及表现力的单调化,使文学语言仿佛总是回荡着精英人物的单一而单调的独白声。这种单语独白情形的形成,是与当时的文化语境紧密相关的:人们相信凭借精英人物的特殊力量能在短时间内很快地实现"思想解放""拨乱反正"和"振兴中华"的宏伟蓝图;而精英人物也确实具有认识和改造世界的高度理性主义、理想主义和乐观主义自信,从而难免偏爱自己的单语独白,并在其中有意无意地灌注某种绝对化倾向。

三、文化认同、语言多元化与奇语喧哗

1984年开始的城市经济体制改革进程,使得初步开放的知识分子心灵进一步活跃起来,在文化领域激发起新的"寻根"冲动:越出单纯的思想启蒙视野,向着更广和更深的文化根基迸发。这场兴盛于20世纪80年代中期的遍及哲学、历史学、语言学、心理学、文学、音乐、绘画和电影等文化领域的"文化寻根"热潮[①],说到底是一种文化认同行动。文化认同就是对文化的原初根基或身份的追究。人们反省到,此前的政治整合在突出群体和统一意志时以牺牲个体和多样性为巨大代价,违背了马克思所规定的"一切属人的感觉和特性的彻底解放"和"全面发展的人"的目标,因而有必要寻求"人性的全面复归",这就引申出人性认同任务。而接下来的思想解放运动,主要是致

---

① 有关20世纪80年代中期中国文艺界的文化寻根热潮,可参见王一川:《张艺谋神话的终结》,河南人民出版社,1998,第76-136页。

力于政治上"拨乱反正"的紧迫任务，还没有来得及把人性认同提到议事日程。而人性认同是必然地与对社会心理、道德规范、价值体系、习俗、语言和审美方式等文化状况的深切反思和探索紧密相连的。因此，人性认同需要沉落为更具体且更根本的文化认同。经历艰难曲折的中国现代文化，应当向何种方向实现认同？这里呈现出三个方位：一是向时间上的过去寻求，从而现代文化受到质疑而原始文化成为认同对象；二是向空间上的边缘寻求，于是都市中心文化被反省而边缘文化成为热点；三是向人性的深层寻求，必然地，人的自然本能取代社会属性而成为探索的焦点。这时期文化认同正是按这三个方位演进的，而这三个方位的分别正决定了文化认同不可能朝一元化方向发展，而不得不呈现出多元选择的态势。

文化认同的多元化，在文学语言方面就必然表现为对于此前的语言俗化和语言雅化的反拨性举动——语言不再是确信无疑的和一成不变的，而成了需要探索和选择的新焦点。因为，如同维特根斯坦说的"想象一种语言就意味着想象一种生活形式"① 一样，人们也可以说，选择一种语言就意味着选择一种文化价值。正是语言包含着文化的深层奥秘，体现着文化的基本精神。对文化的重视必然具体化为对语言的重视。由于如此，作家们纷纷不再把文学变革的冲动仅仅停留于思想解放层面（如"伤痕文学"和"反思文学"等所做的那样），而是具体化为语言变革的冲动。沉寂多年而复出的老作家汪曾祺在1987年说的一番话颇具代表性：

> 中国作家现在很重视语言。不少作家充分意识到语言的重要性。语言不只是一种形式，一种手段，应该提到内容的高度来认识。……语言不是外部的东西。它是和内容（思想）同时存在，不可剥离的。语言不能像桔子皮一样，可以剥下来，扔掉。世界上没有没有语言的思想，也没有没有思想的语言。……我们也不

---

① 维特根斯坦：《哲学研究》，汤潮、范光棣译，生活·读书·新知三联书店，1992，第35页。

能说：这篇小说不错，就是语言差一点。语言是小说的本体，不是附加的，可有可无的。从这个意义上说，写小说就是写语言。小说使读者受到感染，小说的魅力之所在，首先是小说的语言。小说的语言是浸透了内容的，浸透了作者的思想的。……语言的粗糙就是内容的粗糙。①

这段话似乎是那个时期中国作家从思想层面复归语言或汉语层面的具有革命性意义的宣言，包含了丰富的思想。其中有几点值得注意：

第一，他认为中国作家现在已"很重视"语言，这宣告了片面重视思想而轻视语言的传统的结束和新的语言变革时代的到来。

第二，他进而指出语言在文学中不仅是形式而且也是内容，这突破了语言即工具的传统看法，赋予语言以中心的或实质性的地位。

第三，他强调语言与内容或思想同时存在，不可剥离，这抛弃了过去关于语言仅仅是内容的外壳或修饰的看法，提出了语言与内容具有同等重要的地位并且相互共生而不可分离的思想。

第四，他进一步主张语言是文学（小说）的本体，这就把语言置放到文学的根本地位上，表明中国作家进军语言的坚强决心。

第五，他提出"写小说就是写语言"的口号，真正地体现了一种以语言为文学的"第一要素"的明确姿态。

对这些创作观念获得解放的作家来说，如果每人心目中都有自己的语言观，那么，语言选择就必然地表现出多元化趋势。文化多元化在这里沉落为语言多元化。与语言俗化和语言雅化分别选择了符合各自需要的一元化语言规范不同，这里却是要突破"俗"与"雅"之间的非此即彼的对立格局，实现由"一"向"多"的复杂演变，寻求新的多元化语言并存的格局。于是，就出现了语言多元化情形。语言多元化，在这里指的是多种异质性语言相互共存而争鸣的格局。在这之

---

① 汪曾祺：《中国文学的语言问题》（1987），载《汪曾祺文集·文论卷》，江苏文艺出版社，1993，第1－2页。

前，无论是语言俗化和大众群言，还是语言雅化和精英独白，都只是从文化的单一层面吸取语言泉源，而没有从文化的广袤而丰饶的原野吸取更多和更丰富的语言素养。正是新的文化认同状况，为语言多元化提供了合适的文化语境。可以说，构成这种语言多元化的有如下几种语言资源：

1. 古代汉语传统。
2. 当代市民口语（如调侃等）。
3. 下层民间语言（包括脏话）。
4. 现代文学语言中与"大说"（grand narrative）相对的"小说"（small narrative）传统（如鲁迅、沈从文和萧红等的语言）。
5. 欧美现代主义和后现代主义文学语言。
6. 欧美现代语言理论（如索绪尔、海德格尔、列维-施特劳斯和巴尔特等）。

应当看到，这些语言资源是彼此异质的和难以统合的，确实呈现多元化格局，不可能再度复归于过去曾经有过的那种大众群言或精英独白的整合状况。如此，这时期文学终于出现了一种多元化语言格局——我尝试把它称为奇语喧哗。

进展到20世纪80年代后期至90年代前期，"后朦胧诗""寻根文学""先锋小说"和"新写实"等文学新潮向人们展示了现代汉语的奇语喧哗景观。奇语喧哗，是我借鉴苏联批评家巴赫金的"众声喧哗"（heteroglossia，中译或作"杂语喧哗"或"杂语"）创用的。"众声喧哗"原指异质的、杂多的语言竞相齐鸣的情形，或者说社会语言的多样化、多元化状况。[①] 与巴赫金用"众声喧哗"强调语言的异质和杂多不同，我们这里的奇语喧哗更突出语言的奇异、新奇特点，即它们不同于以往大众群言和精英独白的奇异或新奇风貌。这样，奇语喧哗在这里指中国20世纪80年代至90年代文学新潮显现出来的与大众群言和精英独白不同的多种新奇语言竞相喧哗的状况。它在这里有两层

---

① 有关上述六种语言的分析详见王一川：《中国形象诗学》，上海三联书店，1998，第34-216页。

意思：一是指总体上的语言奇异状况，二是指特定语言内部的语言奇异情形。前者是说，在这个时期的种种新潮文学中出现了多种奇异语言竞相演示的场面，这与过去的大众群言或精英独白的单一的正统风范形成鲜明对照；而后者则是说，即便具体到一种语言内部，也可能存在着多种奇异语言混杂、并存情形。这时，我们感到的就仿佛是身处众多奇语竞相喧哗的语言狂欢节了。

概略地说，从奇语喧哗中可以听到如下几种语言的音响：

（一）白描式语言

白描式语言是指那种继承古典白描手法而形成的以简洁笔墨传神的语言形态，它以现代汉语规范为基本框架，但内在精神却与古典白描及其所"携带"的中国宇宙观息息相通，形成一种奇特的古今汉语融汇，其代表作家有汪曾祺、贾平凹和何立伟。

（二）旧体常语式语言

同样体现古今汉语的融汇，但旧体常语式语言却显示了不同的融汇方式：它在旧体诗格律的总体框架中注意运用当代日常生活词语，使严谨的古典格律与鲜活的当代日常语言形成奇特的结合，极有助于表现当代文化人的现实生活体验及其自嘲姿态。这种语言的突出代表是启功（例如，他脍炙人口而流传颇广的《自撰墓志铭》："中学生，副教授。博不精，专不透。名虽扬，实不够。高不成，低不就。瘫趋左，派曾右……"）。

（三）立体语言

立体语言是那种综合、交替地运用多种语音、文法、辞格和语体手段去多方面地和立体地表现错综复杂的当代生活体验的语言形态，而大量移置或戏拟此前长期影响文坛的大众群言和精英独白，是其重要特色。王蒙在这方面尤其突出。

（四）调侃式语言

调侃是一种用言语去嘲弄或讥笑对象的语言行为。与王蒙立体语言中的幽默和调侃总具有某种精英立场、带着温和与调和姿态不同，王朔的调侃却似乎出自文化程度不高和粗俗的人们即"俗人",往往可以不讲道理、无情和尖刻,充满了对于大众群言和精英独白的激烈的和不妥协的反叛色彩,但并没有树立可以取上述精英意识而代之的新的理想信念,所以就总是陶醉在语言的狂欢化嬉戏中。

(五) 口语式语言

口语式语言指那种呈现出当代市民日常口语特点,或者使人产生这种口语感觉的文学语言。针对以"朦胧诗"为代表的精英独白的主流权威,20世纪80年代中期崛起的"新生代"或"第三代"竭力选用当代市民日常口语去抗衡,使口语在表达中显示出汉语特有的新的魅力。其代表性诗人有于坚、韩东和伊沙等。于坚相信这种口语式语言具有"一种流动的语感","大巧若拙、平淡无奇而韵味深远"。[①]

(六) 间离语言

与白描式语言注重在现代汉语总体框架中复活古代汉语精神不同,也与旧体常语式语言以今天的日常语言和现实生存体验去激活文言文传统不同,间离语言尤其注重借鉴来自西方的新奇语言如现代主义和后现代主义语言,刻意虚构出非真实的奇幻或怪异故事,并注意拉大或强化作者与故事、故事中人物与其难以抗拒的悲剧性宿命、作者与读者、读者与故事之间的"心理距离",使其间始终笼罩着一层奇幻莫测却又颇具诱惑力的面纱。一批"先锋作家"如马原、莫言、格非和余华等是这方面的代表。

(七) 自为语言

"自为"是"为自己"或"关涉自己"之意。自为语言,从字面上讲是为语言自身的语言,在这里主要指20世纪80年代后期文学中出现的那种不是直接再现具体社会现实而是返身直指汉语本体的汉语形态,它一面直指汉语自身或为汉语自身,而不直接关涉社会现实,

---

[①] 巴赫金的理论及有关讨论,可参阅钱中文:《理论是可以常青的——论巴赫金的意义》,载《巴赫金全集》,河北教育出版社,1998;刘康:《对话的喧声——巴赫金的文化转型理论》,中国人民大学出版社,1995,第2、129页。

但另一面这种直指汉语的行为本身又是对特定社会现实状况的再现,因而具有间接的再现性。从海子、任洪渊、欧阳江河和孙甘露的诗或小说中可以窥见这种自为语言的风貌。①

上述七种语言,不过是奇语喧哗的种种语言气象的简要列举而已。可以看到,正是新的文化认同进程推动了语言多元化的进程,从而使奇语喧哗成为可能。这种奇语喧哗显然是远比过去单一的大众群言和精英独白更为合理的文学语言格局,标志着近 50 年间中国文学语言发展到一个难得的丰富而活跃状态。确实,这似乎是当代文学史上一个罕见的多种语言竞相喧哗的"黄金时段"。但这样的时段毕竟不可能持续长久,在随之而来的世纪末语境中,它不得不面临分裂命运。

四、角色认同、语言分合与多语混成

进入 20 世纪 90 年代以来,尤其是从 1992 年起至今,随着中国社会由计划经济向市场经济转变,中国文化界逐渐地开始了一场缓慢而深刻的转变:作为社会的特殊精英阶层的知识分子,明显地感受到自身社会角色转型的必要。在过去的政治整合、思想解放和文化认同进程中,知识分子主要地都是扮演了一种"精英"角色。只不过,这种角色的具体方式彼此有所不同罢了:政治整合要求他们无条件地扮演统一意志的代言人角色,努力使工农兵大众在统一意志指令下统合起来;思想解放需要他们奋力承担大众的思想启蒙者角色,破除由于统一意志的极度膨胀而造成的政治与文化蒙昧状况;文化认同则使他们自觉地充当全社会文化寻根的急先锋,向着时间上的原始、空间上的边缘和本性上的本能三个方位去寻找中华文化之"根"。而今,面对市场经济格局及其所造成的新的社会分层状况,他们从来没有像今天这样深切地感到,自己作为社会精英的角色正面临着根本性转变。而发

---

① 于坚:《诗歌精神的重建——一份提纲》,载陈旭光编《快餐馆里的冷风景——诗歌诗论卷》,北京大学出版社,1994,第 262 页。

生在20世纪90年代中期文化界（包括文学界）的"人文精神"讨论、"二张"（张承志和张炜）与"二王"（王蒙和王朔）之争和各种"主义"（如民族主义、自由主义、保守主义、后现代主义及后殖民主义等）论战，都可以视为知识分子对自身社会角色的重新认同过程。通过加入论争、坚持或反对某种观点，他们力求为自己发现并确立在新的文化状况中的新角色。这就是说，与过去一向固定地饰演社会精英角色并对此确信无疑不同，知识分子对这种角色本身发出痛切质疑，并起而探索新角色。这就出现了角色认同状况。

确实，在新的市场经济和社会分层等条件及角色认同语境中，已经不存在过去那种单一化知识分子角色了，而是存在多种角色的选择。是继续做过去那种既具有专业技术知识又投入社会政治风云的"专家加政治家"，还是仅仅做"不问政治"而只问学术或技术的专家本身；是持续地担当大众的启蒙者或批判者角色，还是汇入新的"大众文化"潮流去"弄潮"；是以民族主义者姿态强硬地回应西方文化的冲击，还是自由地和容纳万有地领略八面来风；等等，知识分子似乎从来也没有像今天这样同时面对着各种角色的诱惑。一些清醒的人可能已经很快调整自身而完成了角色的重新选择与转型，但更为复杂的情形可能是：许多人痛苦地而又不甘地感到，现在的每一种单一角色都是不完善的，都有其本身难以克服的致命弱点或缺憾，从而都难以尽情地体现自己原初的社会理想与使命感。应当看到，这样一种角色焦虑是当前角色认同进程的必然伴随物，它表明，知识分子的角色认同绝不是简单的和一劳永逸的，而是一个曲折的和存在反复的探索与选择过程。

这种与角色焦虑相伴随的角色认同，在知识分子的心理和行为中则表现为语言的分合情形：一方面，多元化语言中的每一"元"都出现内部分裂或裂变，出现零散的语言碎片；另一方面，这些不同的语言碎片又不甘于零散状态而寻求新的综合。具体说来，在过去的统一的语言俗化和语言雅化状态下，语言都是有其完整性的，不会出现混淆；即便是在后来的语言多元化格局中，虽然多种异质的语言共同存在，多元共生，但其每一"元"都各有其逻辑上的完整与独立性。而今，这种语言完整性和独立性却破裂了。人们难以从多元化语言格局中自主地选择出某种特定语言了，而是不得不面对多种非完整的和非独立的语言碎片，在这些语言碎片中徘徊不定。甚至可以说，从1898年至今百年间出现过的种种语言资源，在这世纪末时刻也都又走马灯似地匆匆闪过，但都耗竭完各自的整体创造能量，而裂变或散落为种种语言残片。但是，置身在这种碎片语境中，人们还是执着地期待着一次新的综合机会的到来。

近年来文学创作的五花八门而又扑朔迷离的状况，正与这种世纪末语言分合有关。面对前辈留下的种种语言碎片，作家们似乎再也找不到可供自己仿效和选用的任何一种完整、独立而充满魅力的现成语言了，而更多地只是痛感语言的破裂和散乱。难怪有人估计，20世纪90年代后期文坛一片迷茫；更有人惊呼，文学再度面临世纪末危机。然而，正是在这种语言裂变状况中，我们可以看到一些新的综合尝试——不妨称作多语混成。

多语混成，或称多体混成，指一个特定文学文本综合地运用多种彼此不同的语言碎片，既综合了小说、诗歌、散文、相声和剧本等不同文学的文类语言，也汇聚了日记、口号、广告和法律文书等非文学的文类语言；既有独白体、对话体和杂语体，也有书面语、口语、方言、流行语和外来语等。总之，文学与非文学、叙述与抒情、独白与对话、独白与杂语、口语与书面语、方言与流行语、现实型和浪漫型等不同语言在此聚集。以标举口语的"流动语感"及其"平淡而韵味深远"效果著称的于坚，在长诗《0档案》（1994）中以诗体戏拟档案体，在一种反讽状态中揭示个人被公文控制的命运，表明了这位诗人冲出单纯口语局限而寻求语体跨越的姿态。曾以《古船》（1986）名震文坛的张炜，在《家族》（1995）中探索小说体与诗体双体并置的新路。而一向注重语言跨越的王蒙，早在20世纪80年代初就认识到："小说首先是小说，但它也可以吸收包含诗、戏剧、散文、杂文、相声、政论的因素。……我们为什么不喜欢小说中有散文、小说中有诗呢?"① 调动多种语体如诗、散文、戏剧、相声和电影蒙太奇等来多方面和多角度地即立体地表现人的纷纭繁复的情绪流动，是他的"立体语言"的特长。而20世纪90年代中期陆续发表的长篇系列小说《季节》(已出《恋爱的季节》《失态的季节》和《踌躇的季节》三部)则体现了更为激进的多体混成姿态，小说中不仅大量容纳诗、赋、散文和相声等多种文类，而且还交替地出现排比、叠词、叠句、华丽辞藻、顶针、反复、回环、并列和无标点等多种语言手段，从而以一种自由而灵活的形式抒发了强烈的政治骚绪与反讽交织的情怀。而先锋作家刘恪的"诗意现代主义"中篇系列、长篇小说《蓝雨徘徊》和《城与市》等，则相继引进除小说外的他种文类，如诗、日记、散文、图案、公式、法律文件和剧本等，以此揭示一颗忧郁的世纪末苦魂的深切颤动，从而标志着这种跨语体尝试达到一个新高度。重要的是，这些汇聚起来的多种语言，在文本中并不是散乱无章的，而是存在着一种内在联系，组成一个错乱中见联系、迷茫中出诗意的语言整体。②

应当如何看待这种多语混成状况？我的初步看法是，多语混成既是当前文学面临"迷茫"或"危机"的标志(这不能否认)，同时，更是它面临新的转机的征兆。人们可能同意说，这种多语混成状况的出现有其必然性，但却可能质疑说:这样散乱的语言状况怎能代表新的转机？应当记得，主张"一代有一代之文学"的王国维曾经说过:"盖文体通行既久，染指遂多，自成陈套，豪杰之士亦难于中自出新意，故往往遁而作他体，以发表其思想感情。一切文体所以始盛终衰者，皆由于此。"③ 他这里的"文体"是包含我们所谓的语言。当旧有语言模式已成"陈套"而难出"新意"，无法满足新的生存体验的表达需要时，就必然要求另创新语言，"遁而作他体"了。"遁"不应是

---

① 王蒙:《漫话小说创作》，上海文艺出版社，1983，第15-16页。
② 而从文体角度看，这种多语混成状况又是"跨体文学"的标志之一，参见王一川:《倾听跨体文学潮》，《山花》，1999年第1期，第84-89页。
③ 王国维:《人间词话》，滕咸惠校注，齐鲁书社，1981，第104页。

胆小的隐遁，而是勇敢的开拓。作家一面痛感百年来种种现成语言无法满足新的生存体验的表达需要，一面却无力另创崭新的语言，从而陷于走投无路的"危机"境地，就不得不求援于跨语体行动，在跨语体上寻求新突破和新创造。对此，刘恪有清醒的认识："拯救汉语已是一个艰巨任务。如果我们能动摇一下势力强大的语言习惯，例如取消叙事权威，并置不相关的本义，破坏传统语法，强调词汇的装饰性，扭曲话语的情感等。……所谓叙述方式的变化，从根本上说是一种语言方式的变化。"① "拯救汉语"的任务具体地体现为"动摇"现成"语言习惯"而寻求坚决的语体跨越。可见，无力新创语言诚然说明了当前作家的无奈境遇，但多语混成却又表明了在这种无奈境遇中升起的"拯救"性努力。如果这种拯救性努力确实根本上是出于新的生存体验的表达要求而不是纯形式主义地"为语言而语言"的话，那么，我相信，它就有可能孕育着一种新的转机。可以说，业已百岁的中国现代文学演进到世纪转折关头，确实需要而且可能来一次新的以跨越语体为标志的文学转折了。但这次转折不可能是像"五四"时代那样轰轰烈烈的涉及文学思想、观念乃至整个文化思潮的"文学革命"，而只是发生在语言内部的静悄悄的而又意义深远的内在激荡。当然，行进的路会是曲折的，不会一帆风顺，但如果各种条件具备，谁能断言说这内在激荡就不会在即将来临的新世纪奔涌为一条浩荡巨流呢？

以上对近五十年当代文学语言状况做了简要回顾。可以看到，四种语言状态的转换是值得注意的。首先出现的语言俗化和大众群言，是对"五四"以来多元化语言资源的一次以大众语为基础、以政治整合为目标的整合，正是这种以俗为本的语言整合把文人化语言和欧化语言搁置起来；接下来的语言雅化和精英独白试图激活沉睡三十载的文人化语言传统，以此为标准对已变得僵化的大众群言加以纯净化提炼，以便服务于思想解放的目标；如果说上述两种语言状态的转换表现为从俗的整合化语言到雅的整合化语言之间的替换，那么，随即出

---

① 刘恪：《梦中情人·跋》，百花洲文艺出版社，1996，第 524－525 页。

现的语言多元化和奇语喧哗，则表明这种整合化语言已经被多种不同语言所替代，而这是文化认同所需要的；最后，世纪之交的知识分子角色认同和语言分合状况，迫使作家探索一种新的零散语言的综合——多语混成。这里可以见出如下一条转换轨迹：俗化—雅化—（包含雅俗统合在内的）多元化—碎片拼贴。俗化和雅化语言都体现整合特点，而多元化则意味着由合到分，碎片拼贴显示出分裂中的新的聚合。由这条语言演化轨迹是可以窥见近五十年来文学演化轨迹的，而这需要另作专文了。

文化虚根时段的想象性认同[①]
——金庸的现代性意义

金庸是一个多义世界。本文打算在简要梳理已有的几种意义解读的基础上,从中国文化现代性角度去尝试别一种阅读,以就教于方家。

一、三种阅读模式

目前对于金庸小说的阅读(包括阐释和评价)呈现众说纷纭的局面,无论是阅读方式还是评价,都难以做简单概括。尽管如此,我认为还是可以从中梳理出三种主要阅读模式,而人们的肯定或否定性评价也都可以从这些模式引申出来。

第一种阅读模式为俗文俗读,可称娱乐说。这是从金庸武侠小说的通俗娱乐效果着眼的,认为它的价值就在于向读者提供通俗的日常感性愉悦。但正是在这同一娱乐基点上,评价却可能完全相反。肯定的观点认为,"俗"有什么不好?读者俗人俗性,俗文俗读,此俗何罪之有?这种观点不是轻视或掩盖金庸小说的俗性,而是充满自信和自豪地肯定它,以俗为正、以俗为美。许多普通读者往往对金庸持这一态度。而否定的人(如一些批评家、学者或社会评论者)则说:金庸的俗是俗不可耐,是低俗或媚俗,甚至简直就如"鸦片"一般毒害读

---

① 本文原载《天津社会科学》2001 年第 5 期。

者,应当坚决"拒绝"①。诚然上述评价截然相反,但都共同地认定"俗"或通俗娱乐乃是金庸小说的基本的或唯一的意义或特性。

第二种为俗文雅读,可称高雅说。这种观点不是认可金庸小说的通俗娱乐性,而是相反地,竭力证明它可由俗通雅,直通高雅文化层面,并且甚至具有极高的高雅性。由此出发,认为金庸的特点在于俗文雅性,即通俗本文也指向并蕴含高雅文化属性。例如,认为金庸真实地描写了中国人的生活形象;刻画了中国文化中的正气、情义、高尚人格、个性解放、民主等主题;并且在中国现代文学史上首次把俗文化提升到雅文化的高度,证明通俗文化也具有雅性,体现雅俗共赏价值,因而对于填平雅俗鸿沟做出了了不起的贡献。一些读者、文学史学者、文学批评家及文化批评家持此看法。在这里也出现相反看法:金庸确实可以通向雅,但这雅是"伪雅"或令人做作的高雅,对社会不仅无益而且有害。②

第三种是古典今赏,可称古典说。与前两种分别从俗雅角度去阅读和评价不同,这里着重领会金庸对于中国古典传统的保存、发掘或普及性意义,认为金庸小说的价值既非俗性也非一般雅性,而是古典性(或传统性)。由于金庸致力于以武侠小说形式发掘中国古典文化传统的现代价值,因此在今天尤其具有现实意义。持这种观点的多为中国古典文学和文化的爱好者和学者。但反对的人往往可能指责说:金庸的古典性是"假古董"。

这三种观点分别标举金庸小说的"俗""雅""古"特性,显然各有其合理处。然而,它们又各自难以沟通,并且每一种都会引发肯定和否定的相反结论。要想在这里硬性裁定哪种更具合理性是不必要的,应当承认,这本身就表明了金庸小说在阐释上的多义性和评价上的分

---

① 王朔批评金庸的"俗法"有问题:"并不是我不俗,只是不是这么个俗法"。他指责金庸的"俗法"代表了"以香港地区和台湾地区为中心包括新加坡、马来西亚、泰国一带的华人资产阶级趣味",与"四大天王"、成龙电影和琼瑶电视剧并列为"东南亚庸俗文化圈"的"四大俗"。见王朔:《我看金庸》,载《无知者无畏》,春风文艺出版社,2000,第77—78页。
② 王朔批评金庸"很不高明地虚构了一群中国人的形象,这群人通过他的电影电视剧的广泛播映,于某种程度上代替了中国人的真实形象,给了世界一个很大的误会,以为这就是中国人的本来面目","歪曲了中国人的形象"。见王朔:《我看金庸》,载《无知者无畏》,春风文艺出版社,2000,第77页。

歧性。如果这一概括大体能够成立，那么，问题在于，为什么这种阐释多义性和评价分歧性会同时存在于金庸阅读中？要回答这个问题，需要跳出这三种观点各自的立场而从一个更宽阔的界面去重新阅读金庸小说文本。正是在这样一个宽阔的界面上，金庸小说文本能显示出它的远为丰富复杂的意味。这个宽阔的界面就是金庸小说文本被创造和阅读的中国文化现代性语境。

二、中国现代性与文化精神

如果把金庸纳入中国现代性语境去阐释，会发现它具有一种跨越上述俗、雅、古等单一立场而更具通串性和包容性的文化现代性意义。

所谓中国现代性，也称中国文化现代性，主要是指与中国古代文化状况相对应的一种新的文化发展时段。如果说中国古代文化本身构成一个有着悠久历史过程的"长时段"，那么，中国现代性则属于另一个新的由若干"短时段"组成的长时段。① 中国现代性是指1840年鸦片战争以来中国人在生活方式、宇宙模式、价值体系、伦理范式、心理结构、审美表现等层面所体现的特性。如果说，"现代化"一词突出经济、商业和贸易等物质层面及相应的制度层面的变革的话，那么，"现代性"则主要体现文化层面（即生活方式、宇宙模式、价值体系、伦理范式、心理结构、审美表现等）的转变。这样的文化现代性力求回答中国人在现代世界上的地位问题，即中国人在现代世界上活得怎样？中国人在现代世界上具有怎样的形象和个性？对此的探询必然会引申出如下问题：中国人靠什么来确证自己在现代世界的地位？显然，靠的不应是单纯的经济发展指标或社会制度变迁，而应是中国文化在现代文化格局中的独特个性，而这正是现代文化精神之所在。现代文化精神是尤其能显示民族的现代个性和地位的东西。

---

① 我有意不用容易引起误解的术语"时代"而采用"长时段"概念。"长时段"和"短时段"概念据布罗代尔：《长时段：历史和社会科学》（1958），载《资本主义论丛》，顾良、张慧君译，中央编译出版社，1997，第173-204页。

但中国现代文化精神是不可能单独存在的，而只能透过现代中国人的生活方式、宇宙模式、价值体系、伦理范式、心理结构、审美表现等具体而多样的文化过程表现出来。而在其中，中国现代文学作为中国人审美表现的集中形式，往往能借助独特而富有审美魅力的语言艺术形象系统去表现特定的现代文化精神。金庸小说，正是这样一个能体现中国现代文化精神的形象系统。因此，从文化现代性语境看金庸，正意味着把金庸同中国现代性文化精神紧密联系起来加以阐释和评价。

三、现代文化虚根与认同模型

要理解金庸的现代性意义，首先需要追问：金庸小说是在什么样的具体语境下产生的？因为，它所产生的具体语境也正与它所发生作用的语境相通。

简单地说，金庸小说产生于20世纪中后期英国对香港实行殖民统治的汉语文化语境中。自从香港被英国殖民统治后，香港的汉语文化遭遇三种焦虑：非古、非中、非西。非古，指它与中国古典文化进程断裂、参照英国模式而呈现出明确的现代性特征。非中，即与中国文化母体疏离而具有西方文化特征。非西，指它看起来归属于西方文化统治，但实际上又与西方中心相疏离，无法割舍与中国文化的血脉联系。这三"非"决定了香港汉语文化出现一种虚根状态。所谓文化虚根，指在文化的各个层面如生活方式、宇宙模式、价值体系、伦理范式、心理结构、审美表现等所体现的普遍性失落、失范、虚无或空虚状况。生活在香港文化语境中的华人，对这种文化虚根状况有痛切的体验，产生了对于中国文化根基的急切认同渴求。金庸正是在这种语境下产生的。金庸的出现满足了处于文化虚根状态下的香港华人对于中国文化根基的想象性认同。

而金庸的影响之所以远远超出香港语境而伸展到包括中国内地在内的全球各个华人区域，则仍与这种普遍性文化虚根状况相关。文化虚根，不仅特地针对香港状况，而且也是对整个中国文化在现代遭遇的普遍性危机境遇的一个简便概括。在古代，中国文化历来有两个基本特征：一是"中国中心"幻觉，即相信中国是"天下之中央"；二是"中优外劣"心态，即认定中国人天然地优越于其他民族。① 而自从鸦片战争以来，这两种固有的中国文化信念都被瓦解了。中国人真实而又痛苦地发现，自己不再是世界的中心，而不过是边缘；自己非但不再比其他民族优越，而且处于极端贫弱境地，甚至有被"开除球籍"的危险。这种瓦解给中国人带来的文化焦虑是：一方面置身于这种文化信念被瓦解的痛苦之中而茫然失措，另一方面是急切渴求的新的文化信念又迟迟难以确立。于是，现代中国人不得不遭遇文化虚根危机，并在这种危机境遇中执着地开始了新的文化认同的艰难历程。

而正是在香港这个三"非"语境中，中国现代文化的虚根危机被暴露得如此鲜明、露骨和毫不掩饰，以致它高度浓缩地和典范性地汇聚了中国现代文化的危机症候和认同渴望，从而在中国文化现代性时段产生了一种普遍性意义。这里的"如此鲜明、露骨"，是说在当年的香港，处于英国殖民统治下的中国人，从制度、语言、行为方式、生活习俗、艺术等层面，无时无刻不在感受着异族压抑下自身文化根基丧失的痛楚。而"毫不掩饰"则是相对于中国大陆和台湾而言的。如果说在大陆和台湾都因复杂的原因而曾出现过"文化复兴"的虚假繁荣的话，那么，正是在香港，这种虚假繁荣不会有任何市场。香港被英国殖民统治，这是中华民族的奇耻大辱，谁也掩饰不了这个现实；但正是在这种奇耻大辱现实中，"物极必反"，身在香港的中国人尤其能对中国现代文化根基产生极其强烈的反思意识和认同渴望（这或许是一种文化辩证法吧？）。在过去，人们曾习惯于说香港是"文化沙漠"，但这只说对了一方面。而被忽略的另一方面是尤其重要的：在荒漠中遭遇饥渴的人特别能生出啜饮甘泉的渴求。正像愈是干渴而愈生

---

① 殷海光认为"中国文化"有两个特征：自我中心、不以平等看外国。参见殷海光：《天朝型模的世界观》，载《中国文化的展望》，中国和平出版社，1988，第1—20页。

渴望一样,处身于文化沙漠里的人具有超乎寻常的文化认同渴望。所以,在香港,这种极其强烈的文化反思意识和认同渴望在20世纪全球华人中可以达到一种极致,而这种极致状况获得了一种文化虚根和认同的象征性模型的意义。也就是说,这一象征性模型高度凝缩了中华民族在现代世界的深切痛苦和强烈的认同渴望,在中国文化现代性时段中具有一种普遍的象征性模型的意义。

而金庸正是这一象征性模型的一个当然代表。金庸小说往往以活生生的形象折射出中国现代文化虚根危机和认同欲望。乔峰(萧峰)由一封来历不明的信件而揭开身份认同危机的连锁反应,引发无休止的冲突及痛苦折磨,并且为抵制和战胜这种不幸宿命而表现出了非常的英雄气概,这些都可以说正是象征性地和曲折地显示了这种文化虚根危机和认同渴望。这样,金庸之所以产生于香港却又能风行全球华人区域、激发起强烈而持久的文化共鸣[①],就是由于他的这种象征性模型的特殊作用。在这个意义上说,金庸武侠小说不可能产生于中国内地、台湾及其他区域,而只能产生于香港——这个在中国现代文化虚根和认同方面尤其具有象征性模型意义的三"非"语境中。而同理,处于相同的文化虚根境遇中的全球华人,面对金庸,怎能不生发出共同的文化反思与认同渴望?

四、金庸小说层面及其现代性意义

如果把金庸小说纳入中国现代文化的上述虚根和认同语境中去阅读,就可以发现它充分的现代性意义。这种阅读可以有多种不同方式,见仁见智。这里只想从金庸小说文本层面入手做简要分析。一般地说,金庸小说可以由外向内地分做如下六层面:传播媒介、小说类型、语言组织、形象系统、文化价值取向、深层意蕴。而前面所述俗、雅、

[①] 严家炎先生指出全球"金庸热"呈现读者数亿计、持续时间长、覆盖地域广、读者文化跨度大、超乎政治分歧之上等特点。见严家炎:《金庸小说论稿》,北京大学出版社,1999,第8-13页。

古三种阅读模式,则大致可以对应于这六层面:俗文俗读(娱乐说)可从传播媒介和小说类型层面理解,俗文雅读(高雅说)可从语言组织和形象系统分析,而古典今赏(古典说)则与文化价值取向和深层意蕴相连。当然这种对应只是从极简化意义上说的。而实际上,这六层面是相互交叉、渗透而难以截然分开的。不过,这至少可以说明:正是由于小说文本的这种多层面的存在现实,才可能引申出阅读的差异。

金庸小说起初是以报刊连载形式发表的。这就是说,它的基本传播媒介是现代报刊。这种现代报刊连载体小说,在传播上具有特殊的优势:一是信息输送量大,二是传播速度迅捷,三是受众数量巨大,四是既满足又生产公众的日常阅读需要。公众每天阅读未完成小说,总是一面感到一天的等待终于获得满足,但一面又期待着明天的下一节阅读,从而不断满足又不断诱发阅读需要。于是,公众的阅读渴望被再生产下去。金庸成功地以这种现代报刊连载形式满足了现代都市公众的阅读需要,使小说赢得了最广泛的公众("凡有华人的地方就有金庸"),创造了现代性文学的传媒奇迹。当然,这种传播优势也是与金庸小说的类型特点结合在一起的:既俗又雅,俗而雅。这就需要与下一层面联系考虑。

从类型看,金庸小说具有独特的特点:一方面,无可争议地归属于通俗武侠类;但另一方面,又被认为突破了雅俗界限而达到高雅文学的美学高度,因而具有俗雅双重性。俗雅双重性是对金庸小说的俗而雅特性的概括。金庸小说既可以被视为通俗本文或俗文而单从通俗层面去阅读,称俗文俗读;又可以被进一步视为高雅文本或雅文而同时从高雅层面去阅读,称俗文雅读。俗文俗读和俗文雅读,既可以各行其是,也可以相互通串。你可能只对武侠的惊险和奇异感兴趣,所以把金庸小说看作平常娱乐本文,消遣而已;也可能在娱乐之余,对其中寄寓的文化意味产生深深的共鸣,并且感到余味深长,所以击节赞叹金庸小说高雅。当然,无论俗雅如何共存和相通,必须看到,俗是金庸小说的基本特性,而雅只能在俗土中生长。雅是俗土生长之花。

金庸小说的俗雅双重性，为渴求精神皈依的现代华人提供了一个具有多层面结构的审美的公共想象空间。在这里，俗与雅之间，低文化与高文化之间，内地（大陆）、香港、台湾及全球其他华人文化社群之间，整体上的汉语文化（如中国大陆文化和台湾文化）与整体非汉语文化中的汉语文化（如欧美华人文化）之间，既可以各行其是地按自身规律或社群语境展开想象，形成自身层面的意义世界（如可以俗文俗读、俗文雅读或古典今赏）；也可以暂时消除彼此的种种疏隔，汇合到由共同的汉语形象媒介组成的"想象的共同体"中，于是，一种想象的全球汉语文化的"大同"情境油然而生。

而一旦由俗文品味到雅意，就不再仅仅意味着从外在文学类型来阅读了，而事实上已伸展进小说的汉语层面。因为，从某种意义上说，汉语文学是汉语的艺术①，阅读金庸小说无法回避金庸小说的特殊汉语组织。调动多种语言资源和手段而形成多语混成的汉语组织，是金庸小说的一个突出特点。金庸善于调动对话与独白、陈述与转述、方言与书面语、口语与俗语等多种语言形式去叙述故事、刻画性格，渲染出通俗娱乐效果；同时，这些语言本身又在成功的表现中显示出动人的形象魅力。也就是说，金庸小说的汉语组织不仅能够成功地刻画各种艺术形象，而且本身就具有形象性——正是在对于各种艺术形象的成功刻画中，金庸的汉语组织呈现出动人的汉语形象。对这种汉语形象需要做进一步的专门分析。

由上述汉语形象加以表现的其他各种艺术形象，如人物、景物、器物等，为现代中国人在世界上的生活境遇提供了意味深长的象征性范型。单从人物形象看，金庸笔下的那些带着人生疑问而又充满正义感和崇高气质的英雄们，如郭靖、令狐冲、乔峰（萧峰）、张无忌、胡斐等，往往遭受情与义、忠与奸、正与邪、汉族与异族以及个人身世之谜等种种危机的痛苦折磨。这些危机与痛苦体验仿佛是以寓言形式，曲折地象征着中国人在现代所遭遇的文化虚根危机和认同渴望。因此，

---

① 王一川：《汉语形象美学引论》，广东人民出版社，1999，第332–366页。

武林英雄们的身份认同危机及其摆脱危机的英雄般努力，无法不在现代华人社群中激发起内心深处的强大共鸣。而金庸对与中国文化有关的各种景物、器物、知识、历史故事、典故等的描绘，又体现出鲜明的古典崇尚倾向。这就需要渗透到下一层面去分析。

需要澄清一个普遍性误解：金庸在文化价值取向上诚然体现出明显的中国古典文化崇尚倾向，但是，这种古典崇尚在性质上却不是像某些论者所说的那样归属于古代的，而是属于现代的，可以说，它不过是一种后古典性。中国古典文化作为一种现实的实在进程在鸦片战争以来的现代已经逐渐地中断，取而代之，处于真正的现实地位的是现代性文化。例如，现代汉语取代古代汉语，新诗取代旧体诗。不过，在作为实在的现代性进程中，古典文化并没有完全绝迹，而是作为古典残片生存下来，具体地说，是在现代因子的激活下生成为活生生的古典传统形象。这种现代性语境中的古典形象已不再是古代的古典文化本身，而是现代性中的古典传统，是现代性古典。不妨套用"后……"术语说，这是一种"后"于古代而在现代存在的古典传统，即是在古代文化进程中断以后而在现代性进程中重新创造或再生的古典传统，称后古典性（或后传统性①）。后古典性是现代性的一种存在样式，是以古典风貌存在的现代性形式。金庸对中国古代文化资源如史、地、易、儒、佛、道、兵、武、医、农、琴、棋、书、画、诗、酒、食、俗等的描绘，以及对中国文化精神如侠义、忠孝、名教、夏夷、穷达等的刻画，都并不简单地等同于中国古典文化本身，而只是它的现代性形式，即体现出浓烈的现代后古典性特征。

应当指出，后古典性并不是简单地指时间上的"后于古代"，而是指古典文化在断裂中的现代性再生形式。后古典性与古典本身不同。置身在古代文化怀抱而体验古代，与置身在现代文化语境而回瞥古代，

---

① 这里参照了吉登斯的"后传统性社会"（Post-Traditional Society）概念。见吉登斯：《生活在一个后传统性社会》，载贝克、吉登斯和拉什合著《反思性现代化》，布莱克威尔出版社，1994，第 56 – 109 页 [Anthony Giddens, "Living in a Post – Traditional Society", See Ulrich Beck, Anthony Giddens and Scott Lash, *Reflexive Modernization* (Cambridge: Blackwell Publishers), pp. 56 – 109]。

必然会有不同的体验。在前者,当我们的古代先辈生存于其中时,他们对中国古代文化的观照实等于一种自我体验,即是以自我视野观照自我;而在后者,由于古代文化流程已经中断,现代性已成生长中的实在,加上与西方文化的强烈对照和实际撞击,因而现代人对古代文化的回瞥就不得不在切身体验中混合着一种旁观性成分,变成对已经消逝而又力求复活的陌生且熟悉的"他者"的旁观性体验了。回瞥那已消逝的古典,回瞥什么和忽视什么,张扬什么和抑制什么,都不是单纯取决于古典本身,而是从根本上取决于现代性需要。金庸对于中国古典文化的审美张扬,实际上就标志着处于现代性语境中的中国人对于古典文化"他者"的重新体验和创造,从而具有后古典性特征。那飘逝的往往可能更美丽。在古代未必动人的,在现代却可能展现出绝妙的韵致。例如,现代美学中的"意境"概念,诚然早已出现在唐代,但却是从王国维的现代性发明开始,才逐渐地显示出真正的重要意义。可以说,"意境"虽然来自古典美学,但却不折不扣地是现代人重新发掘和创造的产物,因而属于中国现代美学范畴。同理,在金庸笔下,因而也在金庸读者眼中,中国古典传统往往按照现代中国人的需要(情感、理想、趣味、想象等)而获得重新取舍、发掘、变形或移植,从而呈现出与其在古代语境中的原有面貌并不完全相同却又息息相通的崭新"意境"。试想,置身在今天已经变得"非常现代化"或"西化"的生活境遇中的香港同胞和海外华人,从金庸世界里能不"读"出一种自己所心仪的后古典性"中国"么?对后古典性的把握,要求我们从文化价值取向层面进入更深层的文化认同层面。因为,对特定文化价值的选择是与某种最高的文化认同欲望紧密联系着的。也就是说,要把握金庸的后古典性价值,就需要进而追究其至深而隐秘的中华性意蕴。

由于上述多层面特点的综合作用,金庸小说往往透露出一种深层意蕴:对于一种新的中国性形象即中华性的文化认同和想象。也就是说,在金庸小说的报刊连载体奇迹、俗雅双重性、多语混成汉语形象、有疑问英雄和后古典性等层面,共同衍生着一种深厚的文化意蕴,为现代中国人的文化身份认同提供了一种与古典性中国形象不同的新的想象性模型。

这里的古典性中国，可简称"中国性"，是潜在地影响或制约现代中国人的古代文化范式。作为这种古代文化范式的现代性存在方式，中国性主要由中国中心幻觉和"中优外劣"心态等构成，代表着自觉处于世界中心和优于其他民族的中国人对于世界、他者与自我的文化想象。鸦片战争以来，原有的中国中心幻觉和"中优外劣"心态逐渐解体，这种古典性中国或中国性必然趋于解体。而正是在这种解体过程中，中国性才得以完整地呈现，其作为中国文化范式的作用也才会显示出来。所以，中国性概念的意义与其说是对中国古代人而言，不如说是对中国现代人而言。正是在鸦片战争以来的现代，面临解体命运的中国性才在解体中呈现出实质性意义和作用来。它是现代中国人反思自我形象、认清外部他者形象的一把基本刻度尺。问题在于，置身在强盛的西方"中心"格局中的边缘中国，应当如何实现自身文化的重新建构呢？

因此，一种与中国性不同的新的想象性探索就是必然的了。这种新的中国性，可以说是一种后中国性，或者不如称为中华性。① 相比而言，"中国性"一词带有"国"的意义，有可能保存着"中国中心"幻觉的残余，而且在英语世界也有现成的"中国性"一词的对译，即Chineseness。而改用"中华性"一词，正可以避免"国"字的狭隘提示而突出全球华人区域社群的宽泛含义，并可以体现新中国性（Neo-Chineseness）或后中国性（Post-Chineseness）特点，被灌注入现代中华民族或华人的共同文化根基的意义。中华性是在中国性走向衰败的语境中出现的现代文化想象和体验模式，即是中国原有的自我中心幻觉和中优外劣心态被迫解体的产物。这一模式在认可中国处于现代世界的非中心（或边缘）境遇的前提下，努力寻求新的中国形象的建构。

---

① "中华性"初见于笔者与人合写的《从"现代性"到"中华性"》，《文艺争鸣》1994 年 2 期，后在笔者的《中国形象诗学》（上海三联书店，1998，第 457 – 473 页）中有新表述。

这种新的中国形象是两方面力量制衡的结果：一方面，中国人不甘忍受现代贫弱与落后境遇而时刻渴望复兴；而另一方面，又不可能也不再把重建中国中心和中优外劣等级制作为追求的目标，而是务实地面对现代世界多极化境遇而寻求再生。于是，现代中华民族向自己提出的在现代多极化世界中复兴中华文化的任务，就不得不伴随着一种文化想象过程。按照这种文化想象，现代中国人即便是生活在全球不同地域、具有不同生存境遇、承受不同文化塑造，也能在汉语小说基础上表现和体验共同的情感、欲望、理想、趣味等。这无疑是一种全球华人在汉语形象基础上的想象性认同。置身于香港殖民统治统治之下的金庸，以其武侠小说正构成对上述中华性的一种审美探求。

在我看来，金庸的小说形象世界一面呈现出中国性的解体过程，一面又显示了中华性的建构轨迹。他在前期小说如《书剑恩仇录》《碧血剑》《射雕英雄传》《倚天屠龙记》和《神雕侠侣》里，虽然沿用了中国性中典范的"夏夷"二元对立模式，但却是一种翻转：从扬夏抑夷变为抑夏扬夷。他把明显的褒扬投寄给少数民族美女香香公主喀丝丽、巾帼英雄霍青桐、英雄好汉萧峰（乔峰）、蒙古帝王成吉思汗和清朝皇帝康熙等，而对汉族的腐败、堕落、软弱等痛加贬斥、批判，正是一个明证。这种翻转的"夏夷"二元对立视野，其实可以视为他对处于西方中心主宰下的现代中国的边缘境遇的一种具有批判性意义的审美反省，即是对中国性的一种形象式清算。通过中华民族内部的抑夏扬夷传统的反省，他形象性地揭示了中国在现代积弱和衰败的心理根源或集体无意识，为中国文化在现代世界格局中的复兴方式提供了一种象征性借鉴。而到了后期小说里，他的上述翻转的"夏夷"二元对立模式逐渐淡化，而让位于一种更加平和通达和容纳广阔的多元文化视野——这实际上可以视为中华性的一种表征方式。《天龙八部》讲述了中华民族内部的大理、宋、辽、西夏、吐蕃、燕等"国"之间的"多国演义"，在多民族冲突和群雄竞争的激烈风云中，刻画出既融汇汉文化与契丹文化，又超越其上而代表天下百姓利益的大英雄、大豪杰萧峰。萧峰形象的成功塑造，等于是以一种有力的象征性形式，消解中国性中的古今、中西、官民、正邪等二元对立模式以及相应的中国中心幻觉和中优外劣心态，而呼唤新的多元共生、"和而不同"的中华性的生成。

什么是"和而不同"？历来众说纷纭。刘鹗在《老残游记》中借助玙姑的话语而提出了一种理解：

> 此曲名叫《海水天风》之曲，是从来没有谱的。不但此曲为尘世所无，即此弹法亦山中古调，非外人所知。你们所弹的皆是一人之曲，如两人同弹此曲，则彼此宫商尚皆合而为一。如彼宫，此亦必宫；彼商，此亦必商，断不敢为羽为徵。即使三四人同鼓，也是这样，实是同奏，并非合奏。我们所弹的曲子，一人弹与两人弹迥乎不同。一人弹的，名"自成之曲"；两人弹，则为"合成之曲"。所以此宫彼商，彼角此羽，相协而不相同。圣人所谓"君子和而不同"，就是这个道理。"和"之一字，后人误会久矣。

按照刘鹗的描述，"和而不同"不是多方消除差异"合而为一"，而是"此宫彼商，彼角此羽，相协而不相同"，即带着自身差异参与进来，达成一种相互协调境界。如果说，中国性是希求"合而为一"的话，那么，中华性则是主张"相协而不相同"即"和而不同"。显然，"和而不同"不是指异质性声音的泯灭、差异的同一化状况，而是指它们带着各自差异的相互协调状况。生存在全球不同区域或社群的华人，尽管其具体生存境遇各不相同，但不妨通过以汉语作品为中心的多种方式的沟通，而想象性地汇聚到一起，产生一种深深的共鸣体验。这，不正是中华性的一个基本内涵么？正是在萧峰（乔峰）性格的形成过程中，可以见出旧的中国性的逐渐淡隐和新的中华性的艰难生长历程，这里凝聚着中国性与中华性之间的微妙而重要的渗透与转变状况。《鹿鼎记》里的韦小宝，就索性被刻画为一个兼有汉、满、回、蒙、藏等多民族血统的"混血儿"。这一描写可以说是以寓言形式表达出中华性的上述多元共生、和而不同等内涵。而金庸的汉语小说被全球各区域华人共同地阅读和热爱的事实，本身不就是这种中华性图景的典范表征么？当然，金庸小说不可能体现出中华性的全部丰富内涵①，而只是从后古典性这个特殊层面介入中华性之中，使中华性呈现出一种独特的后古典性风貌。

以上对金庸小说六层面的分析是由外到内、由浅入深地展开的。但这种外与内、浅与深的区分是相对和大致的，不同读者其实完全可以抛开这些区分而随兴所至地优游，体味自己所心仪的特定层面的意义。尽管如此，有一点应是明确的：正是处于中国文化现代性语境可以把上述六层面统合起来阐释。

五、金庸与中国现代性文学

从中国文化现代性语境阅读金庸，不仅可以进入金庸小说本文层面，而且还穿透这些层面而伸向更宽阔的中国现代文学史领域。一个必须面对的现代文学史问题是：如何把握和评价金庸武侠小说在中国现代文学（小说）史上的地位？在这里，现代文学史问题其实可以与文化现代性问题联系起来考虑，因为在我看来，现代文学史是文化现代性进程的一个方面。

金庸武侠小说应被视为中国现代性文学的组成部分之一。我曾经指出，把以往所谓近代、现代和当代三个时段包容在一起的"中国现代文学"一词，不应只是用来指时间概念，而应涉及中国文学的一种与古典性传统不同的"新传统"，而这正是与中国文化现代性相联系的，所以应准确地称为"中国现代性文学"②。中国现代性文学的发生，是与文化现代性内部的审美现代性和汉语现代性的关系有关的。在中国原有的中国中心幻觉和中优外劣心态已然解体、中国人不得不

---

① 有关中华性的内涵，王一川：《中国形象诗学》，上海三联书店，1998，第457—473页。
② 参见王一川1997年10月在河南大学文学院召开的中国文学研究研讨会上的报告《现代性文学：中国文学的新传统——兼谈中国现代文学与文学研究》，该文后来发表于《文学评论》1998年第2期，第96—105页。

领受弱国小民地位的情境中,同时,在古代汉语已经丧失其卓越表现力和崇高权威性的情形下,中国人如何才能创造出新的属于现代的汉语组织以便表现自己在现代世界上的新的生存体验呢?对此的追问正构成中国文学的现代性问题。这样,正是在审美现代性(对现代中国人的生存体验的审美表现)和汉语现代性(创造新的现代汉语去加以表现)相交叉的坐标点上,出现了以20世纪中国文学为代表的新型文学,更确切点说,是中国现代性文学。

如果说这种新型文学致力于以新的现代汉语形式去表现现代中国人的生存体验,那么,问题在于,它在中国文学史上的地位和价值如何呢?"曾经运用古代汉语去书写生存体验、并创造了辉煌灿烂的古典文学的中国人,还能运用新的现代汉语去书写现代生存体验并创造堪与古典文学媲美的具有现代性的新文学吗?"这显然是一次前无古人的审美创造。"不再是沿用伟大而衰落的古代汉语,而是自无而有地创造稚嫩而伟大的现代汉语,以便表现现代中国人的新的生存体验,这是中国文学史上前所未有的艰巨而辉煌的事业。"可以说,"中国现代性文学并不只是以往中国文学传统的一个简单继续,而是它的一种崭新形式。即它不是为既往五千年或三千年传统续上一百五十年'尾巴',而是在五千年或三千年传统衰落之后另辟蹊径,另创一种新的形态,从而使中国文学呈现与古典性文学不同的一种'美'。如果说,以古代汉语为书写形式的古典性文学代表中国文学的古典性传统,那么,以现代汉语为书写形式的现代性文学则代表中国文学的新的现代性传统。这是中国文学所具有的两种彼此相连而又不同的'传统'"[①]。因此,由于本身如此重要而又长期受到忽视和轻视的缘故,作为中国文学新传统的现代性文学需要加强研究,是毋庸置疑的了。

但本文的论题决定了不能在这个问题上继续停留,而是需要追问:从文化现代性语境看,金庸的武侠小说在中国现代性文学(小说)中

---

① 王一川:《现代性文学:中国文学的新传统——兼谈中国现代文学与文学研究》,《文学评论》1998年第2期,第99-102页。

的地位如何?应当看到,中国现代文学史上出现过许多小说家,金庸不过是其中之一。作为这"之一",他做出了怎样的成绩呢?这里,不妨从小说模式这一具体方面入手去分析。论者大可以从别种角度去考察,所见彼此不同,应是正常的事。在过去百年来的小说写作中,出现过多种多样的小说形态,这里可以约略梳理出三种基本模式:一是文化批判模式(鲁迅、巴金、郁达夫、老舍等),二是学院田园模式(沈从文、张爱玲、钱锺书等),三是大众通俗模式(张恨水、金庸、梁羽生、古龙等)。① 如果说,文化批判模式以鲁迅为代表,有力地显示了中国性在现代的解体过程及其深重后果,在现代读者中唤起了强烈的文化批判的激情;学院田园模式以沈从文为代表,通过对中国湘西边地田园风光的描绘,从衰败的中国情状中"抢救"出充满自然灵性的美,为承受现代性转变过程剧烈冲击的现代中国人,提供了富有浪漫理想意味的精神抚慰;那么,金庸堪称现代大众通俗小说模式的当然代表。前两类小说模式都属"高雅文学",虽然分别富有文化批判和文化缅怀效果,但毕竟它们的读者集中在初等文化程度以上的读者群中,无法传达到初等文化程度以下的广大普通读者中。

而正是这样,金庸的通俗武侠小说由于涵盖了包括普通读者在内的各个读者层面,因而具有了最为广泛而独特的社会学与美学意义。不妨仍然从金庸小说本文六层面入手考察。金庸以现代报刊连载武侠小说体形式,抢救出古代章回体,使这种古代文体获得新的现代性形式,从而在古典传统的现代性方面取得了成功。与此相连,由这种现代报刊连载体所传播的俗雅双重性,体现出现代其他小说模式如文化批判模式和学院田园模式等所无法企及的类型优势。上述两种小说高雅文学模式无可否认地各有其独特价值,但金庸小说借助报刊连载样式却获得了它们所没有的特殊优势:它不仅牢牢地占据着最广大的社会公众的日常体验空间,编织着他们的情感、欲望、想象和幻想,而

---

① 张法把中国现代小说分为四种模式:革命模式、文化批判模式、学院田园模式和大众通俗模式。可参看张法:《20世纪中国小说模式》,《北京大学学报》1993年第5期。

且成功地跨越中国现代性文学中长期存在的雅俗鸿沟而真正实现了"雅俗共赏"审美理想。金庸小说的多语混成的汉语形象，显示了现代汉语的丰富资源和独特魅力，并从语言媒介这一特定角度确证了中国在现代世界的新形象。金庸创造的令狐冲、杨过、萧峰（乔峰）、韦小宝、霍青桐、黄蓉和小龙女等人物形象及器物形象和自然山水形象等，完全有理由列入中国现代性文学形象画廊而毫不逊色。而金庸透过这些艺术形象而对后古典性价值和中华性意蕴的富有魅力的卓越探测，从审美角度为古典传统在中国文化现代性中的移置方式提供了一种富有价值的象征性模型，并且成功地实现了中国现代性文学同整个中国文化现代性工程之间的想象性贯通。由此可见，金庸通俗武侠小说在上述六层面都取得了很高的美学成就，体现出不可替代的独特的审美与文化价值。

尽管中国的现代性文学进程仍在延续，新的小说家层出不穷，相应地会引申出种种新的阅读和评价，但仍然可以肯定地说，就我们目前的有限阅读而言，金庸武侠小说标志着中国现代大众通俗小说已经达到了一个前所未有的难以企及的高峰；并且从整个现代文学史的宽广视野来看，金庸的成就也毫不逊色：这座大众通俗小说高峰本身同时也就是整个中国现代性文学的令人仰止的高峰之一。当然，文学探索是无止境的，高峰之外还有高峰，高峰之后更会升起新的高峰。但文学高峰的一个突出特点在于，它一经出现就具有美学与文化上的独一无二性和不可重复性。在这个意义上说，金庸是中国现代性文学和文化进程中的一个不可重复的和影响深远的高度。

伤痕文学的三种体验类型①

"伤痕文学"在20世纪70年代末至80年代前期曾一举轰动全国，创造了各阶层读者竞相阅读和争论"'文革'伤痕"的盛大奇观，也把文学在社会生活中的主导作用演绎到一个后来难以超越的辉煌顶点（因为文学从那以后就在与影视等新锐媒体的交战中逐渐退居艺术家族的边缘了）。在时过境迁的今天，不妨来回头追问一下："伤痕文学"之所以产生强大的社会修辞效果，靠的是什么？其中牵扯出了什么样的社会修辞与美学问题？当然可以有多种回答途径，我这里仅仅从文本的体验类型划分入手去谈点初步思考。

"伤痕文学"的社会效果的产生，与其中表现的特定个人体验契合了特定社会需要密切相关。"伤痕文学"不是以理论分析形态而是以个人切身体验的语言呈现方式去袒露"伤痕"的。人的生存体验往往与生存的时间维度相关：过去、现在与未来三重维度交织、渗透在体验结构中，形成复杂多样的体验景观。相比而言，具体的"伤痕文学"文本对过去、现在或未来各有偏重，从而呈现出三种不同的体验类型：第一，指向未来维度的文本，常常在"伤痕"袒露中敢于想象令人乐观的生活图景或远景，或多或少地流露出一种乐观主义或浪漫主义情怀，不妨称作惊羡体验型文本，简称惊羡型文本；第二，指向现在维

---

① 本文原载《文艺研究》2005年第1期。

度的文本，更多地注意强化"伤痕"的现在持续绵延景观及其难解症结，并灌注进个人的感愤或感伤，可称作感愤体验型文本，简称感愤型文本；第三，指向过去维度的文本，总是在掀开旧伤记忆的同时不忘缅怀那时曾有过的温馨一角，准确点说是冷漠中的温馨或创痛中的抚慰，令人无法不肃然回瞥和动情，这可以称作回瞥体验型文本，简称回瞥型文本。下面结合具体文本，就"伤痕文学"的体验类型特点做出初步描述。

一、惊羡型文本

"伤痕文学"中的惊羡型文本，往往突出地刻画主人公和帮手的主导作用以及党的正义群体在危机中的中流砥柱作用，富于乐观主义地想象出成功医治"伤痕"的瑰丽前景。在一向被人提及的刘心武的《班主任》（1977年第11期《人民文学》）里，可以看到四种人物类型：第一种是代表追求知识、正义、理性、文化的力量的女学生石红，第二种是处在其对立面的，代表反知识、反正义、反理性、反文化力量的团支部书记谢惠敏，第三种则是代表非知识、非正义、非理性、非文化力量的害群之马宋宝琦，第四种是代表非反知识、非反正义、非反理性、非反文化的"帮手"张俊石老师。小说写的是帮手张俊石老师如何设法启发以石红为代表的知识力量，医治代表反知识力量的谢惠敏的内伤和代表非知识力量的宋宝琦的外伤。这种设置本身就显示了一种对于治愈"文革"创伤的乐观主义信念。

其实，早几个月出现的萧育轩的《心声》（1977年第4期《人民文学》）已经先期显露出这种模式的大体轮廓：党的正义一方的代表、新任厂党委书记梅雪玉领受一项重要的政治任务——确保重要的科学实验"东方红—9"的电力供应，但遭到代表党内邪恶势力的副书记林江的百般阻挠和"残酷斗争"，与此同时，年轻的生产技术科科长周小梅也受到林江的蒙蔽和欺骗。但在地委书记李为民和军区杨副司令员的支持下，梅雪玉依靠自己的坚强党性、个人魅力和不懈努力终于教育了周小梅,战胜了林江的阴谋,取得了最后的胜利。

这种相同的人物关系模式在陆文夫的《献身》(1978年第4期《人民文学》)里也获得呈现:正义——土壤研究专家卢一民,邪恶——黄维敏,非正义——卢一民前妻唐琳,非反正义——卢一民的帮手曾书记。而这种模式在孔捷生的《姻缘》(1978年第8期《作品》)里也可以见到:代表正义与知识的华侨归国青年伍国梁当遭遇代表邪恶的政工副书记"过于执"的压制,同时他的恋人阿珍也可能弃他而去时,代表非反正义的党总支副书记"包青天"给予了有效的帮助,成功地感染和教育了一度动摇的阿珍,并顺利成就了与她的"姻缘"。

可以见出,属于惊羡体验型的文本,往往或多或少地会表达出某种渗透进乐观意识的浪漫畅想,尽管它对"伤痕"记忆怀着沉重感。《心声》中这样写女主人公梅雪玉:"她意态自若,双目平展,激动的目光已经穿越了这小小的礼堂。她看到了什么呢?这时,她看到了深邃的蓝天上,我们的卫星在遨游,茫茫大戈壁,氢弹正在试爆;广阔无垠的海洋中,我们自制的万吨巨轮正乘风破浪前进;世界最高峰上,我国竖立的红色舰标,发出璀璨耀目的光芒……还有大庆滚滚的原油,大寨滔滔的麦浪,这时,全都一齐向她扑来。她看到了啊,看到了,一个强大的社会主义祖国屹立在世界的东方!世界革命人民欢欣鼓舞,而帝修反一小撮害人虫,却胆战心惊……"这种想象图景所赖以生成的美学资源,与"文革"时期主流文学的资源其实并无根本的不同,这是由那时相近的文化语境决定的。《班主任》也有自身的想象:"张老师离开石红家的时候,满天的星斗正在宝蓝色的夜空中熠熠闪光。"这里的关键的一点是,每位正面主人公之所以具有力量,那是因为他身后总有神圣帮手(或帮手群体)及时出手相助。这可以见出与20世纪50、60年代的《创业史》相同的主人公—帮手关系模式的内在联系。①

---

① 王一川:《中国现代卡里斯马典型》,云南人民出版社,1994,第3-36页。

二、感愤型文本

"伤痕文学"的第二类文本是感愤型文本。这类文本大胆直接地袒露现实的令人感愤的创伤状况，希望引起社会的高度重视。感愤时事，是这类文本产生的一种通常阅读效果。在卢新华的《伤痕》(1978年8月11日《文汇报》)里，女主人公王晓华诚然有男友苏小林的陪伴和安慰，但却没有《心声》《姻缘》等中的那种党内神圣帮手的引导，因而基本处于被压抑、扭曲或打击的孤独与无助状态。这大约相当于卢卡契意义上的始终充满疑虑和幻灭感的"有疑问主人公"。与《心声》里坚韧不拔的梅雪玉和《姻缘》里沉默稳重的伍国梁相比，王晓华是茫然失措和孤立无援的，原因正在于内心所蒙受的难以愈合的巨大精神创伤。值得注意的是，在这类感愤型文本中，已经很难看到在惊羡型文本中处于支配地位的主人公—帮手关系模式及其关键性行动准则了，那就是：每当主人公遭遇困难或挫折时，总会有代表党的正义力量的神圣帮手出来救助，或力挽狂澜或转危为安。取而代之，读者看到的只是，陷于危机或绝境的主人公再也不见神圣帮手来施以援手。正由于丧失了神圣帮手，主人公的命运势必遭遇和继续遭遇难以解脱的深重危机。使惊羡型文本与感愤型文本得以区别开来的一条基本特征，或许正集中在神圣帮手的有与无这一点上。丧失了神圣帮手，主人公就等于失去了全部命运的主动权或主宰权，那深重创伤又如何可能得到医治呢？

同样是在当时引起巨大社会反响的"伤痕文学"文本，《伤痕》与《班主任》相比为什么更具有令人失望和沉痛的悲剧效果？这可能有如下原因：第一，叙事的主视角不同。前者以王晓华为主视角，使得读者容易进入她的内心，站在与她相同的水平线上同情她，与她同悲苦共哀愁；而后者以作为神圣帮手的班主任张俊石为主视角，则容易释放出帮手所携带的乐观主义信念。第二，主要人物的具体行动方式不同。《班主任》更多地描写张老师如何居高临下地思虑"救救孩子"，而《伤痕》则更多地写王晓华如何独自生活在幻觉与恐惧中。确实，王晓华由于深受"文革"的主导意识形态的蛊惑而与"叛徒妈妈"毅然决裂后，仍然处处受到"从未有过的歧视和冷遇"，"蒙受了莫大的耻辱"，笼罩在"孤独、凄凉的感觉"中。

具体地看，这种孤独与凄凉效果主要是透过她的五次想象态或白日梦状态而显现的。想象一：她在回家的火车上照镜子，映现出神经质的悲伤的自我形象，加重了她的孤独感；想象二：依旧在回家的火车上，王晓华"想象着妈妈已经花白的头发和满是皱纹的脸"，充溢着对母亲的爱与思念；想象三：她回忆在当年离家出走插队的火车上想象那时母亲的伤心，激发起深深的悔恨与自责之情；想象四：接到母亲有关平反的来信后，恍恍惚惚中想象自己见到母亲时仍被她的"叛徒"身份惊扰，可见她心有余悸，暗示她"伤痕"深重而难以痊愈；想象五：走在上海大街上，预想母女久别重逢时的惊喜，但紧接着却是母亲已经逝世的噩耗，这一前后对比大大加重了小说文本全篇的悲剧效果。王晓华的这五次孤独的想象镜头与张老师和学生的多次亲密接触的团聚场景相比，显然形成强烈对比。

1979年或许是"伤痕文学"最为热闹的一年，这一年有几个短篇文本相继登场，如孔捷生的《在小河那边》、陈国凯的《我该怎么办》、丛维熙的《大墙下的红玉兰》和郑义的《枫》等，把已经走上强势的"伤痕文学"推向现在看来是最后的高潮（因为从那之后"反思文学"就抢去风头了）。《在小河那边》写穆兰和严凉姐弟俩在政治扭曲、生存无望的特殊情势下走向准"乱伦"。《我该怎么办》则是让一女面对二夫做痛苦选择，原因在于"文革"政治迫害所造成的夫妻生离死别命运。丛维熙的《大墙下的红玉兰》写劳改局长被诬陷下狱，最后惨死。郑义的《枫》写恋人李红钢和卢丹枫因为"文革"派性斗争而分属"造反总兵团"和"井冈山"这两个对立的造反派阵营，双方为捍卫自以为是的"真理"而相互武斗，最终使得卢丹枫因为不愿做李红钢的俘虏和自己阵营的叛徒而坠楼身亡，李红钢本人后来也因此被判死刑，他们内心留下的深重伤痕是无法弥合的。这些主人公无一例外地都没有受到惊羡型文本中特有的党内神圣帮手的幸运眷顾，显示出直面现实生活真相的务实姿态和穿透力。

同属感愤型文本的长篇小说，由于容量大、开拓面广阔，因而在揭露伤痕方面比之短篇具有独特的美学优势。周克芹的《许茂和他的女儿们》（1979）和古华的《芙蓉镇》（1981）被一些学者划归为"反思文学"，这确有道理，因为它们都涉及对于社会、历史或政治等问题的痛切反省。不过，由于它们共同地揭示了中国农民在"文革"或"左"的时期所遭受的精神创伤，把它们同时划入"伤痕文学"范畴，应当也有一定合理处（在这个意义上，合称"伤痕—反思文学"也许更有说服力，但由于学术界已有习惯称谓，照旧算了）。《许茂和他的女儿们》描写的是四川贫穷山村葫芦坝农民许茂一家的遭遇，回顾了合作化以来农村生活的曲折，尤其是"文革"后期普通农民的生活状况。小说描写的几个主要人物许茂、许秀云、金东水等，内心都烙下了深深的伤痕。许茂当年曾是土改积极分子、合作化时的作业组长，但长期"左"的政策使他内心伤痕累累，变得孤僻、自私、麻木。连大女儿病逝，他也因大女婿金东水刚挨整而担心受牵连就索性不闻不问。不过，他勤劳善良的本性并没有改变，工作组颜少春组长到来后，他的生活有了转机，逐渐清醒了起来，终于接纳了金东水一家。他的四女儿许秀云性格温和但又意志坚定，是富有传统美德的农村妇女形象。尽管她受尽郑百如的欺凌折磨，但仍然执着地追求生活理想。她拒绝家人的安排，决心和她所同情和敬重的金东水生活在一起。当听到别人为金东水做媒时，她痛不欲生。最终他俩成了眷属，她也担负起抚养大姐遗孤的责任。金东水是小说重点刻画的一个品质优秀、屡遭打击而坚忍不拔的正面典型。在郑百如的不断陷害下，他中年丧妻、住房被焚，拖儿带女蛰居在小小的提水站里。但他对社会主义事业的信心丝毫不动摇。尽管小说为许茂和他的女儿们设置了神圣帮手——工作组组长颜少春，这是由当年的政治形势决定的，但实际上，与人们内心所承受的创伤相比，这个帮手的作用是有些牵强的作用也是有限的。小说中真正令人关注和震撼的，不是帮手的神圣作用，而是许茂和他的女儿们的精神创痛。

与《许茂和他的女儿们》相近，《芙蓉镇》描写1963—1979年间我国湖南农村的社会风情，着重揭露"文革""左"倾思潮给农民造成的创伤。小说塑造的主要人物，如女主人公胡玉音、"右派"秦书田、粮站主任谷燕山、大队书记黎满庚、"政治闯将"李国香和"运动根子"王秋赦等都能给人留下鲜明而深刻的印象。小说这样描写胡玉音眼中谷燕山的"老好人"形象以及这种形象被肢解后的疑虑："胡玉音的心都抽紧了……啊啊，老谷，老谷都被人看守起来了……，这是她怎么也料想不到的。在她的心目中，在镇上，老谷就代表新社会，代表政府，代表共产党……可如今，他都被人看起来了。这个老好人还会做什么坏事？这个天下就是他们这些人流血流汗打出来的，难道他还会反这个天下？"在这里，政治"伤痕"不仅铭刻在共产党干部谷燕山心里，而且也烙在胡玉音这样的普通农村妇女心里。更为重要的是，原本属于胡玉音的神圣帮手的谷燕山，在这个方正倒置的世道里已经丧失了原有的神圣性和对普通农民的引领能量，反倒需要胡玉音来关怀了：

> 胡玉音退回到青石板街上。她抬眼看见了老谷住的那二层楼上尽西头那间屋子，还亮着灯光。她眼睛一眨不眨地看着。老谷是坐在灯下写检讨，还是在想法子如何骗过看守他的人，要寻自尽？不能，不能！老谷啊，你要想宽些，准定是有人搞错了，搞反了。人家冤枉不了你，芙蓉镇上的人都会为你给县里、省里出保票，上名帖。你的为人，镇上大人小孩哪个不清楚，你只做过好事，没有做过坏事……有一刻，胡玉音都忘记了自己的恐怖、灾祸，倒是在为老谷的遭遇愤愤不平。

这种神圣帮手被解构和被主人公关怀的事实，显示了对于惊羡型文本中的主人公—帮手模式的反拨力量；同时，借助胡玉音的视角和内心独白去侧写谷燕山的被解构窘境，实际上巧妙地起到了欲正先反、以反写正的修辞效果,由此通过解构形象反过来"还原"和确证了谷燕山本来应有的神圣性。说到感愤型文本,还应该提到老鬼的《血色黄昏》(中国工人出版社 1987 年版)。小说其实早在 20 世纪 70 年代末、80 年代初就写成,但总是无法得到出版的机会,因而不妨看作"伤痕文学"高潮(20 世纪 70 年代末)时的产物。这部长篇小说通过描写一群"上山下乡"知识青年形象,如林鹄、雷厦、刘英红、韦小立、钟小雪等,也把这代人遭受的群体性精神创痛剥露出来,足以激发当时的读者的感愤之情。

三、 回瞥型文本

"伤痕文学"的第三类文本是回瞥型文本。尽管所有的文学文本都与作家的过去生活回忆有关,从而具有某种回忆性,但正是在回瞥型文本中,回忆冲动及回忆场景成为语言和形象创造的主导型力量。张洁的《从森林里来的孩子》(《北京文艺》1978 年第 7 期)没有简单地停留在控诉"文革"或"四人帮"给音乐家梁启明留下的创痛上面,而是着重回忆他生前给弟子孙长宁带来的审美欢乐以及身后留下的精神财富。小说描写林区少年孙长宁由于受到"文艺黑线专政论"和"读书无用论"的伤害,从小就丧失了学习文化和欣赏音乐的权利,正是梁启明的神奇的长笛声给他带来了最初的启蒙:

> 它既不像鸟儿的啼鸣缭绕,也不像敲打着绿叶的一阵急雨;它既不像远处隐隐约约的伐木工人那拖长了的呼声,也不像风儿掀起的林涛,可是它又像这许许多多的、他自小就那么熟悉的、大森林里的一切声响。朦胧而含混,像一个新鲜、愉快而美丽的梦。……所有的人,没有一点声息地倾听着这飘荡在浑厚的林涛之上的、清澈而迷人的旋律。这旋律在他的面前展现了一个他从来未见到过的奇异的世界。在这以前,他从不知道,除了大森林,世界上还有这么美好的东西。

这种描写与其说是在揭露伤疤，不如说是在深情地缅怀，在唤起回瞥型体验。

回瞥型体验或者说回忆，显示了比现实的文化更有力、更完美的诗意启蒙力量。"这片在生活里偶然出现的笛声，使他丢掉了孩子的蒙昧。多么可爱的孩子的蒙昧！而自小在大自然里感受到的，那片混沌、模糊、不成形的音响，却找到了明晰的形象。在这许多热情、粗犷的听众里，却只对于孙长宁成为一种必然。仿佛他久已等待着这片笛声。"回忆对现实的主导性权威典型地表现在如下情节上：由于孙长宁的充满魔力的音乐，所有刚才还在为高考名额而残酷竞争的七位考生，都突然间异口同声地变得宽厚和高尚起来，愿意让贤："老师，让他演奏一个吧！"音乐的认同作用显而易见。这音乐不仅可以成功地治疗像孙长宁这样深受"文革"时期"读书无用论"损害的来自偏僻林区的无知识少年的伤痕，而且还可以唤起主考官傅涛教授的同情心和对老友的记忆，更可以通过孙长宁的演奏而帮助更多的都市少年在审美感动的瞬间驱散功名利禄之心而换回纯洁的心灵。"当明亮、质朴、优美的像散文诗似的旋律流泻出来的时候，教授被深深地感动了。尽管他一生不知道听过多少优美的作品和多少名家的演奏，但这个少年人的演奏仍然使他着迷。"更为"神奇"的还在后面对于傅涛教授的离形得神体验的描述：

他感到神奇，他几乎不再看见面前这个少年人的形体。仿佛这个少年已经随着什么东西升华、向着高空飞旋而去。这儿，从不轻易在人们面前打开的心扉敞开了。从敞开的心扉里，他看见了一个优美而高尚的灵魂。不，或许还不止于此，他还看见了那个没有在这个考场上出现的人，是他，培育了这样的一个灵魂。那人和这个少年一同在倾诉着对光明的渴望，对真理的追求，对生活的热爱……是的，世界上有不相通的语言，而音乐却总是相通的。

音乐简直就是世界上最具有沟通力量的符号，它可以超越形体躯壳而洞察"优美而高尚的灵魂"、透过在场者而窥见不在场者、抚慰和贯通一颗颗孤独的心灵。正是在这种音乐的召唤下，七名考生竟能忘记个人功名而情不自禁地一齐大喊："老师，这才是真正的第一名！"音乐显示了如此强大的同化力量。"教师们看着那七双眼睛，这来自祖国四面八方的七双眼睛，突然变得那么相像，仿佛是七个孪生的兄弟姐妹：天真、诚挚、无私而年青。多么可爱的年青人呐！"按小说的叙事，这一切都来源于对已故音乐家梁启明的音乐力量和人格魅力的回忆。孙长宁有关这位老师的美妙回忆，简直具有化腐朽为神奇的强大力量。有了这样的回忆做依靠，还有什么现实的伤痕不会被治愈呢？顺便说，这里对音乐的魔力做了令人震惊的细致回忆和大胆想象，显示出与《班主任》颇为不同的语言和叙述风貌，这在"文革"遗风尚存的 1978 年确实难得，今天读来仍然不失其独特魅力。

叙述人本身对这种"回忆"的神奇魔力是有着清醒的自觉和洞察力的："这里好像已经不是考场。每个在场的人，不论是教师或考生，人人都回忆起了一些什么——一生里最美好的什么。"音乐的力量不仅在于及时地打动当下的心灵，而且根本上在于使人回忆到个人一生里最美好的东西，也就是唤起人的主动的美的回忆。美的回忆或审美回忆的力量是如此巨大，以致不能不说它已经成为整个文本的实质性的叙事聚焦或真正主角，由此不同于惊羡型文本中的《班主任》等以现在为叙事聚焦的设置。

与惊羡型文本着重想象未来前景、感愤型文本直面现实伤痕印记不同，回瞥型文本则是以过去回忆为焦点。回忆作为叙事的支配性力量在起作用。在祝兴义的《抱玉岩》(《安徽文艺》1978 年第 7 期)中，回忆正扮演了这种角色。小说讲述彭稚凤和沈岩的师生纯真恋情诚然由于"文革"时期的阶级偏见而一度被拆散，但随着改革开放年代的到来而戏剧性地得到重新恢复。不过，小说给人印象尤其深刻的却是对政治伤痕年代得以幸存的浪漫恋情的深切回忆："今夜的抱玉岩被月色镀得通明，锃亮，皑皑似玉柱、雪峰；岩下的桂叶，轻舒漫舞。飒飒之声，如怨如诉，不胜切切。"礼平的中篇小说《晚霞消失的时候》(《十月》1981年1月号) 带有无可否认的宗教反思色彩，不过，从"伤痕文学"角度去解读也有一定合理性：李淮平、南珊、楚轩吾、李参谋长等人物无一不带着"文革"年代烙下的累累伤痕，这种伤痕是如此深重以致他们的生活都长久地笼罩在其阴影中。几乎像保尔·柯察金与冬妮娅那样一见钟情，却又有还没来得及互诉衷肠的李淮平和南珊，很快被卷入"文革"的抄家风潮中，彼此成为敌人，从此恋情被恨海阻隔和消融，直到十五年后才有机会第一次握手并明白表达"爱情"，但由于饱经伤痛的南珊已经被浓厚的宗教情怀所制约，这第一次就不可挽回地演变成为最后一次了：

  南珊，阔别了十二年的南珊！她在我的生活中销声匿迹了这样久以后，现在重新站在了我的面前，而且这一回竟是这样的近！
  我呆呆地看着她，很久很久都说不出一句话来。我的心被这突然的相会震慑住了。而一种骤然产生的惊慌、迷惘、震动的神情，现在也正浮在那张曾经是多么清秀的脸上。我紧紧盯着她那扬起的眉毛，睁大的眼睛，疑虑的前额和惊愕的嘴唇，心脏不可遏制地狂跳起来。
  是的，站在我面前的这个女翻译，正是我十几年前认识的那个少女。那一切熟悉的特征，和这久别重逢的惊愕神情都向我证明，她就是南珊。然而此时的南珊已经是一个成年的女干部打扮了。我呆呆地端详着那刚刚出现浅纹的眼角，那不再圆润的脸庞，那已经有些干燥的头发，和我从来没有发现过的鼻子上的几点浅浅的雀斑……我清清楚楚地看到，她眼中开始涌起一层薄薄的泪水，那双湿漉漉的眸子已经不再那样黑，那样亮了。这一切，都正在渐渐地模糊着我心中那个少女的影子。我开始意识到：那个天真大胆的女孩子早已不复存在。如今的南珊，已经不会再把任何欢乐的情绪和调皮的念头汇在坦率的谈吐和响亮的笑声中，清澈见底地透露出来了。不会了，永远不会了。在她的胸中，已经是一个深思熟虑的心灵。这个心灵已经永远改变了她的音容笑貌，同时也给她的脸上换上了一切中年妇女都会有的那种沉着而干练的神色。

此时，小说所表达的人生主导价值观就不在于现在感知和未来想象，而在于对过去的回忆。南珊这样冷峻地开导热切地表白爱情的李淮平：

> 现在，你把青年时代的幸福失去了——其实，失去这种幸福的人太多了——那么，你们的中年呢？淮平，你必须把那个使你庸弱的信念丢掉才行！青春是最美丽的，但并不是最宝贵的。在一个有所作为的人那里，壮年和中年才是真正的黄金时代，因为你在这时才真正地成熟了。我们的祖先说过：春华而秋实。现在，就正是你人生的秋天，这是一个果实累累的季节。它可能没有了花朵，但它却有着多么丰硕的收获。淮平，鲜花失去了，果实比它更好，爱情凋谢了，怀念却更鼓舞人。你说呢？

正像南珊希望李淮平生活在"怀念"中那样，小说把人生价值取向投寄到过去。由于如此，小说中最动人的景观不是代表现在和未来的壮丽的日出和朝霞，而是与辉煌的过去相连的沉落的夕阳和晚霞：

> 我们一言不发地注视着那火红的光轮在下沉，下沉，沉向波涛汹涌的云海之中。我从来没有见过落日像今天这样巨大，浑圆，清晰。它平稳地，缓慢地，然而却是雷霆万钧地在西方碧青色的天边旋转着，把它伟大的身躯懒洋洋地躺倒下去，沉向宇宙的另一边，这光轮在进入云涛之前，骄傲地放射出它的全部光辉，把整个天空映得光彩夺目，使云海与岱顶全都被镀上了一层金色。
>
> 此刻，整个月观峰在这枯目光辉的强烈迸射中已成为一个漆

黑的轮廓。峰面上的望亭和山坡上的游人全部成了镶上金边的剪影。人们就站在那金碧辉煌的天幕上,向着夕阳的光辉做出各种各样的仪态和动作。

他们有的被这壮丽的景色震慑得伫立着,一动也不动;有的向着夕阳高举双手,发出胸襟深处的赞美和欢呼。几个外国人和摄影爱好者,正紧张地用电影摄影机和照相机拍下这绚丽的景色。在人群的最边缘,长老宽大的衣袖在晚风中拂动着,上尉则作着种种手势,他们谈得十分投机。

这时,凝固的波涛在天边处突然断裂开来,就像一张猛兽的嘴,开始把血红的太阳吞噬下去。那西垂的夕阳似乎知道自己必然还会回来。所以并不流连末路,并不顾盼人间。它毫不理会那些渺小人类对它的赞美和欢呼,懒洋洋地躺在金色的波涛上,从容不迫地沉入那狰狞的兽吻。与此同时,它仰着半张通红的脸,傲慢地向天空投射出最后的光辉。云海开始飞快地变暗下去。

一个穿着紧身皮上衣,扎着宽大腰带的外国女子,在凋残的落日面前好像感到了难以忍受的痛苦。她双手紧紧抱在胸前,紧张地注视着太阳的沉落。当太阳凋零残破,已经化为几痕血色的时候,她突然抓住烫卷的长发。紧紧地捂住脸,竟唔唔地痛哭起来。

谁也没有理会她的多愁善感,人们继续向着太阳发出快活的欢叫。

终于,云涛合拢了阴暗的嘴,太阳完全沉没了。

当最后一线晚霞在天际消失的时候,我听到南珊在我身边发出了一声轻轻的叹息!

"它还会重新升起来的。"我说。

"不,它正在升起来。"

"你是说在他们的国度吗?"

她看着散布在月观峰上的那些外国人:"是的。"

"但是在那里它很快也会下沉。"

"那时，它就会在我们这里升起来。"

"我相信。"我肯定地看着她。

"我也相信，"南珊仰起脸。我们对视着，交换着会心的目光。

此刻，我的心情是这样平静，好像我自己已经溶解在这安谧的黄昏中了。

在这样的落日景象的体验中，叙述者（或作家本人）没有忘记加入他自己的个人思考：

> 我默默地注视着他们这水乳交融般的谈话。这是三个多么不同的人啊！他们属于不同的民族，有着不同的语言，不同的传统，不同的年龄，不同的性格，不同的身份和不同的经历。而且他们的信仰也是多么的不同。然而却有一种无形的力量使他们热烈地聚合在一起，彼此襟怀相见，谈得这样投机。这是一种什么力量？我凭我的直觉意识到，那力量是简单而有力的。这就是：对于真理的共同追求，对于正义的共同热爱，对于人类文明的共同景慕，以及对于世界未来的共同责任感，使他们在心底深处感到彼此是同样的人。我看着在交谈中侃侃而言的南珊，心中开始产生一种异常深刻的感觉。我好像突然发现我一向以为只是洁身自好的南珊，实际上完全不是一个孤身独处在这个世界上的人。不，她并不孤独。在这个世界上，她除了用自己沉静的善意和诚挚的胸怀与身边的一切人都相处得很好以外。还有一条心灵深处的纽带，使她与这样一种人紧密地联结在一起。这种人广泛而众多。虽然他们分散在这个广大的世界上，但是同样一种风尚，一种人类所固有的正直、理智、善良和刚毅的崇高风尚却在他们的身上形成了一种永远也不可战胜的力量。正是由于他们的存在，才使得这个世界显得充满了希望。在他们之中，萃集了人类多少最优秀的精华啊！

是的，南珊并不孤独。她是生活在他们之中的。

现在，太阳已经带着它的全部光辉旋转到了世界的另一面。不知不觉中，我们四个人和整个泰山都一起沉浸在了弥漫的夜雾之中。

落日形象在这里成功地成为回忆的象喻。

上面关于三种文本类型的划分是相对的，其实，未来想象、现在感知和过去回忆是可能存在于每一个文学文本中的，只不过相比来讲各有侧重罢了。从文学史的潮流更替看，由于回瞥型文本在对过去的回忆中必然牵扯出越来越深入的历史反思，从而以回忆与反思的相互渗透为标志，"伤痕文学"必然地要被更需要承担历史反思重任的"反思文学"所取代。重要的是，通过这种分类考察，"伤痕文学"的一些未被打开的意义维度可以袒露开来。惊羡型、感愤型和回瞥型这三类，提醒着我们更细致地认识"伤痕文学"产生巨大社会影响的原因：惊羡型文本由于与社会政治主导力量的"思想解放"和"改革开放"取向及其乐观主义信念相一致，因而最有机会通过政治思想工作、新闻和教育等系统而在亿万读者中顺利传诵，难怪《班主任》在当时取得了莫大的荣誉（此后这类机会就逐渐地只能被《蒋筑英》《离开雷锋的日子》和《生死抉择》等影视夺去了）；感愤型文本由于主要致力于披露"阴暗面"和伦理纠缠或宣泄个人"感伤"情调，因而有时难免会被主导文化所疏远或批驳，不过鉴于其能与大量普通读者的生活体验及有待解决的"伤痕"问题发生共鸣（如《伤痕》和《枫》），也有理由产生较大影响；回瞥型文本则是专注于对于少数知识分子或文化人的某些美好时刻及生活雅趣的个人回忆，所以难免被当时最具有社会支配力的主导文化所忽视，也无法引起最广大的普通读者的共鸣，而更多地只能在少数知识阶层的内心一角盘桓。由此看，社会修辞能量在这三类文本中是依次递减的，即惊羡型文本的社会修辞能量最大，其次是感愤型文本，最弱的是回瞥型文本。不过，有意思的是，如果单纯从文学的审美价值维度看，上述三类文本的价值却相反是依次递增的——"伤痕文学"开始于惊羡型文本对未来难免有些主观性或浪漫化的想象，进而在感愤型文本对现在的冷静感知中获得较为扎实的开掘，最终在回瞥型文本对过去的审美回忆中展现出更深的反思以及更加蕴藉深厚的余兴。单从这点看，"伤痕文学"如果有审美价值可供追寻的话，那么价值最高的文本不应在于惊羡型文本，而应在于感愤型，尤其是回瞥型文本。审美回忆最可能把人引向对人生的至高境界的体验。这（与我在《文学理论》等别处的观察一道）使我无法不得出一个结论：中国现代文学中最富于审美价值的文本，恰恰是以审美回忆为主导的、充满流兴的回瞥型文本。然而，一般地说，文学的社会力量往往并非简单地决定于政治或审美要素的单方面作用，而是取决于多重要素的复杂的合力作用。不过，更值得关注的是，落实到特定的分类文本中，这些多重要素常常可能是彼此错位而无法完满协调的：未来想象、现在感知与过去回忆，社会修辞效果与个体审美趣味满足，政治、伦理与审美等要素之间，总是有着不平衡的分布和展示。"伤痕文学"的三类文本所呈现的错位与不协调，只是一些有意思的个案罢了。这一点其实正是文学史的无限丰富性之中的一个例证。

古今融汇出兴辞[①]
——对文学属性的新思考

进入21世纪,我们对文学是什么能否做出新的思考?这种新思考对文学来说不是要寻找那唯一的本质(现在看来它并不存在),而是尝试把握它在社会生活中的功能及其新问题。回想过去的百年里,我们曾经习惯于分别从"法今"和"法古"两种不同途径去回答这个问题。从对西方概念如"摹仿""再现""表现""节奏""语言"等的引进和应用中,不难见出这种"法今"风气早已成为百年文论的主流取向。而最近二十年来,它更是在现行文学研究与学位教育系统中夺取霸主地位。我自己多年来就先后试用过"体验"、"修辞"和"审美意识形态"等术语。这虽然简练实用,但难免受到包括我自己在内的许多人的怀疑:光凭这些来自西方的现代术语就能够完满地回答中国文学的基本属性问题吗?由于如此,另一种取向也被激发起来,就是直接从我们自身的古典文论中借挪,如王国维率先拈出"意境"或"境界"。我自己在1985年也曾尝试用古典"感兴"概念来概括中国文学的特性。这种"法古"意向诚然对中国文论在现代重振旗鼓有积极意义,但也容易遭受质疑:在文学条件早已改变的今天,单纯的古代文论术语怎能满足使用?因为特定的文论总是与特定的文学活动本身联系着的。在我看来,单纯的法今和法古取向已无法适应今天理解文

[①] 本文原载《人文杂志》2006年第3期。

学的特殊需要了。取而代之，应当尝试一种新的古今融汇取向。例如，设法找到一个可以汇通古今的特定术语来承担文学属性的新的思考任务。存在着这样的术语吗？简捷地说，我自己经过十多年的反复思考与比较，有一点个人心得，不揣冒昧地在这里提出求教：文学是一种感兴修辞，简称兴辞。古典"感兴"加上现代"修辞"正有兴辞。

一、文学的复联性与主导性

感兴修辞或兴辞，是我从古今融汇角度新造的、用来表述当今文学的主导属性的术语。为了说明我的用意，有必要对文学属性概念首先做出说明。使用文学"属性"是扬弃以往"本质"概念的结果。如果本质是指文学之所以为文学的唯一的最终原因，那么，属性就是指文学在社会中可能具有的多重特性。本质只能是单数概念，而属性则是复数概念，是表示文学同时存在着多重不同的特性。文学属性具有复联性和主导性特点。一定的文学过程或生活往往同时包含媒介、语言、形象、体验、修辞和产品等多重属性。这表明，文学属性实际上是一个多重属性共存的复合而又联系的结构。不妨把文学的这种由媒介、语言、形象、体验、修辞和产品等多种属性组成的复合而又联系的情形，称为文学属性的复联性。具体地说，一方面，文学的属性不是单一的而是复合的；另一方面，这些复合属性不是彼此孤立的而是联系的。就现代文学的总体情形而言，文学不可能仅仅只有上述属性中的任何一个，而必须同时拥有它们全部，正是它们之间的相互联系和渗透形成了文学过程的丰富性和复杂性。

文学属性在其复联性中，还会体现出一种主导性——这就是感兴修辞性或兴辞性。在文学的多重属性中，感兴与修辞性可能是主导性的。感兴属性可以将形象属性涵摄进去，因为感兴是必须由形象去激发的、始终与形象不可分离的。所以，谈论感兴实际上应始终不离形象。而修辞属性则可以涵摄媒介、语言和产品属性，因为无论是媒介选择、语言创造还是产品制造，都不只单纯的是它们本身，而是体现出人调达现实矛盾的努力,也即都需要从修辞性上去把握。修辞一词本身就包含了语言及其对于人与现实的关系的调达过程。所以,文学的主导属性在于感兴修辞性。说文学具有主导性属性——感兴修辞性,意味着说文学主要是人的感兴修辞,是一门感兴修辞艺术。感兴与修辞在文学中是紧密联系、不可分割的东西,是人的社会符号实践的一部分。

二、文学与感兴

感兴(有时又作兴、兴起、兴会等)原本出自中国古典文论。署名贾岛的《二南密旨》说:"感物曰兴。兴者,情也。谓外感于物,内动于情,情不可遏,故曰兴。"这正点明了感兴的基本意思:它是外感事物、内动情感而又情不可遏这一特殊状态的产物。感兴的基本意思就是感物起兴或感物兴起。感兴就是说人感物而兴,也就是指人由感物而生成体验。简言之,感兴是指人在现实中的活生生的生存体验。感兴,作为人的现实生存体验,是人对自己生活意义的深沉感触和悉心认同方式。感兴是一种直接触及人的生存意义或价值的特殊感触。遍照金刚(弘法大师)说得十分明白:"感兴势者,人心至感,必有应说,物色万象,爽然有如感会。"[①] 感兴被视为人的一种"至感"。"至"有到达极点或顶点、程度最高的意思。显然,"至感"就是到达顶点的和程度最高的感受。由此可见,感兴作为"至感",是人对现实生活的一种到达顶点和程度最高的感受。

这里不妨从内在构成和层面构造两方面去简略说明。从内在构成看,感兴不只是普通的心理反应或心理过程,也不只是单纯的物质生活状态,而是它们的复杂的融汇——一种存在—体验。可以说,感兴是人的实际生存与心理感受、意识与无意识、情感与理智等要素的多重复合体。从层面组合看,感兴具有多层面结构。而这里需要指出至少三个层面:第一层,日常感兴。这是人在日常生活中的兴会际遇。

[①] 弘法大师:《文镜秘府论》,王利器校注,中国社会科学出版社,1983,第126页。

平常或琐碎的油盐酱醋、功名利禄、恩怨纠缠乃至生老病死等,都可以在人的心中掀起感兴波澜。这一层面的感兴既可以为高雅文化、主导文化提供素材,更可以为大众文化和民间文化提供取之不竭的日常生活资源。第二层,深层感兴。这是人超越日常境遇而获得的富于更高精神性的兴会际遇,涉及人对生活的超越、提升、升华等需要,与对阴阳、有无、虚实、形神、美丑、悲喜剧等审美价值的体认相连。这一层面的感兴尤其可以为高雅文化的写作和阅读提供直接的支持。第三层,位于这两个层面之间的种种感兴,即日常感兴与深层感兴之间的转换地带。这一层面是相对而言和变动不居的,往往成为日常感兴与深层感兴之间发生对立、渗透、过渡或转化的中介,属于主导文化、高雅文化、大众文化和民间文化等不同文化类型之间的复杂关联域。

　　需要约略说明的是,20世纪80年代以来的文学理论界(包括我个人在内),曾经倾向于把感兴锁定在第二层面即精神意义上,即突出它的精神性和对日常生活的超越性,而忽略它与日常生活的联系。[①] 而现在看来,有三点需要认真反省:第一,中国古典文论家从万物相反相成和氤氲化生的古典宇宙观出发,认识到并且坚持感兴同时也来自日常生活。正如清代袁守定在《谈文》中所说:"文章之道,遭际兴会,撼发性灵,生于临文之顷者也。然须平日餐经馈史,霍然有怀,对景感物,旷然有会,尝有欲吐之言,难遏之意,然后拈题泚笔,忽忽相遭,得之在俄顷,积之在平日。"这里把"餐经馈史"与"对景感物"联系起来看待,同样视为"兴会"之基,而并没有做出高下之别,表明日常感兴与深层感兴之间并不存在天然鸿沟,而是可以相互转化和渗透。第二,同理,文学的感兴并不一定是高雅的,而也可以是世俗的,作用于日常生活。清代袁枚在《随园诗话》中说过:"圣人称诗'可以兴',以其最易感人也。王孟端友某在都取妾,而忘其妻。王寄诗云:'新花枝胜旧花枝,从此无心念别离。知否秦淮今夜月?有人相

---

① 笔者在《意义的瞬间生成》(山东文艺出版社,1998)和《审美体验论》(百花文艺出版社,1992)中就明确而强烈地认同这种精神倾向。

对数归期。'其人泣下,即挟妾而归。"一首诗可以感化一个因要妾而遗忘妻子的人,使他幡然悔悟,立即"挟妾而归"。这足以说明,一首富于感兴的诗通过有力地感发心灵,而可以有效地帮助人们调整日常生活。第三,从文学活动中高雅文化与大众文化和民间文化相互共存和渗透的现状看,如果单纯标举深层感兴或感兴的深层性而忽略日常感兴或感兴的日常性,就势必把大众文化和民间文化排斥在文学理论和批评视野之外。所以,有必要全面地重新认识和把握感兴的多层面性,这使我们能够切实地从感兴修辞概念入手而达到对诸种文化文本的全面阐释。

三、感兴与修辞关联

应当强调指出,中国古典文论家并不愿意孤立地谈论感兴,而总是习惯于把它与文学的具体修辞环节联系起来讲:人感物而兴,兴而修辞,从而生成感兴修辞即兴辞。这种强调感兴与语言的修辞状况紧密相连的传统,也是 20 世纪 80 年代以来文论界所忽略的。感兴的"神思"或"传神"内涵在当时吸引了人们的注意力,以致其语言的修辞特征即兴辞特征却被"放过"了。

清代叶燮有关"兴起"与"措辞"的论述,可以帮助我们正视文学的这种感兴与修辞结合的特性。他在《原诗》中指出:

> 原夫作诗者之肇端,而有事乎此也,必先有所触以兴起其意,而后措诸辞,属为句,敷之而成章。当其有所触而兴起也,其意、其辞、其句劈空而起,皆自无而有,随在取之于心;出而为情、为景、为事,人未尝言之,而自我始言之。故言者与闻其言者,诚可悦而永也。

这段话凸现了感性与修辞的不可分割特性。第一,文学写作发端于"兴起"——即"感兴"。"有所触"就是"触物"或"感物",由

"感物"而"兴起",这是指诗人从现实生存境遇中获得活生生的体验,从而产生精神的飞升或升腾。第二,文学写作继之以"兴意"的生成,"兴发意生"。这是说"感兴"勃发时往往伴随着"意"的生成。叶燮的"兴起其意",应正取此意。诗人由"兴起"获得新的诗"意",这是指在感兴的瞬间产生艺术发现和最初的语言与形象火花,激发写作的冲动。这里的"意"是包含着活生生的"感兴"的诗"意",因而应是"兴意"——在感兴中生成的诗意。第三,文学感兴始终伴随着"措辞"即修辞,与修辞紧密交融,通过它呈现出来。"措诸辞,属为句,敷之而成章"正是说文学写作不是直接呈现感兴,而是要以原创的语言修辞去重新建构它,即把它重新建构为原创性的语言修辞形式。第四,读者阅读依需要由修辞指引到感兴。文学作品凭借原创性的修辞,可以使读者激发同样原创性的感兴,并且令作者和读者都获得精神愉悦,"故言者与闻其言者,诚可悦而永也"。

这种感兴修辞的重要特点和价值之一在于审美上的原创性。无论是感兴还是修辞都具有原创性。原创性,是指前所未有的原初的创造特性。叶燮所谓"其意、其辞、其句劈空而起,皆自无而有,随在取之于心;出而为情、为景、为事,人未尝言之,而自我始言之",正是指文学中的感兴和修辞具有前所未有的原初的创造特性。他在《原诗》中还说过:"……其仰观俯察,遇物触景之会,勃然而兴,旁见侧出,才气心思,溢于笔墨之外。"他明确地看到,"勃然而兴"的瞬间可以产生平常生活中无法产生的特殊的艺术创造力量。

四、感兴修辞的古今范例:杜甫与鲁迅

叶燮心目中最富于感兴修辞、符合他如上理论要求的"千古诗人"是杜甫。这一点其实不是仅仅出自叶燮的理论推导,而正是源于杜甫本人的自觉的美学追求。杜甫善于将丰富的生活感兴与惊人的修辞锤炼完美地统合在"诗兴"中。他的不少诗题都标明《遣兴》《遣兴三首》《绝句漫兴九首》《敝庐遣兴奉寄严公》《秋兴八首》,正显示了他

本人对兴辞境界有意识的开拓。他的《寄张十二山人彪三十韵》说："静者心多妙，先生艺绝伦。草书何太古，诗兴不无神。曹植休前辈，张芝更后身。"正是在"诗兴"勃发状态中，下笔如有神助，就像曹植那样超越前辈，真可称作张芝的后身。杜甫晚年在《峡中览物》中回忆说："曾为掾吏趋三辅，忆在潼关诗兴多。"这的意思是杜甫曾身为一名小吏趋奔于三辅（指京兆、扶风、冯翊）之间，回想在潼关时诗兴尤多啊。他的许多诗正是这样，来自他的活生生的诗兴。《上韦左相二十韵》："感激时将晚，苍茫兴有神。为公歌此曲，涕泪在衣巾。"这里的"苍茫兴有神"正是指诗人的感兴勃发的状态。"诗兴"无疑是杜甫诗获得成功的一个关键。① 正是在"诗兴"中，平常难以实现的感兴与修辞的完美统一如有神助地获得了实现。杜甫诗的这种感兴与修辞完美融汇的境界，为今天我们理解感兴修辞的实质及其中感兴与修辞的关系，提供了一个恰当而又绝妙的古典范例。

鲁迅作为现代作家，也自觉地把文学写作视为"感兴"过程。就孙伏园有关鲁迅《蜡叶》的题旨的提问，鲁迅回答说："许公很鼓励我，希望我努力工作，不要松懈，不要怠忽；但又很爱护我，希望我多加保养，不要过劳，不要发狠。这是不能两全的，这里有着矛盾。《蜡叶》的感兴就是从这儿得来，《雁门集》等等却是无关宏旨的。"② 可以说，文学写作讲究感兴，这对中国作家来说古今都是一致的，师承着同一个感兴传统。

五、文学的感兴修辞性

感兴与修辞在文学中实际上是紧密结合在一起的东西，是感兴修辞即兴辞。感兴修辞，意思是说感物而兴、兴而修辞，也就是感物兴辞。换言之，感兴修辞就是富于感兴的修辞，是始终与体验结合着的

---

① 张少康、刘三富：《中国文学理论批评发展史》，北京大学出版社，1995，第330-331页。
② 孙伏园：《鲁迅先生二三事》，据孙伏园、许钦文等《鲁迅先生二三事——前期弟子忆鲁迅》，河北教育出版社，2000，第60页。

修辞。文学正是这样一种感兴凝聚为修辞、修辞激发感兴的艺术。文学的感兴修辞性,正是指文学具有感物而兴、兴而修辞的属性。单说感兴,它是指人对自身的现实生存境遇的活的体验;单说修辞,它是指语效组合,即为着造成特殊的社会效果而调整语言。但感兴与修辞组合起来,则生成新的特殊含义:感兴属修辞型感兴,而修辞属感兴型修辞。在这里,感兴本身内在地要求着修辞,而修辞则是感兴的生长场。感兴修辞是指文学通过特定的语效组合而调达或唤起人的活的体验。简言之,感兴修辞是指以语效组合去调达或唤起活的生存体验。

作为感兴与修辞相互涵摄的形态,文学的感兴修辞性可以包含两层意思。一层是指感兴型修辞。这是说文学这种修辞具有感兴内涵,它是由感兴转化而成并可以引发感兴的修辞。这是强调文学修辞的特殊的现实感性属性。人们说文学语言世界并非独立自足或与现实无关,而是蕴涵着独特而丰富的人生意义,正可以从这一层去理解。另一层是指修辞型感兴。这是说文学这种感兴具有修辞性内涵,即是由修辞加以传达并始终不离修辞的感兴。这是突出文学感兴的普遍的语言效果属性。人们相信,看来独特的文学感兴由于与修辞不可分离因而具有普遍可理解性,正可以从这一层面去考虑。无论如何,文学的感兴修辞性是感兴与修辞相互涵摄的整体。

感兴修辞看来是个人的生活体验和语言表达行为,但绝不是单纯的个人所有物。文学作为人的感兴修辞行为,实际上是人类符号实践的一种形式。[①] 按照德国哲学家卡西尔(Ernst Cassirer,1874—1945)的看法,人的特点在于通过劳作制造"符号",形成人类文化的世界,这就是"符号的宇宙"。"人不再生活在一个单纯的物理宇宙之中,而是生活在一个符号的宇宙之中。语言、神话、艺术和宗教则是这符号宇宙的各部分,它们是组成符号之网的不同丝线,是人类经验的交织之网。"[②] 因此,人在本性上与其说是"理性的动物""使用和制造工

[①] 有关"符号实践"这一思路,笔者是在自己主编的《美学与美育》(中央广播电视大学出版社,2001)中提出和贯彻的。这里将这一思路引进文学中。
[②] 卡西尔:《人论》,甘阳译,上海译文出版社,1985,第34-35页。

具的动物",不如说是"符号的动物"。正是符号、符号化思维和行为构成人类生活中最富代表性的特征。根据马克思的观点,人类的符号活动归根到底是人类社会实践的具体形态,因而应当理解为符号实践。符号实践是人类创造和运用符号以便认识和改造世界与自我的社会过程。作为感兴修辞的文学,应当被理解为人类符号实践的一种形式。文学是一种感兴修辞,它的任务是在语言这种符号组织中去创造性地建构人的独特的而又具有可理解性的个体体验,帮助人认识世界与自我,沟通个体与社会,并转而微妙地影响社会。李白作为诗人,虽自以为拥有宰相之才,但其真正本领却不是治理国家或领兵打仗,而是创造奇妙的语言符号去传达他的独特体验。"黄河之水天上来"用了看来违反地理常识的表述,却准确地写出了黄河的冲决万里的雄伟气势,可谓神来之笔!"相看两不厌,只有敬亭山"表达出人与自然亲如知己的关系及其喜悦。"床前明月光……"这样平易浅显而又脍炙人口的诗句,把中国人的思乡情怀与"明月"紧紧联系起来,更是早已成为我们民族在符号实践中共同拥有的象征物了。李白是以富于感兴修辞的符号体系去加入到社会实践中的。他的独特诗句已经成为我们民族的汉语符号实践传统的一部分了。人类符号实践具有若干形式,如语言、神话、宗教、科技、艺术等,而文学只是其中特殊的一种。它的特殊性在于,作为中国人的语言符号与艺术符号的结合形式,它将个体感兴与语言修辞行为紧密结合起来,通过创造富于兴辞的语言作品去认识和改造世界。

六、从阅读看兴辞

作为一种兴辞,文学中的感兴与修辞当然是相互渗透和难分彼此的,但这不应妨碍从中梳理出一种层面构造来。从读者的文学阅读角度看,兴辞可能会由外向内地依次呈现为四层面:感触修辞、修辞生兴、兴会酣畅和兴味深长。第一层为感触修辞,是指读者以自己的感官去阅读和理解文本修辞,感受文本修辞的意指作用及其原创特色。

第二层为修辞生兴，是指由富有原创特色的修辞激发起内心的感兴波澜。读者由独特的修辞组合而激发起强烈的体验——感兴。清代薛雪在《一瓢诗话》中指出："一部杜浣花集，字字白虹，声声碧血。读至'悠悠委薄俗，郁郁回刚肠'之句，尤觉心堕魂折。"① 杜诗的"字字白虹，声声碧血"的独特修辞，竟可以使这位读者生起"心堕魂折"的异常强烈的感兴来。第三层为兴会酣畅，这是指读者在修辞的激发下沉入特别感动的体验境界，发现人生的深厚奥秘。金圣叹在《第五才子书施耐庵水浒传》第二回总批中，直接把从《水浒传》里获得的这类特殊的阅读体验归结为"兴"："写鲁达为人处，一片热血，直喷出来，令人读之深愧虚生世上，不曾为人出力。孔子云：'诗可以兴'。"② 兴会酣畅是始终不离文本修辞，并且与它紧密相连的多样而又复杂的心里感动过程。第四层为兴味深长，是指读者有时可以透过文本修辞而体悟到更为朦胧、深邃而又悠长的感兴意味。这里虽然总体上是感兴的层面，但这种感兴仍然是由文本修辞激发的，并且始终不离文本修辞。无论如何，文学中的感兴与修辞是密不可分的，所以合说感兴修辞性或兴辞性。从读者的角度看，文学的审美价值在于，修辞如何激发感兴，即原创性的修辞如何把读者牵引到对原创性的感兴的领悟和享受上。

把文学视为兴辞，这不过是我从古今融汇的角度对文学属性做出的初步思考。兴辞还可以同今天的"认同"概念联系起来考虑，并且在文学的文化类型、文学写作、文学阅读等环节上体现出不同表现，还可以与西方文学的"隐喻"特征相比而展示出独特的"兴体"特征。这样做可以进一步体现出兴辞在阐释当今中国文学现象时的特殊活力和广泛的应用前景，以及来自传统而又能融入现代的深厚力量。

---

① 薛雪：《一瓢诗话》，载王夫之等撰《清诗话》，上海古籍出版社，1978，第681页。
② 金圣叹：《第五才子书施耐庵水浒传》第二回总批，据《水浒传会评本》，北京大学出版社，1987，第81页。

论文学品质[①]

文学作为兴辞的艺术，总是具有自身的可供读者鉴赏的审美品质。这里对汉语文学的主要审美品质做简要描述。历史上，每一种民族文学都自有其独特的审美品质。文学品质诚然主要由文学作品环节呈现出来，但实际上，在文学创作、接受及批评等其他环节上也都同时有体现。

一、中国文学品评传统

主张文学具有品质，是中国文论的一种固有传统。齐梁时钟嵘的《诗品》，正是中国古代文论关于文学品质的开创性著述。他明确主张诗歌应具有审美品级，提出了自己的品级标准。他的《诗品序》可以视为一篇文学品质专论。他这样复活先秦"赋比兴"传统，并加以新的发挥："故诗有三义焉：一曰兴，二曰比，三曰赋。文已尽而意有余，兴也；因物喻志，比也；直书其事，寓言写物，赋也。宏斯三义，酌而用之，干之以风力，润之以丹采，使味之者无极，闻之者动心，是诗之至也。若专用比兴，患在意深，意深则词踬。若但用赋体，患

[①] 王一川：《文学理论（修订版）》，北京大学出版社，2011，第231—262页。

在意浮,意浮则文散,嬉成流移,文无止泊,有芜漫之累矣。"① 他提出了诗的至高品级("诗之至也")的标准:第一,赋、比、兴"三义"应"酌而用之",因地制宜地酌情调配,不能偏废;第二,以"风力"为骨干,而以"丹采(文采)"为润饰;第三,使读者感到趣味无穷,使听众心神摇动。在这里,他在坚持过去的"赋比兴三义"基础上,标举"风力"与"丹采"、"味"与"动"的融汇,从而形成文学品质的三条标准。

钟嵘由上述三条标准出发,品评了两汉至梁代的诗人122人,计有上品11人,中品39人,下品72人。他这样做,显然是仿照汉代以来"九品论人,七略裁士"的做法。"九品论人"原是东汉班固在《汉书·古今人表》中对历史人物的分类论述,该表将人分九等,即上上、上中、上下、中上、中中、中下、下上、下中、下下。具体说来,上上为圣人,上中为仁人,上下为智人,下下为愚人,并列有详表。此后曹魏时代也采取"九品中正制"选拔人才。"七略裁士"则代表对以往学术的分类批评。《七略》为西汉刘歆所撰,是一部从先秦至当时的学术史,以分类方式描述学术发展线索及其渊源。共有七大类:辑略、六艺略、诸子略、诗赋略、兵书略、数术略和方技略。钟嵘继承这种论人、裁士的传统,是要为当时陷于混乱的诗坛正本清源,竖立优劣标准。于是,着力于概括诗人独特的文学品质,构成钟嵘诗论的一大特色和贡献。

钟嵘在具体评价诗歌品质时,确实主要是从上述三条标准着眼的。第一,描述"赋比兴"传统在诗歌中的存在踪迹。如说阮籍诗"言在耳目之内,情寄八荒之表";左思诗"得讽喻之致";张华诗"兴托不奇"。第二,"风力"与"丹采(文采)"并重。例如说曹植诗"骨气奇高,词采华茂";刘桢诗"真骨凌霜,高风跨俗,但气过其文,雕润恨少";张协诗"雄于潘岳,靡于太冲","词采葱倩,音韵铿锵"。第三,标举诗"味"或"滋味"。他强调诗应使人"味之者无极,闻之

---

① 钟嵘:《诗品》,载徐达译注《诗品全译》,贵州人民出版社,1992,第10-11页。

者动心",同时又提出五言诗是"众作之有滋味者也"这一鲜明主张,明确反对那种"淡乎寡味"的诗。这一主张是落实到他评价诗人诗作的具体过程中的。例如他评论张协诗和应璩诗时分别指出:"使人味之亹亹不倦","华靡可味"。第四,注重以寻章摘句的方式去品评诗,这正可以视为他的上述三条标准在具体诗歌中运用的结果。他摘引"思君如流水","高台多悲风"等名句,称之为"胜语",体现了善于发现名言佳句的眼光。第五,他还擅用比喻手法表达诗歌的风格特色。例如评范云、丘迟诗说:"范诗清便宛转,如流风回雪;丘诗点缀映媚,如落花依草。"

应当注意到,钟嵘在为具体诗人诗作划分品级时,在今天看来,难免存在问题。他诚然不无道理地把曹植尊为上品,体现了一定的眼光,但总体看,还是有着品评标准不统一及眼光有偏颇等局限。他虽然主张"风力"与"丹采"并重,但实际上有时往往把词采放在第一位,而很少顾及诗人作品的思想意义及社会关怀等方面。所以,"才高词赡,举体华美"的陆机居然被他尊为"太康之英",位列左思之上;而"才高词盛,富艳难踪"的谢灵运,被称为"元嘉之雄",放在陶潜、鲍照之上。在划分等级时,他把开建安诗风的曹操仅列下品,把后来受到高度推崇的陶潜、鲍照仅列中品。这些品评同他自己主张的"风力"与"丹采"并重的观点并不完全一致,这大抵是受当时形式主义之风的影响所致。尽管如此,钟嵘毕竟开创了文学品质的研究传统,为后人探究兴辞品质提供了借鉴。

相传是晚唐司空图所著的《二十四诗品》,总共概括出 24 种诗品:

雄浑	冲淡	纤秾	沉着
高古	典雅	洗炼	劲健
绮丽	自然	含蓄	豪放
精神	缜密	疏野	清奇
委曲	实境	悲慨	形容
超诣	飘逸	旷达	流动

这里不再对具体诗歌作品作上、中、下三个层次的等级评判，而是提出了诗歌中存在多种多样、不同类型、相互难分高下的审美品质的主张。这24种诗歌品质，正体现了作者对诗的多种不同的审美品质的独到品评。重要的是，这不仅是一部真正意义上的文学批评著作，而且本身也是一部文学作品——一组写景四言诗。它的独特之处在于，在诗歌文类中运用种种形象去比拟、烘托多种不同的诗歌品质。由此，这部著作继杜甫的《戏为六绝句》之后，在中国文学批评中建立了以诗论诗这一特殊的批评文类。

以品级和品类方式去认识文学的审美品质，代表了中国文学的一种传统，曾经在古代起到过一定的作用，至今仍有参考价值。但在今天看来，这种固定的品级和品类划分同远为丰富多样的文学现象相比，显然还是存在局限的。

二、西方艺术类型演变模式

与中国的钟嵘、司空图对文学作品采取分级品评或分类品评的方式不同，德国美学家黑格尔从理念及其辩证运动构成世界的本原出发，提出了艺术类型的辩证演变思路。黑格尔认为："艺术表现的普遍性并不是由外因决定，而是由它本身按照它的概念来决定的，因此是这个概念才自发展或自化为一个整体中的各种特殊的表现方式。"① 根据这个原则，黑格尔进一步指出："理念只有凭自己的活动来独立发展时，它才是真正的理念；而且理念作为理想既然是直接的显现，也就是与它的显现同一的美的理念；所以在理念发展过程中的每一特殊阶段上，就有一种不同的实在的表现方式和该阶段的内在定性紧密地结合在一起。"② 这样，黑格尔从理念与其感性显现之间应当形成统一关系的角

---

① 黑格尔：《美学》，第2卷，朱光潜译，商务印书馆，1979，第3页。
② 黑格尔：《美学》，第2卷，朱光潜译，商务印书馆，1979，第4页。

度，把艺术类型依次划分为如下三种：象征型艺术、古典型艺术和浪漫型艺术。

首先有象征型艺术，被称为"艺术前的艺术"。此时，理念由于本身"还是抽象的，未受定性的"，"还在摸索它的正确的艺术表达方式"，所以，"不能由它本身产生出一种适合的表现形式"，而只能到自身以外的外在世界里去寻找现成的客观的表现方式。这样，象征型艺术的特点就在于，理念只能用现成的客观事物形象去隐约地暗示自身，而这些客观事物形象往往可能是"有所损坏或歪曲"的。[①] 在象征型艺术阶段，理念常常越出它的外在形式，不能完全和形式融成一体。象征型艺术的代表有东方各民族如埃及、波斯、印度的艺术等。

其次是古典型艺术。如果说，象征型艺术是理念与形象显现不相统一的艺术，在其中理念尚未受到定性，那么，正是在古典型艺术中，理念作为享有精神自由、自己确定自己的主体，终于在自身的概念里获得了与自身相符合的外在形象，从而可以与这个适合于自己的实际存在的形象融为一体了。这种理念与形式完全统一的艺术形态就是古典型艺术。黑格尔认为，"这种内容与形式的完全适合的统一就是第二种艺术类型即古典型的基础"。正是在古典型艺术中，内容与形式达到独立完整的统一，形成一种自由的整体。古希腊艺术，例如雕刻，就是这种古典型艺术的典范样式。黑格尔写道："到了古典型，艺术就已达到它所特有的概念，就能把理念作为精神的个性，很完满地纳入它的肉体的实际存在里，使外在的东西第一次才不再和它所对应表现的意义相对立而保持自己的独立；从另一方面来说，内在的东西在它为提供观照而造成的形象里也只显出它自己，肯定它自己。"[②] 这种古典型艺术的特征就是美，即理念的感性显现的实满实现形态。"整体具有独立自足性，这是古典型艺术的基本定性。"[③] 由于如此，古典型艺术总是要用完全由精神灌注而显出生气的人的躯体来表现理念及其具体

[①] 黑格尔：《美学》，第 2 卷，朱光潜译，商务印书馆，1979，第 4 - 5 页。
[②] 黑格尔：《美学》，第 2 卷，朱光潜译，商务印书馆，1979，第 6 页。
[③] 黑格尔：《美学》，第 2 卷，朱光潜译，商务印书馆，1979，第 164 页。

化了的明确而自觉的个性。

最后是浪漫型艺术。具有独立自由精神而向往无限地运动的理念，当其不再能圆满地实现于外在世界时，就会寻求返回自身，"即作为精神而存在"，因为绝对理念只能在它本身上存在。因此，理念就丧失了在古典型艺术阶段所有的"内在意义与外在形象的吻合"状况，"离开外在世界而退回它本身"，这就产生了浪漫型艺术。与象征型艺术使得无限的理念被束缚在有限的形式内部不同，浪漫型艺术让理念溢出有限的形式而返回到无限自由的自身。"这种精神返回到它本身的情况就形成了浪漫型艺术的基本原则。"① 这时，"形象就变成一种无足轻重的外在因素"，出现了"内容与形式的一种新的分裂"②。关于浪漫型艺术的特征，黑格尔指出："因为浪漫型艺术的原则在于不断扩大的普遍性和经常活动在心灵深处的东西，它的基调是音乐的，而结合到一定的观念内容时，则是抒情的。抒情仿佛是浪漫型艺术的基本特征，它的这种调质也影响到史诗和戏剧，甚至于像一阵由心灵吹来的气息，也围绕造形艺术作品（雕刻）荡漾着，因为在造形艺术作品里，精神和心灵要通过其中每一形象向精神和心灵说话。"③ 这类浪漫型艺术的恰当例子，或许正是拜伦、雪莱这样的浪漫主义诗人，他们任凭内心情感和想象力的纵情勃发，冲决现有陈规陋习，试图高高飞扬到九天之上，享受个体的绝对自由，正像黑格尔说理念溢出有限的形式而返回到无限自由的自身那样。

黑格尔在按理念的感性显现的不同程度和表现方式把艺术分为象征型、古典型、浪漫型三种类型后，又从这三种类型在具体艺术作品中的表现方式着眼，为它们匹配出相应的艺术样式：与象征型艺术对应的是建筑，与古典型艺术对应的是雕刻，与浪漫型艺术对应的是绘画、音乐和诗。这种从理念的感性显现推导出来的三分法模式，对我们认识西方艺术类型及其演变历程确实有着参考价值。但西方文学及

---

① 黑格尔：《美学》，第 2 卷，朱光潜译，商务印书馆，1979，第 275 页。
② 黑格尔：《美学》，第 2 卷，朱光潜译，商务印书馆，1979，第 6 页。
③ 黑格尔：《美学》，第 2 卷，朱光潜译，商务印书馆，1979，第 287 页。

其他艺术的类型状况,其实远为复杂多样,不只是这种三分法模式所能限定的。

加拿大批评家弗莱(Northrop Frye,1912—1991)的文学原型及其四季循环理论,就提供了一种四分法及其循环理论。在《批评的剖析》等著述中,弗莱指出:文学原型及其演变同自然界的四季更替节律具有一种神奇的对应关系,由此可窥见文学艺术演变的奥秘。他相信,人类开初有神话,讲述英雄诞生的喜悦,属于文学中的生意盎然的春天即喜剧;接下来的传奇描写英雄历险与成长经历,是文学上的火热的夏天;悲剧写英雄的死灭,时值英雄末路的萧瑟深秋;最后,英雄终究会离去,世界便沉入无英雄的小人当道的虚无时代,这时只剩讽刺喜剧或反讽当道,文学上的冷寂而无聊的寒冬降临。弗莱相信,这种文学原型会伴随四季节律而循环再生。他精心打造的这个文学原型阐释框架确实概括力强劲,在理解和把握一些中外文学现象时可谓顺理成章(例如有人用它分析杜甫诗《客至》中的喜剧氛围)。

限于篇幅,这里只介绍上述三种艺术类型演变模式。

三、文学的品质

人类对文学品质的认识比上面介绍的远为丰富多样,其中并不存在唯一正确的方式,而完全可以有多种不同的方式。这里只打算从文化传统对文学品质的规定与塑造角度去探讨。

对如今已深深地植根于全球化生活境遇中的中国读者来说,汉语的文学品质必然也已浸染上这种全球化生活境遇在文化上的回声:摆在当前汉语文学读者面前的,不仅有来自本民族文化传统的文学资源,也有来自外来民族文化传统的文学资源;不仅有来自本民族古典传统的文学资源,也有来自它的现代文化传统的文学资源,如此等等。而且,上述每一种不同的文学资源可能都能凭借其为其他文学所不具备的独特审美品质而产生独特的审美吸引力。正是这样,可供当前我国读者欣赏的汉语文学品质,就应当既空前地丰富多样,但又空前地难以统一归类。因为，每一种文学都可能拥有自身独特的审美价值系统和审美评价标准，而这些彼此不同的审美价值系统和审美评价系统，不是由它们自己内在决定的，而是由它们所身处于其中的文化传统决定的。正是特定的文化传统规定或赋予了特定文学的审美品质，由于如此，文学的审美品质就必然地染上了文化风气。

在这个意义上说，文学品质是指语言艺术的审美品级和质地。它是一种以审美方式呈现而由特定文化传统规定的语言艺术品格和质地。正是这种独特的语言艺术品格和质地，使得这一种文学同其他文学区别开来。在极简化的意义上说，文学品质是一种文化品质。从上述有关文学品质的文化性这一认知出发，就当前我国读者面对的实际的文学资源状况而言，可以见出如下三种主要的文学品质：古典品质、外来品质和现代品质。古典品质，是从中国古典文学传统来说的；外来品质，是从汉译外国文学在中国的影响来说的；现代品质，是从中国现代文学新传统来说的。对第一种文学品质即古典品质，人们的认识较为明确，但对第二种和第三种文学品质，也即外来品质和现代品质，则存在程度不同的轻视乃至忽视，所以下面需要略加补充说明。

把外来品质作为中国汉语文学资源之中的一种来阐述，也需要加以论证，而这在当前是有着充分的理由的。首先，这种外来品质主要是指以汉译外来文学这一特定方式构成的那些外国文学所具有的品质，面向拥有汉语文学及其兴辞修养的汉语读者，而这同以特定外国文学的原有语种方式存在的原生态外国文学所具有的品质相比，自然有所不同。一旦经译者翻译成汉语，外来文学的原有品质在汉译过程中或多或少会发生流失或变异。例如，许多中国读者知道的莎士比亚，是从朱生豪翻译的莎士比亚剧作得来的。其次，从以往汉语文学发展史角度看，这种外来品质在现代中国已经和正在发生深刻的影响，这种影响已通过现代中国作家的超乎寻常的大胆吸收而实际渗透到中国汉语文学作品创作中，被中国作家创造性地转化为现代汉语文学作品品质的一部分了。鲁迅对外国文学的翻译和吸收就是其中的突出典范。最后，从晚清以来中国现代历史的特殊性而言，中国读者对汉译外来文学的几乎毫无保留的开放姿态和大胆吸收立场,在世界各国中都可谓绝无仅有,也许该属唯一的特例了。鲁迅在《〈域外小说集〉序》这样写道:"我们在日本留学时候,有一种茫漠的希望:以为文艺是可以转移性情,改造社会的。因为这意见,便自然而然的想到介绍外国新文学这一件事。但做这事业,一要学问,二要同志,三要工夫,四要资本,五要读者。第五样逆料不得,上四样在我们却几乎全无:于是又自然而然的只能小本经营,姑且尝试,这结果便是译印《域外小说集》。"① 那时的中国作家便是这样,出于"文艺是可以转移性情,改造社会"这一渴望,"自然而然的想到介绍外国新文学"。正是这种"自然而然"的态度和选择本身,透露出中国现代作家和读者的一种共同心境和愿望:面对中国现代社会的空前危机,不能再寄希望于令他们一再失望的中国古典文学传统了,而只能求助于"外国新文学"的启蒙作用。至于"自然而然的想到介绍外国新文学",正是出于这样一种世界普遍性或人类共通性观念:"外国"文学也能在异国他乡的中国找到共鸣者,在这些不同民族的读者群中唤起"转移性情、改造社会"的冲动,至少可以获得一种肯定性或同情性理解。鲁迅本人即使多年后回头再看,也坚信这种外来文学在"本质"上具有不容置疑的世界普遍的启蒙价值:"我看这书的译文,不但句子生硬,'诘屈聱牙',而且也有极不行的地方,委实配不上再印。只是他的本质,却在现在还有存在的价值,便在将来也该有存在的价值。其中许多篇,也还值得译成白话,教他几其通行。"② 鲁迅当然知道外国文学中"描写"的外国事物"在中国大半免不得很隔膜",有的甚至"更不容易理会",这是由于"时代国土习惯成见,都能够遮蔽人的心思";但是,他又认为,"幸而现在已不是那时候""大约也不必虑"③。也就是说,20 世纪

---

① 鲁迅:《〈域外小说集〉序》,收入《译文序跋集》,载《鲁迅全集》第 10 卷,人民文学出版社,1981,第 161 页。
② 鲁迅:《〈域外小说集〉序》,收入《译文序跋集》,载《鲁迅全集》第 10 卷,人民文学出版社,1981,第 162 页。
③ 鲁迅:《〈域外小说集〉序》,收入《译文序跋集》,载《鲁迅全集》第 10 卷,人民文学出版社,1981,第 163 页。

20年代的中国社会即便同世纪初时相比，也已不一样了。显然，在鲁迅心里，根本点不在不同民族之间在文学品质鉴赏上会有差异，而在于文化启蒙程度上有不同，而这种程度的不同又是可以因时间而发生"进化"式改变的。在这里，起着支配作用的显然是一种世界普遍、人类共通的文学品质观。应当说，这种世界普遍的文学品质观，到全球化程度愈益加剧而各民族对话愈来愈频繁的今天，已经成为我国读者的一种"自然而然"的文学传统了。由于如此，把外来品质纳入我国汉语读者面对的文学品质的资源整体中去论述，应当是可行的了。

把现代品质作为中国文学新品质来论述，现在仍需面对争议。提起中国文学品质，一些论者会立即自然而然地想到中国古典文学所提供的古典品质，认为那仿佛就代表中国文学品质的几乎全部内涵，而对新生的中国现代文学则几乎不予承认，因为认定它是仿效外来文学的结果，且自身尚不构成一种独特的文学传统和品质。国内一些比较文学学者在从事中外比较文学研究时，所据以比较的中国文学范本无疑只是中国古典文学而根本不包括中国现代文学。类似的这种"偏见"，即便在国外汉学界也曾遭遇过。正如美国耶鲁大学孙康宜教授所披露的那样："数十年来美国汉学界一直流行着一种根深蒂固的偏见：那就是，古典文学高高在上，现代文学却一般不太受重视。因此，在大学里，中国现代文学常被推至边缘之边缘，而所需经费也往往得不到校方或有关机构的支持。一直到90年代，汉学界才开始积极地争取现代文学方面的'终身职位'，然而其声势仍嫌微弱。有些人干脆就把现代中国文学看作是古代中国文学的'私生子'。"[①] 好在包括国外汉学家在内的越来越多的人，已开始承认中国现代文学及其新品质的美学合法性。运用现代汉语去书写的中国现代文学及其品质，虽然有力地借鉴了外来西方文学的养分，并在发育上尚显稚嫩，但毕竟已拥有了为中国古典文学所不具备的崭新的文学品质。对这种新的文学品质，现在已到了予以承认的时候。

[①] 孙康宜：《"古典"或"现代"：美国汉学家如何看中国文学》，《读书》1996年第7期，第116页。

下面论及的三种文学品质即古典品质、外来品质和现代品质①，正是从当前汉语文学所能提供的文学品质的现有资源配置角度来说的。也就是说，对当前汉语文学读者来说，他面对的汉语文学世界，将有着古典品质、外来品质和现代品质三种文学品质供他鉴赏。

四、古典品质

古典品质，是指以文言文为主范式而形成的汉语兴辞的审美品质，代表中国古人所追求和欣赏的人生境界与品位。② 这种文学品质有助于现代中国人体认自身的文化传统，满足其在当今全球化世界上安身立命的需要。与后文即将论述的现代品质和外来品质相比，古典品质的基本特征在于空灵蕴藉，这是指中国古典文学善于在空灵境界中蕴含深长兴味，具体表现方式为空灵、流转有韵、兴味蕴藉，其代表性美学范畴为意境。

第一，空灵。这是指中国古典文学体现出在兴辞中对空幻灵动的艺术境界的追求。它具体地表现为不以"实"为本，而以"虚"为本，体现出超脱于现实社会实际利益之上的空净和无为的人生态度。王维的《终南别业》在这方面可谓范本："中岁颇好道，晚家南山陲。兴来每独往，胜事空自知。行到水穷处，坐看云起时。偶然值林叟，谈笑无还期。"与刘长卿《逢雪宿芙蓉山主人》笔下的日暮、天寒、屋贫、柴门、犬吠、风雪、归人等平常生活样态不同，王维索性借助"兴"的瞬间的兴发感动作用，从这些生活俗务中摆脱出来，仿佛对于日常生活中的具体事物、景物都视而不见、听而不闻，而是直接抒发

---

① 这三种品质的最初设想，来自我主编《美学与美育》时提出的有关审美文化的三种类型划分（即古典性文化、现代性文化和外来文化）及其特征描述。我那时把这种设想框架委托周志强博士去具体阐发和例释，见《美学与美育》第七章第二节（中央广播电视大学出版社，2001，第328－350页）。特此说明并向同志强博士致谢。还可参考王一川主编《新编美学教程》第八章审美文化第三节审美文化历史因子（复旦大学出版社，2007）。这次又根据新的理解做了一些变通和调整。
② 中国文学的古典品质本身有着发展与演变过程，这里仅仅在共时及极简化的意义上加以谈论。当然，今人运用文言文方式书写的格律诗词，归类上较为复杂，既可归入此类，也可归入现代品质类，可视具体作品而言。

自我的冲淡及高远心态:"兴来每独往,胜事空自知。"他所孜孜以求的是一种"空"的人生目标,直到达到"行到水穷处,坐看云起时"的冲淡境界。

第二,流转有韵。这是指汉语文学整体内各部分兴辞之间可以相互流动、运转,生成动人韵律。这具体地表现在整体天成和韵律感两方面。整体天成,这是指整体内各部分兴辞组合成为相互流动而又完整的有机体。宗白华先生指出:"中国画则喜欢在一竖立方形的直幅里,令人抬头先见远山,然后由远至近,逐渐返于画家或观者所流连盘桓的水边林下。《易经》上说:'无往不复,天地际也。'中国人看山水不是心往不返,目极无穷,而是'返身而诚','万物皆备于我'。王安石有两句诗云:'一水护田将绿绕,两山排闼送青来。'前一句写盘桓、流连、绸缪之情;下一句写由远至近,回返自心的空间感觉。"① 在宗白华的品评中,中国诗与中国画一样地追求远与近、往与返之间的"流连盘桓"效果及其所形成的浑然天成境界。韵律感,是指汉语兴辞致力于营造一种回环往复的节奏与韵律之美。这是古典文学的一个显著特征之一。一部文学作品之中注重阴阳之气的协调,真气贯注的兴辞作品往往体现出回环往复的音韵之美。李商隐的《夜雨寄北》:"君问归期未有期,巴山夜雨涨秋池。何当共剪西窗烛,却话巴山夜雨时。"这首诗在第一行内部,通过两个"期"字之间的反复,创造出一种回环往复的韵律感。同时,又通过第二行和第四行之间"巴山夜雨"的反复,也构成回环效果。这种韵律感大大地强化了诗人思念家乡的绵绵情怀。

对于这种韵律感的意义,可以再来看宗白华先生的论述。他首先列举晋代嵇康的名句:"目送归鸿,手挥五弦。俯仰自得,游心太玄。"认为"中国诗人、画家确是用'俯仰自得'的精神来欣赏宇宙,而跃入大自然的节奏里去'游心太玄'"。他还随即征引陶渊明的诗句:"俯仰终宇宙,不乐复何如!"对此他发挥说:"用心灵的俯仰的眼睛来

---

① 宗白华:《中西画法所表现的空间意识》,载《宗白华全集》第 2 卷,安徽教育出版社,1994,第 148 页。

看空间万象,我们的诗和画中所表现的空间意识,不是像那代表希腊空间感觉的有轮廓的立体雕像,不是像那表现埃及空间感的墓中的直线甬道,也不是那代表近代欧洲精神的伦勃朗的油画中渺茫无际追寻无着的深空,而是'俯仰自得'的节奏化的音乐化了的中国人的宇宙感。"① 他在中国诗同古希腊艺术的"空间感觉"、埃及艺术的"直线甬道"及近代欧洲艺术的"无际深空"的比较意义上,揭示了以"节奏化的音乐化了的中国人的宇宙感"为代表的古典品质的精神。

第三,兴味蕴藉。这是指汉语兴辞在读者的阅读中呈现出兴味的多义而绵延不绝的效果。富于兴味蕴藉的文学作品,往往让读者感到余意无穷,为他们开拓出绵延不绝的兴味空间。中国文学历来讲究兴味蕴藉深厚、余味绵长,并把它作为衡量文学作品艺术成就的重要尺度。刘勰在《文心雕龙·隐秀》中提出"深文隐蔚,余味曲包"之说,提倡文学作品应当让深厚的文辞蕴藉而多姿,言外的余味尽量蕴蓄着。钟嵘《诗品序》提出"文已尽而意有余"的鲜明主张。晚唐司空图进而创立"韵味"说,认为文学作品应当有一种绵绵不尽的韵味,不仅有味内之味,还有味外之味,即"韵外之致"和"味外之旨",也就是似乎在作品的兴辞之外还别有深长余味。至于宋代梅尧臣的"含不尽之意,见于言外",严羽的"言有尽而意无穷",都是强调兴辞的余味深厚。清人贺贻孙提出"诗以蕴藉为主"的理论主张②,明确把"蕴藉而出"的"厚"作为批评的艺术标准:"夫诗中之厚,皆从蕴藉而出,乃有同一蕴藉而厚薄深浅异者,此非知诗者不能别也。"③他进一步指出:"诗文之厚,得之内养。"④ 这意味着"厚"是从诗人的内在修养中孕育而成的。诗文之"厚"来自于诗人的内在修养,又在语言的艺术世界中"蕴藉"着,具体呈现为三"厚":"所谓厚者,以其神厚也,气厚也,味厚也。"反面的则是"其神浮,其气嚣,其味

---

① 宗白华:《中国诗画中所表现的空间意识》,载《宗白华全集》第2卷,安徽教育出版社,1994,第423页。
② 贺贻孙:《诗筏》,载郭绍虞编选《清诗话续编》第1册,上海古籍出版社,1983,第135页。
③ 贺贻孙:《诗筏》,载郭绍虞编选《清诗话续编》第1册,上海古籍出版社,1983,第158页。
④ 贺贻孙:《诗筏》,载郭绍虞编选《清诗话续编》第1册,上海古籍出版社,1983,第135页。

短"①。据此可知，诗应当神厚而不飘浮，气厚而不喧哗，味厚而不短促，其楷模就是《诗经》中的《风》、《雅》和《古诗十九首》，李白和杜甫等。清代吴乔更是把"深"与"厚"合提并举："诗之难处在深厚，厚更难于深。"诗歌的难能可贵之处在于深沉和厚实，而厚实比深沉更难于做到。例如杜甫的《登高》："风急天高猿啸哀，渚清沙白鸟飞回。无边落木萧萧下，不尽长江滚滚来。万里悲秋常作客，百年多病独登台。艰难苦恨繁霜鬓，潦倒新停浊酒杯。"这里单就"万里悲秋常作客，百年多病独登台"一联来分析。吴乔认为这两句蕴含多达"八层意"②。哪八层呢？他没细说。我们不妨这样来理解：

一是作客在外；
二是常作客在外；
三是在悲秋时节常作客在外；
四是在悲秋时节离家万里之遥常作客在外；
五是在悲秋时节离家万里之遥常作客在外时登台；
六是在悲秋时节离家万里之遥常作客在外时于孤独中登台；
七是在悲秋时节离家万里之遥常作客在外时以多病之身在孤独中登台；
八是在悲秋时节离家万里之遥常作客在外时以百年多病之身在孤独中登台。

我们看到，这八层含义是在我们的兴辞阅读与品评中，逐层地叠加、丰富起来的，一层比一层丰厚、绵长。如果再细细品味，这两行诗以 14 字所蕴含的丰厚意味，其实可能远不止这确定的"八层"呢！这些丰厚而深长的兴味在读者的阅读中，实际上仍处在不断地逐层增厚、叠加而相互增生、激荡、循环的状态中，从而形成读者在其中反

---

① 贺贻孙：《诗筏》，载郭绍虞编选《清诗话续编》第 1 册，上海古籍出版社，1983，第 136 页。
② 吴乔：《围炉诗话》，载郭绍虞编选《清诗话续编》第 1 册，上海古籍出版社，1983，第 584 – 585 页。

复品味和无限生发的兴味蕴藉系统。这个兴味蕴藉系统成功地使读者在秋景观照中领略词语缝隙间蕴含的诗人的百感交集的暮年心境，确实余味深厚。

中国古典文学的古典品质远不止这些，它们在中国古典文学长河中本身也处在发展与演变中，这里只是简要地列举而已。要紧的是，这些古典品质本身需要同中国古典文化传统结合起来予以鉴赏。因为，如果离开了对于中国古典文化传统的体认，那么这些古典品质是难以获得真正的体认的。

能集中呈现上述古典品质的代表性美学范畴，是意境（当然还可以有其他美学范畴）。意境（或境界）一词，虽然为古人创用并曾被用来评点中国文学现象，但在中国古代却从来不曾被视为一个至关重要的美学范畴去运用过。意境的重要性及其意义，实在是由现代美学家所重新发现和确认的，以王国维、宗白华和李泽厚为其中的突出代表。他们出于在现代重新彰显中国古典文学品质、以便为身处全球化境遇中的现代人寻找到安身立命的符号性宇宙这一意图，把意境的作用和意义突显出来。因此，意境应当属于现代人所追认的能用来重新裁量中国古典文学品质的一个核心美学范畴，而不宜用来无节制地阐释现代品质。具体地说，意境范畴在一定程度上可以用来集中总括古典文学所具有的空灵、流转有韵和兴味蕴藉等品质。

五、外来品质

外来品质，是指汉译外国文学作品中呈现的外国民族生活与文化品格和质地。以往一百多年来，以汉译方式陆续进入和影响我国的外国文学作品，可谓种类繁多、姿态万千，有欧洲文学、美洲文学、非洲文学、亚洲文学、澳大利亚文学等。其中每个洲的文学中又包括若干国家的文学。在欧洲文学中，就有古希腊文学、法国文学、英国文学、俄苏文学、德国文学、意大利文学等。即便是亚洲文学，就包括日本文学、印度文学、阿拉伯文学等。而每个洲、每个国家的文学本身也各有其曲折而多样的形态，它们都曾在中国发生这样那样的影响，因而很难加以全面而公允的概括。这里还是仅仅以欧美文学为例，对外来品质做简要描述。仅以欧美文学为代表，在高度浓缩和简化的意义上，并且特别是在同中国古典文学相比较的意义上，外来品质的基本特征在于实存性。具体表现为三方面：真实性、个人性和自由性。

第一，真实性。这是指一种细致刻画人的实际生存状态或幻想的情感状态，直到揭示生存的本质和规律的特性。通过文学作品中人的具体活动而探讨人的实存问题及其在人生中的重要意义，构成欧美文学向中国读者呈现的一种鲜明的外来品质。而这种真实性品质同中国古典文学提供的空灵品质是完全不同的。真实性的基础还是实存，在这里就是"to be"或"being"的意思，也即对于存在、有、存有、生存等的思考和追求。正是由于对实存充满好奇心和探究热情，欧美文学致力于分别以幻想方式和写实方式去探索实存问题。在这里，有着达到真实性的多种不同的途径：第一条途径是幻想性倾向，其代表性文学思潮是浪漫主义；第二条途径是写实性倾向，其代表性文学思潮是现实主义；第三条途径是象征性倾向，其代表性文学思潮是现代主义；第四条途径是拆除深度倾向，其代表性文学思潮是后现代主义。

幻想性途径能够通向真实性，这是一种主观想象的真实。以德国的施莱格尔兄弟、诺瓦利斯，法国的乔治桑、雨果，英国的拜伦、雪莱、华兹华斯等为代表的浪漫主义作家，致力于运用主观幻想、想象、象征和神话等方式去达到真实性。作为文学思潮的浪漫主义体现了三种标准："就诗歌观来说是想象，就世界观来说是自然，就诗体风格来说是象征与神话。"① 由此可引申出浪漫主义思潮的三点基本特征：一是崇尚想象，即在作品中张扬主体的想象、幻想以及相伴随的情感。浪漫主义者总是推崇感情的自然流露、自由表现，所以形成一种新的创作方式——自我表现。二是主张回到自然，即把自然视为富于人性的有机体，幻想回到自然状态、回到中世纪的田园牧歌生活中。同时

---

① 韦勒克：《批评的概念》，张金言译，中国美术学院出版社，1999，第155页。

相信人不仅是有机体，而且本身也是一件艺术品。三是倡导象征与神话，即大量采用象征手段，使平凡、粗俗的现象作为生活整体而进入文学象征系统中，同时广泛引入古代神话传说、民间故事、艳情传奇、异国情调等，使文学作品跌宕多姿并体现出地方色彩。

乔治桑的长篇小说《魔沼》写道：

> 我刚才带着深深的忧郁，对着霍尔拜因笔下的农夫看了很久，然后我漫步在田野里，沉思着乡村生活和农民的命运。农夫耗尽了气力和光阴，开垦这片不会轻易被人夺走丰富宝藏的土地，一天结束，这样艰苦的劳动唯一的报酬和收益是一片最黑最粗糙的面包，这实在是一件可悲的事。这些覆盖在土地上面的财富，这些庄稼，这些果实，这些在茂盛的草地吃得膘肥体壮的牲口，是几个人的财产和大多数人劳累与受奴役的工具。有闲者一般不爱田野、牧场、大自然的景色、能换成金钱供他挥霍的健美的牲口这些事物本身。他到乡间小住，是要换换空气，调养身体，然后回到大城市去，享受他的奴仆的劳动果实。
>
> 另一方面，庄稼人太劳累，太悲惨，对未来太忧心忡忡，无心享受乡村的美和田园生活的情趣。在他看来，金黄的田野，美丽的牧场，肥壮的牲口，也代表着成袋的金币，他只能有微乎其微的一部分，入不敷出，但他每年还得装满这些该诅咒的钱袋，去满足他的主人，并获得权利，省吃俭用，悲惨地生活在主人的领地内。
>
> 然而，大自然永远是年轻、美丽和慷慨的。它把诗意和美倾注给一切在它怀抱里自由自在发展的动植物。它掌握着幸福的奥秘，没有人能从它那里夺走。掌握劳动技能、自食其力、在运用智力中汲取舒适和自由的人，也许是最幸福的人；他有时间在生活中运用心灵和头脑，了解自己的事业，热爱上帝的事业。艺术家在静观和再现大自然的美的时候，也有这种乐趣；但是，具有正直和仁慈心肠的艺术家，看到繁衍在这人间乐园的人的痛苦，

他的乐趣会受到扰乱。在上帝的眼睛底下，精神、心灵和手臂协力工作，这样，在上帝的仁慈和人们心灵的欢乐之间便存在一种神圣的和谐，幸福也许就在这儿。

这里对农夫生活的描绘，是紧密地掺和着作家的主观情感和想象的。与其说她是在具体地观察实际的农夫生活，不如说是在借助观察的诱发，而放纵自己的情感和想象力。她的放纵的思绪所思所想的是，真正的生活诗意实际上就蕴藏在自由自在的普通生活里，"能在诗意的情感里汲取高尚情趣的人是真正的诗人，尽管他一生都没有写过一句诗"。

写实性途径也能够通向真实性，这是一种客观透视的真实。以法国的巴尔扎克、英国的狄更斯、俄国的托尔斯泰等为代表的现实主义作家，力求通过现实生活的客观细致的刻画去达到真实性。现实主义是19世纪中期兴盛于欧洲的注重客观性、典型性和批判性的文学思潮，代表作家有法国的司汤达、巴尔扎克、福楼拜，英国的狄更斯，俄国的果戈理、托尔斯泰、陀思妥耶夫斯基等。现实主义文学思潮有如下特征：一是客观性，即不再像浪漫主义那样强调主体的想象和情感，而是主张按照客观生活的本来面目去加以描写，这尤其表现在追求客观生活环境的真实和细节的真实上。环境的真实，是指文学描写尽力与被描写对象达成总体生活环境的逼真可感。细节的真实，是要在文学描写中尽力与被描写对象达成各个细微环节上的逼真可感。似乎正是这样两种逼真可感，才能最大限度地达到真实性。"最优秀的作家都是现实主义的，按照生活的本来面目描写生活，不过，由于每一行都像浸透汁水似的浸透了目标感，您除了看见目前生活的本来面目以外就还感觉到生活应当是什么样子。"① 二是典型性，即注重创造典型形象，特别是典型人物形象。典型，在叙事作品中又称典型人物或典型性格，主要是指文学形象系统中显出个别特征且富于魅力的性格。

---

① 契诃夫：《契诃夫论文学》，汝龙译，人民文学出版社，1958，第217页。

《红与黑》中的于连、《高老头》中的高里奥、拉斯蒂涅，《复活》里的玛丝洛娃等，都是富于特征和魅力的典型形象。典型往往通过富于特征的个别而揭示普遍的社会本质。三是批判性，即力求大胆暴露社会问题，体现强烈的社会批判性。

巴尔扎克的长篇小说《高老头》，一开篇就精细地刻画伏盖公寓的外部和内部环境。先是外部环境的真实：

> 一个夫家姓伏盖，娘家姓龚弗冷的老妇人，四十年来在巴黎开着一所兼包容饭的公寓，坐落在拉丁区与圣·玛梭城关之间的圣·日内维新街上。大家称为伏盖家的这所寄宿舍，男女老少，一律招留，从来没有为了风化问题受过飞短流长的攻击，可是三十年间也不曾有姑娘们寄宿；而且非要家庭给出生活费少得可怜，才能使一个青年男子住到这儿来。话虽如此，一八一九年上，正当这幕惨剧开场的时候，公寓里的确住着一个可怜的少女。虽然惨剧这个字眼被近来多愁善感、颂赞痛苦的文学用得那么滥，那么歪曲，以致无人相信；这儿可是不得不用。……这个著名的盆地，墙上的石灰老是在剥落，阳沟内全是漆黑的泥浆；到处是真苦难，空欢喜，而且那么忙乱，不知要怎么重大的事故才能在那儿轰动一下。然而也有些东零西碎的痛苦，因为罪恶与德行混在一块而变得伟大庆严，使自私自利的人也要定一定神，生出一点同情心；可是他们的感触不过是一刹那的事，像匆匆忙忙吞下的一颗美果。文明好比一辆大车，和印度的神车一样，碰到一颗比较不容易粉碎的心，略微耽搁了一下，马上把它压碎了，又浩浩荡荡的继续前进。你们读者大概也是如此：雪白的手捧了这本书，埋在软绵绵的安乐椅里，想道：也许这部小说能够让我消遣一下。读完了高老头隐秘的痛史以后，你依旧胃口很好的用晚餐，把你的无动于衷推给作者负责，说作者夸张，渲染过分。殊不知这惨剧既非杜撰，亦非小说。一切都是真情实事，真实到每个人都能在自己身上或者心里发现剧中的要素。

作者在这里先是细细地交代伏盖公寓的来历，末了没忘记强调自己的真实性原则："这惨剧既非杜撰，亦非小说。一切都是真情实事，真实到每个人都能在自己身上或者心里发现剧中的要素。"小说本来就是虚构其事，虚构得逼真而已，但作者却偏要辩护说它是"非杜撰"和"非小说"，支撑他的内心假设正是真实性原则。

作者随后继续一笔不苟地刻画伏盖公寓的内部环境：

> 这间屋子有股说不出的味道，应当叫做公寓味道。那是一种闭塞的，霉烂的，酸腐的气味，叫人发冷，吸在鼻子里潮腻腻的，直往衣服里钻；那是刚吃过饭的饭厅的气味，酒菜和碗盏的气味，救济院的气味。老老少少的房客特有的气味，跟他们伤风的气味合凑成的令人作呕的成分，倘能加以分析，也许这味道还能形容。话得说回来，这间窨室虽然教你恶心，同隔壁的饭厅相比，你还觉得窨室很体面，芬芳，好比女太太们的上房呢。
>
> 饭厅全部装着护壁，漆的颜色已经无从分辨，只有一块块油迹画出奇奇怪怪的形状。几口黏手的食器柜上摆着暗淡无光的破裂的水瓶，刻花的金属垫子，好几堆都奈窑的蓝边厚磁盆。屋角有口小橱，分成许多标着号码的格子，存放寄膳客人满是污迹和酒痕的饭巾。在此有的是消毁不了的家具，没处安插而扔在这儿，跟那些文明的残骸留在痼疾救济院里一样。……

作者兢兢业业地刻画伏盖公寓，正是要为他的高里奥、拉斯蒂涅、鲍赛昂夫人等主要人物的活动提供逼真的环境。这似乎是一种不动声色、不动情的真实性追求。当然，事实上，作家的情感仍然是热烈的，只是被紧紧地包裹起来而已。

象征性倾向也能通向真实性，这是一种语言暗喻出的真实。象征主义、唯美主义、表现主义、未来主义、意识流等现代主义思潮不约而同地展示出这种特征。可以说,"现代主义的必然趋势是象征性"①。现代主义不再像浪漫主义那样纵情想象,也不再像现实主义那样力图刻画生活的本来面目,而是宁愿用心于语言象征性的建构,为自己的生存体验寻找"客观对应物",以便通过富于暗示性的语言去间接地传达个人感受。《荒原》《城堡》《审判》《波浪》《尤利西斯》《追忆似水年华》等是这方面的代表作。

拆除深度倾向也能通向真实性,这是一种无法回归为整体的碎片化真实。被称为后现代主义的文学思潮正是在这方面引人注目。一是平面化,这是指传统意义上的作品审美意义深度逐渐消失,深度模式遭到削平;二是断裂感,这是指与历史传统相割裂,只剩下"精神分裂症"式当下时间意识,而历史意识遭到抛弃;三是零散态,这是指个人成为非中心化的主体;四是复制性,这是指大众文化工业带来了形象复制,艺术成为类象(simulacrum),即没有原本之物的摹本,审美距离感被打破。②

第二,个人性。这是指一种突出呈现个人实存状况及其对人生的核心意义的特性。其支撑理念是文艺复兴时期以来兴起的个人主义及其价值体系。欧美文学的实存性特征正是在这一点上体现得尤其集中。个人性具体地表现为,在文学中崇尚个人的自主、独立、平等、解放等权利。这一特征可从欧美"成长小说"(bildungsroman)或"启蒙小说"(novel of initiation)中见出。"成长小说"起始于18世纪末德国,歌德的《威廉·迈斯特的学习时代》被视为这一小说文类的初始范型。更早可在英国笛福的《鲁滨孙漂流记》里找到范型。再有就是后来法国司汤达《红与黑》、巴尔扎克《幻灭》、罗曼·罗兰《约翰·克利斯朵夫》,瑞士德裔作家黑塞的《纳尔齐斯与歌尔德蒙》,美国马克·吐温的《哈克贝里·费恩历险记》、福克纳的《熊》、塞林格的《麦田的

---

① 弗·杰姆逊:《后现代主义与文化理论》,唐小兵译,北京大学出版社,1997,第169页。
② 詹明信(又译杰姆逊):《现实主义、现代主义、后现代主义》,载刘象愚译,张旭东编《晚期资本主义的文化逻辑》,生活·读书·新知三联书店,1997,第275-300页。另参见弗·杰姆逊:《后现代主义与文化理论》,唐小兵译,北京大学出版社,1997,第199-227页。

守望者》等。这种成长小说的特征往往是：一是有一个男性主人公，他渴望成长、长大；二是他外出寻找、追求，情节上有一种线性时间的展开；三是他不懈地致力于个性的提升、升华；四是他总是力求获得一个完整的结局。这些成长小说总是叙述男性主人公的个性的发展历程，叙述他们遭遇种种变故包括精神危机后长大成人。成长，突出的不是生理学意义上的发育成熟，而主要是指精神个性方面的提升、启悟或升华等，或者说主要是展示个人主义意义上的自我的生成过程。

黑塞的《纳尔齐斯与歌尔德蒙》构想了两个主人公：偏重于父系、理性和思考的纳尔齐斯，与偏重于母性、感性和想象的歌尔德蒙。小说致力于探讨个人发展或个性成长的两条相互联系但又不同的途径：一条是理性之道，神学或哲学；另一条是感性之道，精神的自我流浪或艺术。小说正是通过纳尔齐斯与歌尔德蒙这样两个人物，去分别加以确证。我们看到：

> 歌尔德蒙所爱戴的另一个人，目光可要锐利些，他已多少有些预感，只是没有讲出来罢了。纳尔齐斯看得很清楚，现在有一只非常珍贵的金丝雀已飞到了他身边。由于清高而显得孤独的他，立刻在歌尔德蒙身上发现了类似自己的影子，虽然在任何一点上，他俩似乎都截然相反。纳尔齐斯面目黝黑清瘦，歌尔德蒙却容光焕发，朝气蓬勃。纳尔齐斯是个思想家，遇事善于条分缕析，歌尔德蒙却似乎是个梦想家，有着一颗童心。然而差异尽管差异，却有一个共同之点把他们联系起来：两人都气质高贵，才华出众，品性超群，都受到命运特殊的关照。

小说设想，感性之道本身是不能启迪自己的，必须借助于理性之道的指引。所以，当歌尔德蒙无法自觉地为个人生命找到发展方向时，纳尔齐斯为他指点迷津：

> 你们的出身是母系的。……你们的故乡是大地，我们的故乡

是思维。你们的危险是沉溺在感官世界中,我们的危险是窒息在没有空气的太空里。你们是艺术家,我们是思想家。你酣眠在母亲的怀抱中,我清醒在沙漠里。照耀着我的是太阳,照耀着你的是月亮和星斗;你的梦中人是少女,我的梦中人是少年男子……

这样的清晰分析,为个人成长找到了两种不同的道路。

第三,自由性。这是指文学中呈现的一种崇尚个人自由和解放的特性。特别是对20世纪初以来急切地寻求中国的独立、自由和解放,但又对以空灵为本的中国古典文学深感失望的中国现代作家来说,来自欧美文学中的突出个人自由意识,无疑展现出理性启蒙的强大力量。拜伦笔下的"大海",直接地就成为"自由"的象征。他的《恰尔德·哈洛尔德游记》第三章(杨熙龄译):

起伏的山峦都像是他知心的朋友,
波涛翻腾着的大海是他的家乡;
他有力量而且也有热情去浪游,
只要那里有蔚蓝的天和明媚风光;
沙漠、森林、洞窟以及海上的白浪,
这些都是他的伴侣,都使他留恋;
它们有着共通的语言,明白流畅,
胜过他本国的典籍——他常抛开一边,
而宁肯阅读阳光写在湖面上的造化的诗篇。

这位热爱自然、热爱自由的诗人,把自己的全副热情和想象都投寄给了大海。因为,他深知,"起伏的山峦都像是他知心的朋友,波涛翻腾着的大海是他的家乡"。他为什么会说这些自然景色"胜过他本国的典籍"呢?为什么"宁肯阅读阳光写在湖面上的造化的诗篇"?这里面就有拜伦对英国上流社会对他的拒绝、迫害的反控诉和反叛。当他被虚伪的上流社会排斥时,才从大海中找到了知音、找到了自由。或许，只有渴慕自由的人，才会从大海的宽阔的襟怀中，发现和欣赏那无比珍贵的自由！

受到拜伦影响的普希金，在他的名篇《致大海》里，直接把大海视为"自由的元素"（查良铮译）：

> 再见吧，自由的元素！
> 最后一次了，在我眼前
> 你的蓝色的浪头翻滚起伏，
> 你的骄傲的美闪烁壮观。
> 仿佛友人的忧郁的絮语，
> 仿佛他别离一刻的招呼，
> 最后一次了，我听着你的
> 喧声呼唤，你的沉郁的吐诉。

大海，在俄罗斯诗人普希金眼里，不仅仅是拜伦那里的"自由的象征"，而直接的就是"自由的元素"。正是这样一个形象与思想的链条，可以穿越不同民族、不同个体、不同人群的围栏，而产生它强大的感染力量。

在"五四"时期，郭沫若翻译的歌德小说《少年维特之烦恼》（1922）曾经在中国读者中风靡一时，形成了中国的"维特热"。其卷首刊有《绿蒂与维特》一诗：

> 青年男子谁个不善钟情？
> 妙龄女人谁个不善怀春？
> 这是我们人性中之至圣至神；
> 啊，怎样从此中有惨痛飞迸！
> 可爱的读者哟，你哭他，你爱他，
> 请从非毁之前救起他的名闻；
> 你看呀，他出穴的精魂正在向你目语：

请做个堂堂男子罢,不要步我后尘。

这首诗同这部小说一起,成为现代中国人的个人自由、个性解放的启示录,尽管后人对郭沫若的译文的可信度存有质疑。有人甚至把这部小说视为中国二十年代至三十年代最为畅销的外国作品。① 小说中流露的自由向往、炽热的恋情、社会叛逆思想、个人主义价值观等,受到一代代中国年轻读者的青睐。茅盾《子夜》中就几处提到此书:读得破旧了的《少年维特之烦恼》,和夹在书里的一朵枯萎的白玫瑰花,这正是吴少奶奶赠送自己青年时代恋人雷鸣的定情物。这个细节逼真地展示了此书被其时青年男女奉为"圣经"的时尚现象。

20世纪初至今,以欧美文学为代表的外来品质始终在吸引着中国读者。莎士比亚、巴尔扎克、托尔斯泰、《钢铁是怎样炼成的》、袁可嘉等主编的《外国现代派作品选》、马尔克斯的《百年孤独》等都曾在不同时期给予中国读者以巨大影响。正是在这个意义上可以说,如果不谈论文学的外来品质,就已经无法完整地看待中国现代文学了。

六、现代品质

现代品质,是指以现代白话文为主范式而形成的汉语文学的审美品质,代表现代中国人的生存体验及其追求的人生境界。

现代品质的产生,取决于中国现代文学及文化所面临的特殊的现代生存境遇及现代性体验。中国现代作家一方面自感置身在空前残酷的现实生存境遇中,领受到危机四伏的地球环境的巨大压迫,不吐不快;但另一方面,他们却深感不能从自身的古典文学传统中找到可资借鉴的文学创作资源了,例如再也无法按照李白、杜甫、曹雪芹等所代表的文学传统的感召去创作了。正是在坚决走出这种古典美学绝境的激进意向支配下,他们不得不转而"别求新声于异邦",从新引进的

---

① 马立安·高利克:《中西文学关系的里程碑》,伍晓明等译,北京大学出版社,1990,第120页。

西方文学中寻找新的美学借鉴。这样，来自西方文学的现实主义、浪漫主义、现代主义及后现代主义等文学潮流先后涌进中国，受到一代代中国作家的高度关注。正是由于需要直面现实生存感遇，同时又大胆地吸纳来自西方文学的"写实"等手法，中国现代文学陆续出现了对现实生存环境、场景、人物形象等的细致描写及精确刻画等新手法，正是它们成为现代文学特有的现代品质的来源。

这种新的写实手法的产生，可以追溯到黄遵宪《人境庐诗草》中对中国的现实危机境遇及抵抗过程的描写，以及随后刘鹗的《老残游记》（1903—1904）里借助望远镜而展开的描写中。这里不妨以后者为例。望远镜属于来自西方的现代器具，借助它可以对中国的现实生存环境和场景做精细的写实性刻画。对老残而言，望远镜绝不是一个满足好奇心的时髦洋玩意儿，而是可以透视现代中国形象的本质的现代器物。在小说第一回里，老残和两位朋友文章伯和德慧生都带有望远镜。望远镜在叙述中重复出现达八次（其中一次是用"千里镜"，其他七次则用"远镜"）。望远镜的八次重复出现尤其具有意义。第一次："各人照样办了，又都带了千里镜，携了毯子，由后面扶梯上去……"。这次出现，首度交代了一个事实：老残和他的朋友在外出旅行时必带的西洋宝贝就是望远镜。突出描写望远镜，披露出老残对现代西方器物的偏好及师法西方从事中国现代化的努力。第二次和第三次："章伯正在用远镜凝视，说道：'你们看！东边有一丝黑影，随波出没，定是一只轮船由此经过。'于是大家皆拿出远镜，对着观看。看了一刻，说道：'是的，是的。你看，有极细一丝黑线，在那天水交界的地方，那不就是船身吗？'大家看了一会，那轮船也就过去，看不见了。"这两次出现共同暗喻着一个"发现"：日本的洋务运动的成功和中国的失败，为下面的帆船寓言提供了对比性铺垫。当然，对"东边黑影"也可作一般性理解，它泛指包括西方和日本在内的现代性国家。第四次和第五次："慧生还拿远镜左右观视。正在凝神，忽然大叫：'嗳呀，嗳呀！你瞧，那边一只帆船在那洪波巨浪之中，好不危险！'两人道：'什么地方？'慧生道：'你望正东北瞧，那一片雪白浪花，不是长山岛吗？在长山岛的这边，渐渐来得近了。'两人用远镜一看，都道：'嗳呀，嗳呀！实在危险得极！幸而是向这边来，不过二三十里就可泊岸了。'"这两次运用望远镜共同显示了那只暗喻中国的危船，把叙述的焦点从"东边黑影"转到"帆船"上。第六次：

> 相隔不过一点钟之久，那船来得业已甚近。三人用远镜凝神细看，原来船身长有二十三四丈，原是只很大的船。船主坐在舵楼之上，楼下四人专管转舵的事。前后六只桅杆，挂着六扇旧帆，又有两只新桅，挂着一扇簇新的帆，一扇半新不旧的帆，算来这船便有八枝桅了。船身吃载很重，想那舱里一定装的各项货物。船面上坐的人口，男男女女，不计其数，却无篷窗等件遮盖风日，同那天津到北京火车的三等客位一样，面上有北风吹着，身上有浪花溅着，又湿又寒，又饥又怕。看这船上的人都有民不聊生的气象。那八扇帆下，各有两人专管绳脚的事。船头及船帮上有许多的人，仿佛水手的打扮。

这里借助望远镜初步"看"出了帆船的状况及其潜在的危机。第七次：

> 这船虽有二十三四丈长，却是破坏的地方不少：东边有一块，约有三丈长短，已经破坏，浪花直灌进去；那旁，仍在东边，又有一块，约长一丈，水波亦渐渐浸入；其余的地方，无一处没有伤痕。那八个管帆的却是认真的在那里管，只是各人管各人的帆，仿佛在八只船上似的，彼此不相关照。那水手只管在那坐船的男男女女队里乱窜，不知所做何事。用远镜仔细看去，方知道他在那里搜他们男男女女所带的干粮，并剥那些人身上穿的衣服……

在望远镜的透视下，帆船的败相及危机暴露无遗，明显地是隐喻现实中国的危机情状。第八次：

……三人就下了阁子，分付从人看守行李物件。那三人却俱是空身，带了一个最准的向盘，一个纪限仪，并几件行船要用的物件，下了山。山脚下有个船坞，都是渔船停泊之处。选了一只轻快渔船，挂起帆来，一直追向前去。幸喜本日刮的是北风，所以向东向西都是旁风，使帆很便当的。一霎时，离大船已经不远了，三人仍拿远镜不住细看。及至离大船十余丈时，连船上人说话都听得见了。

借助望远镜做最后一次透视，老残还彻底"看"穿了船上的一种"英雄豪杰"的伪善面目——那是他所厌穿的"革命"者的一种隐喻。"原来这里的英雄只管自己敛钱，叫别人流血的。"

在这八次重复中，望远镜这一现代器具起到了微妙而又重要的作用：它成为老残和朋友们一次次观察东边海上情景，尤其是帆船上的危机状况的绝佳工具。试想，假如没有望远镜这现代器物的强大透视力，是无法"看"出上述细微景致的。这样的描写似乎隐喻地披露出刘鹗心目中的一个无意识主张：中国社会的深重危机需要借助现代性意识和器物手段去做细致透视。要细致地观察、解剖并且拯救中国社会，如果离开借助现代性意识和现代器物所做的细致透视，是无法成功的。由此看，望远镜的八次重复出现，明白地揭示了刘鹗的观点：在当下以现代性视角去细致入微地透视中国现实生存状况，对中国现代文学发展来说具有首要的作用。

对于刘鹗开创的这种细致的写实描写手法，胡适早就指出："《老残游记》最擅长的是描写的技术；无论写人写景，作者都不肯用套语烂调，总想熔铸新词，作实地的描写。在这一点上，这部书可算是前无古人了。"[①] 这里他指出了两条重要的美学经验和标准：一是从语言

---

① 胡适：《〈老残游记〉序》，载刘德隆等编《刘鹗及〈老残游记〉资料》，四川人民出版社，1985，第384页。

上看，抛弃"套语烂调"而"熔铸新词"，二是从主体与对象的关系看，要作"实地观察"和"实地描写"而切忌按古代套路去凭空虚构。正是从这两条标准出发，他高度评价《老残游记》第二回对王小玉唱书的描写，而最喜欢的则是第十二回对打冰后南山雪景的刻画。对于前者，他的评论是："这一段写唱书的音韵，是很大胆的尝试。音乐只能听，不容易用文字写出来，所以不能不用许多具体的物事来作譬喻。白居易、欧阳修、苏轼都用过这个法子。刘鹗先生在这一段里连用七八种不同的譬喻，用新鲜的文字，明了的印象，使读者从这些逼人的印象里感觉那无形象的音乐的妙处。这一次的尝试总算是很有成功的了。"① 在胡适看来，正是由于"新鲜的文字"和"实地观察"得来的"明了的印象"使刘鹗获得了成功。而对于后者，他同样强调这语言和实地描写这两点："这种白描的工夫真不容易学。只有精细的观察能供给这种描写的底子；只有朴素新鲜的活文字能供给这种描写的工具。"②

尽管细致的写实描写并非外来文学给予中国现代文学的全部启迪，但毕竟成为十分重要的启迪之一。③ 正是由于这种写实性启迪的强势作用，中国现代文学形成了真实地再现现实社会生活环境和场景这一新范式。这一新范式使得中国固有的古典文学的空灵品质受到有力拆解，但同时又不致轻易绝迹，而是转而以变形的方式存活下来，与写实范式形成一种新的交融。这样，中国现代文学产生了在写实的主范式中含有某种空灵意味的新的传统品质。

与古典品质相比，现代汉语文学的审美特征在于实中有空。实中有空，是指在实存主范式中暗蕴着某种空灵意味。如果说，古典文学善于以实含空，即以实境导向并蕴含虚空的境界，突出的是以"无"

---

① 胡适：《〈老残游记〉序》，载刘德隆等编《刘鹗及〈老残游记〉资料》，四川人民出版社，1985，第387页。
② 胡适：《〈老残游记〉序》，载刘德隆等编《刘鹗及〈老残游记〉资料》，四川人民出版社，1985，第388页。
③ 当然，外来文学给予的同等重要的启迪还有浪漫主义的主体性、想象力、返回自然意向、神话体系等品质。

为特质的空灵；那么，现代文学则体现出实中含空特征，这就是在写实的主干中也有着某种空灵意味在，即有意追求的是逼真，但无意中流溢出某种局部的空灵意味。实中有空，具体地表现为三方面：实境留空、个人彰显、明确中有兴味。

第一，实境留空。这是指现代文学在实境刻画中还是有意无意地留存有某种空灵意味。黄遵宪以来的现代文学，与以往古典文学相比，不再把玄妙、虚静、空灵等古典意境作为焦点，转而更加关注现实人生困境及其改造问题，强调从实境描写中产生"疗救"的社会效果。这样，鲁迅的以改造"国民性"为焦点的小说集和战斗杂文、冰心的"问题小说"、田汉的抗战歌曲，以及新时期"伤痕文学""反思文学"等，其主旨已不再是激发远离现实的个人玄妙思索、空灵体验，而是要启迪人们面对全民族的现实困境，思考新的民族解放出路。不过，尽管如此，古典文学的空灵传统还是通过汉语的现代运用保存和传递了下来，这就使得运用现代汉语写作的作家得以心领神会，有意无意地产生出对于空灵传统的某种喜好。

这样，仔细打量可见，中国古典式空灵特色依旧留存在实境崇尚的现代文学中：即使是在以实境为主干的整体中，读者仍可依稀寻觅到局部的空灵印迹，感受到以空灵为标志的古典式审美理想和趣味的某种存在踪影。这正显示了中国现代文学的一种独特特征。我们来看鲁迅《药》的结尾（不必担心太长）：

　　那坟与小栓的坟，一字儿排着，中间只隔一条小路。华大妈看他排好四碟菜，一碗饭，立着哭了一通，化过纸锭；心里暗暗地想，"这坟里的也是儿子了。"那老女人徘徊观望了一回，忽然手脚有些发抖，跄跄踉踉退下几步，瞪着眼只是发怔。

　　华大妈见这样子，生怕他伤心到快要发狂了；便忍不住立起身，跨过小路，低声对他说，"你这位老奶奶不要伤心了，——我们还是回去罢。"

　　那人点一点头，眼睛仍然向上瞪着；也低声吃吃的说道，"你看,——看这是什么呢?"

华大妈跟了他指头看去,眼光便到了前面的坟,这坟上草根还没有全合,露出一块一块的黄土,煞是难看。再往上仔细看时,却不觉也吃一惊;——分明有一圈红白的花,围着那尖圆的坟顶。

他们的眼睛都已老花多年了,但望这红白的花,却还能明白看见。花也不很多,圆圆的排成一个圈,不很精神,倒也整齐。华大妈忙看他儿子和别人的坟,却只有不怕冷的几点青白小花,零星开着;便觉得心里忽然感到一种不足和空虚,不愿意根究。那老女人又走进几步,细看了一遍,自言自语的说,"这没有根,不像自己开的。——这地方有谁来呢?孩子不会来玩;——亲戚本家早不来了。——这是怎么一回事呢?"他想了又想,忽然流下眼泪,大声说道:

"瑜儿,他们都冤枉了你,你还是忘不了,伤心不过,今天特意显点灵,要我知道么?"他四面一看,只见一只乌鸦,站在一株没有叶的树上,便接着说,"我知道了。——瑜儿,可怜他们坑了你,他们将来总有报应,天都知道;你闭了眼睛就是了。——你如果真的在这里,听到我的话,——便教这乌鸦飞上你的坟顶,给我看罢。"

微风早已停息了;枯草支支直立,有如铜丝。一丝发抖的声音,在空气中愈颤愈细,细到没有,周围便都是死一般静。两人站在枯草丛里,仰面看那乌鸦;那乌鸦也在笔直的树枝间,缩着头铁铸一般站着。

许多的工夫过去了;上坟的人渐渐增多,几个老的小的,在土坟间出没。

华大妈不知怎的,似乎卸下了一挑重担,便想到要走;一面劝着说,"我们还是回去罢"。

那老女人叹一口气,无精打采地收起饭菜;又迟疑了一刻,终于慢慢地走了。嘴里自言自语的说,"这是怎么一回事呢?……"

他们走不上二三十步远,忽听得背后"哑——"的一声大叫;

> 两个人都悚然的回过头,只见那乌鸦张开两翅,一挫身,直向着远处的天空,箭也似的飞去了。

这里在总体上是高度地写实的,注重的是实境的刻画,揭示主人公生存于其中的不幸的现实环境。不过,在其高度写实的总体中,却不忘呈现出两种别致的处理:一是给阴森恐怖的坟场点缀上"一圈红白的花,围着那尖圆的坟顶";二是随即又设计出"今天特意显点灵"的隐喻性结局,暗示出未来的某种转机。这就达成了实境中留局部空灵的美学效果。

第二,个人彰显。这是指中国现代文学把现代个人的成长及其个性张扬置放到突出地位。无论是"五四"的"文学革命"还是后来的"革命文学"以及当代种种文学,都在不同程度上重视现代个人,反思其成长轨迹、生存困境及社会角色等。单就"五四"时期的"文学革命"来说,既有郭沫若的独具"狂飙突进"气象的成功的反叛式个人,也有鲁迅笔下以"狂人"为代表的精神变形的反叛式个人。即使是《青春之歌》里的林道静和《创业史》里的梁生宝等的集体化自我,以及《人生》和《平凡的世界》里的现实型个人化自我如高加林、孙少平等,也都是从个人彰显的意义上去观察和刻画的,目的还是从不同角度刻画新型现代个人的多样化成长历程。

这种个人彰显是"五四"新文化运动以来逐渐建构起来的一项现代性文化传统。陈独秀曾经是现代个人主义的信奉者和倡导者。在《敬告青年》(1915)这篇著名的宣言式论文中,他提出如下新的"青年六义":

> 自主的而非奴隶的
> 进步的而非保守的
> 进取的而非退隐的
> 世界的而非锁国的

实利的而非虚文的

科学的而非想象的

这"青年六义"可以说为新型现代个人提供了较早的规范，这种新型现代个人显然已远远不同于古典文学中追求的那种空灵而超脱的个人了，而是一种带有现代个人主义意味的新型个人。陈独秀将个人的"自主"列为第一义，呼吁新青年追求个人自由，养成独立的人格精神，正是赋予了这种个人以不同于古典性的新的现代性内涵。他指出："等一人也，各有自主之权，绝无奴隶他人之权利，亦绝无以奴自处之义务。"他所标举的理想个人，应当是这种拥有"自主"权利之人。他又指出："解放云者，脱离夫奴隶之羁绊，以完其自主自由之人格之谓也。我有手足，自谋温饱；我有口舌，自陈好恶；我有心思，自崇所信；绝不认他人之越俎，亦不应主我而奴他人；盖自认为独立自主之人格以上，一切操行，一切权利，一切信仰，唯有听命各自固有之智能，断无盲从隶属他人之理。非然者，忠孝节义，奴隶之道德也。"① 这种新型现代个人不仅在理论上讲求个人"自主"，而且更要在现实中实际地谋求个人"脱离夫奴隶之羁绊，以完其自主自由之人格"，从而实现个人的"解放"。

为此，陈独秀敏锐地将个人主义归为西方文化的根本精神，加以热烈赞扬，强调"西洋民族以个人为本位，东洋民族以家族为本位"。正是由此中西比较视野出发，他指出：

西洋民族，自古迄今，彻头彻尾个人主义之民族也。英、美如此，法、德亦何独不然？尼采如此，康德亦何独不然？举一切伦理，道德，政治，法律，社会之所向往，国家之所祈求，拥护个人之自由权利与幸福而已。思想言论之自由，谋个性之发展也。

---

① 陈独秀：《敬告青年》，载《独秀文存》，安徽人民出版社，1987，第4页。

> 法律之前，人人平等也。个人之自由权利，载诸宪章，国法不得而剥夺之，所谓人权是也。人权者，成人以往，自非奴隶，悉享此权，无有差别。此纯粹个人主义之大精神也。自唯心论言之，人间者，性灵之主体也；自由者，性灵之活动力也。自心理学言之，人间者，意思之主体；自由者，意思之实现力也。自法律言之，人间者，权利之主体；自由者，权利之实行力也。所谓性灵，所谓意思，所谓权利，皆非个人以外之物。国家利益，社会利益，名与个人主义相冲突，实以巩固个人利益为本因也。①

在急切地师法西方而开展中国的现代性进程的陈独秀眼里，真正理想的人格精神就应当是这种西洋式个人主义，而中国固有的"家族为本位"的旧传统必然与此理想相敌对，从而需要改变。他的结论就是："欲转善因，是在以个人本位主义，易家族本位主义。"② 陈独秀的这种个人主义主张难免有过于理想化和简单化的历史局限，但在中国现代文学乃至文化发展中，却具有一种代表性意义，高度浓缩地反映了现代中国人中新型现代个人意识的觉醒。而陈独秀所伸张的"青年六义"，即自主而非奴隶、进步而非保守、进取而非退隐、世界而非锁国、实利而非虚文、科学而非想象，无疑代表了有关这种新型现代个人的价值体系的建构尝试。

在郭沫若的诗集《天狗》里，可以领略这种新型现代个人的自我觉醒："我是一条天狗呀！／我把月来吞了，／我把日来吞了，／我把一切的星球来吞了，／我把全宇宙来吞了。／我便是我了！"这里的"我便是我了"相当于新型现代个人的宣言书，准确地揭示了现代个人的个人价值意识。与古典式个人通过回归自然而实现自身、追求空灵境界不同，这里的现代个人是要通过吞吐日月星球、占有全宇宙来实现自我，显然带有陈独秀所标举的"青年六义"的某些个人主义特征。

---

① 陈独秀：《东西民族根本思想之差异》，载《独秀文存》，安徽人民出版社，1987，第28页。
② 陈独秀：《东西民族根本思想之差异》，载《独秀文存》，安徽人民出版社，1987，第29页。

我们诚然可以欣赏郭沫若提供的"天狗"式个人，但更加令我们警醒的，可能还是这种个人理想在现实中的毁灭带来的伤痛。冰心的《两个家庭》描写了英国留学生陈华民回国后的命运：

  陈先生的声音很低说："这个时势，不游玩，不拼酒，还要做什么，难道英雄有用武之地么？"三哥叹了一口气说："这话自是有理，这个时势，就有满腔的热血，也没处去洒，实在使人灰心。但是大英雄，当以赤手挽时势，不可为时势所挽。你自己先把根基弄坏了，将来就有用武之地，也不能做个大英雄，岂不是自暴自弃？"
  这时陈先生似乎是站起来，高大的影子，不住地在窗前摇漾，过了一会说："也难怪你说这样的话，因为你有快乐，就有希望。不像我没有快乐，所以就觉得前途非常的黑暗了！"
  这时陈先生的声音里，满含愤激悲惨。
  三哥说："这又奇怪了，我们一同毕业，一同留学，一同回国。要论职位，你还比我高些，薪俸也比我多些，至于素志不偿，是彼此一样的，为何我就有快乐，你就没有快乐呢？"
  陈先生就问道："你的家庭什么样子？我的家庭什么样子？"三哥便不言语。陈先生冷笑说："大概你也明白……我回国以前的目的和希望，都受了大打击，已经灰了一半的心，并且在公事房终日闲坐，已经十分不耐烦。好不容易回到家里，又看见那凌乱无章的家政，儿啼女哭的声音，真是加上我百倍的不痛快。我内人是个宦家小姐，一切的家庭管理法都不知道，天天只出去应酬宴会，孩子们也没有教育，下人们更是无所不至。我屡次地劝她，她总是不听，并且说我'不尊重女权''不平等''不放任'种种误会的话。我也曾决意不去难为她，只自己独力的整理改良。无奈我连米盐的价钱都不知道，并且也不能终日坐在家里，只得听其自然。因此经济上一天比一天困难，儿女也一天比一天放纵，更逼得我不得不出去了！既出去了，又不得不寻那剧场酒馆热闹喧嚣的地方，想以猛烈的刺激，来冲散心中的烦恼。这样一天一天的过去，不知不觉地就成了习惯。每回到酒馆的灯灭了，剧场的人散了；更深夜静，踽踽归来的时候，何尝不觉得这些事不是我陈华民所应当做的？然而……咳！峻哥呵！你要救救我才好！"这时已经听见陈先生呜咽的声音。

这里的陈华民想做拯救国家的现代"英雄"，而他的妻子也以标举"女权"为己任，两人之间各顾各，直到水火不容。当陈华民无法扭转这种家庭困境时，他的悲惨结局就不可避免了。他的同学"三哥"这样分析他的悲剧的原因：

……不过因为他这个人，太聪明了，他的目的希望，也太过于远大。在英国留学的时候养精蓄锐的，满想着一回国，立刻要把中国旋转过来。谁知回国以后，政府只给他一名差遣员的缺，受了一月二百块钱无功的俸禄，他已经灰了一大半的心了。他的家庭又不能使他快乐，他就天天的拼酒，那一天他到我家里去，吓了我一大跳。从前那种可敬可爱的精神态度，都不知丢在哪里去了，头也垂了，眼光也散了，身体也虚弱了……

陈华民作为现代个人，把个人理想驰骋得格外高远，"满想着一回国，立刻要把中国旋转过来"，根本想不到中国现实会成为这种高远理想的坟墓。

第三，明确中有兴味。这是指现代文学在确定性追求中也保留有某种兴味传统。与古典文学自觉地标举蕴藉深厚不同，现代文学一方面更注重描写的确定性，在审美表现上寻求明确而不含糊、清晰而不朦胧；但另一方面，也自觉或不自觉地保留下对于深长兴味的向往。这就必然地导致了明确中有兴味的特征。路遥的《平凡的世界》是中国式现实主义的晚熟的完成之作，以确定的实境描写见长，但在其中也时时能见到对于兴味传统的保留。小说第一部第四十二章就有这样一个细节，就是孙少平因高考落榜而不得不回到农村务农。这时，路遥以细腻的笔触勾勒出主人公复杂而漂浮的思绪：

> 冬日西沉的残阳余晖在原西河对面的山尖上留了不多的一点。原西河两岸的河边结了很宽的冰，已经快在河中央连为一体了。寒风从河道里吹过来，彻骨般刺冷。少平很快地进了破败的城门洞，走到街面上。
>
> 街上冷冷清清，已经没有了多少行人。城市上空烟雾大罩，远远近近灰漠漠一片。县广播站高杆上的信号灯，已经闪烁起耀眼的红光。从不远的体育场那里，传来人的喊叫声和尖锐的哨音……所有这一切，现在对少平来说，都有一种亲切感。他在这里生活了两年，渐渐地对这座城市有了热情——可是，他现在就要向这一切告别了。再见吧，原西。记得我初来之时，对你充满了怎样的畏怯和恐惧。现在当我要离开你的时候，不知为什么，又对你充满了如此的不舍之情！是的，你曾打开窗户，让我向外面的世界张望。你还用生硬的手拍打掉我从乡里带来的一身黄土，把你充满炭烟味的标志印烙在我的身上。老实说，你也没有能拍打净我身上的黄土；但我身上也的确烙下了你的印记。可以这样说，我还没有能变成一个纯粹的城里人，但也不完全是一个乡巴佬了。再见吧，亲爱的原西……孙少平怀着愉快而又伤感的情绪，用脚步，用心灵，一个下午回溯了自己两年的历程。

第一段属于确定的实境描写，甚至第二段的开头几句也是如此。但从第二段的第一个省略号起到第二个省略号止，由于"亲切感"的浮现，原有的确定性描写方式就发生了改变。随着孙少平的"亲切感"的浮动和漫溢进程，笔触变得越来越飘忽不定，直到转化为纯粹的非确定性的抒情描写了，从而可以引发读者的似乎无尽的兴味，唤起内心深处的深切共鸣。

还值得注意的是，从"再见吧，原西"句开始，第三人称"他"

突转为第一人称"我"。为什么？作用何在？这种人称突转取决于描写孙少平的"亲切感"的特殊需要。路遥本来是可以有另一种美学处理方式的，就是跟第一段一样冷静而不动情地描写孙少平的内心活动，坚持外在的观察和描写。但他却转而选择了动情地描写本身，于是人称的转变就是必然的了：第一人称当然比第三人称更能传达人物内心的情感波澜。正是从这种由第三人称向第一人称的突转中，也可以感受到作者路遥对主人公的兴味的生起和享受，此时，他已悄然地从一位客观的确定性刻画者转变成为一位主观的兴味品评者了。他一方面立时化身为充满留恋和惆怅的主人公孙少平本人，同他一道品味原西县城带给他的绵长兴味；另一方面，他也不知不觉地享受到这种动情描写带来的自我满足的兴味。

类似这样的兴味描写，甚至也出现在小说结尾处：

中午时分，他回到了久别的大牙湾煤矿。

他在矿部前下了车，抬头望了望高耸的选煤楼、雄传的矸石山和黑油油的煤堆，眼里忍不住涌满了泪水。温暖的季风吹过了绿黄相间的山野；蓝天上，是太阳永恒的微笑。

他依稀听见一支用口哨吹出的充满活力的歌在耳边回响。这是赞美青春和生命的歌。

他上了二级平台，沿着铁路线急速地向东走去。他远远地看见，头上包着红纱巾的惠英，胸前飘着红领巾的明明，以及脖项里响着铜铃铛的小狗，正向他飞奔而来……

这里在人称上用的还是第三人称"他"，但实际上换成第一人称"我"后也完全合适，属于表面的第三人称而实际的第一人称，不妨称为形三实一式人称形态。不妨把其中所有的六个"他"都换成"我"：

中午时分，我回到了久别的大牙湾煤矿。

我在矿部前下了车，抬头望了望高耸的选煤楼、雄传的矸石山和黑油油的煤堆，眼里忍不住涌满了泪水。温暖的季风吹过了绿黄相间的山野；蓝天上，是太阳永恒的微笑。

　　我依稀听见一支用口哨吹出的充满活力的歌在耳边回响。这是赞美青春和生命的歌。

　　我上了二级平台，沿着铁路线急速地向东走去。我远远地看见，头上包着红纱巾的惠英，胸前飘着红领巾的明明，以及脖项里响着铜铃铛的小狗，正向我飞奔而来……

显然，换过人称后，阅读的感觉还是同换之前的感觉基本吻合的。作家在这里是要从确定中唤起一种绵长的兴味，从而增强叙述的感染力。

现代品质的典范性美学范畴为典型、流兴，其典范性艺术形象有大海等。典型范畴来自西方，但正是在中国现代文学中被自觉地建构为一种新传统。鲁迅笔下的阿 Q 形象正是这样一种艺术典型。这种艺术典型能够让读者从富有个性的特征中透视出现实生活的本质和规律，从而有力地满足了现代读者从文学形象中获得社会认知的需求。

第二辑 修辞论美学与影视艺术

文明与文明的野蛮[1]
——影片《一个都不能少》中的文化装置

张艺谋的影片《一个都不能少》有个引人注目的特点：全部起用业余演员或称非专业演员。令人惊奇的是，他们饰演的银幕角色竟与其日常生活身份完全一致，如村小民办教师、小学生、村长、电视台台长、车站服务员、小餐馆老板和司机等，并且尽量带着自己的日常乡音、自家衣橱里的衣服、日常生活神情及即兴台词等。这些业余演员的出场确实强化了影片的真实或质朴气息，与通常影片（甚至包括张艺谋自己执导的大多数影片）中那种专业演员精心"表演"出来的虚构性形象形成强烈反差，于是有理由读到传媒有关"现实主义"或"写实主义"的种种读解和评论。然而，在这样赞扬时却不能忽略如下事实：这种所谓现实主义式质朴并不来自日常生活的忠实的照相式纪录，而同样是导演按自己的意图精心选择和营造的结果，这只要提提从上万人中选择演员（为什么不是照实拍摄呢？）和每个镜头拍数十遍（何以不一次就成？这又怎能做到？）的事实就足以说明问题了。

在我看来，这种质朴与日常生活实际本身是不同的，属于一种审美虚构，即是一种虚构性质朴。这种虚构性质朴同张艺谋在其他影片中创造的审美虚构并无实质的不同，即都属审美虚构而决不等于生活实际，例如，无论是表意性强的《红高粱》还是纪实性突出的《秋菊

---

[1] 本文原载《当代电影》1999 年第 2 期。

打官司》，都是审美虚构的产物。只不过，他在这里继《秋菊打官司》的有限的纪实性探索之后，更进一步地全面展示了别一种令人新奇而感动的美学风格，这与他自己一贯的求新求奇的电影美学追求是一致的。可以说，这里带给观众的是一种新的朴奇美学效果：质朴与奇异两种美学相糅合，质朴而奇异，奇异而质朴，质朴中有奇异，奇异中有质朴。这是奇异的质朴，质朴得叫人称奇叹异；同时，也是质朴的奇异，这奇异不是导向想象的幻境而是返指日常生活的质朴本相。就我有限的观影经历看，这种以业余演员的质朴表演强化出来的朴奇美学在当前中国内地电影中是前所未有的或独一无二的。这样做有两点显著效果：一是有助于使电影最大限度地贴近中国人的日常物质现实，揭示出其中常常被遗忘或遮盖的致命的真实；二是呈现出一种与通常专业演员"作秀"出来的虚假美学迥然不同的新的朴奇美学，带给观众以新的美学惊喜。假如这种感受确实（或许是我孤陋寡闻了？），这无疑可以视为张艺谋为中国内地电影美学做出的一份新贡献。不过，看完这部影片，我发现自己的兴趣却没有停留在朴奇美学上，而是由此被继续牵引到别处：对粉笔和电视等文化装置形象的再现，为我打开了一种新的解读空间，揭示出平常被忽略的致命的真实。

我所说的文化装置，是现代工业社会或后工业社会特有的现象，指我们现实生活中那些由工业文明创造出来的各种机械与电子装置，及相应的社会生活设施网络，如现代工厂、铁路、货币、电报、电话、医院、学校、报纸、出版社、摄影、广播、电影、电视、电脑、广告和商场等。它们不宜再简单地仅以物质与精神、社会与自然之类传统二分法去划分，而可以视为统合两者的社会文化机构，正是这种文化机构成为我们的"文化"或"文明"性格得以构成的基本模型。这样来看，这些文化装置就并不是日常生活中多余的外在装饰物，而是人们日常生活的组成要素本身，并在其中扮演着必不可少的，甚至是重要的角色。简单地说，它们正在构成和塑造我们的日常生活现实。在我看来，真正成功的朴奇美学，不能仅仅停留在业余演员的运用上，而是应让这种运用服务于剥露那隐藏在常识或常光"下面"或被它们无情地遮盖着的致命的真实。

粉笔作为一种教学用具，是影片里贯串首尾的一种文化装置。我们看到，这一本来极平常的写字用具竟成为小学师生们小心崇拜和爱护的"圣物"，俨然是神圣的文化或知识的表征性形象。高老师临走时的重托及敏芝和学生们的保护行动，都在向我们凸显一个事实：与粉笔相连的现代文化或知识已在人们生活中登上极其重要和神圣的地位。结尾的场面尤其感人肺腑：城里人捐来孩子们从未见过的好多五颜六色的粉笔，每个孩子被允许选一种最喜欢的颜色在黑板上庄严地写一个字，而且只能写一个字，因为"粉笔要留着给高老师"。当寄托着孩子们未来美好生活梦幻的色彩缤纷的汉字慢慢缀满黑板，他们为此瑰丽景象而欢呼雀跃时，我想，映现在他们眼里的应是一个崭新的现代文化乌托邦，似乎在那里，在那令人心醉神迷的瞬间，他们与"城里人"或富人之间的生存与文化鸿沟悄然填平，享受到同等人生价值和世界大同景象！但是，另一方面，当这种以粉笔描绘出来的黑板幻觉及其所表征的现代文化或知识形象，由于农民缺钱这一"现实的，太现实"的事实而时时面临危机和处处需要保护时，我又不得不领略了它极其脆弱和虚幻的一面。这就使现代文化或知识由于钱的缘故而显出一种神圣与卑微、强大与脆弱并存的双重品格。我不禁想到，这种文化的双重品格难道不正是人的实际生存境遇的双重品格的一种影像性再现？

看影片过程中，特别让我牵肠挂肚的是，小小村姑如何能在茫茫都市人海寻得失踪的小学生？她如果能成功，除非两种可能：一是偶然机遇，二是"如有神助"。影片排除了前者而选了后者。在这里，落后与先进的文化装置——大众传播媒介发生了一种看来不显眼但却十分微妙的激烈较量，最终决出胜负高低。首先是车站广播找人无效，敏芝与张慧科身处同一城市竟如同远隔千山万水，这表明有线广播这种老牌大众传媒在当前已失势；继而是用毛笔书写寻人启事也无果，更说明传统文字媒介显得乏力；最后，当今最受宠爱的大众传播媒介——电视终于"千呼万唤始出来"，立时显出神奇的魔力，不仅轻而易举地帮助敏芝找到张慧科，而且引来城里公众对乡村教育的超乎寻常的关怀和救助。敏芝成为市民生活中的明星人物，偏僻又贫穷的无名山村一下子变得声名远播，前来援助或参观的人们蜂拥而至，于是，观众可以长出一口气：穷孩子们有救了。可以说，敏芝的"如有神助"之"神"，不是别的，正是电视及其连接千家万户的电视网络。这种大众媒介轻易而又深刻地改变和塑造人们的现实生活命运，整部影片的进程所要着力揭示的，恐怕正是这一事实。

电视网络确实在20世纪90年代中国人的生活中显出重要的支配性权力。但是，电视网络还不是那个真正的支配性"终极"。电视台先是拒绝后是乐意帮助敏芝，很大程度上都是出于同一考虑：钱。只不过考虑的具体方式有不同罢了（当然不排除电视台工作人员及其他市民的社会良知和道德等因素也起了作用）。起初拒绝帮助，是嫌她付不起电视广告费，所以竟冷漠或残忍地让她在大门口询问和等待了漫长的时间。我想，那个女门卫肯定让观众对电视人的无情寡义和见钱眼开感到义愤填膺，必欲声讨之而后快，而其实，这种无情寡义和见钱眼开不正是当今大众传播媒介的必然的和基本的本性么？它怎么可能轻易改变这种本性而做见义勇为的"文化英雄"呢？而后来改为热烈帮助，则是基于一个如意算盘：敏芝的事情极有可能刺激收视率回升，而后者则直接与赚取高额广告费相关。这样，电视网背后那只看不见的手——金钱就终于显山露水了。我们不难发现如下事实：当今电视网的火爆恰恰是由于它与广告从而与金钱的本质性联系。显然，真正起最终支配作用的，还是那背后隐匿着的钱。当然，这样的"意义"不大可能是导演有意去表现的，而是存在于其无意识深处的；也不大可能是影片着力显示的，而是闪烁在镜头缝隙间的。但无意识的和镜头缝隙间的并不是不存在的或无关紧要的，而可能正是我们生存于其中的现实境遇的一种复杂显现，这对理解我们的日常生存境遇应具不容置疑的重要性。

确实，在整个故事进程中，金钱扮演着微妙而重要的支配性角色。钱，古来就有，但在现代社会中，它却是以一种现代性文化装置的方式而存在的。货币系统是现代性文化装置的重要组成部分之一，它无时不在塑造着现代人的现实生存。尤其是在当前市场经济条件下，它对个体生存的塑造作用表现得直接而致命。我们应该清楚地记得，金钱在张艺谋的《秋菊打官司》里曾经受到主人公秋菊的高度蔑视。她那宁要"说法"而不要200元钱的"固执"，显示出重礼义轻钱财的"高风亮节"，引人赞叹，透露出在20世纪80年代中国社会曾一度居主流的人生价值观——人的个体尊严远比金钱重要。即便是在前年的《有话好好说》里，主人公小帅也还在金钱面前一再表现出无所谓或漠视的态度。而在这部新片里，金钱却一跃变得异乎寻常地至关重要了：13岁的农村少女魏敏芝到乡村小学代课，绝不是出于诸如献身教育事业之类的高尚追求，而只是冲着那50元代课费，且直截了当、毫不羞涩、始终不渝。这与秋菊始终蔑视金钱的固执性格恰好形成鲜明对照，甚至也与小帅的漠视态度判然有别。而与敏芝同样，小学师生们无一不在遭受缺钱的困窘，如吃饭、穿衣、上学、买文具和购教具等。张慧科正是为了得到一两元赏钱而向村长"泄密"的；同样，又由于无钱上学而进城打工，引出敏芝的寻找。而敏芝那么不顾一切地和执着地只身进城寻找，也仍然只是为了兑现高老师临走时的约定：学生"一个都不能少"，少了一个就得不到50元了。为了筹备进城路费，她不得不带领全体学生去搬砖，目的是换钱作路费。即便如此路费仍不够，又采用逃票的办法进城。

  这里需要看到，敏芝在数学课上让学生自己动手演算她进城所需的钱，包括车费多少而搬砖可以挣多少等，加减乘除全有，且是实际生活中正在遭遇的。这确是一堂活生生的不折不扣的实际生活应用题。她成功地充分调动学生的演算积极性，整堂课生动、活跃、效果绝好，直让原本不放心的村长在窗外也赞不绝口。我们的教育界不是要求做到国家教育方针规定的"教学联系实际"吗？这位似乎并不合格的代课教师所上的数学课，难道不正是一个绝妙范例？可以说，在她所代过的课中，这堪称最具想象力和创造性从而值得职业教师们观摩的经典课！这也可说是整部影片中的最为经典和精彩段落，堪称电影美学上的神来之笔！但是，由于她是因为自己不会演算而让学生帮助算，于无意中做成这堂经典性"观摩课"，且主观意图是为自己算清路费，所以，这种成功和精彩从教学目的上讲就要大打折扣了，似乎只是一种单纯美学上的精彩而已。可是，你瞧她和学生们一道那么投入和动情地想着钱、算着钱，这幕景象不正是当前中国农民乃至市民的与钱不可须臾分离的日常生活境遇的真实的和活生生的再现么？

  如此看，这堂数学课又岂止数学课本身？它使我不禁感到，对于中国公众来讲，算钱正是他们当前日常生活中最基本的数学——人生数学。数学原本只是抽象的和高深的知识，仿佛与日常生活无关，但在魏敏芝的课堂上，却成了与孩子们日常生活息息相通的东西，成了这种生活本身的组成部分。在这里，知识生活化了，或者不如说：知识就是生存。我说"知识就是生存"意味着，对于这批农村孩子而言，这里关于钱的知识与其说是培根所说的那种"力量"，不如说正是生活或生存本身。钱的知识，包括算钱和花钱的知识，难道不正是他们的日常生存方式本身么？引申来讲，钱的知识如今不仅成为农村人，而且也同时成为中国城乡各阶层民众的日常生存本身了。所以，这堂在美学上精彩和富于魅力的"数学课"或"算钱课"，称得上当前中国人的与钱不可分离的日常生活境遇的一种活灵活现的凝缩模式。

  因此，我觉得这个"算钱"镜头完全可与张艺谋《红高粱》中的"野合"镜头相媲美，都有理由被视为中国电影史上的经典镜头，属于张艺谋对中国电影美学的突出贡献。所不同的只是，"野合"镜头以似乎自然而神圣的男女野合仪式这一特定方式，对20世纪80年代中国人复苏的个体生命欲望和自由生存理想做了独特而奇异的再现，集中显示了这个文化启蒙年代的审美精神；而这"算钱"镜头则以同样自然而神圣的小学生日常算钱场景，高度凝缩而生动地揭示出金钱欲望和金钱关系已经在20世纪90年代中国社会扮演着新的基本角色！

  还可以看到，出走城里的张慧科也是因为没钱而沦落街头讨饭吃。更让人气愤而又正常的是，那位带他进城并与他走失的同村姑娘竟也要敏芝付两元钱才答应帮助带路找人。至此，观众可能禁不住问：

"义"到哪里去了？难道就被钱吞吃了？这些共同构成敏芝及农村小学生们的一个总体生活氛围：与《秋菊打官司》所再现的往昔年月相比，钱而今已成为中国农民生活中一个最为基本或致命的角色了。在张艺谋的影片里，主人公过去是宁要说法而不要钱，眼下却只为挣钱而代课，这一转变轨迹告诉人们，钱在中国人生活中的权力或魔力确实已极大地膨胀了。影片这样描写确实能准确地再现中国社会进入 20 世纪 90 年代以来的一种普遍性现实生存境遇。这似乎正是影片的朴奇美学所要达到的那"致命的真实"！

其实，金钱在整部影片中始终扮演着自己的基本角色：它与敏芝代课、保护粉笔、集体搬砖、乘车进城和电视找人等，无一不紧密关联着，而且，无一不从根本上支配着。从这点上说，影片似乎在竭力陈述或证明一个平常遗忘的"真实"：电视和金钱对于人们日常生活境遇起着支配性作用。我的感觉是，整部影片的故事结构可能包含着两个故事：在关于小学代课教师的故事下面，隐匿着另一个故事——关于电视或金钱的魔力的故事。表层故事让人为主人公的贫穷生存境遇、顽强生命意志及高尚品质而感动，而深层故事则使人领受到电视和金钱的无所不在的巨大力量。这两个故事哪一个更真实呢？这样的提问可能没有多大意义，还是不如承认各有其真实性吧。或者不如说，这两个故事其实是同一个故事的不同侧面而已。总之，影片让人更形象地接受一个曾由王朔做过表述的民间"真理"：钱不是万能的，但没有钱却是万万不能的。重要的是，这个民间真理如今已堂而皇之地深植于电影艺术作品中了，与"秋菊的时代"相比虽仅数载却恍若隔世。不妨仿照着说：电视不是万能的，但没有电视却是万万不能的。如此也可以说，这部影片不过是电视这种大众传播媒介及其背后的金钱在现实生活中的支配性魔力的一种"寓言"而已。

这种寓言性再现提醒我思考两个问题：一是现实主义的精神，二是电视等文化装置的文明性。我所理解的"现实主义"，应是 19 世纪欧洲文学的一个特产或传统。为马克思所盛赞的巴尔扎克式"现实主义"的基本精神之一，就是真实地再现现实生活中的金钱关系，并以此为中心而全面再现社会生活画面及其"本质"。随着资本主义的迅速发展，人与人之间的温情逐渐被冷酷的金钱关系所取代，甚至被它所"异化"。人被金钱所"物化"，赤裸裸的金钱关系或"商品拜物教"置换了人与人之间的社会关系。这一经典现实主义美学概念一旦被移植到具有不同文化语境的中国，就出现了变形。回顾本世纪文艺领域的现实主义问题演进可见，一个外国美学概念被移植后出现变形，是十分正常和合理的事，不值得大惊小怪，更不应轻易否定。值得注意的倒是，在这种移植和变形中，经典现实主义原有的对于金钱关系的再现精神被不无道理地遗忘或淡化了，以致那些被视为"中国现实主义"的文学、绘画和电影作品等，往往并没有着力再现金钱关系。这是为什么？全面回答这一问题不是本文的任务，但这里不妨简要地指出：这可能与现代中国知识分子的主流性文化价值结构有关，在这种文化价值结构中，金钱关系并没有被中国知识分子视为应当悉心追究的核心的或致命的问题（他们相信有更致命问题值得自己关注，这是必然的和应当历史地肯定的）。从这个意义上讲，中国的现实主义概念是与欧洲经典现实主义精神有所不同的（当然在别的方面也有着一致）。有意思的是，进入20世纪90年代以来，中国社会随着市场经济的发展，金钱在社会生活中的作用愈益突出了，扮演着新的活跃角色，并且已经和正在导演出一幕幕人生悲喜剧。这就向艺术家们提出了一个既时新而又经典的问题：如何直面中国社会中愈益膨胀的金钱关系？我一向主张当前在使用现实主义概念时应持审慎态度，不宜以它作标签去随便裁剪表面相似的文艺现象，但是，如果人们一定要用的话，是否也应当关注经典现实主义精神的呈现呢？也就是说，是否应当在现实主义概念框架中予以金钱关系的再现问题以一个适当的地位？在这个意义上，《一个都不能少》由于以其朴奇美学而令人印象深刻地揭示了中国社会正在增长着的金钱关系的重要性，不失为对于以金钱关系的再现为基本的经典现实主义精神的一种生动复现。当然，是否就此认定这部影片是一部成功的"现实主义"作品，我想，还是先收起"主义"标签而进入问题本身吧。一部文艺作品，如果能富有魅力地揭示中国社会生活中金钱关系的作用,即便不用"现实主义"而用其他框架去概括,也是不会因此而失去其魅力的。阐释框架应当多样化,正像优秀作品的路子应当多样化一样。

至于电视等文化装置的文明性问题可能更为微妙。"文明与野蛮"曾是20世纪80年代文艺评论中一个时髦语汇。文明与野蛮被看成一个二元对立词汇,它们的对立揭示了生活中一个二元对立问题。然而,现在应当重新追问的是,文明难道总是与野蛮对立吗?作为一种文化装置,电视的发明与运用当然是人类工业文明或后工业文明的一个显赫成果,不用我在这里细数电视对人类的种种好处了。需要讨论的是:电视被创造出来原是为了使人类更为"文明",或拥有更高的"文化"性,但是,它却随处携带着一种特有的"符号的暴力"或"媒介的暴力"——营造种种幻觉性图画,使公众在不由自主或心满意足间倾心臣服、认同。我们看到,正是敏芝在电视荧屏前的质朴倾诉和呼唤,给予公众以巨大的向心力和认同愿望,迫使他们仿佛是出于本心地伸出援助之手。然而,不妨试想,当这些慷慨市民中的一位在大街上匆匆走过,陌生的乡下孩子敏芝或张慧科突然间向他伸出乞求之手时,他会像在电视机前那样感动流涕和立即爱心萌动吗?当然不一定。为什么?他的人生经验告诉他,应当有一万个理由不予理睬而没有一个理由慷慨解囊。但电视却轻易地办到了。当土里土气、手足无措的敏芝被带到电视荧屏前,成为女主持的谈话嘉宾而面对公众倾诉时,她的这身土气和质朴就不再是其本身,而成了电视网络的一个富于感染力和征服力的符号。她的倾诉显得那样真实可信和感人至深,以致处在同一"电视时空"中的公众不由得"万众一心"地和"步调一致"地油然而生认同之情。电视的统摄力、凝聚力或认同力何等强大!正是电视网络为公众建造起一个仿佛万众一心的"公共领域",让他们在一瞬间就解除掉自私、自保和猜疑的武装而变得无私无畏和坚信不疑了。想想"电视台都播了"这句市民日常表述吧,它不正显露出电视在今日公众心目中不容置疑的可信度吗?电视每日每时都在竭力制造新的明星(如敏芝),新的"媒体事件"或"新闻事件",新的公众热点，新的使人不得不倾心跟从的同一性幻象！于是出现一个令人本应奇怪而却早已不怪的现象：公众宁愿相信摄像机而不愿意相信自己的肉眼，宁可信赖电视真实而不愿信赖实际真实。电视建造起一种比真实还真实的"超级真实"（hyperreality），这种"超级真实"是如此逼真动人以致实际真实竟显得那么苍白和虚假，显得不再是真实而是错觉。这固然是一种不折不扣的电视文明，但又带着一种你不由不跟从的强制或野蛮。可以说，电视所代表的是一种文明与野蛮的杂糅，或者不如说文明的野蛮：文明有时就伴随或制造着野蛮，就意味着野蛮。这正是它能魔力无穷、几乎每攻必克的一个秘密。

其实，敏芝在电视荧屏前的不加修饰和毫无做作的质朴倾诉，与张艺谋在《一个都不能少》里精心营造的朴奇美学，有着惊人的内在一致。敏芝在电视中的质朴拨动了公众的心弦，而张艺谋在《一个都不能少》中同样想以其朴奇美学赢得观众的青睐。由此看，敏芝的电视倾诉不正可以视为张艺谋的电影倾诉的一种寓言么？而张艺谋不正是试图以敏芝的神奇的质朴倾诉而形象地演绎和阐释自己的朴奇美学么？电视与电影这两种大众传播媒介或文化装置有着同样的看家本领：精心制造美丽动人的虚构性质朴，以便以一种比真实更真实的"超级真实"最大限度地贴近公众，迫使他们误以为真而心悦诚服地接受。可见，无论是电视还是电影，现代大众传播媒介或文化装置都拥有其特有的超级功夫，无时不在制造文明，也无时不在制造文明的野蛮。这样，20 世纪 80 年代有关"文明与野蛮"的命题就可演化出一种新变体：文明与文明的野蛮。这使我不禁想起已故德国批评家本雅明（Walter Benjamin）在《单行道及其他》中留下的名言："没有任何一份文明的记录，不同时也是一份野蛮的记录"。文明固然在促进人类的发展，为人类生活打开新的可能性，但又总是伴随着野蛮，以野蛮的方式出场，成批地造就野蛮。这就是文明辩证法。这难道不令人深思？当然，我这样说绝不是要引出讨伐和否定现代大众传媒乃至现代文明的激进结论，而不过是想强调对待文明和野蛮的一种辩证态度：不必轻信更不必盲从文明或文化，正像不必否定甚至弃绝文明或文化一样；

它们与野蛮之间不存在天然分野，而往往相互伴随、转化和共生。对此保持一种惯常的历史辩证态度是必要的。同理可说，影视等大众传媒是当代生活不可缺少的，但同时也是当代生活需要警觉的。这种现象太需要研究了，这里只是提出问题而已。或许，如上解读不过是我个人对这部影片的无意识结构的一种追寻，或是它所可能蕴含的多重意义之一而已。

高雅型大众片与影片文化类型①

《行为艺术》里有什么文化呢？我的任务是对这部影片做"文化分析"，这一点要求我设法显示它所可能包含的"文化"意义。年轻的刑警邰林和女演员刘云各自受到认同的焦虑的牵引，这可以引出霍建起在上部影片《那山 那人 那狗》（以下简称《那》片，潇湘电影制片厂与北京电影制片厂1999年联合摄制）中探索过的身份认同问题②；邰林心中有难以释然的艺术梦，而刘云则醉心于街头"行为艺术"，两人似乎因艺术的缘分而相爱，这涉及高雅文化与日常生活的关系问题；影片外景地位于堪称渤海明珠的大连，主人公的故事也主要发生在这座充满现代都市气息的北方名城，这足可以引发当代都市文化分析；而这部大众文化制作却又大量刻画高雅艺术，而这从中国当代大众文化的发展来看似有某种意义，如此等等。这几方面大概正是影片的主要"文化"内涵所在吧。

一、渴求另一半

影片对男女主人公的个人身份认同的刻画是明显的。与《那》片

---

① 本文原载《当代电影》2001年第2期。
② 有关《那山 那人 那狗》的认同问题分析，见王一川：《认同性危机及其辩证解决》，《当代电影》1999年第4期，第34－37页。

讲述年轻的乡邮员如何追随父亲的脚步相似，在这里邰林顶替退休的父亲做了原来不情愿做的刑警，从而同样实现了父子认同意图。而父亲仍由同一个演员扮演，则多少加强了这种父子认同意味，似乎显示出霍建起继续探讨父子认同话题的意图。这种继续不仅具体体现为邰林的接班，而且更突出地表现在他重新拾起父亲退休前仍无法侦破的马白驹悬案上。而最后邰林通过自己的成功破案，又似乎显示了向刑警父亲实现认同的决心行动及其结果。不过，在我看来，这种父子认同线索只是影片表述的一个方面。而另一方面可能更为重要，影片其实多少淡化了这条父子认同线索，而把叙述的精力更多地集中到另一条认同线索上——性别认同。我这里说的"性别认同"并非当下"文化研究"赋予的特定含义，而仅仅指如下一般含义：男女分别向往着与异性的自由结合，即恋爱自主。无论男和女都分别渴求着异性的"另一半"，显示了异性对于自身作为人类完整体的超乎寻常的重要性。这容易使人想到为人熟知的柏拉图故事：人类曾有一种异性同体人——"阴阳人"，但后来被分裂成异性的两半，"所以我们每人只是人的一半，一种合起来才见全体的符，每一半像鱼剖开的半边，两边还留下可以吻合的缝口。每个人都常在希求自己的另一半，那块可以和他吻合的符。……我们本来是完整的，对于那种完整的希冀和追求就是所谓爱情"①。这个古希腊故事可以帮助我们领会男女异性爱情对于这部影片里人们生活的重要性。影片讲述了两代人、几对男女的这类性别认同故事：一是刘云的母亲李文竹与刘云的生父马白驹之间的爱情悲剧，两人由于纯洁爱情被强行拆散而一生都在苦难中（一个失去记忆而禁闭在医院，另一个逃到南方颠沛流离）；二是刘云的养父对于李文竹的单恋，这位刑警出于纯真爱情而不顾一切地要得到李文竹，并且坦然地接受了李文竹与马白驹私生的女儿刘云，却到头来不仅没有得到李文竹的爱情，反而在执行任务时因马白驹的莽撞而丧生；三是失去父亲、也变相地失去母亲的刘云与年轻刑警邰林热切相爱。这

---

① 柏拉图：《文艺对话集》，朱光潜译，人民文学出版社，1980，第240、241、242页。

几对男女的共同人生理想和行为准则都是：两性爱情是人生中最重要的事，因而要不顾一切地去追求人生中的"另一半"。于是，我们看到了这些动人的爱情故事。这表明，异性之间的性别认同过程成为影片叙述的重心之一。

当然，这一性别认同故事也仍然可以视为霍建起以往的认同探索的一种辩证性发展。可以看到，这里的爱情故事的主人公往往有个共同的行为特点：与父辈指令相抗争。李文竹虽然最后屈从于父母的包办，但却曾经顽强地加以抵抗，并坚持与马白驹生下了刘云；而邰林一方面是个责任心强的称职刑警，另一方面又不听上司规劝地与刘云谈恋爱，被她身上的艺术气质所吸引，这种悖逆显然与父亲所遵循的刑警规矩不合。这些都显示了越出《那》片所展示的完全臣服于父辈旧秩序的套路的新努力。我在评论《那》片时曾如此苛求说："一个带有根本性的问题还存在着：儿子向父辈认同，是否需要以前者对后者完全臣服为标志，正像影片中儿子对父亲所做的那样？我想问题不应像影片所直接叙述的东西那么简单或单一，而是应当采取另一种态度——历史的辩证态度。一方面，年轻而稚嫩的儿子确实需要向经验丰富的父辈学习，在父亲的引导或监护下完成青春期认同使命，而不宜不加区分地一味采取简单化的后代对前辈的'彻底决裂'行动；但另一方面，新生的儿子毕竟身处专属于自身的时代语境，肩负着独特的历史原创使命，更需要在向父辈认同的基础上悉心追求专属于自身的独特身份认同，而不应不分来由地全盘因袭父辈价值规范，在我看来这两方面的辩证性'合题'似乎应当是：儿子在与父亲认同的基础上，更着力追寻或创造属于自身的独特文化与历史个性，而这一点无疑正是影片所欠缺的。它在尽力张扬儿子向父亲臣服的合理性时，难免忽略了更为重要的新的个人原创行动的合理性。"① 我提出的在继承父辈基础上更加突显自身个性的批评性建议，看来在这部新片里受到了合理采纳，邰林既做刑警更与刘云合作演出惊心动魄的街头行为艺

---

① 王一川：《认同性危机及其辩证解决》，《当代电影》1999 年第 4 期，第 34 – 37 页。

术，这突出地展示了在与父亲秩序调和基础上寻求个人自主性的鲜明姿态；而与此同时，邰林的父亲显然已不再干涉儿子的自主选择，甚至他的刑警队长也并没有加以反对，而刘云的父亲马白驹也显然尊重女儿的选择。这表明，霍建起确实在寻求并实现对于自己的认同探索的一种辩证性新突破，从《那》片较多地偏向于父辈秩序而转向寻求父辈秩序与个体自主选择之间的新"合题"。

二、生活摹仿艺术？

邰林心中不熄的艺术热情和刘云对行为艺术的醉心，以及李文竹和马白驹对艺术的爱好，都提醒我们关注历来具有"高雅"美誉的"艺术"在故事中引人注目的地位。这里首先需要提及影片开头的"照镜子"镜头。镜头一拉开，出现的是街头镜中映像，先是几幅街头流动景观，接着是正在理发的照镜子的邰林。这一短暂镜头安排得新颖而巧妙，可能蕴涵着三重丰富意义：一是邰林在理发时照镜子，从镜子里窥见自我及街头形象，这是自我镜像；二是观众在银幕外观看正在照镜子的邰林，他们使邰林意料不到地成了被他者窥视的对象，这是自我被观众窥视的形象；三是置身在银幕外的观众，在窥视邰林时也可能会惊奇地发现，当自己外在地悄然窥视照镜子的邰林时，邰林也可能正在里面借助照镜子的时机而窥视我们哩！这是假设中的观众被主人公窥视的形象。道理很简单：假如你能借助别人的镜子窥见别人，那么他也会借助同一镜子而反过来窥见你，因为镜子是同一面。你照镜子，想不到别人在看照镜子的你，而你也在别人在看照镜子的你时，看到了正看你的他们，在同一面镜子里同时映现自我形象、被观众窥视的自我形象，以及被主人公反窥的观众形象，这是寓意深长的。这可以说是对电影的三重角色的绝妙隐喻：第一，电影作为自我镜像，是自我的隐秘无意识幻觉的开放；第二，电影作为观众镜像，是观众的窥视心理的投射；第三，电影作为以虚拟形象寻求与观众沟通的艺术，显示了观众被艺术中的镜像自我反窥的现实状况。这第三重角色是尤其微妙而重要的。当窥视镜中人的观众猛然间发觉镜中人也正在反窥观众自己时，影片似乎就无意识地传达出了一种审美主义（或称唯美主义）式主题：电影艺术是一面镜子，但不仅要摹仿生活，而且更要摹仿生活摹仿艺术的现实状况，即现实生活如何受到艺术诘难、质疑或引导的情形，即所谓生活摹仿艺术。我不禁想起唯美主义的著名命题："生活模仿艺术，生活事实上是镜子，而艺术却是现实"，"一个伟大的艺术家发明一个典型，生活就设法模仿它，在通俗的形式中复制它"，"生活模仿艺术远甚于艺术模仿生活"，"生活是艺术的最好的学生、艺术的唯一的学生"。① 霍建起当然不一定完全赞同唯美主义的这些偏激的美学主张，但他显然是透过这组具体镜头以及艺术在整部影片中的设置而表达了一个或多或少会令人想到审美主义的独特美学主张：电影在摹仿生活的同时也摹仿生活摹仿艺术的现实状况。也就是说，他在影片中有意突出强调了生活如何按照艺术的模式去建构的意图。由此看，这似乎可以视为一组以追问电影艺术本身的本性为使命的"元电影"镜头，显示了霍建起对自身的导演美学的一次反思性建构。照此推论，霍建起似乎留恋于一种文化色彩浓郁的电影美学考虑：电影无论有着怎样的商业性，都终归是一门高雅艺术，一门探究人的自我形象以及隐秘心理的高雅艺术。无论是《那》片还是《行为艺术》都不过是这种电影美学的一种具体表现。当然，这只是我的一种主观读解而已。尽管如此，以我的有限阅历而论（如果我不是过于孤陋寡闻的话），照镜子称得上是一组成功的富有丰富含蕴的独创性镜头，属于影片的一次美学贡献。

或许正是与这种电影美学相应，影片在叙述中让艺术充当了极重要的角色。这集中表现在如下三方面：主人公热爱艺术、演戏与生活交织、两次行为艺术演出。

影片安排男女主人公邰林和刘云都酷爱艺术，邰林虽然顶替父亲

---

① 王尔德：《谎言的衰朽》，杨恒达译，载赵澧、徐京安主编《唯美主义》，中国人民大学出版社，1988，第127、128页。

做了与艺术无关,甚至可以说相对立的刑警,但幼年时就深藏于心的绘画梦却未曾消逝,这就为他与这位演员"邂逅"并执着地追求她打下了心理基础。而作为话剧演员的刘云,诚然热爱艺术,但不满足于仅仅在舞台虚拟空间演戏,而是热切地渴望艺术成为日常生活行为的一部分,从而醉心于在城市街头上演"行为艺术"。这等于把艺术设置成两人相遇相爱的共通媒介。这样,在影片的描写中,艺术就成了主人公日常生活中最重要的东西。

同时,影片还刻意把刘云的排戏和演戏场面反复穿插进日常生活进程中。刘云正在排演一场话剧,她扮演一位执着地寻找的女孩。影片有意把她演戏的片断与邰林的"调查"和刘云的"反调查"以及两人的纠葛进程交织起来,使得她在话剧中的虚拟的人生提问和寻找仿佛成为她在实际生活中寻找父亲的过程的一种艺术注解。这样,艺术与实际生活就交织在一起了,并显示了一种独特的冲突与交融状况:一方面,艺术是虚构的,但却准确而有力地切中了实际生活的脉搏,这正由刘云的长段寻找性台词揭示出来了。另一方面,实际生活是更为丰富多彩的,但不过成为艺术的摹仿,这看来离奇的道理却由刘云最后惊悉马白驹为自己生父这一"真相"而出走的事实,而获得了证明。这似乎揭示了一个道理:在艺术摹仿生活的同时,生活也在摹仿艺术。刘云的艺术与生活之间的关系正表明了这一点。在她那里,生活与艺术的关系是如此难分难解,以致生活直接地就成为她的话剧艺术的例证,并成为她的行为艺术上演的原料和场地(例如邰林在她的两次行为艺术中无意识地扮演了合作者的角色);而同时,艺术则成为她的生活所遵循的规范、所延伸的方向(例如话剧中的台词显然出于虚构,但却随即在实际生活进程中获得印证)。

影片不仅突出主人公的艺术爱好并让话剧片断与实际生活过程交融,而且更在开头和结尾让邰林和刘云两人合作各完成了一次算得上精彩的"行为艺术"演出。开头,两位彼此富有艺术敏感的年轻人在大桥上相遇,从而完成了一次"行为艺术"。不过,这次演出是以错位的方式实现的:刘云做出从大桥往下跳的姿势,本来是有意的"行为艺术"动作，但邰林却是以"刑警的名义"去相救的，这是以非艺术行为去回应艺术行为，从而显出了错位。然而，按照行为艺术的"行为即艺术"或"艺术即行为"的美学逻辑来说，邰林以刑警方式于无意识中参与并完成了刘云的行为艺术构思，这正是不折不扣的行为艺术本身。正是这种来自邰林的无意识的"错位"行动的配合，才客观上成就了刘云的有意识的行为艺术。也就是说如果邰林在事先知道那是艺术而非生活的情形下去参与"演戏"，就违背行为艺术的美学逻辑了。如果说开端意味着某种规范的确立的话，那么，这个开端场面的出现就在全片进程中具有一种规范性意义：它表明男女主人公的命运将受制于行为艺术逻辑。这可以视为生活摹仿艺术的又一证明。影片的更精彩的行为艺术场面出现在结尾：刘云在得悉马白驹是自己生父的消息后突然出走，邰林四处寻找却不得，最终在他们开头相遇的同一座大桥上找到正要跳桥自尽的刘云。他见状真情发动，禁不住随刘云的跳跃而纵身跳下相救到头来才知这是刘云精心策划的又一次行为艺术——堪称双人爱情蹦极。影片为力求使这一"大结局"获得奇特感人而又合乎情理的视觉观赏效果，不仅在前面就有意做了恰到好处的细节铺垫（即刘云告诉邰林她喜爱蹦极运动），而且在现场精心设置大批群众围观和警察组织救援的"时髦"场面，最后还尽情渲染两人在"蹦极"后在桥下水面的相遇情景（这情景当然可以设计得更感人）。其实，从某种意义上讲，影片的前面所有刻画都可以说是此次充满视觉奇观的行为艺术的必要铺垫或准备。

三、都市——挡不住的诱惑？

影片把外景地选在近年来城市建设尤其发达的大连，并注意选择和拍摄富有现代都市气息的大桥、街道、房屋、有轨电车等时尚画面，显示了都市的独特美或奇观。这些表明，制作者有意突出都市生活和都市文化的重要性。不过，如果仅仅有单纯的都市奇观描绘，那么这种都市刻画就更多地还是停留在描摹它的外部风貌，而这显然不是真正重要的。在我看来，如果要揭示都市生活的内在特性真正重要的恐怕还是那属于都市精神或心灵的内部状况。或者说，都市外部风光只有当其成为显现都市内在精神的"窗口"时，才有实质性意义。也许正是出于这一考虑，影片透过两代人的求索过程力求刻画生活在这座都市的人们的特殊精神状况（包括精神症候）。

李文竹和马白驹是老一代的代表，他们具有强烈的都市梦。在这部影片中，有两条线索容易被忽略但却不应被忽略，这就是李文竹的回城经过和马白驹返回大连。在"文革"年代，李文竹作为城市"知识青年"被送到农村遭受艰苦生活的煎熬。为了把她拯救出农村苦海，她的父母强行替她选择了一个刑警做丈夫，她曾为捍卫自己与马白驹的爱情而奋力抵抗过，但最终还是为了都市而舍弃了爱情。这表明，都市对于她以及她的父母具有无上的重要性。与李文竹相似，马白驹在因自己的莽撞而导致李文竹的刑警丈夫殉职后，为躲避警方的追捕而逃往南方达20年之久。但他的内心始终牵挂着这座家乡都市，以及住在都市的李文竹，所以，尽管有被警方抓捕的危险，但他还是从南方冒死返回。这种不顾一切的返城行为在逻辑上是与李文竹相同的，都属于为了从乡村返回都市而采取的反常行动。李文竹为了返城，被迫违心地与恋人马白驹分手；而同样，马白驹为了返回这个城市，冒险从躲藏了20年的南方回来。他们拥有一个共同的梦：享受都市生活。按他们两人的这种行为逻辑，乡村生活是凄惨的而都市生活是幸福的，因而应当离开乡村而走向都市。这两条回城线索共同地显示了一种不无偏激的生活哲学：低估乡村和高估都市。从今天中国的文化语境看，正是这种偏激含蓄地置换透露了影片所试图揭示的一个当代中国生活现象：生活艰辛的农民们纷纷从乡村流向生活相对优裕的都市，在那里寻觅自己的人生梦想。都市，真是挡不住的诱惑？

但回城并没有给李、马二人带来期望的幸福生活，都市梦随即幻灭。影片并没有一味简单地美化都市，而是在显示都市生活的快意一面时更着力地刻画其紧张或凶险的另一面。这种紧张状况突出地表现为三种相互联系的情形：一是都市恩怨，如马白驹与李文竹的刑警丈夫之间的情敌纠葛；二是都市犯罪，如李文竹的刑警丈夫惨遭杀害及邰林的刑警同事被罪犯杀伤；三是都市病态，如李文竹的精神失常（以及作为刑警妻子和母亲的邰母的整日忧郁状况），还有由此而来的女儿刘云的忧郁。李文竹为返城而痛苦地抛弃恋人马白驹，如此惨重代价换来的却不是幸福生活，而是丈夫的突然死亡、恋人的仓皇出逃和自身的孤独与悔恨，并最终遭遇精神失常的因果报应，整日禁闭在医院中。这难道不正是都市生活病态的集中写照？而邰母没有具体理由的病态或许比刑警的具体死亡更具有典范性意义——这种没有具体来由的带有形而上意味的忧郁和焦虑更有力地披露了日常生活中无所不在的都市症候。这些人物如李文竹和她的刑警丈夫及情人马白驹，为了都市生活都付出了各自的惨重代价。他们的故事表述了都市的两个方面：都市是令人快意的但又是令人焦虑的。由此可见，影片似乎更乐意显示都市生活的两面性，如快乐与痛苦、生与死、健康与病态等。

　　作为生长在都市的新一代，邰林和刘云未曾有过父辈那种返城冲动及经历，而是从一开始就同时品尝到都市生活的快意和紧张这两面，由此体会到都市生活的缺陷，并力求以艺术形式加以弥补。邰林的家庭和工作都是可以满意的，但内心深处却难以割舍早年的画家梦，于是为潜藏的艺术冲动留下了一块神圣的地盘；而刘云从事了心爱的艺术工作（话剧演员），本来应该心满意足了，然而由于个人趣味及家庭悲剧的缘故，内心升起了行为艺术的强烈愿望，并付诸实施。可见，他们两人的共同处在于，都拥有都市生活的缺失感，而把弥补缺失的希望投寄到艺术上（其实，马白驹后来也与此相似：在都市梦无情幻灭后，也不得不选择了艺术——通过养文竹及众多花草鱼虫以及散文写作来排遣都市生活的缺失感。这或许正显示了两代人的一种认同吧）。艺术成了这都市新一代弥补都市缺失、修复都市创伤的理想方式。这里只要稍微回想一下演员刘云是如何热切地拉路人和恋人共同从事街头行为艺术演出，而刑警邰林又是如何不顾阻拦和急不可待地舍身投入刘云的行为艺术演出的狂热情境的，就清楚了。在他们这里，艺术简直就成了不完美的和令人厌烦的都市生活的奇绝的超脱方式。

这样，两代人分别突显了都市梦及其幻灭和以艺术修复都市创伤的题旨。而这种题旨的要义之一在于提出当代都市生活的一个基本问题：都市的精神在哪里？都市的精神不只是在于都市的风光美，更是在于都市人的心灵自由。李文竹和马白驹的悲剧在于：当不惜牺牲纯真爱情而返回都市舒适环境后，个人的心灵却永远地失去了自由驰骋的空间。而似乎是作为对于父辈悲剧的一种补救，邰林和刘云的梦想则是：正像他们在大桥上合作上演惊险而刺激的"双人爱情蹦极"一样，通过艺术的自由飞翔去寻求都市生活的新个性。显然，如果没有了个人的心灵自由，都市生活就没了魂。一个丧魂落魄的都市，还叫都市吗？影片无疑以丰富的银幕形象提出了一个令人深思的当代都市文化问题。

四、高雅型大众片

对这部影片做文化分析，不仅需要阐释它所讲述的故事的文化意义，正像上面已做的那样，而且也需要阐释它所据以讲述故事的特定文化机制。这是因为，在我看来，文化作为特定的符号意义系统，往往有多方面或多层面的表现形态。单就故事片的文化分析来说，可以涉及三个层面：一是影片所讲述的故事的文化内涵，如影片所表现的都市文化风貌、民俗文化景观以及其他更复杂的文化问题，简称故事的文化性；二是影片本身所属的文化形态或类型，如影片究竟归属于大众文化、高雅文化还是其他文化类型，简称影片文化类型；三是影片制作时的社会文化语境，如影片生产并发行时的社会文化状况，简称制作语境。在《行为艺术》中，第一层面所谓故事的文化性，正是本文如上加以分析的；第二层面所谓文化类型，则是这里即将分析的；而第三层面所指制作语境更加广泛而复杂，是指影片所产生的世纪之交中国文化语境状况，这是有待于今后适当时机再行分析的。就第二层面而言，我需要在如上分析故事文化性的基础上，进而叩问故事被如此地讲述的具体话语或文化机制。这种考虑涉及的方面较多，限于篇幅，我在这里暂且只谈论如下一个问题：这部影片的文化类型及其在故事讲述中的作用如何。

影片的文化类型划分与通常商业片类型的划分应有所不同。商业片类型主要是指影片故事的题材（或内容）类型，如警匪片、枪战片、言情片、网络片、伦理片等。而我这里所说的影片文化类型则主要是从文化分类入手的。中国当代文化状况如何分类？途径或方式自然多种多样，这里只涉及其中之一。我认为，一定时段的文化应是一个容纳多重层面并彼此形成复杂关系的结合体（并非统一的整体）。而这种容纳多样的文化结合体往往有四个层面或类型：一是主导文化，即以群体整合、秩序安定和伦理和睦等为核心的文化形态，代表政府及各阶层群体的共同利益，这是当前中国文化与西方文化不同的一个重要方面；二是高雅文化，代表占人口少数的知识界的理性沉思、社会批判和美学探索旨趣；三是大众文化，运用现代大众传播媒介制作而成，尤其注重满足数量众多的普通市民的日常感性愉悦需要；四是民俗文化，代表更底层的普通民众出于传统的自发的通俗趣味。从文化价值看，这四个层面之间是否有高下之分？其实，就文化的分层来说，四个层面本身是无所谓高低之分贵贱之别的，关键看具体的文化过程或文化作品本身如何。每一层面都可能出优秀或低劣作品，无论它是主导文化和高雅文化，抑或大众文化和民俗文化。一个不能忽略的问题是，在今天谈论"文化"究竟有何特定用意？我想有两点是应当特别指出的：一是人们已不再满足于像过去那样笼统地谈论文化了，而是要涉及文化的分层问题，如大众文化、高雅文化和民俗文化之类，并力求揭示不同层面的文化形态的特征及其相互关系；二是相应地，人们也不再简单地仅仅按传统规范的指引而不加思索地遵奉文化的精英或贵族特性，而是注重文化的日常性。正如英国文化批评家雷蒙·威廉斯（Raymond Williams）所说："文化是日常的"（culture is ordinary）。如此，历来被视为"高雅"的文化，其实也常常是日常生活的一部分、从日常生活中生成，因而具有日常性。同理，一向被看作低下、粗俗的大众文化或民俗文化，实际上也可能蕴涵着"高雅"的因子，具有某种高雅性，可以通向或者被指认为高雅。这恐怕正是当今大量使用"文化"及"文化分析"的一丝新的实际用意所在吧。

回到影片的文化类型上。电影由于是以电子媒介为主的、可以大量复制并作用于大量受众的综合艺术，它基本上是属于大众文化类型的。如果说在20世纪90年代以前，中国内地电影的文化分类尚未鲜明的话（可以说更多地属于以知识分子的文化启蒙旨趣为中心的高雅文化），那么，从90年代开始这种分类就逐渐地趋于完成了。这一点想来没有多少争议。但是，至今容易混淆或悬而未决的一点是，在电影这种大众文化内部，是否还存在着更复杂而具体的文化类型呢？也就是说，对于电影这种大众文化，是否还可以做进一步的文化分类呢？我想是可以的。更应该看到，即便是在具体的大众文化作品中，其他各种文化类型如主导文化、高雅文化和民俗文化的某些因子也会参与进来，使得大众文化内部形成多种多样的存在状况。如果从多种文化类型在大众文化中复杂地组合的角度看，影片至少可以有如下四种类型：第一类是带有明显的主导文化取向的大众文化片，主要通过银幕形象而寻求社会公众的群体整合、秩序安定和伦理和睦等，简称主导型大众片，如《重庆谈判》《开天辟地》《生死抉择》；第二类是带有高雅文化特色的大众文化（或精英文化）片，旨在传达影片制作者所拥有或向往的知识分子的理性沉思、社会批判和美学探索旨趣，简称高雅型大众片，如《秋菊打官司》《黑骏马》《巫山云雨》；第三类是毫不遮掩的或彻底地呈现大众文化取向的大众文化片，竭力投合普通市民的日常感性愉悦需要，简称大众型大众片（或者就叫大众片），典型的如冯小刚执导的贺岁系列片《甲方乙方》《不见不散》和《没完没了》；第四类是或多或少体现民俗文化特点的大众文化片，满足更底层的普通民众出于传统的自发的通俗趣味，简称民俗型大众片，这类型在目前国内影坛还很不发达（或许所谓"第六代"或更年轻的导演的某些影片会突显这一点）。当然，这种分类是相对而言的，还有不少影片是跨类的或者甚至就是无法归类的。这样的影片文化分类的目的，在于越出通常的简单分类,发现电影内部由多种文化因子复杂地渗透和组合然而又多少具有特定规范的状况。每一种影片类型都有其大致可以相互区分的类型规范,各行其道,从而呈现出各自不同的美学特征和观赏效果。

如果这种大致的影片文化分类是成立的,那么,《行为艺术》在上述四个文化类型中的位置何在呢?显然,它应属于第二类即高雅型大众片。它虽然主要是满足普通市民公众的感性娱乐需要,但不是以俗投俗而是以雅化俗,力图让他们在高雅文化的娱乐中或多或少得到某种精神的提升。这典型地表现在(正像我在前面已经指出的那样),首先,整部影片在一头一尾各设置了一次行为艺术活动,并且在情节进程中间几次穿插刘云的舞台演出场面,这表明了高雅艺术的主导地位;其次,更重要的是,这种高雅艺术旨趣是贯串于邰林和刘云的生活过程始终的,甚至就是他们生活的基本规范、预示和引导;最后,这样渲染高雅文化,目的一方面是造成令公众开心一乐的效果,另一方面也能让他们在娱乐之余得到精神陶冶和个性释放。影片结尾处刘云与邰林合作表演的双人爱情蹦极,既充满戏剧性惊险、过瘾的感官刺激,又可以令人向往个体爱情自由,真可谓俗雅同至了。这可以说是带有高雅文化特色的大众文化,或是大众文化中的高雅文化。

这使我无法不得出一种观察:与人们通常设想的大众文化与高雅文化的相互分立、对峙甚至水火不容不同,高雅文化在这里也成为大众文化的制胜法宝。20世纪90年代以来新兴的大众文化要想求取成功,固然可以像冯小刚等那样按市民通俗趣味去打造大众型大众片(如《不见不散》是其中颇具代表性的),但也可以像霍建起这样,凭借自己的高雅文化储存而专心制作高雅型大众片。单从理论上说,两者是可以各行其是、达到各自的完美境界的。但如果混淆这一点,遗忘了大众型大众片与高雅型大众片彼此的文化类型差异,就可能导致平庸或失败。张艺谋拍摄的《幸福时光》之所以未能满足公众的普遍期待而遭遇票房败绩,原因之一就是没有分清这两种影片文化类型差异。结果是:一方面没有彻底坚持自己从《红高粱》以来至《有话好好说》的高雅型大众片制作道路，另一方面又无法真正领会冯小刚们那种大众型大众片的通俗娱乐策略，从而造成明显的非雅非俗、雅俗不靠、雅俗悖逆窘境。他"拍的是大众文化作品，而媒体和电影企业在宣传攻势中也是按大众文化路径走的，但是，这种宣传的内容以及公众的美学期待中却又遗留了浓重的高雅文化美学标准，使得公众内心无意识地充满了对于张艺谋的高雅文化渴求，这就形成有意识的大众文化制作和宣传与无意识的高雅文化期待之间的巨大悖逆"[1]。作为"张艺谋神话"的主角，张艺谋凭借其在《红高粱》等影片中对"好看"或"观赏性"影片的美学追求，而有意无意地在20世纪八九十年代之交的中国内地电影的大众文化进程中扮演了开风气者或转换器角色[2]，然而，当真正的大众文化潮流跟随他的脚步汹涌而至时，他却似乎一时迷失了方向而丧失了以往的原创力。这应了一句老话：开风气者不为师。重要的是对于影片的文化类型有明确的考虑和追求。这时候，像霍建起这样以清醒的高雅型大众片意识去拍片的导演，就是值得珍视和激励的了。

---

[1] 王一川：《〈幸福时光〉论争的启示》，《中国电影报》2001年1月18日第2版。
[2] 王一川：《张艺谋神话的终结》，河南人民出版社，1998，第267页。

中国电影的后情感时代①
——《英雄》启示录

  首映头一周就掠走亿元票房从而刷新《泰坦尼克号》的空前纪录，《英雄》靠的是什么？更有趣的是，观众的热情不仅没有因媒体对影片的批评而淡化反而持续高涨，这又是为什么？我觉得原因多方面，但无论如何都不能不与影片的文本构成本身有关，否则如果单靠前期媒体宣传，观众很快就会在上映时大呼上当，更不必说媒体的迅速变脸讨伐了（《幸福时光》正是这样的例子）。确实，在影片文本方面，《英雄》的票房成功的重要缘由有两点：一点在于"全球化时代的中国视觉流"的打造和"视觉凸现性美学的惨胜"，这已经说过了②；另一点就是与这种视觉凸现性美学相匹配的后情感主义的全面出场，对这一点则需要略作阐述。

  我说的后情感主义③，是针对《英雄》所表现的具体情感状态来说的。作为剧情片，《英雄》肯定是要表现情感的，否则怎么争取观众？但问题在于，当影片全力凸现"视觉第一性"原理而把情感等诸多表意元素抛掷到第二位以后，情感又如何安置呢？如何凭借与视觉画面相匹配的合适的情感去感动观众呢？张艺谋不得不认真考虑这个

---

① 本文原载《当代电影》2003 年第 2 期。
② 王一川：《全球化时代的中国视觉流——〈英雄〉与视觉凸现性美学的惨胜》，《电影艺术》2003 年第 2 期。
③ "后情感主义"（postemotionalism）一词采自斯捷潘·梅斯特罗维奇著的《后情感社会》（Stjepan G. Mestrovic, *Postemotional Society*, London: Sage Publications, 1997）。

问题。我的感觉是，张艺谋在确定了视觉凸现而情感收缩的拍摄战略后，情感就不得不挤压到一条曲折的道路上，这就是被变形为后情感。后情感，不等于非情感或无情感，也不是简单地以理性压倒情感，而是一种被重新包装以供观赏的构拟情感。正是在《英雄》里，我们可见到这种后情感的大体面貌。首先，后情感是一种附丽于视觉冲击的情感。在主要人物之间展现的种种情感冲突，如无名与秦王、无名与长空、残剑与飞雪、飞雪与如月之间，都附属在视觉流的强大冲击下，为视觉震撼效果服务。与视觉效果的第一性相比，情感无疑被淡化了，变稀变薄了，成了次要元素。其次，与这种被凸现的视觉冲击力相应，后情感是一种不必依史实根据而构拟的情感，也就是被虚拟出来供观赏的情感。围绕着无名、长空、残剑、飞雪和如月之间关于刺秦而生的情感纠葛，除了"刺秦"在历史上有所凭据以外，其他都主要是凭空构拟出来的。张艺谋在展示中国式武侠与武打的视觉奇观时需要与之相合拍的情感，于是就虚构了这种情感。长空、残剑和飞雪之间，残剑、飞雪和如月之间分别形成的三角关系，纯粹是为了观赏而虚拟出来的，是非历史的或后历史的。观众即便是知道这种后历史性也不加深究，因为他们最想要的不再是历史真实性而是视觉冲击力。再次，这种后情感属于一种非个人的情感。无名、长空、残剑和飞雪等几大侠士之间的家国情怀和残剑与飞雪之间的个人情感纠葛都表明，个人的爱情应让位于"家国"恩仇（赵国与秦国之间），而家国恩仇应最终让位于"天下"胸襟（秦王的一统大业）。影片所竭力证明的这种所谓天下胸襟，是一种涤除了个人情感与家国情怀的合理化的天下主义情感。最后，这种后情感是根据当今审美时尚潮而再度包装的情感。回荡在这部影片中的情感，不再要求历史真实性，也不再寻求个人特异性，而是瞄准审美时尚潮的最新流向而包装起来。正像通常商品需要精美的包装才能卖好价钱一样，《英雄》要动人也需要在情感上精心包装。张艺谋想必早已深知，自从以好莱坞大片为主流的国内外著名影片的正版或盗版VCD、DVD碟片在中国"普及"以来，中国观众的期待视野早已被视觉引导了。这里的视觉引导，是指观众的审美感觉被视觉冲击所强力主导的状况,也就是指观众把视觉享受当作最主要或最基本的观影追求。《泰坦尼克号》在中国创下首映十天票房过亿的空前奇迹,正是得力于它的超常视觉奇观和后情感包装战略。观众明明知道是假却要有意上当,正是由于审美时尚潮的"挡不住"的巨大"诱惑"。时尚潮不是潮水胜似潮水,以其特有的淹没理智、吞没常识之势席卷而来,所到之处,观众纷纷潮水般地涌向影院。当今的观众,担忧落后于时尚潮,胜过担忧恩怨是非曲直。别人都在谈《英雄》,如果我没看过,就找不到感觉了,于是……。张艺谋在《英雄》中的后情感战略是,为了一一展示超常视觉冲击力而精心包装出如下几种有序而互动的情感:男女之情如何让位于家国之情、家国之情如何让位于天下之情、天下之情如何成为新的中国视觉流时尚的附丽物。

其实,张艺谋并非当代中国后情感主义电影的始作俑者。真正的始作俑者应当推根据王朔小说原作而于1988年改编拍摄的四部影片:《轮回》(改编自《浮出海面》,黄建新执导,西安电影制片厂)、《大喘气》(改编自《橡皮人》,叶大鹰执导,谢园主演,福建电影制片厂)、《一半是火焰,一半是海水》(改编自同名小说,夏钢执导,北京电影制片厂)和《顽主》(改编自同名小说,米家山执导,葛优、梁天、张国立、潘虹饰演,峨眉电影制片厂)。这四部"王朔主义"影片无一例外地调侃情感、历史、革命、传统等20世纪80年代高雅文化主流话题,显示了对待情感的游戏与嘲弄姿态,体现了后情感主义的雏形以及早期激进姿态。但这条线索还没有来得及在电影界持续下去并引发轰动,就被两年后接连热播的电视连续剧《渴望》和《编辑部的故事》"接"过去了。两剧的出人意料的巨大轰动及其与新的主导文化和大众文化的成功协调,宣告了如下事实:以轻松的游戏态度成批生产后情感主义美学的文化产业已经完成转型,并且随即确立起媒体王国中的霸权。而在电影界,真正全力续写这种后情感主义美学的影片,当推冯小刚接连摄制的贺岁片系列《甲方乙方》(1997)、《不见不散》(1998)和《没完没了》(1999),再加上《一声叹息》(2000)和《大腕》(2001)。

正是在这批以当代都市生活为场景的冯氏系列大众文化影片里，那曾经在20世纪80年代与文化、历史、传统、沉思等紧密相连的情感，被新的文化语境和美学稀释、过滤、扩散或变形为后情感。《甲方乙方》讲述姚远（葛优饰）、周北雁（刘蓓饰）、钱康（冯小刚饰）、梁子（何冰饰）四个自由职业者开办一项"好梦一日游"新业务，帮助消费者过一天好梦成真的瘾。这一点本身就意味着，这种情感已经不同于以往的"真情实感"，而是一种虚拟的想象性情感，带有某种非情感属性——它是对情感的调侃或消解的结果，属情感的替代品。试营业时立刻招来一批突发奇想的顾客，例如，卖瓜的板儿爷想当一天巴顿将军（英达饰）；厨子（李琦饰）因为生在和平年代一直梦想成为宁死不屈的义士，体会一天被捕、严刑拷打、英勇就义的滋味。这就把这三男一女忙得团团转：刚脱下美军伤兵服又换上清兵制服；时而是准备打仗的将领，时而变成讨巧卖乖的卫兵；白天开吉普背电台在坦克土路上颠簸，夜里驾驶老式吉姆车闯入民宅去抓人。由于没有经验而闹出很多笑话，工作漏洞百出，于是四个人开了一个纠偏会，统一认识，明确规定对有不健康愿望的顾客要敢于说"不"，使"好梦一日游"业务走上正轨。他们先是通过"爱情梦"帮助因为屡遭失恋、对生活丧失信心的人恢复了自信，继而又通过"受气梦"教育了大男子主义顾客，再利用大款想做"受苦梦"、明星想做"普通人"的梦幻嘲弄了那些得了便宜还卖乖的人。值得注意的是，如果说上述事件所体现的"情感"都带有某种非情感成分的话，那么，接下来在帮助顾客实现梦想的过程中，这四个人从开心与好玩甚至胡闹中，渐渐地重新投入并发现了自己的"真情"。到最后，为帮助身患癌症的无房夫妇做一个"团圆梦"，他们竟将自己准备结婚的新房真情地贡献出来。于是，我们得以目睹情感如何从起初非情感、而后又再生为后情感。后情感并非不要情感，而是消解后再生的、被再度包装供观赏的情感。冯小刚在精心打造当代市民后情感方面堪称行家里手，在电影界是比开创者王朔本人更到位、更有力和更权威的都市后情感主义诠释者。

如果说冯氏影片代表了后情感主义美学在近年都市影片中的最显

著成功的话，那么，相比之下，张艺谋多年间曾是一位不太成功的后情感主义诠释者。他的《有话好好说》（1996）尝试以流行的小品式搞笑去传达被稀释的情感，《我的父亲母亲》（1997）构拟出一种精心包装的乡间生活纯情，《一个都不能少》（1998）则借助电视的神奇魔力去充满夸张地再造后情感的"公共领域"，而《幸福时光》（2000）进一步以小品明星赵本山作主演而喜剧式地诠释后情感主义。张艺谋在这些努力没有给他带来冯小刚那样的票房业绩后，终于通过《英雄》证明了自己。围绕三男两女而发生的刺秦故事，颇有些类似于《甲方乙方》的三男一女模式及其后情感姿态，只是背景挪到了遥远的战国年代、"好梦一日游"变成了刺秦。当然，更重要的是，他在这部影片里比包括冯小刚在内的其他任何中国导演都更卖力地标举和演绎视觉凸现性美学，体现了凭借中国视觉流及其后情感主义美学而一举征服国内外观众的勃勃雄心。结果，张艺谋不无道理地暂时赶上并越过冯小刚而成为后情感主义电影美学的新的成功者、当今后情感时代天下第一剑。可以说，《英雄》凭借其神奇的票房业绩而成为一个无可争议的醒目路标，标志着中国电影的后情感主义美学被推演向一个登峰造极的绝境，蓦然回首间，我们惊奇地发现自己早已置身在后情感时代。

  后情感时代与情感时代相比，本身不一定差也不一定好。因为两者都不过是文化语境为人们认识方便所设置或假设的知识型而已，不存在简单的是非曲直好坏问题。中国电影的情感时代当然只是相对而言的，大致指20世纪80年代的电影主流及其背后赖以支撑的一套知识型，这种电影主流及其知识型要求影片真实地表现人的生活状况及其情感状况，体现一种情感主义。《小花》《黄土地》《芙蓉镇》《人生》《老井》《良家妇女》《野山》《红高粱》《孩子王》等影片无不遵循这种知识型，而观众也是有意识或无意识地带着这样的知识型去"看"的，从影片里"看"出了以为本来如此的真实情感。但从《甲方乙方》开始，一种纯粹为日常休闲娱乐而重新想象和包装的虚拟"情感"诞生了，中国电影开始有意识地成批生产和消费后情感主义。无论是姚远和周北雁等关于"好梦一日游"的想象还是板儿爷的将军梦,伴随的都是包装出来的虚拟情感;即便是最后"发动"的真情,也不过是被上述虚拟和包装过程所消解后的情感,即是后情感。张艺谋的《英雄》在精心打造的中国视觉流中几乎重复了《甲方乙方》的这些步骤,观众明明知道自己只是在"欣赏"被虚拟和包装的后情感,也心甘情愿、毫无怨言,因为,他们要的不是情感时代的真情,而只是附丽于视觉华美之上的合成的和构拟的情感。影片的视觉华美本身就是虚拟的、并且鼓鼓地凸显于它所讲述的剧情之上,又如何要求它所伴生的情感不带有这种后情感身份呢?当然,后情感主义电影在美学上也可见出高低成败得失。与《泰坦尼克号》空前成功地既打造眩目动人的视觉盛宴又呈现精心包装的煽情故事不同,《英雄》在前一方面大获成功,却在后一方面马失前蹄:连起码的恋爱剧情都没有编圆编活,又怎么谈得上煽情呢?

不妨从极简要的意义上,对情感主义与后情感主义之间的关系做如下对比(见表1):

表1 情感主义与后情感主义关系对比

情感模式	情感主义	后情感主义
情感呈现	本真的情感	包装的情感
历史观	真实性	虚拟性
故事参照	生活实事	生活想象
制作目的	审美感染与文化启蒙	审美感染与日常娱乐
感觉取向	听觉引导	视觉引导
观影效果	动情与沉思	快乐与舒适
电影观	实际生活的明镜	幻想生活的魔镜
代表作	《人生》《老井》	《甲方乙方》《英雄》

这样的对比是粗略的,但多少有些道理,那么,我不禁由此想到一个问题:当中国电影已步入后情感时代,中国社会是否也已经和正在呈现后情感社会的某些特点呢?电影不过是文化产业,但支撑这一产业的却是社会的消费群体——广大观众,因为电影是为他们的消费而生产的文化产业。从《甲方乙方》力创国产电影最高票房到《英

雄》刷新国内外电影在中国的票房新纪录这一事实，不能不使人清楚地看见电影观众对于后情感主义美学的认同轨迹，而这种轨迹正昭示着后情感社会已然来临的强有力信息。由此我想起了斯捷潘·梅斯特罗维奇在《后情感社会》中说的一段话："当代西方社会学正在进入一个新的发展阶段，在其中合成的和拟想的情感成为被自我、他者和作为整体的文化产业普遍地操作的基础。"他认为西方社会已进入"后情感社会"（postemotional society）。这种"后情感社会"的明显标志之一，是全社会已经和正在导向"一种新的束缚形式，在现时代走向精心制作的情感"。也就是说，人们生活的一切方面都被文化产业普遍地操纵了，"不仅认知性内容被操纵了，而且情感也被文化产业操纵了，并且由此转换成为后情感"。① 在后情感社会，后情感主义成了人们生活的一条基本原则。"后情感主义是一种情感操纵，是指情感被自我和他者操纵成为柔和的、机械性的、大量生产的然而又是压抑性的快适伦理（ethic of Niceness）。"② 快适伦理这个词很有意思，它凸现出后情感社会的日常生活的伦理状况。它追求的不再是美、审美、本真、纯粹等情感主义时代的"伦理"，而是强调日常生活的快乐与舒适，即使是虚拟和包装的情感，只要快适就好。快适伦理堪称后情感社会的一个显著标志。

中国是否已经进入，或者说在多大程度上已进入后情感社会，固然还可以继续讨论和争辩，但可以指出的是，先有《甲方乙方》后有《英雄》，它们携带强劲的票房势头俨然已成当今中国社会审美时尚流的新霸主，打造出以快适伦理为核心的审美新时尚，由此掀开了中国后情感社会的宽广舞台的一角。尤其是在《英雄》里，视觉快适伦理显然占据压倒一切的主导地位。历史真实已是无所谓的了，人物间的纯真爱情故事更是可轻可重，只要视觉快适就好，视觉快适胜过其他一切！准确地说，历史真实和男女爱情都要，但都要为视觉快适而重

---

① Stjepan G. Mestrovic, *Postemotional Society* (London: Sage Publications), 1997, p. XIII.
② Stjepan G. Mestrovic, *Postemotional Society* (London: Sage Publications), 1997, p. 44.

新包装起来。换言之,"历史诚可贵,爱情价更高,若为快适故,二者皆重包"。观众可以清楚地看到,无名如何在秦王面前"重新包装"长空与残剑和飞雪之间的三角情感纠葛,以及残剑、飞雪和如月之间的另一三角纠葛;而在包装诡计被秦王识破后,无名只能选择强力出剑,但最终还是屈从于来自远方残剑的无声的"天下主义"原则。是的,正像秦王慧眼识诡计一样,聪明的观众个个对张艺谋的包装与作假明察秋毫,决不会弱于转而起劲倒张的媒体娱记。但是,有趣而又重要的是,他们不是选择拒绝,反而选择有意上当、甘心买假、知假媚假。这是因为,他们内心已经选择或受制于另一种原则——与往昔情感主义决裂的后情感主义。后情感主义,宛如那控制无名长剑指向的隐性的"天下主义"原则一样,已经成了来自观众内心深处的无声的召唤、无意识的欲望涌流。"它情感假、不真实又怎么着?我就是想去电影院过视觉瘾!我就是想欣赏视觉盛宴!"后情感主义以及它所附丽其上的视觉凸现性美学成了观众据以观影的时尚化的意识形态修辞法则。

《英雄》的票房奇迹终究要成为过去,被新的影片跨越、新的时尚亮点遮盖,但那时,它或许已成功地使自己隐身在人们日常生活的时尚涌流中而不显其突兀了。《英雄》在宣告了中国电影进入后情感时代、启示着中国的后情感社会之后,使命已然完成。面对社会的不可抗拒的后情感主义涌流,个人又能做什么呢?是忘掉眼下的时尚流而缅怀和召唤往昔的情感主义,还是索性听凭无意识欲望的牵引而跃入后情感主义浪潮随波逐流?每个人似乎都不得不面对这类问题的缠绕。

空间恐惧与化空为时[1]
——看影片《两个人的芭蕾》

看完陈力执导的影片《两个人的芭蕾》（天津电影制片厂和电影频道节目中心 2004 年合拍），感觉其中几组镜头颇有视觉冲击力，印象较深。影片除了费尽心思地纵情展示徽州民居外，在砸缸、家中舞、雪中舞、街巷舞、剧场舞等组镜头上用力不少，显然灌注进了特殊的表现意图。这几组镜头对视觉画面及其表现性的超乎寻常的特别重视，起初很容易诱使我联想到近年张艺谋的《英雄》、蒋钦民的《天上恋人》、霍建起的《暖》、张艺谋的《十面埋伏》等影片，它们共同掀起了一股非同寻常的注重视觉画面的表现性功能的新潮流。在这些影片里，视觉画面的表现性功能是如此突出，以致超出了单纯的讲述故事与抒发感情等传统功能，而本身就蕴含着突出的美学功能——它们本身似乎既是表现手段又是表现目的，既是叙事又是抒情，具有超强的表现力，体现了我所谓"视觉凸现性美学"。在这里，我乐意把这股视觉性占主导地位的影像潮流称作中国影坛的视觉风。那么，《两个人的芭蕾》是否也理所当然地被卷进这股"视觉风"了呢？回答应当是肯定的。因为，影片对视觉刻画确实给予了超乎寻常的特殊重视，前面所列举的那几组镜头正是恰当的例子。

然而，细细品味影片本身，我对这种视觉风观察感到不满足，而

---

[1] 本文原载《当代电影》2004 年第 5 期。

是希望进入它的更内在层面去思考。这时，影片有关主人公"德贵家的"和女儿仙仙对于空间的恐惧体验牢牢地吸引了我，使我由这个角度出发对影片中的几组视觉风镜头及其在叙事中的特殊功能，有了一种新的"发现"。

故事本身并不复杂：外孙女按母亲的吩咐，回到老家去看望姥姥德贵家的，尤其是去体会"姥姥的美"，由此引出了姥姥和母亲当年的以"两个人的芭蕾"为中心的感人故事。影片就这样以回忆方式讲述德贵家的如何教仙仙跳舞的故事。通过旁白知道，"姥姥不是本地人，是德贵姥爷去北方打工的时候，在房顶上正雕花，一眼就扫见了姥姥，就中了情，就把姥姥娶回了家。可就有一样不如意，姥姥总是不怀孕，结婚16年了足足喝了14年的中药汤子"。德贵家的无奈中收养了仙仙，却很快等来丈夫在外地摔死的噩耗及留下的遗物。当街坊邻居不约而同地拒绝仙仙上门、疏远这孤苦的母女俩时，德贵家的就执着地开始了"两个人的芭蕾"，教仙仙学会跳舞，又送她上省城学习舞蹈。仙仙学成舞蹈，但为了与母亲接近，谢绝了作为主角去北京深造的机会，而留在省城甘愿当配角，最后终于把母亲接来省城在剧场里跳了一回舞。

这里透露出来的信息，已足以让我们获得一种观察：德贵家的和仙仙母女俩对空间、准确点说对社会空间有一种仿佛自发的恐惧心理，尽管她俩都为克服这种空间恐惧做了坚强的抗争。社会空间，在这里是指人们所生存于其中的社会生存环境的广延性。就主人公的生活来说，有至少三种社会空间：第一，远方的社会空间，例如德贵去打工的"北方"，那是德贵家的家乡，以及仙仙学舞的省城和逃避着终究没有去的北京，都可称为远距空间。相应的远距空间代表人物是奚老师和周老师。第二，自家的或私人的社会空间，如自家庭院、厅堂等，属于家庭空间。这种空间的代表者多为家人及亲朋好友至交，德贵家的唯一朋友是金梅。第三，置于上述两者之间的居中空间，如主人公生活于其中的街巷，属于近距空间。代表人物是孟奶奶和居委会主任以及众邻居。

我们看到，自从丈夫德贵在远方因事故摔死后，德贵家的和女儿就被近距空间的街坊们所排斥，连当街扫地的权利都几乎被剥夺，从而令她们对作为祸根的远距空间有了一种本能的恐惧，从此把自己紧紧地局限在家庭空间和近距空间内。这一点其实是来源于德贵家的：她当年怀着对远方的憧憬跟随德贵来到南方，南方是她当年的远方。当她倾情融入夫家的南方后，原来的家乡北方就转变成了新的远方，而正是这新的远方摧毁了她当时的全部寄托。于是，远方就成了她心中的致命的生存恐惧之源头所在。仙仙起初拒绝学走路，正是来自由母亲传导的对邻居及其近距空间的恐惧；后来不愿当主角去北京而宁愿当配角留在省城，虽然表面看来是为了离母亲近点，但其实在心理深层恰恰也是出于对远距空间的深深的不信赖。母女俩就是这样沿袭着同样的空间恐惧心理。"远方"，对她们来说不是至福而是至祸。

母女俩的这种空间恐惧心理，主要表现为两方面：一方面是她们对远距空间的过度不信赖，另一方面则是她们对家庭空间的过度信赖。对这一点，影片在表现手段上本来是可以有多种不同的选择的，但终究选取了一种比较蕴藉而富有表现力的修辞方式：把瞬间的空间事件转化成绵延的时间流程变形地表现出来，也就是空间的时间化。我把这种空间的时间化方式称作化空为时法。化空为时法是这样一种影像表现方式：特定空间中的事件、场景或状况被变形地拉长成一种比原来的实际时间持续得更长的绵延过程；而且在这种绵延过程中，通过镜头、音乐等的特殊的多方面运用，这种特定空间中的事件、场景和状况往往显示出比原来发生的更丰富、更富于表现力的修辞效果。如果这样说显得太抽象，那就来让那几组镜头自己说话吧。

第一，砸缸：彻底砸碎对远距空间的幻想，表明空间恐惧生成。据旁白，按当地习俗，"每家门厅正中都放着一个盛满水的缸，为的是保佑出外打工的人平安，说是水越清亮，外头的人就越健康"。当德贵在远方摔死的噩耗传来，德贵家的在悲痛绝望中愤而砸碎水缸。对这个事件，如果是按常规交代，安排 3 至 5 个镜头也就可以了；但影片却安排第 56～72 号共 17 个镜头去刻画，小全景、近景、特写、全景直到俯拍等镜头都用上了,显然是把这瞬间事件拉长和变形了,大大增加了它本来的绵延过程和丰富性,目的是从若干不同方位去表现砸缸在德贵家的内心留下的无可比拟的永远的痛楚(见表1)。

表1 砸缸镜头分解

总号	镜号	镜位	内容	尺数
56	23	小全	盛满水的水缸	8.7
57	24	近	水缸	10.2
58	25	特	锤子砸向水缸	0.9
59	26	近	水缸裂开水四溅(高速)	3.7
60	27	特	锤子砸向水缸(高速)	1
61	28	近	水缸裂开水四溅(高速)	2.2
62	29	特	德贵家的砸缸的脸(高速)	1.1
63	30	近	水缸崩裂,水横流(高速)	2.8
64	31	近	德贵家的砸缸(高速)	2.5
65	32	近	水四溅(高速)	2.4
66	33	近	德贵家的用力砸缸(高速)	3.7
67	34	特	水四溅(高速)	1.4
68	35	全	水缸破水横流	1.8
69	36	特	砸缸的德贵家的汗流满面(高速) 砸缸的德贵家的汗流满面(高速) 砸缸的德贵家的汗流满面(高速) 砸缸的德贵家的汗流满面(高速) 砸缸的德贵家的汗流满面(高速) 砸缸的德贵家的汗流满面(高速)	18.5
70	37	全	德贵家的挥锤砸缸(高速)	10
71	38	俯	德贵家的挥锤砸缸(高速)	14.5
72	39		德贵家的没了水缸的厅堂(叠化)	8.9

第二,家中舞:以两人狂欢过程化解内心对远距空间的深切恐惧。德贵家的跳舞给仙仙看,总共用了第173~195号共23个镜头。这组被反复展示的绵延镜头,幻化出单单属于母女两人的自由乌托邦,让她

俩在舞蹈的瞬间成功地消除掉近距空间和远距空间施加的恐惧。

第三，雪中舞：母女俩战胜远距空间的最后抗争。第 331～355 号共 25 个镜头被运用来加以刻画，还不惜用了近景、中近、全景、小全、特写、俯拍等多种镜头。用如此超长的胶片和如此超常的多样镜头组合方式，有效地强化了雪中舞的修辞效果。在这样的特殊表现中，雪中舞已经并不仅仅服从于剧情需要，而是承担着更多更丰富的修辞功能：德贵家的让仙仙在雪花中、在自己的热情伴唱中跳舞给楼上的老师看，这本身就是对她俩在家庭空间中的私人狂欢方式的一种社会移置。她们是那么忘我、那么投入、那么旁若无人，正显示出一种迫切的内心需要：私人的家庭空间可以抵抗甚至战胜令人恐惧的远距空间。同时，更重要的是，这种被移置了的家庭狂欢方式在这里实际上被积极地用来向可怕的远距空间（奚老师和周老师正是来自远距空间的代表）宣战，并且征服它。结果她俩如愿了：家庭空间对远距空间实施了成功的反抗和征服（见表 2）。

表 2　雪中舞镜头分解

总号	镜号	镜位	摄法	内容	尺数
331	1	小全—近	移	四十八天井下雪 德贵家的拿过扫帚用力扫雪，高声唱起 "谁家的姑娘哟，都有两朵彩云哟，我家那一朵哟，你看得清哟……"	33.5
332	2	特		仙仙侧翻	7.5
333	3	小全	升	德贵家的用力扫雪。（唱）"它挂在山头上是娘家的那一朵哟。"仙仙在旁，翻舞着 （升）楼上两位老师走出房向上望吗，（OS）："婆家的那一朵哟，你猜不出哟……"	15.3

续上表

总号	镜号	镜位	摄法	内容	尺数
334	4	中		奚老师向下望着	4
335	5	全	俯	德贵家的扫雪，仙仙叉，下腰，下腰，翻舞	7
336	6	近		奚老师向下望着	5
337	7	俯 小全		德贵家的扫雪	8.2
338	8	中近		周老师向下望着	6.3
339	9	特		德贵家的用力扫雪	4
340	10	小全	俯	德贵家的扫雪，仙仙舞着	10.7
341	11	中		奚、周两位老师默默注视着	13
342	12	特		德贵家的用力扫雪	8.7
343	13	中		德贵家的扫雪，仙仙舞着	13.8
344	14	中近		奚老师有些动情地望着	17.3
345	15	近		周老师被感动了	7.7
346	16	俯		德贵家的扫雪 德贵家的扫雪 德贵家的扫雪	9.4
347	17	近		仙仙侧翻	
348	18	近		仙仙侧翻	
349	19	全		仙仙侧翻	
350	20	特		周老师动情地望着，落泪了	
351	21	特		仙仙叉地（高速） 仙仙叉地倒踢紫金冠（高速） 周老师向下望着微笑了 仙仙下腰（高速） 天井（空镜）	51
352	22	特		仙仙下腰（高速） 天井（空镜）	

续上表

总号	镜号	镜位	摄法	内容	尺数
353	23	中		仙仙下腰	51
354	24	特		仙仙下腰（高速）	
355	25	大全	俯	德贵家的扫雪，仙仙翻舞（渐隐）	

第四，街巷舞：以家庭空间征服近距空间，获得社群慰藉。从省城放假归来的仙仙在街巷当众跳舞，吸引了热情的街巷邻居前来观看、聚会，每家都搬出门板等供仙仙跳舞，形成她俩与众邻居重新融会如一的欢乐的海洋。事实上，这不过是以往德贵家的家中舞转而在近距空间中的一种移位。家中舞，唯一的观众是仙仙，起到了凝聚一体以抵抗远距空间的威胁的作用；而街巷舞，观众则转换成数量众多的街坊邻居，产生了以家庭空间重新征服近距空间的作用。要知道，正是这些可爱的邻居，当年是那么绝情寡义地一致拒绝了被他们认为晦气的母女俩，不让她俩扫街、更不让进门。如今，随着仙仙的学成归来和当众街巷起舞，这些邻居的观念改变了。这种改变意味着，她俩的社会身份和尊严终究被承认了。这里，影片连用第467～485号共19个镜头组合去表现。随着这种街舞狂欢过程的绵延伸展，她俩终于重新获得了渴望已久的社群及其慰藉。在这里，空间事件被拉长成更长的时间过程，正是要强化母女俩的空间恐惧在社群中获得化解的效果。

第五，剧场舞：这是重新回归家庭空间、使空间恐惧持续绵延的象征。影片动用第540～569号共30个镜头来着力渲染这个耐人寻味的结尾：仙仙把剧场的所有灯光都打开，让母亲再度当她个人的面跳舞，直到舞者和唯一的观众都感到极大的满足。影片告诉我们，仙仙之所以故意不当主角而甘当配角，就是担忧当主角去北京而不能随时回来照顾母亲了。这一点实际上正是她内心的与母亲相同的空间恐惧的写照——正像母亲对"北方"有着永生的痛楚一样，她在无意识里是把北京当作那令人恐惧的北方的代表了，因而也对遥远的北京（北方）

有着深深的恐惧。这时,选择拒绝北京而留在省城,就有了一种必然性。拒绝北京就等于是拒绝了远距空间。尽管经过一番奋斗而战胜了近距空间,但她俩对远距空间的恐惧或不信赖依然如故,根本无法真正化解。用舞蹈运动来代替空间移动,在这里具有一种象征意义:舞蹈运动作为身体的自转姿态,是把空间化成绵延时间的过程。母女俩在剧场重演家中舞蹈,等于是发出拒绝空间移动的庄严宣言,尽管这种拒绝仅仅发生在舞蹈中(见表3)。

表3 剧场舞镜头分解

总号	镜号	镜位	内容
540	10	中近	德贵家的望着灯亮处一束光照射过来 又一束光照射过来 德贵家的望着……
541	11	特	一盏灯亮着
542	12	特	一盏灯又亮了
543	13	特	又一盏灯亮了
544	14	小全	一排红灯亮了
545	15	全	(红色)光投在德贵家的身上 (OS)仙仙:好时候到了……妈……跳呀,妈……
546	16	全	德贵家的情不自禁舞起来(高速)
547	17	小全	逆光中的德贵家的忘情地舞起来(高速)
548	18	全	德贵家的舞着跳着(高速)
549	19	中	德贵家的舞着转着(高速)
550	20	近	德贵家的舞着转着(高速)
551	21	全	德贵家的舞着转着跳着(高速)
552	22	全	德贵家的舞着跳着(高速)
553	23	中	德贵家的舞着跳着(高速)
554	24	全	德贵家的舞着跳着(高速)
555	25	中	德贵家的舞着跳着(高速)
556	26	近	德贵家的转舞(高速)

续上表

总号	镜号	镜位	内容
557	27	中近	逆光中的德贵家的舞着跳着转着（高速）
558	28		逆光中的德贵家的舞着跳着转着（高速）
559	29		逆光中的德贵家的舞着跳着转着（高速）
560	30		逆光中的德贵家的舞着跳着转着（高速）
561	31		逆光中的德贵家的舞着跳着转着（高速）
562	32		逆光中的德贵家的舞着跳着转着（高速）
563	33		逆光中的德贵家的舞着跳着转着（高速）
564	34		（OS）（外孙女唱）： 谁家的姑娘哎，都有……
565	35		逆光中的德贵家的舞着跳着转着（高速） ……两朵彩云哟，我家的那一朵儿哎，你看得……
566	36		逆光中的德贵家的舞着跳着转着（高速） ……清哟，它挂在山头上，是娘家的那一朵哎
567	37		逆光中的德贵家的舞着跳着转着（高速） ……婆家的那一朵儿哎你猜不出哟……
568	38		逆光中的德贵家的舞着跳着转着（高速） 逆光中的德贵家的舞着跳着转着（高速）
569	39	近	德贵家的舞着跳着停下了 背站着舞着跳着停下了

从上面的几组镜头组合可以看到，影片费尽心机动用化空为时法，是要着力显示母女俩从最初的空间恐惧到化解再到恐惧复归的过程。确实应当承认，母女俩以英雄般的姿态竭力反抗与挣脱空间恐惧，给观众留下了值得敬畏的人生奋斗范例。不过，更应该看到，尽管如此，她们仍然无法真正挣脱空间恐惧的魔力，而只能选择小心翼翼地保留深层无意识的空间恐惧。在她们的内心里，唯一可信赖的空间，还是

家庭空间，准确点说，还是母女的两人世界。最后的剧场舞正是一个有力的说明，那时金梅作为唯一的"外人"已经退场，恰好给母女俩重温当年的家中舞场景留下了良机。这是母女俩重新回归于空间恐惧的一组绝好的象征性镜头。仙仙让自己的女儿一再回去看年迈的姥姥，实际上起到了让空间恐惧延续下去的作用。

不过，应当看到，仙仙注定了是要离开母亲而在省城生活的，她与母亲之间虽不情愿但毕竟分开了。仙仙的女儿同样如此。这一点提醒我们关注德贵家的和仙仙之间所必然面临的身体存在与心灵存在的分裂：一方面，她们的身体存在已经被家乡与省城之间的遥远空间所分隔；但另一方面，她们的心灵存在却又那么一致地向往着回归于家庭空间。显然，只有一点可以解释：同样的空间恐惧仍然支配着她们。愈是面临身体存在的阻隔，愈是要回归于家庭空间中的原初同一性。

影片在今天刻画上面的问题有什么必要和意义呢？我不禁想到了我们当前正在频频谈论的"全球化"和"风险社会"话题。置身在充满社会学家所谓"风险"或"高风险"的全球化语境中，人们在任何一种地方生活都不得不承受远距离事件的影响，从而生活的风险程度增加了。远距离事件常常以这样或那样的方式把控制力施加于地方生活。德贵离开家乡而去北方打工、德贵家的被德贵相中而远走他乡、仙仙不得不离开母亲而到省城学舞蹈，都象征性地揭示了我们当前生活中的全球化趋势：与人们的传统观念相反，特定地方与远距空间实际上存在着愈来愈频繁的密切联系，甚至有时任何一种地方生活都可能与远距空间事件发生密切的亲密或不亲密的接触。如同德贵家的当年把全部心思都投寄到远游的丈夫身上、身在省城的仙仙一心想回到母亲身旁一样，人们身在地方而心系布满高风险的远距空间，这已经成为当前生活的一种常态。全球化，不是简单地指全球一体化，而是意味着远距空间发生的事件对于地方生活的种种复杂影响，是指地方生活与远距空间事件之间的相互渗透状况。德贵家的虽然内心竭力想逃避远距空间，但实际上却不得不接受远方的召唤而远嫁南方；基于类似的原因，她不得不把仙仙送到令她恐惧的远方省城，试图以远方征服远方。一方面心系远距空间，另一方面却竭力反抗它，这似乎正是当今全球化语境中人们生存处处需要化解却又难以化解的一个深刻悖论。《两个人的芭蕾》所诉说的，正是全球化语境中的"两个人的时间化空间"，准确点说，是置身在全球化语境中的两个人对于空间的时间化努力。

从中国美学传统及其现代性形态来看，这种化空为时法令人想到美学家宗白华先生所提出的"节奏化了的空间"理论。按宗白华先生的见解，中国人的空间是充满"道"及其"阴阳"互动的独特宇宙空间，这是与西方焦点透视空间不相同的节奏化空间，即"不是由几何、三角所构成的西洋的透视学空间，而是阴阳明暗高下起伏所构成的节奏化了的空间"[①]。可以说，中国人历来具有把空间加以时间化即节奏化的美学传统。在这个意义上，把空间加以时间化、让空间充满流动起伏的生命节奏，正是中国美学传统及其现代性形态的一种独特表现。《两个人的芭蕾》通过化空为时法在镜头组合中的成功运用，等于为观众建造出一种"节奏化了的空间"，实际上显示出这种传统的现代生命力。无论导演陈力本人是否熟知并有意运用这一传统理论，有一点是可以肯定的：这部影片本身让我实实在在地感受到这一传统的现代存在踪迹及其魅力。

---

① 宗白华：《美学散步》，上海人民出版社，1981，第84页。

从双轮革命到独轮旋转[1]
——第五代电影的内在演变及其影响

作为百年中国电影史上引人注目的一股新浪潮,"第五代"电影曾经在影坛内外发生过重大的影响。站在今天的电影潮流中回望,"第五代"电影在当时的作用确实称得上一场电影美学革命。但那是一种什么样的革命呢?我在几年前讨论"张艺谋神话的终结"时,曾从中国美学史上正体与奇体间关系角度把"第五代"美学归结为一种"奇异美学"[2],认为其演变呈现为如下三部曲——"以奇抗正""以奇代正"和"各代化解"[3]。尽管我至今仍坚持这一观察,但同时也意识到有必要从今天变化着的电影潮流角度去重新提出问题,以便发现这场电影革命在过去未曾被发现的新的审美维度。这不仅有助于阐释其在当时的作用,而且有助于说明今天电影新潮流的起因或源头。

在进入讨论之前,首先需要对"第五代"电影提法本身予以大体规定。我所谓的"第五代"严格上只在1983—1993年间存在过。这个意义上的"第五代"电影是指陈凯歌、张艺谋、张军钊、田壮壮、张建亚、黄建新、李少红等电影人在上述时段内制作的电影作品,有《一个和八个》(张军钊执导,1983)、《黄土地》(陈凯歌执导、张艺谋摄影,1984)、《喋血黑谷》(吴子牛执导,1984)、《大阅兵》(陈凯

---

[1] 本文原载《当代电影》2005年第3期,有改动。
[2] 王一川:《张艺谋神话的终结》,河南人民出版社,1998,第254页。
[3] 王一川:《张艺谋神话的终结》,河南人民出版社,1998,第248页。

歌执导，1985)、《猎场扎撒》（田壮壮执导，1985)、《黑炮事件》（黄建新执导，1986)、《盗马贼》（田壮壮执导，1986)、《晚钟》（吴子牛执导，1987)、《孩子王》（陈凯歌执导，1987)、《红高粱》（张艺谋执导，1987)、《摇滚青年》（田壮壮执导，1988)、《菊豆》（张艺谋执导，1990)、《血色清晨》（李少红执导，1990)、《边走边唱》（陈凯歌执导，1991)、《大红灯笼高高挂》（张艺谋执导，1991)、《秋菊打官司》（张艺谋执导，1992)、《四十不惑》（李少红执导，1992)、《蓝风筝》（田壮壮执导，1992)、《霸王别姬》（陈凯歌执导，1993）等。尽管此后这批人大多仍在继续拍电影，但真正意义上的"第五代"电影毕竟已消失，摇身变成"后五代"或"泛五代"持续亮相。因而本文的讨论范围仅限于上述意义上的"第五代"。本文认为，"第五代"电影革命虽然是完整的，但内部毕竟出现过微妙而又重要的美学演变。把握这种演变对于完整地理解这一代及其对当今电影的影响是必要的。

一、看与思的双轮革命

"第五代"电影的革命首先表现为看的方式的革命。《黄土地》实现了多方面的独创。这至少可以概括为三方面：第一，由同一画面的持续摄影所形成的"呆照"镜头的大量应用。第二，人与黄土地之间在位置与比例上的反常态构图，即在画面中反常地让黄土地突出在上方占据大约五分之四比例，而让人在下方且仅有五分之一比例。第三，拍摄时精心挑选黄土地色彩感丰富的隆冬季节摄像，使黄土的奇异震撼效果格外突出。这三方面合起来形成了一种新的"凝视"（gaze）方式——面对同一画面的长时间专注观察与独特体验。与通常的"瞥视"（glimpse）往往快速地匆匆一瞥对象的表面形貌不同，"凝视"则意味着个体对事物的长时间倾心关注,似乎要直达其内在深层。① 如果说,此前第三、第四代电影中的看的方式由于已为观众所熟知因而渐失新鲜感,退化为俄国形式主义意义上的令人乏味的"自动化"语言,那么,这里的"凝视"方式则具有激发新奇体验并在此过程中直接把握事物内在深层的强大功能。

在奇观体验中把握内在深层,这种"凝视"方式显然又具有唤醒思想的功能,因为把握内在深层本身已经是一种思想状态了,只不过这种思想状态在这里是与奇观体验紧密相连而难以分辨的。与看的革命相连的正是思的革命,即思想的革命。《黄土地》通过独创的"呆照"镜头向观众提供新的"凝视"方式,导致了观众对故事中人与土地的关系、个人在世界上的命运等的新思考。

因此可以说,以《黄土地》为突出代表,"第五代"发动的是一场看与思的革命,这可以被视为一场双轮革命。英国历史学家埃里克·霍布斯鲍姆(Eric Hobsbawm,1917—)在《革命的年代》中提出"双轮革命"概念:19世纪欧洲的革命是一种"双轮革命"(dual revolution),即是法国政治革命与英国工业革命的结合。"革命"(revolution)在英文中最初就是"旋转"的意思,而"双轮革命"显然可以形象地理解为一种双轮驱动的旋转。当然,"旋转"要变成真正意义上的"革命",就应当体现出扭转乾坤、改天换地的强大力量。《黄土地》改变了观众对于自然和社会的通常观照方式,创造性地使他们能够在绵延的凝视中展开独特而深厚的历史反思,这意味着透过黄土地语境对个人命运的塑造故事而试图唤起观众对以往中国历史与人的问题的深切反省。这是过去中国电影史上从未有过的创造性的看中之思、由看而思、不离看的思,从而给中国观众带来了观照土地与思考历史的新方式。正是在这个意义上说,《黄土地》代表着"第五代"

---

① 这里的论述参考了沙拉特在《传播与形象学》一文中有关 glimpse(瞥视),gaze(凝视),scan(扫视)and glance(闪视)的研究成果,见 Bernand Sharratt,"Communications and Images Studies: Notes after Raymond Williams", Comparative Criticism 11, 29 - 50;有关讨论见 Elaine Baldwin and others, Introducing Cultural Studies (London: Pretice Hall Europe, 1999), pp. 391 - 392。

电影的一种双轮革命。

在《红高粱》之前，"第五代"尽管在看与思两方面同时展开双轮旋转，但从更细微的方面着眼，仍然出现过两种彼此稍显不同重心的取向。一种是看重于思的主看取向，即着力于提供独创的看的镜头，让观众感受到纪实中的奇观场面，除了《黄土地》外，还有吴子牛的《喋血黑谷》、田壮壮的《盗马贼》和《猎场扎撒》等。另一种是思重于看的主思取向，即更注重唤起观众的独特思考，如陈凯歌的《大阅兵》，黄建新的《黑炮事件》。哪一种取向更好？这个问题不得不遭遇另一个更致命问题的诘难：哪一个取向更能吸引观众？从当时的实际情形看，哪一个取向都不具有单方面征服观众的绝对实力，反而是造成了电影票房的持续低迷。就看与思的关系而言，看的方式上出新了，但没有达到好看，也没有直接通向好思；思的方式上有新的突破，但没有建立在好看的基础上，因而无法穿透入观众的情感体验上。

由于无法真正争取观众，与当时占据影坛主流的第三、第四代电影相比，"第五代"虽有喜人的突破，却终究地位飘摇，不得不被纳入"探索片"这个尴尬位置。给你一个"探索片"地位，是一方面表明人家以虚怀若谷的姿态容忍你、宽待你，看你究竟有多大能耐。这已经很不容易了。而另一方面，"探索片"称谓则隐含着如下潜台词：你的"探索"地位是不确定的或不稳固的，既可能成点小气候，更可能虎头蛇尾，最多也就是"先锋"意义上的勇敢的冒险者而已。这样，"第五代"在电影界的地位实际上还是悬而未决的，是一个有待证明的问题。

二、《红高粱》：双轮革命的顶峰

《红高粱》的出现一举打破了看与思两种不同取向之间的摇摆不定局面，痛快淋漓地解决了奇观与思考之间的矛盾问题。张艺谋让中国电影人认识到，好看是首要的，其次才是好思；当然同时，好看不是唯一的，而是需要与好思紧密相连，因为在好看中是可以唤起好思的。在《黄土地》的奇观镜头中，除送亲仪式和祈雨仪式等具有人文色彩外,扮演"主角"的还是属于自然范畴的一块块扑面涌来的黄土地。而到了《红高粱》,自然奇观与人文奇观相互交织,势同水乳而难以分离。除送亲仪式在这里被更加大胆地渲染外,更独创出热狂的颠轿、野性的十八里坡、无边无际的高粱地、神奇的野合、高粱酒打鬼子等奇观镜头,它们都能令人产生新奇而热烈的体验。尤其是发生在上述场景中的男女主人公余占鳌(我爷爷)和九儿(我奶奶)的大胆追求自由恋爱与解放的故事,更是能让当时无比崇尚生命、个性与自由的观众赏心悦目、心动神摇,激发起有关个人生命、生命力及生命之美的沉酣体验。

正是这种意义上的好看,可以让处于当时时代语境里的观众产生积极的历史反思冲动。那时的各阶层观众刚刚走出"文革"的个性锁闭环境,热烈地渴望真正自由的生活与美。而《红高粱》中敢爱敢恨的九儿就可以轻易地成为观众的个性偶像。也就是说,《红高粱》里的好看是内在地通向好思的,两者之间可谓水乳交融地融会一体。也就是说,这部影片使"第五代"电影所求索的看与思的双轮革命走向几乎完美的统一。张艺谋自己也认为,影片所关注的中心题旨正是"人应该怎样活着"[1]。活着也就是生存着是张艺谋借助故事所要回答的焦点性问题。但这里的"活着"却不能被片面地理解为缺乏思想或精神活力的单纯的外在身体状况,而是包括内在思想或精神与肉体活力两方面在内的人的完整体状况。"影片所展示的,只是生命的一种自由舒展的精神状态,而没有把人的思想从躯体中抽掉,只剩下一堆行尸走肉。人首先得按人性生来就要求的那样热火朝天、有滋有味地活着,然后再谈活着的意义。……人们都应该意识到,生命的自由狂放,这本身就是生命的美,我们再不能让自己被动地活在各种人为的框框和套子里。"[2] 可见,张艺谋通过看与思的平衡所要达到的,还是"生命

---

[1] 罗雪莹:《赞颂生命 崇尚创造——张艺谋谈〈红高粱〉创作体会》,载《论张艺谋》,中国电影出版社,1994,第160页。
[2] 罗雪莹:《赞颂生命 崇尚创造——张艺谋谈〈红高粱〉创作体会》,载《论张艺谋》,中国电影出版社,1994,第161页。

的自由狂放"或"生命的美"。从关注人的活着到关注人的完整生命的美,《红高粱》成功地实现了奇观与思考的平衡和统一。

说到奇观与思考的平衡和统一,不能不特别提到"野合"镜头的神奇美学效果。正是在"野合"镜头中可以见出这种高度的平衡和统一。已故导演张暖忻当时这样分析说:

> 我特别欣赏高粱地野合的那一段,尤其是野合后三个风动高粱的镜头。原小说里的奶奶是个风流女子,一个在当时与别人不一样的叛逆,她与罗汉、爷爷的风流事很富传奇性。影片抓住了这部分的神韵,野合这一段表现得很好。用三个高粱叶子在阳光下、在风中摆动的镜头,把野合这件在中国几千年来被视为不光彩的事情给歌颂了,而且显得很神圣很悲壮,这是中国电影文化史上独树一帜的段落,体现了张艺谋这一代人对人、对性、对人性、对女性、对人的生命力的呐喊。这个呐喊是很有力的,是我在《青春祭》中欲喊而又未喊出来的。前几天听张艺谋谈创作,他自己也认为最能激动他的就是高粱地里的野合,他要表现生命、歌颂生命。……影片中高粱地野合这一神来之笔可谓天才之作。①

这里的分析和评价很准确。借助像"野合"这类"神来之笔""天才之作"镜头去激发观众的历史反思激情,正是影片的尤其成功之处。在这里,一组组奇观镜头仿佛都既外在地喷涌出肉体活力,又内在地蓄满了个体反思热情,可以随处唤醒观众对于生命力的无限渴望;而观众的发自其个体生命力深层的反思渴望则可以从这些镜头中找到纵情奔涌的合适渠道。

由于这样,《红高粱》成功地把《黄土地》开创的看与思的双轮革命推向一个空前绝后的顶峰。它的关键突破在于:让观众不仅像在《黄土地》中那样旁观地"凝视"和反思,而是在对奇观镜头的凝视

---

① 陈怀皑等:《对话:娱乐片》,《当代电影》1987年第3期。

中情不自禁、设身处地地体验或沉醉，并在体验或沉醉中触发对于人的生命的更深沉的反思。这就在个体感性体验基点上成功实现好看与好思的融汇。张艺谋自述说：

> 我并不排斥电影的理性思考，没有思想的电影不能称其为真正的艺术。但电影不能仅仅以传达思想的多少来论高低。电影首先必须是电影自身的力量，拍电影要多想想怎么拍得好看，而不要先讲哲学，搞那么多社会意识。我总觉着现在电影创作中"文以载道"的倾向太严重，如果所有的电影都是关于民族命运、民族文化的思考，那无论拍电影的，还是看电影的，都要累坏了。……久而久之，艺术想象力这根筋就萎缩了，就好比刀长期不用会生锈一样。于是我们的电影天地就很狭小，很难呈现出千姿百态。①

张艺谋寻求的是电影必须"好看"，同时在"好看"中引人思考。他希望自己能像美国导演斯皮尔伯格那样，"拿金钱和技术把电影拍得那么好看，把观众弄得神魂颠倒"②。这点用来说明他制作《红高粱》时的动机是恰当的。

归结起来，张艺谋向往的是这样的"另一种电影"："这种电影既有一定的哲学思想内涵、又有比较强的观赏性，他的思想是由引人入胜的艺术形式包起来的。《红高粱》是我将电影观赏性和艺术性相结合的一次尝试。小说的传奇色彩以及事件、人物和情节的强烈戏剧性因素，为这一场是提供了可能性。"③ 以富于观赏性的艺术形式把思想包起来，由此完满地实现看与思的双轮革命，正是《红高粱》的制作意图。而这一点它基本实现了。

---

①② 罗雪莹：《赞颂生命　崇尚创造——张艺谋谈〈红高粱〉创作体会》，载《论张艺谋》，中国电影出版社，1994，第169页。
③ 罗雪莹：《赞颂生命　崇尚创造——张艺谋谈〈红高粱〉创作体会》，载《论张艺谋》，中国电影出版社，1994，第168页。

三、双轮革命与独轮旋转之间

《红高粱》于 1988 年 2 月获西柏林电影节金熊奖的喜讯对"第五代"具有关键的提升作用:在第三、第四代导演割据天下的中国影坛为自己这一代劈开一条生路,甚至从"探索片"的不确定地位一跃升至主流宝座。不过,这次获奖喜讯本身宛如一柄双刃剑:一边固然是凭借国际大奖事实而带来的整个"第五代"在中国影坛地位的极大提升;另一边却返身刺向自己所赖以立足的独创性美学传统——把"第五代"电影所标举的看与思同时驱动的双轮革命劈成互不相干的两半,这具体表现为看与思的分道扬镳。这仅仅是因为,为中国电影界首次赢得国际大奖的事实,给张艺谋以极大的机遇和启迪:照《红高粱》这样继续拍片、继续争取国际顶尖电影节大奖,就能一方面在世界影坛赢得更大声誉,另一方面借此回头在国内影坛谋求更大成功,何乐而不为?而由于跨文化差异,《红高粱》带给西方观众的更多地不是中国反思而是中国奇观,因为西方观众对置身他者语境的中国人的生命力反思既缺乏了解也缺乏了解的兴趣,相反真正兴趣浓郁的却是中国人生活中所呈现的独特而又具有普遍欣赏价值的异国情调,这是全球性语境中的民族性奇观。由于如此,张艺谋紧接着拍摄的《菊豆》和《大红灯笼高高挂》诚然不无道理地延续了《红高粱》开辟的在奇观中沉醉与思考的美学路线,其成绩也有可圈可点之处,但毕竟已做出了重大战略调整:为了在国际影坛继续获奖或赢得地位,首先是要让全球观众感觉好看,其次才是中国观众的观看与好思。这就在事实上导致了看与思的双轮革命的内在分离或肢解,逐渐形成好看压倒好思的独轮"旋转"(revolution)格局。英文 revolution(革命、旋转)在这里之所以宁可仅仅理解为由轮子带动的"旋转"而非改天换地意义上的"革命",正是由于舍弃好思而单独标举好看的举动其实已丧失真正意义上的"革命"意义,而更多的不过是一种代表轮子转动的"旋转"义而已。

这种独轮旋转格局在《菊豆》和《大红灯笼高高挂》两部影片中有突出的呈现。两剧诚然都带有以好看的中国奇观唤起观众的反思这一特点，但更主要的还是要以此谋取西方观众及顶尖层次的电影节（如戛纳奖、金熊奖和奥斯卡奖等）的青睐。《菊豆》不无道理地大力渲染徽州民居中的杨家大院、染坊、送葬等民俗奇观以及叔婶乱伦、弑父等故事，诚然也有可能唤起中国观众的历史反思冲动，但可能更主要的还是意在诱发外国观众对异国情调的好奇心。《大红灯笼高高挂》中打造的独一无二的陈家大院景观、一夫多妻状况及其点灯与封灯家规等，都是中国电影界此前从未有过以如此力度再现的影像奇观，其征服西方观众和评委的雄心显而易见；相比之下，由于重在以中国奇观打动西方人，其对中国观众的历史反思诱惑力就更加淡薄了。这样一来，好看压倒好思的独轮旋转就实际上变成了中国奇观电影的外贸型战略方针及其美学理论基础。

与张艺谋以好看电影推动独轮旋转相同时但又不同的是，陈凯歌起初主要偏重于好思电影的独轮旋转。《孩子王》借助下乡知识青年帮助王福等初中生学习文化的故事，把当时中国面临的教育、文化与个性等问题富于深度地提出来，意在引发普通人的思考，确实可以唤起人们的历史反思兴趣，但却忽略了好看这一致命因素，因而除了在少数知识分子中引发共鸣外，无法打动广大普通观众的挑剔的眼光。《边走边唱》更是把这种历史反思渴望放纵到几乎极致，与此相连的却是好看因素更加受到抑制。在这种独轮旋转意志驱动下，陈凯歌携《孩子王》和《边走边唱》连续冲击戛纳大奖，不无道理地接连遭受失败，令他痛感，标举"思"的主导作用在国际电影市场必然失败。显然正是受此连败的痛切教训及张艺谋《红高粱》获奖的正面启示，陈凯歌果断地丢弃多年乘坐的好思胜过好看的独轮车，而换乘了"张艺谋号"好看独轮车。换轮子的陈凯歌果然福星高照：《霸王别姬》通过突出看的主导作用而终于征服戛纳奖评委、赢得胜利。至此，"第五代"盛期的标志性双轮革命终于演变成彼此分离的独轮旋转，尤其是好看压倒好思的独轮旋转。

这样,"第五代"电影革命内部以《红高粱》为高峰或分水岭:之前属于探索中尚待成熟的双轮革命,之后则属于成熟的双轮革命以及被肢解后的独轮旋转。这就是说,"第五代"经历了从双轮革命到独轮旋转的演变,即从看与思并重的双轮革命转化为看胜过思或思胜过看的独轮旋转。

当然,需要看到,从双轮革命到独轮旋转的转化发生,并不仅仅取决于电影界内部的美学变革需要,而是更复杂地取决于20世纪90年代初以来中国文化语境的重大变迁。这种语境变迁有多方面含义:一是国内知识分子的角色分化,导致影片审美价值取向的调整;二是国际电影媒介技术的视觉化转向,大大推动中国电影观众和电影人对于视觉的偏爱;三是全球电影市场的消费化转向,有力地搅动电影娱乐与消费大潮,而让电影的艺术价值、思考价值退居次要或极次要地位。

四、独轮旋转与当前电影的视觉凸现潮

诚然,"第五代"电影所代表的激动人心的双轮革命如今早已成为20世纪的过眼烟云了,因为其后的国内与全球文化语境都无法提供双轮革命所需要的强劲驱动力。然而,"第五代"后来所驱动的变形的独轮旋转却并没有轻易走向终结,而是以强大的生命力存活下来。

只要我们稍稍仔细地辨别,就仍然可以从当前电影中觅见这种独轮旋转在视觉奇观方面的持续影响的斑斑踪迹。塞夫和麦丽丝联合执导的《东归英雄传》(1993)、《悲情布鲁克》(1996)竭力展现来自草原及马上的独特奇观,其不断呈现的塞外马上风情确实让人心动。开始时一味追随王朔的冯小刚,转而通过《甲方乙方》(1997)和《不见不散》(1998)等独创的京味贺岁片,竭力展现新的首都市民生活奇观及外国奇异生活场景。《天下无贼》(2004)更是把外景地选在中国西部,格外注重西部风情的视觉展现,即把好看置于首要地位。蒋钦的《天上的恋人》(2003)在改编小说原著《没有语言的生活》时,

特意寻求故事的奇观化（山顶上的村庄、巨大的广告气球、随气球飞升的姑娘等）。霍建起的《暖》（2003）尤其注意打造徽州民居的奇观效果。张艺谋自己后来的影片沿袭了这种视觉奇观之路。《活着》（1994）提供了徐家大院、中国乡村式赌场、皮影戏等奇观。《有话好好说》（1996）卖力地打造都市生活新气象。《一个都不能少》（1999）渲染出从乡村到各级城镇的当代奇观。

到了张艺谋的《英雄》（2002），"第五代"所开创的独轮旋转在视觉奇观展现上达到了难以超越的极致。影片依托《红高粱》获奖之后的"好看"独轮猛跑，并且做出了更加大胆的极端举动：在大力强化视觉表意效果的同时竭力弱化思想与情感功能，直到仿佛唯有视觉奇观成为这部电影文本的主干表意结构。正像我在分析《英雄》时已经指出的那样，《英雄》甘冒风险地让一个个奇观镜头凸现于表意结构之上而试图产生独立的审美价值，以致不得不出现新的"视觉凸现性美学"。"我这里说的视觉凸现性美学，是指那种视觉画面及其愉悦效果凸显于事物再现和情感表现意图之上从而体现独立审美价值的美学观念，即是视觉镜头的力量和效果远远越出事物刻画和情感表现需要而体现自主性的美学观。在这种视觉凸现性美学中，视觉的冲击和快感是第一性的，它使得事物再现和情感表现仿佛只成为它的次要陪衬、点缀或必要的影子。由于以牺牲事物再现和情感表现为代价，这种视觉画面及故事和意义等无法不呈现出没有整体感的零散、片断或杂乱等特点来。"[①] 这里实际上出现了新的视觉凸现潮和视觉凸现美学。正是在这股视觉凸现潮与视觉美学的鼓动下，包括张艺谋在内的一系列导演的电影制作行动都染上了视觉第一或视觉唯一的风气。

置身在当下消费文化及视觉凸现性电影的潮流中回望"第五代"电影风云，除了静心缅怀其双轮革命渐行渐远的奇迹外，我们又能做什么？我们确实不得不置身于消费文化和视觉凸现性潮中，并且也只

---

① 王一川：《全球化时代的中国视觉流——〈英雄〉与视觉凸现性美学的惨胜》，《电影艺术》2003年第2期。

能在此潮流中搏浪前行，因为历史车轮是不能倒转的。不过，当我们在此潮流中掌舵前进时，适当召唤"第五代"电影的双轮革命幽灵，把被遗弃的个性创造与深度历史思想重新唤醒，想来是必要的。当以电影为突出代表的消费文化和视觉凸现性大潮把"好看"当作电影的首要原则去运作时，我们所见的就往往是外表奇异动人而缺乏历史反思深度的"视觉奇观"了。《英雄》正是其中的一个超级标本，它在视觉奇观的创造性开拓上当然可圈可点，甚至已经达到难以超越的形式美学绝境，但是，且不要说历史反思意识和个体意识匮乏，甚至就连起码的煽情故事也没能编圆。要让独轮旋转的中国电影重新校正其行进的方向，难道不正需要重新召唤昔日"第五代"电影的双轮革命的幽灵么？当然，文化语境与电影制作语境毕竟已发生了重大转变，"第五代"本身如果落到全球消费文化与视觉大潮汹涌澎湃的今天，不仅难有作为，甚至也可能连水土也不服呢！重要的不是让"第五代"全面复辟（这绝对不可能），而只是让它的双轮革命的幽灵在中国影坛重新游荡开来。也就是要像"第五代"当年曾有过的那样，对于现实生存状况及其意义有着真切而深厚的体验，并以此为基点，去重新高扬看与思的双轮革命的精神，运用今天愈益发达的媒介技术手段与表现技巧纵情展现生活奇观，借此尽力激活观众的历史反思意识与个体反思意识。

眼热心冷：中式大片的美学困境①

起步于2002年的中式大片虽已五岁，但同以好莱坞为代表的国际电影市场相比无疑还极稚嫩。我说的中式大片或中国式大片是指由我国电影公司制作及导演执导的以大投资、大明星阵容、大场面、高技术、大营销和大市场为主要特征的影片。称得上这类影片的目前有《英雄》（2002）、《十面埋伏》（2003）、《无极》（2005）、《夜宴》（2006）、《满城尽带黄金甲》（2006）。鉴于这几部大片无一例外地都以古装片形式亮相、叫阵，也可称为中式古装大片。如果中式大片从现在起会有一个漫长的未来，而目前仅仅属于其起始阶段，那么，我不妨尝试把这起始阶段称作中国电影的古装大片期或大片古装期。同以冯小刚为代表的贺岁片已初步建构大陆类型片的本土特征并成功地赢取国内票房相比②，这古装大片期却从一开始就陷入热捧与热议的急流险滩而难以脱身，极端的例子要数因无名青年胡戈的《一个馒头引发的血案》的恶搞竟变得声名狼藉的《无极》了。堂堂"大"片竟一举"败"给区区无名"小"戏仿，甚至引来几乎全国范围内的拍手称快，可想而知大导演陈凯歌及大明星们该有何等震怒和郁闷了。对古装大片面临的诸种问题做全面探讨非本文所能，这里仅打算从美学角

---

① 本文原载《文艺研究》2007年第8期。
② 王一川：《中国大陆类型片的本土特征——以冯氏贺岁片为个案》，《文艺研究》2006年第7期。

度去做点初步分析,看看这批中式大片究竟已经和正在遭遇何种共同的美学困境,并就其脱困提出初步建议。

可以看到,这批中式大片不约而同地精心打造一种几乎无所不用其极的超极限东方古典奇观,简称超极限奇观。超极限奇观是说影片刻意追求抵达极限的视听觉上的新奇、异质、饱满、繁丰、豪华等强刺激,让观众获得超强度的感性体验。从《英雄》中秦军方阵的威严气派和枪林箭雨、飘逸侠客的刀光剑影、美女与美景的五彩交错,到《十面埋伏》中牡丹坊豪华景观和神奇的竹林埋伏,到《无极》里的超豪华动画制作及《夜宴》里的宫廷奢华(如花瓣浴池),再到《满城尽带黄金甲》里的雕梁画栋、流光溢彩,观众可以领受到艳丽得发晕、灿烂到恐怖的超极限视听觉形式。可以斗胆地说,中国百年电影史上还从来没有过影片群能像这几部大片这样,集中全部美学智慧而把古典宫廷生活拍摄得如此金碧辉煌、花团锦簇、美艳无比。正是在打造中国电影的超极限奇观这一特定意义上,如果将来的电影史家要为这批古装大片评功摆好,当是不致过分牵强的,从而它们在中国电影的奇观制造方面的贡献应该不会被抹杀。

但是,问题在于,尽管有如许多超极限奇观镜头,有如许特出的电影美学建树,为什么许多观众看后仍是不买账,甚至表示失望之极?相应地,为什么中国当今尤其富有世界声誉和拥有民族品牌理想的三位大牌导演陈凯歌、张艺谋和冯小刚,如今凭借堂皇古装大片非但不再能如愿征服观众,相反却屡屡被观众申斥和唾骂?罪在超极限奇观本身?这种简单的指责是站不住脚的。不应当忘记,早在《黄土地》(1983)和《红高粱》(1987)里,我们就曾分别目睹过荒凉沉默的黄土大地与野性而神奇的红高粱地,那些充满感性冲击力的奇观镜头并没有让观众生出今天面对这些超极限奇观大片而有的诟病或讥讽。那场由第五代所发动的"电影革命"力图在视觉奇观中呈现人的自由生命体验及其反思,因而属于一种"看与思的双轮革命"。"《红高粱》成功地把《黄土地》开创的看与思的双轮革命推向一个空前绝后的顶峰。它的关键突破在于:让观众不仅像在《黄土地》中那样旁观地

'凝视'和反思，而是在对奇观镜头的凝视中情不自禁、设身处地地体验或沉醉，并在体验或沉醉中触发对于人的生命的更深沉的反思。这就在个体感性体验基点上成功实现好看与好思的融汇。"① 可见，无论是当年第五代创造的视觉奇观还是今天中式大片提供的超极限奇观，它们本身并不必然地就构成奇观影片的美学罪过。如果要径直怪罪到奇观或超极限奇观上，那实在有点冤。

  我以为，真正要紧的原因不难点穿，至少有这么三点可以提出来探讨：一是有奇观而无感兴体验与反思，二是仅有短暂强刺激而缺深长余兴，三是宁重西方而轻中国。第一，从观众的观看角度看，在这一幕幕精心设置的超极限奇观的背后，却难以发现像《黄土地》和《红高粱》那样在奇观中体验与反思生命的层面，也就是说只有奇观而不见生命体验和反思。这样，这些超极限奇观影片就不再属于"看与思的双轮革命"，而只剩下"看"（奇观）的"独轮旋转"了。丧失了生命体验与反思的奇观还有什么价值？第二，进一步说，从中国美学传统根源着眼，这些大片在其短暂的强刺激过后，却不能让中国观众牵扯、发掘出他们倾心期待的一种特别的美学意味。这种对于蕴涵或隐藏在作品深层的特别美学意味的期待和品味，就存在于以"兴"或"感兴"为代表的古往今来的中国美学传统中。以"兴"或"感兴"为核心的中国体验美学传统，一向标举与体现如下独特特色：艺术是对人的生命"感兴"的表达，即是对个人的独特的生命体验的表达；艺术创作依赖于"感兴"和"伫兴"，要求艺术家不仅善于寻求个体体验，而且更善于把这种体验储存在心中以便期待某种瞬间的艺术领悟和发动；艺术作品是"兴象"的结晶，要通过符号系统创造出充满体验的活生生的形象；观众在鉴赏时要善于以"兴会"去感悟艺术家寄寓其中的独特体验，尤其是那种蕴藉深厚、余味深长的"余兴"或"兴味"。就眼下的古装大片来说，当中国观众以这种感兴美学传统赋予他们的审美姿态去鉴赏时，必然要习惯性地从令他们眼花缭乱的超

---

① 王一川：《从双轮革命到独轮旋转——第五代电影的内在演变及其影响》，《当代电影》2005 年第 5 期。

极限奇观中力图品评出那种由奇而兴、兴会酣畅和兴味深长的东西。如果在豪华至极的超极限奇观背后竟然没有兑现这些美学期待,他们能不抱怨或暴动?第三,上述两方面问题的形成,还需从古装大片的直接的全球电影市场意图去解释,因为正是这种意图或明或暗地制约着编导的电影美学选择。这其中关键的一点就在于,这些中式大片的拟想观众群体首要地并非中国观众而是西方观众及国际电影节大奖评委。这就使得以东方奇观去征服西方观众及评委成为首务,至于中国观众对待奇观的期待视野如何,就远远是次要的了,可谓宁重西方而轻中国。这样,中国观众观看这些东方奇观时总觉"隔"了一层,无法倾情投入自己的感兴就不难理解了。另外,国际电影市场及电影节评奖的偏好或口味是变幻难测的,很可能出现"市场疲劳",你想迎合却未必就能成功①,上述影片先后冲击奥斯卡等一流电影节均铩羽而归,也是不应奇怪的。一方面主动迎合国际市场却屡屡受挫,另一方面连本土观众的芳心也无法抓牢,古装大片面临的困境就可想而知了。这种困境既是市场的也是美学的,市场选择制约美学选择,美学选择又反过来加重市场选择的后果,于是形成一种美学困境与市场困境交织的双重困境。

当然,如果不加分析地全盘斥责说这五部大片一点也不考虑人的生存感兴,那肯定是有失公允的。张艺谋等在自己的大片里,其实还是或多或少地注意到个人命运的刻画,特别是对处于浩大历史进程中的独立个体的无可回避的悲剧命运的刻画,从而多少可以撩拨起中国观众的情怀。《英雄》向观众讲述关于刺秦的故事,是要回答通常悲剧要回答的谁是真英雄的问题。赵国后人无名(李连杰饰)、残剑(梁朝伟饰)、飞雪(张曼玉饰)、如月(章子怡饰)、长空(甄子丹饰)等侠客争相刺杀秦王。无名在长空、飞雪和残剑的舍身义举帮助下终获绝杀秦王机会,但在得手前的瞬间却获得顿悟:拥有一统天下权力的秦王才是能给天下带来和平的真"英雄"。于是,他毅然选择放弃,随

---

① 尹鸿:《〈夜宴〉:中式大片的宿命》,《电影艺术》2007年第1期。

即为天下和平而甘愿丧生于万箭之下，以个体血肉之躯的主动毁灭来成全秦王的统一霸业，从而悲剧性地诠释了超越狭隘"民族主义"的大"天下主义"历史理念。这就是说，"中国"并非单纯一小国或一民族的狭义国度，而是融合若干小国与若干大小民族而成的多国与多民族国度；从而"中国"的利益就决不仅仅取决于一小国或一民族的和平而是一整个多国与多民族国度的整体安定。无名等侠客以其个人悲剧而换来的是统一与和平大业及其所包含的天下主义理念的最后胜利。除此之外，《十面埋伏》里的刘捕头（刘德华饰）、金捕头（金城武饰）与他们奉命缉拿的牡丹坊舞妓小妹（章子怡饰）之间的爱恨情仇，《满城尽带黄金甲》里的皇帝、皇后、皇子、宫女等之间错综复杂的命运纠缠，也可以说携带着某种令人无法忽视的悲剧意味。至于陈凯歌和冯小刚分别执导的《无极》和《夜宴》，也不乏某些悲剧意味：张东健饰演的昆仑奴为真爱而牺牲的精神，以及面对皇叔篡位逆境的太子无鸾和后母婉后所激发的反抗精神，或多或少都带有悲剧精神质素。

  但是，问题恰恰就在于，这批中式大片对借以唤起感兴的故事特别是其中的悲剧内涵，大多做了不甚恰当的美学处置。首先，张艺谋等构建的这些所谓悲剧并非来自丰厚的历史沃土，而是来自干瘪、破碎而空幻的个人理念或头脑灵光一闪，即仿佛不是从历史沃土中自在地长出来的，而是在书卷里人为地虚构出来的。当然，正像其他任何艺术形式一样，电影也完全可以虚构，但这种虚构却必须符合具体的艺术假定性，即不能让观众在观影时感觉你这是在做假，感觉你的故事不是长自地球的东方沃土而是非东非西的什么乌有之乡。其次，这些所谓悲剧甚至可以说就是为了超极限奇观的生产与消费而在电影工厂车间里按"配方"调制和复制出来的。这些大片的美学贫乏在于，所投寄于其中的人的生存感兴不是来自编导们所生活于其中的当下中国生存现实，而是主要地来自他们对自己打造的古典式超极限奇观的与当下生存现实相隔绝的华丽空想。他们常常不是因兴造奇，即不是为着再现现实生存感兴而创造奇观，不是有了现实生活感兴而据兴创造奇观;而是为奇造兴,即是为着推销主观上以为具有商业价值的奇观"配方"而刻意调制感兴"引子"。结果是奇观固奇而感兴匮乏。再次,正像前面指出的那样,编导们的重西轻中市场意图容易导致一种美学迷乱:不仅缺乏现实的生存感兴及其深长余兴,而且在故事编排和制作时总是将中就西,以西换中,所以故事搞得不伦不类,令人啼笑皆非。陈凯歌在《无极》里竟然把西方式命运悲剧挪移到东方故事中来,搞得有中有西却又非中非西,导致中国观众竟感觉不知故事发生在东方哪国,更不明其中诸如希腊歌队式审判的究里。当冯小刚的《夜宴》把哈姆莱特式王子复仇原型挪移到中国古代宫廷权谋中时,熟知本民族传统的中国观众如何能够投寄入自己活生生的感兴?最后,尤其重要的是,在故事讲述过程中,影片没有展现出应有的清晰的中心价值观,致使崇高与滑稽、美与丑、善与恶、真与假、正义与邪恶、君与民、公与私等核心价值之间的关系混淆不清,所欲坚持或伸张的主导价值模糊,应当肯定什么和否定什么缺乏明确的美学评价立场,从而甚至令中国观众或评论家产生出编导们可能根本无法想象的观影体会。《英雄》主观上想透过侠客个人悲剧去重新诠释"天下主义"理念,但由于没有分清天下合一大势与"民贵君轻"之间的关系,在中国文化传统特别是现代文化语境中,却极易让观众产生为古代独裁暴君和专制翻案的感受。而另一方面,按照同样的道理,在当前特定的全球语境里,这种美学诠释也很容易让人联想到,中式大片竟然为当今国际政治领域中令人关注的萨达姆式暴政[1],以及布什主义全球霸权战略的合法性提供来自中国电影的美学辩护和支撑[2]!这些观影感受很可能是编导们主观上不愿看到或不愿承认的(但或许观众会坚持说编导们主观上本来就想这么做呢?),但根据接受美学原理,却实实在在地就是影片故事逻辑在现实语境里的一种合理推演的产物。

说得集中点,这批中式大片的致命的美学困境在于,超极限奇观

---

[1] 崔卫平:《电影中的法西斯美学》,http://blog.sina.com.cn/u/473d066b01000703。
[2] 无名:《布什总统看完〈英雄〉之后》,http://www1.upweb.net/wwwcgl/html/5516.html。

虽可令观众获得超强度刺激，但这些刺激背后竟没能匹配出可持续激发的"感兴"和可反复品味的"兴味"来。刺激有余而感兴及余兴不足。这就是说，这批大片的美学困境集中表现为超极限奇观背后生存感兴及其深长余兴的贫乏。

这些中式大片虽然是商品，但无疑同时或者首先是艺术品，因而需要讲究美学效果。从美学效果观察，这些大片或多或少能成功地唤起观众视听觉的奇观感受（以视觉奇观为主导），但却难以同样成功地唤起他们的活生生的生存感兴及余兴，甚至还可能进展到这样的境地：视听觉奇观带来的冲击愈是热烈和神奇，愈能让观众产生出对于传统感兴和余兴的热烈期盼；而当这种热烈期盼一而再再而三地落空时，他们的热烈的心可能会相反变得愈发凄冷或冷硬。于是，一种结果就不可避免地出现了：眼热心冷。这是指观众在观赏中式古装大片时出现的一种感觉热迎而心灵冷拒的悖逆状况。一方面，观众的视觉、听觉等感官以某种热度或超级热度投入观赏，但另一方面，与此同时，其心灵或头脑却采取拒之于千里之外的冷淡、冷峻甚至冷酷的拒斥姿态。这意味着，眼睛在热迎而心灵在冷拒，或者身体在热消费而头脑在冷思考。按照中国美学传统，艺术品对人的美学效果一般可以达到这样三层次：初级层次是"感目"（或叶燮所谓"感于目"），即诉诸个人的眼睛、耳朵等感觉器官；第二层次或中级层次是"会心"（或叶燮所谓"会于心"），即让个人的心灵或头脑产生兴会；第三层次或最高层次则是"入神"或"畅神"，即深入个人内心幽微至深的神志层次。从这美学效果三层次构架观照中式大片，它们目前仅达到初始的"感目"层次，这一点应当予以肯定；但还远未具备抵达"会心"层次的足够的美学实力，冷拒都来不及哪还有工夫去"会心"呢？而至于"入神"层次，那就干脆别提了。

如何妥善处理"感目""会心"及"入神"三层次之间的关系，确实是当前中式大片乃至整个中国电影界在美学效果方面面临的问题之一，而由于美学效果恰恰是电影的一个致命环节，因而这个问题应是当前中国电影的一个关键问题。探讨这个问题不妨从一个现象开始：

张艺谋、陈凯歌和冯小刚这三位名导在拍摄"非大片"时，都曾有过妥善协调上述三层次关系的成功之作。陈凯歌的《黄土地》和张艺谋的《红高粱》均可以视为中国电影史上少见的全面成功抵达上述三层次的杰作，而冯小刚的《不见不散》与《天下无贼》也可以说基本达到或逼近这种境界了，至少已完全达到头两层次。即便是张艺谋的"小片"《千里走单骑》（2005），也已实现了头两层次效果即"感目"与"会心"的融合。但有趣的问题在于，为什么他们的"小片"或"中片"可以取得理想的美学效果，而"大片"却连中间的"会心"层次也无法达到呢？造成这一点的原因是多方面的，大可以分别从国际电影市场行情、编剧、导演、美工、营销等方面去探讨。而我这里仅仅想特别指出的一点原因在于，他们三人尚未练就娴熟地驾驭商业大片的导演才华，尽管在中小型影片的导演上已足可名列世界一流导演之林。就像擅长于万言短篇小说的作家突然间被要求写作百万言长篇小说，以及习惯于山溪戏水的人骤然被冲到茫茫大海中游泳一样，当他们被种种因素拽入以前从未涉足的商业巨片之流时，他们以前的宛如行云流水的电影导演才华结构就可能面临美学上的失衡危机。就美学效果三层次来看，他们可能不再具有妥善匹配三层次直到其彼此均衡与融洽的全面才华，而可能只具有顾及一层而不及其余的单面才华。有意思的是，在拍摄这些中式大片时，他们三人在影片的视听觉奇观的营造上即在电影技术的运用上，已经达到世界一流导演的水平；然而，当他们要进一步用这些视听觉奇观或电影技术去表现必须表现的人的生存体验时，才华就显得捉襟见肘了。也就是说，他们已可顺利达到初级"感目"层次了，但难以进而抵达中级"会心"层次。可以想见，来自电影制作商、他们自己以及媒体的急剧膨胀的商业大片情结，迫使他们在尚未练就与"感目"相应的"会心"与"入神"才华时，就匆匆上阵投入大片美学历险。如此，怎能不落得兵败奥斯卡、同时又为国人所鄙夷的结局？尤其对比贾樟柯携"小片"《三峡好人》从威尼斯喜捧金狮奖的例子，就更能说明问题：优秀影片不只是银子和技巧堆砌出来的，而更是才华流溢成的。而位于风光才华的沉默的底层的，正是人们的来自生活底层的活生生的感兴。我想据此提出的一条中式大片脱困之道是，从生活感兴出发，才有可能成功地跨越目前的"感目"层次而逐步升入"会心"与"入神"层次，从而迎来可能的美学风光。

异趣沟通与臻美心灵的养成[①]
——从《三峡好人》到美学

异趣沟通是我在十年前提出的概念,尝试用来描述这个时代正在兴起的一种在趣味差异情境中寻求沟通的审美精神:"异趣显露的是人与人之间的差异,而沟通则表明超越差异的鸿沟而寻求融合的努力。因此,不再是蒙昧与启蒙,而是异趣与沟通成为当代迫切而重要的美学问题。……异趣沟通,就是指不同审美趣味的相互融合。"[②] 我自己认为这一观察所揭示的问题在今天不仅仍然有效,而且变得更为艰难而又迫切了。影片《三峡好人》(贾樟柯执导)为我们理解当前社会中人际关系状况和异趣沟通的可能性,以及美学的任务,提供了一个合适的影像个案。

在三峡地区人与环境都正发生巨大变迁、生存充满新的风险的特定背景下,山西挖煤民工韩三明乘船前来奉节,寻找已分离十六年的"前妻"麻幺妹(和女儿);与他的寻妻故事相平行的,则是也来自山西的护士沈红对阔别两年的丈夫郭斌的寻找;这中间还可见到那位喜欢模仿影星周润发式侠义做派的男孩"小马哥"等。在这里亮相的是处在当前新的生存风险中的一群底层"小人物",他们正在经历个人生活中的命运变换及相应的人际差异的形成。这群人究其实质还是农民,

---

[①] 本文原载《文艺争鸣》2007 年第 9 期。
[②] 王一川:《从诗意启蒙到异趣沟通——90 年代中国审美精神》,《山花》1997 年第 10 期,载《汉语形象与现代性情结》,首都师范大学出版社,2001,第 63 - 68 页。

只是一群背离土地和家乡的农民（在"背井离乡"的准确意义上），但这一点需要另行讨论。也许人们会抱憾或责备这些"小人物"显得过于卑微、懦弱，缺少应有的阳刚之气和抗争精神，这种抱憾或责备自有其合理性；但另一方面，从影像所再现的现实看，他们却宛如实实在在地生活在三峡库区的一群或几群人，各有其合于自身阶层身份的生存合理性，并且以他们的不得不如此的特定的抗争方式去追求自己的生活"理想"。

正像片名所揭示的，故事里的主要人物都是"好人"，但都无法不面对生活的巨变及随之而来的人际鸿沟的加剧，无论这些鸿沟是有形的还是无形的、法律的还是情感的、金钱的还是侠义的。值得注意的是，明知身处生存的巨变与风险中，这些"好人"却能处变不惊，体现出一种生存的韧性。生存的韧性，或韧性的生存，意味着生活中的一种含忍不露的承受力、沉稳有度的理智控制力和困境中寻觅生机的求变力。这种状态诚然远不及鲁迅当年倡导的"韧性的战斗"——一种有关革命精英或文化精英的韧性反抗方式的主张，但却是大致合乎这群"小人物"的身份及其性格逻辑的。韩三明与前妻的婚姻是非法买婚，既不合法也不合情；但随后当彼此产生真情时，前妻却被民警解救回三峡老家，这种解救就遭遇合法而不合情的困扰了。现在的韩三明跨越十多年的分离的鸿沟来到三峡，一心想的是重续旧缘，此时的他已懂得不能再走违法买婚的老路，而只能是挣到钱后与前妻合情又合法地结婚。这表明他既重情感、又能耐久、还善于加以节制。同样，沈红在寻夫过程中，本能地察觉到彼此缘分已尽而内心伤悲，却表面上仍友好地、强颜欢笑地与丈夫友好分手并主动谎称情有所归，分手前竟然是彼此的拥抱和曼舞，也是同样体现了以理抑情的韧性，以超强的自尊外表强抑住内心的分离痛楚。

这两人性格的一个高度共同点正在于生存的韧性，这有效地导致情理之间平衡的形成。一方面，他们都拥有跨越差异鸿沟而寻求沟通的巨大的情感动力；但另一方面，他们也都能妥善地控制这种情感动力，并使这两者正好达成一种大体的平衡。这意味着，他们对当今人际鸿沟现状诚然有着沟通的强大需求，但同时也有着清醒的承认。作为银幕呈现给我们的新一代底层"小人物"，他们既清楚生活中金钱、地位、情感等无情鸿沟的存在现实，但又力图加以跨越；既力图跨越但又承认这种跨越的艰难。他们正是在这种"两难"困境中坚韧地寻求自己的生活梦，由此不难体察到一种新世纪生存风险语境下特有的异趣沟通精神。

这种异趣沟通精神的具体化，是在韩三明与"小马哥"的交往上集中实现的。韩三明无论从年龄还是趣味看，本来都不大可能与那个怀旧而又故作侠义的"小马哥"牵扯上什么关系，但他与后者的四度相遇却导致新的可能性发生：

第一次相遇时，"小马哥"按周润发式做派自己点烟，作弄了新来乍到、友好地为他点烟的韩三明，表明两人之间存在明显差异。

第二次相遇，他在被韩三明解救后一块喝酒，当看见他那保存完好的写有麻幺妹地址的十六年前的芒果牌香烟盒，两人之间的鸿沟就在瞬间融化了："你还真有点怀旧啊！"这声感叹既表明了他对韩三明不忘前妻的怀旧式举动的善意的理解，事实上也让这两个趣味不同的人之间在怀旧上找到了走向沟通的趣味融合点，从而让异趣沟通的可能性变成了现实。此时，感兴勃发的他竟脱口而出周润发式经典对白："现在的社会不适合我们了，因为我们太怀旧了！"随后还豪侠而又稚气地表示："做兄弟的我一定罩着你！"显然，正是芒果牌香烟盒所激发的共通的怀旧体验，让这两个陌路人之间的异趣沟通变成了现实。

第三次相遇，这个带有喜剧和感伤意味的"伟大的小人物"，在乘车前往参加一场自以为行侠仗义的"摆平"举动之前，兴奋地与韩三明相约晚上喝酒庆贺，表明他们的沟通在持续深化。

第四次相遇，当韩三明在住处久等不至，最后只能循着手机彩铃中令人熟悉的《上海滩》插曲才找到已被埋在砖头下的"小马哥"尸体、并向他的遗像默默敬烟时，我们看到了这种异趣沟通场面的令人沉痛而又慰藉的最后一幕。

从这四次相遇过程可见，这两人之所以能从差异走向沟通，实在是由于他们内心都有着一种淡隐而坚韧的关爱他人的温心或温情。韩三明的"老婆"虽然是非法买来的,但他内心对她有着真爱,这种真爱竟历经十六载而不衰,导致他走上漫漫寻妻路,不顾一切地要带她走,可见他是个拥有执着的爱的有情人。而这种深厚的关爱之情也体现在他对原本萍水相逢的"小马哥"生前的照顾和死后的追挽上。同样,"小马哥"从外表和身份看几乎就是个"小混混"或"小无赖",但言行举止中透露的英雄品味、对韩三明的真诚关切及"路见不平拔刀相助"的侠肝义胆等,都使我们不能不感到那颗幼稚、卑微而又坚韧的关爱之心,这是仁爱与侠义在卑微中的一种奇特融汇。其实,在仁爱、侠义与卑微三者的结合上,这两人是颇为相近的。两人的这种彼此贴近的淡隐而坚韧的关爱之心,在这个四处是拆迁的废墟、背井离乡的移民的特定环境下,在这个充满生存的风险的社会里,虽然不具有改变现状的力量、并且还显得有些软弱、令人生出不满足之憾,但却是务实的、真情互动的,带着人际沟通的温馨,远比某些艺术作品中的"假大空"和网上的虚拟社区或"爱情"更有价值。这种异趣沟通的社会价值显然表现在,让生活在动荡、孤独与忧患中的个体之间能跨越彼此鸿沟而实现相互抚慰。韩三明与"小马哥"之间凭借珍藏的芒果牌香烟盒相互畅叙怀旧感,并用手机交换《好人一生平安》(电视剧《渴望》插曲)与《上海滩》插曲彩铃,从而实现真情融汇的场景,无疑可以作为当代人与人之间达成异趣沟通的经典镜头之一而流传下去。

但异趣沟通精神在特定年代毕竟是应有着历史具体性的。如果说,对异趣沟通可以作适当的层次划分的话,那么,其初级层次可以有对话、仲裁、阐释等,其高级层次则可以有认同、体验等。[①] 就当前我们身处于其中的特定社会情境来看,能体现异趣沟通精神的具体的认同与体验状况之一,可以说在于冷眼温心。冷眼是指对个体生存境遇及

---

① 王一川:《从诗意启蒙到异趣沟通——90年代中国审美精神》,《山花》1997年第10期,载《汉语形象与现代性情结》,北京:首都师范大学出版社,2001,第63-68页。

人际关系中的风险怀着冷峻而务实的眼光，温心是指对世界、世道、世人怀着温情的关爱。从上面有关《三峡好人》的讨论可见，生存的需要迫使民工韩三明、护士沈红以及"小马哥"等都不能不以冷眼看待周围的世界、世道、世人，如果不这样就不能有实在的在世的生存。韩三明在船工强行搜身时让其一无所获，但后来像变戏法似地突然掏出了车钱，说明这位民工在卑微、懦弱和敦实的外表下不失冷硬心肠和生存的狡黠，练就了一套乱中自保和绝境求生的韧性的生存本领。沈红眼见无法赢回郭斌的心，就选择了体面而有尊严地分手，这也表明她对婚姻风险已有冷峻的洞察和足够的心理预备，其韧性的生存也充分展现。但这种冷眼只是一面，更要看到另一面：位于他们的冷眼深处的却是那一再涌动不息的对他人的温馨的关爱。按常理，冷眼必然导致冷心，即冷酷的心、报复的举动，也就是对世界、世道和世人的怨恨。但影片却没有让我们看到韩三明和沈红如何满含怨恨和冷酷地向那不公的世道和命运复仇，而是让他们的言行合理地充满和释放出对世界、世道和世人的淡漠而又深厚无边的温情，这就呈现出冷眼与温心的有意义的融汇。冷眼温心在这里是指一种对现实生存风险的冷峻体察与温厚关怀相交融的状态。冷眼与温心既相反又相合，体现了当代人面对风险社会之冷酷但相互关爱之心不灭的生存体验状况。韩三明对待前妻和"小马哥"的真诚关爱、沈红对丈夫的宽容和善意离别（而非恶意报复），以及"小马哥"的幼稚的侠义之举等，无疑是这种冷眼温心的呈现。可以说，正是这种冷眼温心支配着、支撑着这群底层"小人物"在世的自救与救人言行，使他们面对无论怎样布满风险的生存困境，却都能富有韧性和尊严地活下去。

同样重要的是，有了这种冷眼温心，就可以让一种生活的诗情或审美趣味在风险环境中顽强地生长。韩三明看上去卑微而貌不惊人，沉默寡言，更缺乏欣赏美的感官，但却对麻幺妹一往情深；同时，不善言辞、不通流行歌曲却又能理解"小马哥"借周润发做派而传达的侠义情怀，并以对"小马哥"的执着寻找、为其遗像默默点烟以及深情送别等素朴方式，传达出对他的一种无言与无声的深沉祭奠和由衷爱意。他与几位奉节船工透过人民币图案交流各自的家乡夔门与黄河壶口瀑布风景之美的场景,有力地说明,他和他们虽然不懂高深的符号学理论,但却以他们的素朴而沉实的生存行为在实际地和充满感情地读解和欣赏着人民币的符号之美,由此书写着一种家乡美景与金钱实用价值以及人际亲情等多元融汇的货币符号学美学。这一点只要想想他们之间的如下平常对话就够了:"你回去就把我们忘了吧?""不会的,只要看见十块钱背面的夔门,我就会想起你们来。"与韩三明习惯于素朴而无声的审美趣味不同,沈红显示出在无论如何无望的生存环境中都不失女性的优美和自尊的生存姿态,而从她在三峡大坝旁以拥抱和曼舞方式与丈夫作别,更可以见出一种优美、自尊而又幽默的生活诗情。我们应该注意到,伴随他俩缓缓起舞的,是回荡在三峡大坝上空的深情的女高音独唱《等到满山红叶时》(影片《等到满山红叶时》插曲,罗志明作词,向异作曲):"满山红叶哎似彩霞,彩霞年年映三峡。红叶彩霞千般好,怎比阿妹在山崖。手捧红叶望阿哥,红叶映在妹心窝,哥是川江长流水,妹是川江水上波。"这支具有三峡民歌风味的歌曲传达出阿哥阿妹好合的千古爱情主题,却与沈红此时的行将离异的悲苦命运形成巨大的反差。因此,沈红的幽默感其实包含着一种对其命运的反讽或嘲弄意味,属于反讽式幽默或幽默式反讽。

可见,正是冷眼温心可以养育生活的诗情或审美趣味,而这种诗情或趣味又可以感染人们以生存的韧性去追求生活的美。生活难免常常缺少美,但不能没有冷眼温心的精神;而正是冷眼温心的精神,可以帮助人们去求取生活的美。当代美学如果不能帮助人们从丰富的审美与艺术兴象中发现这种冷眼温心精神,还能叫美学么?

到这里,我们可以对美学的现实作用产生一种初步印象。作为一门关于人的审美沟通的人文学科,美学总是把审美沟通作为自身的主要任务。审美沟通意味着,人们总是在审美语境中,借助审美符码及更基本的审美文化传统,去接触审美媒介,通过它对审美文本作审美鉴赏,进而把握审美体验。美学如此关心审美沟通问题,固然为的是理解审美与艺术现象本身,但更重要的是,由此理解那跃动在审美与艺术中的人、人的生活、人的心灵。在当前，美学关心的正是全球化与多元汇通语境下多种不同审美趣味之间的沟通问题，简言之就是异趣沟通问题。异趣沟通在这里意味着，不同的民族与民族之间，同一民族中的不同群体之间及不同个人之间，需要在承认多元趣味共存的前提下，寻求彼此之间的差异中的平等对话和理解。今天早已不再是趣味一律的时代，多元趣味之间的共存及其争鸣是不争的事实。重要的是，不同趣味之间能够平等对话和通达。我们对美学诚然不可以再抱着望文生义的不切实际的幻想，好像它顶个"美"名就能在审美问题上这也行那也成，甚至似乎学了美学就真的能把美变到生活里来；不过，平心而论，它对我们确实可以产生一些有限而又有益的作用。其实，要知道美学是什么，不妨同时知道它的不是与是。

其一，美学不是人生求美旅途上的全能导师，似乎能在我们想要时就立马指点求美大道，在这点上，它所能提供的帮助恐怕远不及现实中亲朋师友所给予的。但美学确实可以扮演适度的审美知识向导作用：提供有关审美与艺术的知识的报告，也就是美论的知识库或美的知识的地图，以经过反思的、有条理的美学知识启迪我们去认知和思索，古今中外曾留下哪些审美探险足迹，而今的美学探险该从哪里和向哪里出发。

其二，美学也不是难关重重的生活中的灵丹妙药或神奇魔杖，仿佛它轻轻一点便可逢凶化吉、百事呈祥，在这点上，它永远不会像广告那样给予我们以轻快、神奇或虚假的许诺。但是，它可以而且应当帮助我们逐步练就一双探美的慧眼，让我们学会探讨与分析审美问题的学理视角、方法与手段，从而可以更自信地从事审美鉴赏乃至美学批评工作。诚然人们无需都去做专门美学家，但不妨练就点生活中需要的美学眼光。今天的美学现象和问题可谓种类繁多、波诡云谲，正如一首流行歌曲《雾里看花》（作词：阎肃）所唱的那样："雾里看花，水中望月／你能分辨这变幻莫测的世界／涛走云飞，花开花谢／你能把握这摇曳多姿的季节／烦恼最是无情／笑语欢颜难道说那就是亲热／温存未必就是体贴／你知哪句是真，哪　句是假／哪一句是情丝凝结／借我借我一双慧眼吧／让我把这纷扰／看得清清楚楚明明白白真真切切。"面对"变幻莫测"和"摇曳多姿"的审美与艺术现象，特别有理由呼吁"借我借我一双"美学的"慧眼"，透过它，"把这纷扰／看得清清楚楚明明白白真真切切"。掌握古今中外美学史知识，承传前人在审美上留给我们的宝贵的美学传统，正是铸就这双探美的慧眼的知识基础。无论对大学生还是其他读者，这双探美的慧眼的铸成都是重要的，有了它，就有可能形成洞悉和解析纷纭繁复的审美问题的能力。

其三，美学甚至也不是我们的人间审美指南，不会对生活中的美食、美容、美发、美体及家居装修等实用审美需求有多少具体指导，诚然有，但还不如去请教专业报纸、杂志、书籍、网站或公司呢，后者肯定比普通美学更具有专业性和权威性。但确实可以说，这一点也许更要紧：正是在如上知识库和探美的慧眼基础上，美学能够进而帮助我们逐步养成一颗臻美的心灵，即不断地臻于人生至美境界的思维与行为习惯。如果说，美学作为审美知识库，可以助我们继承前人留下的审美传统；美学作为探美的慧眼，可帮我们练就透视审美现象的理解力和沟通能力；那么，美学作为臻美的心灵得以养成的摇篮，则可为我们培育出爱美与求美的情感与理智、想象与幻想、认识与体验等思维与行为结构，使我们懂得并实际地追求审美与艺术这人生至高境界。

不是实用生活中的华美或美化，而是这种臻美的心灵的养成，才是个体人生中最重要的或最高的境界。美学家宗白华认为人生可以有功利、伦理、政治、学术、宗教、艺术等六种不同境界。与"功利境界主于利，伦理境界主于爱，政治境界主于权，学术境界主于真，宗教境界主于神"不同，艺术境界直指人的最深与最高的心灵的形象世界："以宇宙人生的具体为对象，赏玩它的色相、秩序、节奏、和谐，借以窥见自我的最深心灵的反映；化实景为虚境，创形象以象征，使人类最高的心灵具体化、肉身化，这就是艺术境界，艺术境界主于美。"① 这里所谓"艺术境界"正约略相当于臻美心灵的一种艺术符号

---

① 宗白华：《中国艺术意境之诞生》，载《美学散步》，上海人民出版社，1981，第59页。

中的具体化状态。"艺术境界"以美为宗旨,但这种美的秘密不在于外在美的事物或景物,而就在于人类心灵:它是"人类最高的心灵具体化、肉身化",也就是人类的臻美心灵的具体映射。"一切美的光是来自心灵的源泉,没有心灵的映射,是无所谓美的。"艺术境界之美在于人类的臻美心灵与自然景象的"交融互渗":"艺术家以心灵映射万象,代山川而立言,它所表现的是主观的生命情调与客观的自然景象交融互渗,成就一个鸢飞鱼跃,活泼玲珑,渊然而深的灵境;这灵境就是构成艺术之所以为艺术的'意境'。"① 这样的美学理论的启迪作用是显而易见的。

其实,美论知识库、探美的慧眼和臻美的心灵的生成,决非简单到读一本或若干本美学教科书、上几门课就能办到,而是终究来自个体在人生旅途上的社会养成和自我养成,这种养成意味着社会各种力量的长期熏陶与自我的主动涵养的高度融汇。而这种个体审美的社会养成和自我养成的最终指向,则不应是简单的生活美化、日常生活审美化或全球审美化之类日常世俗诉求,而应是个体以及社会人群的臻美心灵的养成,这约略相当于宗白华所谓"人类最高的心灵"的培育。当代社会,来自方方面面的风险与忧患正日益加剧,个体生活终归有烦忧、动荡或挫折,美的东西常常可望而不可即或者外美而内空,唯有永不倦怠地指向美的心灵,在当前就是那种冷眼温心,才是当今风险社会中个体的一种在世立身之本。这一点我们可以从《三峡好人》的影像世界中体验到,更从宗白华的动情的理论阐述中领悟到。其实,在漫长的臻美心灵之旅,人们总会相遇和告别,而每一次告别都可能并非结局而是新的开始……

---

① 宗白华:《中国艺术意境之诞生》,载《美学散步》,上海人民出版社,1981,第59-60页。

励志偶像与中国家族成人传统[①]

——从《士兵突击》看电视类型剧的本土特色

在《士兵突击》开头,主人公许三多老被恨铁不成钢的父亲习惯性地唤作"龟儿子",这种耻辱感只是由于前来招兵的班长史今的愤怒制止才得以停止。而到第二十九集,已被誉为"兵王"的许三多到监狱看望父亲时,竟然急不可待地主动求他再叫自己"龟儿子",父亲说"你不是龟儿子,我也不是龟",随即父子两人的手在桌子上紧紧地搓揉在一起。后面将看到,这个细节链条十分重要,它作为庄重而感人的成人仪式及父子认同仪式具有深厚的家族传统渊源,并在全剧中扮演重要角色。可以毫不夸张地说,没有一部国产主旋律电视剧能像《士兵突击》这样引起全国范围内热播与追看的火爆并激发空前红火的网上热捧。没有男女戏、大牌明星、猎奇案件,甚至也没有动辄与首长女儿热恋等被奉为圭臬的"商业"元素,硬是让一群男兵成长故事把观众震慑了。人们不禁要问:一部看来朴实无华的主旋律电视剧,何以竟有着让普通观众牵肠挂肚、朝思暮盼、街谈巷议乃至网络夜话的神奇本领?这确实足以让人反思,什么才是观众真正的娱乐需要和精神诉求,尤其是什么才是中国本土化电视类型剧。展开这种追问的途径有多种,我只能在这里简要考察这部主旋律励志偶像剧红火背后的原因,并对中国本土化电视类型剧的生成做点初步探讨。我尝试把

[①] 本文原载《天津社会科学》2008 年第 1 期。

这部剧叫作主旋律励志偶像剧,是由于它同时产生了这样三重收视效果(当然还可以归结出更多):既是爱国、奉献、正气的,又是激励青年笃志成长与成人的,还是引发青年人发自内心地崇尚的。正是通过探寻这三重或多重效果生成的原因,可以窥见我国本土化类型剧赖以生长的一些传统资源,以及当代题材电视剧所依托和接触的历史资源。

  从个体心理根源看,观众之所以真心喜欢这部剧,是由于他们自觉同剧中主要人物具有社会角色上的相通处,能够满足多层面的认同需要。这部剧的主要人物事实上由三层面构成:第一主人公许三多,第二主人公成才,以及"绿叶"式人物群像(史今、高城、伍六一和袁朗等)。对核心主人公许三多,观众时而感觉远远高于他,对他的非同一般的憨傻、迂钝等生出居高临下的同情的感动;观众时而感觉低于他,对他的超乎寻常的坚韧和顽强产生由衷的敬仰和崇拜。从极度憨傻到极度强悍,从喜剧感到崇高感,或者从低看到高看,这里显然交织着心理上的高低落差的起伏,从而使这部剧产生神奇的张力和吸引力,好看、耐看。而对成才,这个起初狡猾、自私、利己并一心成名的青年,整个就是一个活脱脱欲望化现实人物的镜子般再现,观众由于其与日常生活中的自己或周围人更相似相近,自觉他普通,因而起初很难产生奇异的感动。但之所以后来被感动,是由于他在许三多感召、袁朗逼迫及事实教育下,最终明白钢七连"不抛弃、不放弃"信条的真义,经磨历劫也成为英雄,从而成功地诠释了"浪子回头金不换"的古训。究竟是集极傻与极强于一身的许三多还是"人精"加"回头浪子"的成才让人感动和思考更多呢?显然可能还是后者。许三多注定了只是个专供远观而难以近仿的特例,而成才因其人生价值观更为普遍存在而更能引发观众的共鸣和认同。至于本来重要性位居在其次的那群"绿叶"人物如史今、高城、伍六一和袁朗等,之所以在观众中赢得超过许三多的追捧,恰恰是由于他们令观众一方面自感低于他们,另一方面又自觉特需他们,需要其随时相伴身边如"帮手"般随处帮助解决生活难题,从而生出偶像崇拜冲动。最吸引观众眼球的"四人金刚"中,温和待人的史今、豪爽俊朗的高城、刚直耿介的伍六一、智慧而坚韧的袁朗，不都是观众生活中最需要的"帮手"吗？可以说，这部剧的成功来自于它至少从三个层面缝合了观众的多层面个体认同愿望。

这部剧成功的另一秘诀在于，让人物对白小品化，使这些小品化对白成为当前部队日常生活中话语流精华的浓缩和再现，成为类似于冯小刚式贺岁片"特供"的那种时尚的泉眼，在观众中引发流行性话语模仿与传播。编导和演员都在这些对白的效果上下了很大的功夫，使其贯穿着来自部队日常训练与休息中的调侃、逗笑、打趣等片断，同时又蕴含着当代社会更为普遍层面的人生哲学的信息和内涵。就许三多们最爱说的承诺"不抛弃，不放弃"来看，"不抛弃"主要是对他人来说的，"不放弃"则更多地对自己而言，简短话语蕴藉着对人对己都"不弃"的当代人生哲学精神。许三多的口头禅"有意义就是好好活，好好活就是做很多有意义的事情"，是用通俗口语教导人们如何追求有意义的生活。高城说许三多："你明明是一个强人，天生一个熊样！"鲜明而凝练地揭示了许三多其人其行所包含的丰富而复杂的人生辩证法。老马对许三多说："你现在混日子，小心将来日子混了你。"同样富于辩证哲理。许三多哭着对班长说："班长，我不想当尖子，当尖子太累了，我想做傻子，傻子不怕人走，傻子不伤心。"这是对现实中"冒尖"人物心理及其困境的一种鲜活揭示。指导员说："你知道，这可是个光荣而艰巨的任务啊！"老马对："光荣个屁，艰巨个六。"这则对白生动地托出了军人的调侃智慧。能激发观众共鸣的对白还有很多，如袁朗说"路有多远，人生就有多漫长，这种漫长和没有结束感从一开始就是我们要的"，高城说"人生就是问题叠了问题"，吴哲说"人生没有穷尽，这是人这辈子最有意思的一个部分"等。可以说，这部剧的小品式对白既是时尚的泉眼，引发流行；又堪称现代版《增广》，打造出容易引发共鸣的当代青年人生哲学。

有趣的是，这部剧精心设置了多样化的对立角色：许三多的丑而憨与成才的俊而精，史班长的柔善与伍班副的刚正，史班长的坚韧与高连长的直露，团长的粗放与张干事的斯文，许三多父亲的粗鲁与成才父亲的世故,史班长的温和与许父的暴躁等,构成一幕幕相互映照的人物肖像,在观众中造成了特别的感动。这一点其实可以从中国古典美学中找到更深的哲学根源:凡人凡事凡物虽然常常对立,但这些对立面终究并不构成永恒的冲突,而是都可以相互转化,最终形成耦合。这种对立而耦合原理贯穿在这部剧的人物关系设置中,造成人物间对照而又耦合、和而不同的效果。同时,这种人物间的鲜明对照也能产生一定的谐谑效果,有助于增加这部剧的通俗与趣味成分。

其实,从深层原因看,这部偶像剧的成功还有赖于一种深厚的家族文化传统的回溯,当然这种传统回溯在这里更多地采取了历史无意识的方式。这是一种以子辈如何成人为核心的中国泛家族文化传统或"拟亲属关系"传统。根据美国人类学家摩尔根(Lewis Henry Morgan,1818—1881)的论述,所谓"拟亲属关系"(quasi-kinship)是指个体的社会关系结构中存在着仿拟家族关系而组织起来的因素,这种因素对个体的成人产生重要影响。根据周英雄的分析,我国古代存在着一种"代父"(surrogate-father)传统。代父就是代替父母亲行使养育职责的人,可以是长辈或同辈,男性或女性,数目可以不限,有的地方称为干爹、干妈。个体当其与亲生父母别离,就成为孤儿或弃子,不得不认他人作"代父",在"代父"养育下成长;或者在亲生父母无力承担养育或优质养育责任时,也不得不求助于"代父"。《卖油郎独占花魁》为理解这种古典家族文化传统提供了一个恰当的想象性语言艺术文本:秦重在13岁时因父亲秦良无力养他而过继给油店老板朱十老,改名叫"朱重";后来被朱十老逐出去自己独立谋生,再后来以感恩姿态回去为朱十老送终;他与花魁娘莘瑶琴终成眷属,与亲生父亲重逢,实现"归宗复姓",恢复原来名字秦重;夫妻恩爱,以仁孝为父亲养老送终,所养育的两子"俱读书成名"。而瑶琴自幼与生父母走散,先后有人贩子卜乔和鸨母王九妈充任"代父"。这个泛家族主义或"拟亲属关系"的故事表明,中国弃子只有另寻"代父"才能长大成人,但最后也需要归宗复姓,通过父子关系的重新复归而确证其成人。① 晚清以来,随着发源于西方的现代性进程的东扩,这种以弃子—代父模式为核心的古典家族文化传统逐渐移位为新的主人公—帮手模式。这种新的成人模式带有更加泛化或隐蔽的传统泛家族主义或"拟亲属关系"的色彩。现代男女主人公起初总有所缺失(贫穷、软弱或幼稚),而要想成为英雄,就必须接受家族外神圣帮手的引导或教育,只有这样才能在艰苦的磨难中成长。以陈天华的《狮子吼》(1905)中狄必攘与其教师文明种的关系为先导,这种具有泛化的"拟亲属关系"性质的主人公—帮手模式贯穿于整个20世纪中国现代叙事性文艺作品进程中,如《创业史》里的梁生宝与区委书记王佐民、《红色娘子军》里的吴琼花与洪常青、《青春之歌》里的林道静与卢嘉川、《历史的天空》里的姜大牙与军区司令杨庭辉等。与古代带有浓厚家族或亲属制度印记的弃子—代父模式不同,这里显然是一种更加普泛化了的"拟亲属关系":投身于国家与民族命运搏斗的主人公,接受了现代社会机构的上级、同事或朋友的帮助或引导,而这种社会机构的内在运行具有高度的仿拟亲属关系组织因素。《红灯记》里的一家祖孙三代即李铁梅、李玉和与李奶奶恰是这样一种非血缘的"拟亲属关系"结构("你爹不是你的亲爹!""你奶奶也不是你的亲奶奶")。② 尽管这里的古今成人传统有所不同,但在主人公需要家族式帮手的惠助才能成人这点上却是古今贯通的,体现了一种传统的深厚力量。

这种古今传统的贯通印记清晰地显现在《士兵突击》故事进程中,正像本文开头述及的那样,许父无力养育自己的"龟儿子"许三多,就千方百计地"过继"给部队,让其充当"代父"或"帮手"角色。他在儿子参军时改口去掉"龟儿子"的"龟"并郑重托付给班长史今,这同秦良把儿子过继给朱十老是一致的。从"龟儿子"到"儿子"的更名,相当于从本姓变换为代父之姓。史今确实一开始就"长

---

① 周英雄:《比较文学与小说诠释》,北京大学出版社,1990,第103-120页。
② 王一川:《中国现代卡里斯马传统——20世纪小说人物的修辞论阐释》,云南人民出版社,1994,第一章。

兄如父"般地扮演了这种"代父"角色。"我要了他,他就是我的兵,你打你儿子,骂你儿子,我管不着,从今天开始,你要是敢打我的兵,骂我的兵是龟儿子,我一百八十个不行……一年的时间!我把你,我把你这龟,我把你儿子,我把你儿子,带成一个,堂堂正正的兵!"这恰是拥有权威的"代父"对"弃子"及其生父所做的一个庄重承诺,而这一承诺竟严肃地左右着史今后来的整个帮助者和引导者言行。为帮助备受怀疑的"孬兵"许三多,他付出了包括考核成绩下降乃至复员等种种巨大代价。许三多在意外得知史今复员时紧攥他的背包不放并痛哭的细节,与其说是与史今感情深厚所致(这一点毫无疑问),倒不如更多地理解为这位尚未成熟的"孤儿"对"代父"的深切依赖及对自身前程的忧虑。他在部队的主要"代父"或"帮手"先后还有:副班长伍六一、班长老马、连长高城、大队长袁朗等。这是一个众多"代父"或"帮手"的替补式帮扶过程。正像古今文艺作品中的众多英雄的成长一样,许三多的成长也是个漫长而反复的过程,不可能一蹴而就。他虽然获得"兵王"美誉,但在杀死毒贩后精神却一蹶不振,正体现了这种成长的漫长与反复性。只是当他经历一连串的精神调整直至回家见到生父,依靠亲情的力量才最终成长为英雄。我们看到,当许三多主动让父亲喊自己"龟儿子"而被父亲拒绝时,这动人的一幕实际上相当于一场现代版"归宗复姓"仪式或家族成人典礼。由此我们仿佛看到了一幕交织着古典家族文化传统与现代拟亲属关系传统的想象态英雄成人仪式。正是在这里,植根于本民族生活沃土的本土传统因素显山露水,而这种本土传统是不同于别民族生活传统的。

这不禁让我想到美国影片《阿甘正传》(原名 Forrest Gump,美国派拉蒙 1994 年出品)中受人喜爱的主人公阿甘。阿甘和许三多确实有诸多相似点,难怪不少网友把许三多称为"中国版阿甘"。但我在这里要说,两人之间的不同点可能更多,因而更值得注意。其一,阿甘自始至终都憨中有智,似乎无须成长过程;许三多则恰恰需要经历由憨傻到刚勇的漫长的成长与转变过程,而这种成长过程刻画正构成全剧的核心和看点之所在。其二,阿甘的成长过程中有伙伴或朋友,但许三多既需要伙伴或朋友更需要强有力的众多帮手的帮扶,这种帮手引导也是全剧的核心和看点之所在。其三,尤其重要的是,阿甘的成人过程主要凭借个体的努力,由此可见出美国社会的个人主义传统的力量;而许三多的成人过程更具有中国式家族传统特色:这位中国"孤儿"不仅需要个体努力,而且更需要众多"代父"或"帮手"的帮助,以及回到生父面前接受其庄重确认从而"归宗复姓",经过这样一连串过程才能名正言顺地成人。由这一点可以见出中国古典家族文化传统及现代拟亲属关系传统在当代成人模式中的无意识的而又深厚的交错及其强大功能。这里蕴含着一种中国式人生哲学:每个人都可能成人成圣成贤,无论他起初如何缺失,只要有自我成人的愿望及帮手的引导。而相比而言,在《阿甘正传》中,阿甘一生的个人梦想如何坚持不懈地在社会中寻求实现,才构成全片的核心和看点之所在。由此不难见出中美两国在电视英雄偶像塑造上的传统资源的差异所在,也对我们寻求中国电视类型剧的本土特色提供一种启示。

《士兵突击》的成功因素很多,但上面谈到的角色认同感、对白小品化、对立角色及中国家族文化传统的传承无疑是不能忽略的几个因素。尤其是家族文化传统的回溯从深层无意识层面给予全剧效果的完成以重要影响,它同时也披露出当前有关个体成人的一种既传统又当代的普遍性个体心理及社会心理:"龟儿子"也能成人。我们由此也不难窥见中国电视类型剧的本土特色生成的一个秘诀:主旋律理念及其偶像化的成功表达都需要植根于民族的本土文化传统。正是在当今世界全球化趋势愈演愈烈的情形下,本土特色恰是中国电视类型剧实现成功的温床。而主旋律理念在偶像化过程中无疑离不开家族文化传统的支撑,正是这种支撑带给观众以一种"润物细无声"的来自传统深处的温情和共鸣,从而成为这种电视类型剧获取观众的一个法宝。这表明,家族文化传统的力量有时远胜于诸如英雄加美人之类流行的商业老套,可以被艺术地整合为新的流行性商业元素。而反过来说也一样,电视剧的流行性商业元素只有当其被艺术地整合进富有传统意味的剧作整体中去时,才会真正产生征服观众的力量。

典型切片中的历史无意识[①]
——电视剧《圣天门口》中的杭九枫及其他

关于40集电视连续剧《圣天门口》(张黎和刘淼淼联合执导、邹静之和刘亚玲编剧、段奕宏和宋佳等主演),从其开播时起,人们就已经谈论得很多了,可谓见仁见智,众说纷纭。无论人们对它的评价怎样,它的引起广泛关注及争鸣本身,恰好说明它具有一定程度的社会影响力。我在这里不打算对这部电视剧作整体讨论和评价,而主要是谈谈它的主人公杭九枫这个人及其意义。

一、一次新的美学突破

杭九枫不是一般的革命英雄人物,而是革命队伍里的一个兼具风云人物与失意之人等特点的复杂人物。他是天门口镇两大名门望族雪家与杭家中杭家的青年一代。这两家世代相处却又彼此不和,双方明争暗斗,共同主宰天门口镇的命运。杭九枫为了给雪家抹黑,私下勾引遭雪家抛弃的未过门儿媳阿彩,不料同刚烈率直的后者竟然碰撞出真正的爱情火花,从此两人之间展开持续一生的既轰轰烈烈又苦苦涩涩的爱恨纠缠。中国现代社会革命浪潮席卷天门口镇,雪家和杭家都在战乱中急剧衰落,杭九枫和阿彩都成了红军战士。杭九枫作战英勇,

---

[①] 本文原载《当代电视》2012年第12期。

但又留恋家乡天门口镇,以致不惜充当了红军的可耻的逃兵。他在面临审判的关头被阿彩救下。阿彩没有答应杭九枫的爱情,而是嫁给了自己的革命导师王巡视员。由于雪杭两家延续着世代不相往来的旧怨,加上革命年代的内心创伤的煎熬的缘故,两人的动荡的心灵始终无法和谐地融合,而只能陷于相互思念与伤害的交织之中。两人在随后复杂的战争岁月里时聚时离,延续着既关怀又伤害的主旋律,以致这种相互关怀与伤害就成为二人关系上的不曾改变的双重变奏。当天门口镇迎来解放时,杭九枫仍然不能被阿彩接受,后者甚至愤而嫁给被杭九枫枪伤的同事,并带着她和杭九枫的儿子去省城工作。众叛亲离而孤独不堪的杭九枫,不得已自告奋勇参加抗美援朝战争。胜利归来后仍然一无所有,只能在天门口镇粮库当管理员。

这是一个携带重度内心创伤的言行乖张的主人公,同此前我国电视剧中出现的几乎所有主人公相比都有所不同。远的不说,近的是张黎导演自己此前执导的电视剧《人间正道是沧桑》(2009)中的杨立青。杨立青与其兄杨立仁分属共产党和国民党两大敌对阵营,一家两兄弟的不同道路之争贯穿全剧,令人产生现代历史兴亡的无限感慨。正是在杨立青身上,观众可以感受到中国现代历史中的敌友、亲仇、对错、善恶等对立面之间的复杂缠绕。更近的是 2012 年播出的《誓言今生》,它以我国反谍人员黄以轩与台湾情报官孙世安两人长达半个世纪的争斗为主线,展现了这两个人物及其家庭的复杂命运。在这个意义上看,杨立青与黄以轩在人物性格内涵上是大体相近的,即都属于深陷于敌友亲仇漩涡中而备受煎熬的正面英雄人物。他们的正面英雄性格的主要方面,总是通过与作为血缘亲属兼政敌的对手的斗智斗勇而呈现出来。这样的带着复杂的历史意识的人物形象的出现,有助于把握现代历史的错综复杂度。如果说,此前的《人间正道是沧桑》《誓言今生》及更早的《走向共和》(2003)共同代表了 21 世纪中国电视剧对中国现代文化传统的一次突破性反思,其反思锋芒已经抵达真正自觉的历史意识层面,也就是透过改良主义与革命主义、三民主义与共产主义的意识形态之争及其个体内心投影,传达出中国现代历史兴亡意识及其当代反思；那么可以说，《圣天门口》及其中的杭九枫等奇特人物的创造，则标志着21世纪中国电视剧对中国现代文化传统做了第二次突破性反思——这就是深挖中国现代人物身上蕴含的深层历史无意识，刻画出现代乱世中的痛苦心灵。这显然是一个新的美学高度及深度。

二、革命年代的动荡心灵

正是这样，杭九枫的出现与前述所有人物都不同。他的人生道路虽然难免也同国共两党的敌友亲仇关系密不可分，例如分属两大阵营的黄埔同学傅朗西与冯霁青之间的斗争，但真正重要的是，他总是深陷于个人内心的无意识层面的分裂及由此而来的无名焦虑之中。这部电视剧的重要特色，借用巴赫金的"对话"概念，正在于细致地刻画了杭九枫内心无意识层面的对话性现实，以及这种对话对他一生的言行及命运的深远而又致命的影响。

杭九枫的内心无意识对话性表现在，他总是同自己内心的另一个他者展开持续的对话，而正是这种对话左右着他的怪异言行。革命战争生活中的腥风血雨、刀光剑影，并没有简单地随风而逝，也没有随着革命风云的变幻和革命胜利的欢迎而减弱，而是深潜入杭九枫的无意识层面，直到导致他处处都陷入与他人如父亲、大哥、妻子、情人阿彩、常守义、儿子、领导等的对话之中，而难以自拔。他的内心无意识纠结是难免的。他英勇无畏地奋斗了半生，国共之争、抗日战争、解放战争、抗美援朝等，终究也才只是个小连长，难怪会受到人们嘲笑。他的一生被大革命的时代风暴荡涤得七零八落，而爱情则在一次次阴差阳错中陷入空无，到头来似乎没人再需要他了，更不见焦急地苦盼一生的温馨的家。革命一生，有英勇无畏的时候，也有开小差当逃兵之时；时而激情四射，时而落魄寡欢；奋斗不息而又总是阴差阳错，终落得一无所有，只能默默地在天门口粮库里捉老鼠。

杭九枫无疑是中国现代大历史背景中的一个小人物。刻画这个革命年代,要紧的不再只是刻画它的动荡起伏的社会世态,尽管这也很重要;而是刻画社会世态变迁中的迷乱的个体心灵即乱心。光是世道激变并不可怕,因为可以通过心灵之治去纠正。以雪大爷和杭大爷为代表的中国最后一代士绅已经失势,标志着中国古典社会结构赖以维系的底层根基已然彻底毁坏;而以子一代雪茄和杭九枫等为代表,革命之风愈演愈烈,恰如毛泽东所说:"其势如暴风骤雨,迅猛异常,无论什么大的力量都将压抑不住。他们将冲决一切束缚他们的罗网,朝着解放的路上迅跑。"① 杭大爷对大儿子说:"不是爹狠,是世道变了。"世道急剧变化,直到演变成为革命的世纪,是整个20世纪中国社会的一个必然趋势。毛主席说:天下大乱,达到天下大治。② 但或许社会达到大治了,饱经创伤的个体内心却未必那么容易治愈,因为深潜入历史无意识中的革命历史记忆却始终交织着种种内在动荡。真正需关注的,还是这种疾风暴雨般的革命风云在个体心灵上的经久不愈的错乱投影。世道巨变且已然渗透入心灵,这无疑正是社会革命时代的历史锋芒直逼个体无意识深层的显著标志。此时,世道之巨变集中凝聚到个体心灵之动荡上,也就集中体现在杭九枫其人身上。在这个小人物身上,蕴藏着可以穿透大历史迷雾的一种神奇力量。

三、典型切片中的迷乱心理现实

杭九枫其人既然拥有如此内涵,是否算得上典型人物呢?我的看法可能与人不同:他不再是作为典型人物吸引人,而是沦落为以往典型形态的一种切片了,但这种典型切片仍然具备一种特殊的美学穿透力。按既往美学,典型人物或典型性格总处在人物关系的中心(当然是人们预设的),它自信地充当个别与一般、现象与本质、内心与现实的种种矛盾的统一解决形式,例如阿Q身上就凝聚了现代中国社会的

---

① 毛泽东:《湖南农民运动考察报告》,载《毛泽东选集》第2卷,人民出版社,1991,第13页。
② 转引自中共中央党史研究室:《中国共产党历史》第2卷下册,中共党史出版社,2011,第765页。

复杂矛盾。而杭九枫却没有这种位居中心的凝聚或辐射力量，而仿佛只是中国现代社会结构的中心散落后留下的一块切片或抽样碎片，或者不如说是整个中国现代社会肌体上的任意一块切片而已。但正是这块切片，对于探测中国现代社会肌体中的内在肿瘤的症候具有一种穿透的力量。

在整部电视剧中，像杭九枫这样的切片式小人物几乎比比皆是，傅朗西、阿彩、冯霁青、马鹞子、梅子、麦香、常守义等都是。他们都不再是以往追求的那种典型式中心人物，而只是可以穿透乱世乱象的众多典型切片中的一片而已。每个反复出现的此类小人物，都可以代表整体中的众多切片之一。它们共同构成可以窥见整体奥秘的不同切片。为了显示这一点，编导尽力调动多种艺术手法，让人物的心理现实与物理现实交错组接在一起，幻觉与理智、无意识与意识、本能与理性、情感与思想等相互对话，而这种对话又导致人物的言行陷入怪异、乖张、自相矛盾等来回折腾的困境中。编导这样做，显然在美学原则上早已跨越以往的浪漫主义、现实主义或现代主义等单一手法了，而是运用了一种新的可从中见出多种手法元素的新手法了。我尝试把这种新手法称作现代式现实主义（或现代型现实主义）。这种现代式现实主义既带有现实主义手法的元素，例如对中国现代革命历史及其演变规律的逼真描绘；又带有现代主义手法的元素，例如对中国现代革命历史中的个体迷乱心灵的细致刻画。可以说，现实主义和现代主义元素在其中交织一体，共同服务于塑造杭九枫这样的奇特人物。

杭九枫其人的出现，表明中国现代社会革命进程的历史无意识投影已经深深地铭刻在投身于它的中国现代男男女女的内心之中，共同构成了他们的动荡起伏的心理现实。

四、从怨羡情结看杭九枫

我们应该如何来解读杭九枫这样的现代革命年代的乱世心灵呢？刘小枫曾借鉴德国社会学家舍勒的"怨恨"之说，对中国现代"怨恨"现象做了颇富见地的分析。他着眼于在"社会主义精神"中考察"怨恨与现代性之关联",认为"自卑与自傲的多样组合构成中国现代思想中怨恨心态的基本样态",由此着重分析"'文革'中爆发出来的怨恨是如何积聚起来的,它与'文革'理念是什么关系"。① 他指出:"'文化大革命'是由建设社会主义民族国家的政党动员的一场社会运动,它本来只限定在文化思想领域,但很快就扩散为一场全社会各阶层中每一个人均被触及的政治行为。要解释这种甚至以残酷手段对付自己亲人的行为,仅诉诸政党领袖的个人魅力,显然是不充分的。'革命'中暴力行为的仇恨力量是哪里来的?……'文化大革命'正是政党意识形态'符号'护卫下的社会怨恨的大爆发。至少,'文革'第一阶段的形态表明,怨恨爆发起着重要的作用。但是,要查明这一怨恨的性质,必须把'文革'置于中国现代化过程的历史中来分析。因为,'文革'的群众行为中的怨恨,是在中国社会之现代化过程的政治经济、思想理念、日常生活结构的全面移动中积聚起来的。"② 与通常从"革命传统""封建残余"或"领袖魅力"等方面解释"文革"中暴力言行的群众性不同,刘小枫在这里从中国人的体验结构对"文革"的社会动因做了新的探索,看到中国社会群体的"怨恨"心理在"文革"的爆发及其扩大化过程中所起的关键作用。这一研究本身至少已经表明,"怨恨"概念是理解中国的现代性问题及其心理投影的一条有用的途径。

与刘小枫标举"怨恨"不同,也与人们谈及西方时通常谈论"苦难记忆"不同,张志扬提出了20世纪中国知识分子的"创伤记忆"问题。在他看来,中国现代知识分子总是遭受种种"创伤",留下了难以治愈的痛苦"记忆":"近代史,特别现代史,一百年来,'五四',民族衰亡,外敌入侵,国内战争,阶级斗争,反右,反右倾,人祸天灾,四清,'文革'……从外到内,从肉体到灵魂,记忆的创伤化几乎使不

---

① 刘小枫:《现代性社会理论绪论》,上海三联书店,1998,第352-434页。
② 刘小枫:《现代性社会理论绪论》,上海三联书店,1998,第386-387页。

同阶层、不同年龄的每一个中国人都无一幸免。"① 这种创伤记忆对中国现代知识分子的自我构成是如此重要,以致如果我们忽略了它,就无法认知我们自己。"知识分子似可看作一个民族、一个社会的自我意识,因而他们如何对待'创伤记忆',也应看作这个民族、这个社会的现代性自我意识程度的标志。"② 张志扬还专门以作家巴金和曾卓为例,对"创伤记忆"做了具体的个案分析。③

刘小枫和张志扬的思虑有助于揭示中国现代历史与文化的特殊性。我在《中国现代性体验的发生》中对刘小枫的"怨恨"之说做了回应,提出一种更加具体和具有可操作性的用以理解中国现代体验结构的特质的"怨羡情结"之说,指出这种羡慕与怨恨相互交织的深层心理支配着中国现代人的言行,并且在文学作品中演化出惊羡体验、感愤体验、回瞥体验和断零体验等具体形态。④ 这种怨羡情结可以用来认知杭九枫等人物的内涵和作用。

可以说,杭九枫的奇特的言行特征表明,怨羡情结对他的渗透、支配和塑造是如此深沉,以致已经穿透他的历史意识层面而直刺入无意识深层了,从而让他的言行不由自主地受到个人无法控制的力量的神奇支配。由此不难理解杭九枫性格的特殊性——中国现代社会革命的腥风血雨和刀光剑影等乱世变革资源,如何熔铸出一颗迷乱的现代中国心灵。其实,这种自觉地深入历史无意识层面的美学透视,与其说是杭九枫身上所具备的,不如说是已经翻越革命的 20 世纪的中国现代知识分子在今天所已经和正在具备的一种积极和主动的自我反思姿态的显露而已。我希望这种对历史无意识层面的自觉的自我反思,不满足于停留在《圣天门口》已经取得的初始成绩层面,而可以继续深入下去,直到取得新的收获。

---

①② 张志扬:《创伤记忆》,上海三联书店,1999,第 38 页。
③ 张志扬:《创伤记忆》,上海三联书店,1999,第 83 - 168 页。
④ 参见王一川:《中国现代性体验的发生》有关章节,北京师范大学出版社,2001。

五、结语

可以说，这部电视剧通过创造杭九枫这样的典型切片中的乱世心灵，提供了一种现代式现实主义美学原则，代表了电视艺术界有关中国现代文化的自觉已经抵达一个新的高度和深度。不过，这部电视剧在叙事上还是留下了一些不成熟的地方。人物的幻觉与现实之间的紧张转换有时显得过于密集和零散，以致影响到普通观众的正常观赏。有时人物的多声部对话也可能干扰观众的线性思维，以致出现一些争议。我想，这或许是这部富于美学突破性和中国现代文化自觉意识的电视剧所必须付出的美学代价吧。

当前中国现实主义范式及其三重景观[①]
——以新世纪以来电影为例

在当前由后现代、消费主义、全球审美等诸多术语轮番描述的复杂的文化生态中，中国艺术界还能生长出人们常说的"现实主义"吗？如果不能，原因何在？如果能，它们又长得怎样？本文尝试以新世纪十多年来中国电影为例，管窥现实主义在当前的存在状况，主要就中国现实主义范式及其景观提出初步分析。[②]

一、现实主义与现实主义范式

讨论中国电影中的现实主义问题，需要对现实主义概念稍加梳理。应当看到，当前我国艺术界使用的现实主义概念，并非仅仅是一种出自普通学术团体或学派的学术主张，而是主要来自中国化马克思主义者对经典马克思主义文艺观的一种当代继承和发挥的产物，其蕴含的美学权威性与政治权威性是相互交融在一起的，难以分离。这种美学概念所具有的政治权威性本身就体现了恩格斯所说的"美学观点"与

---

① 本文原载《社会科学》2012 年第 12 期。
② 本文原题为《新世纪中国现实主义电影的三重景观》，应第 20 届中国金鸡百花电影节中国电影论坛"创意多元与坚守现实主义精神"组委会之约撰写，特此致谢。此次发表前做了修订。

"历史观点"的统一。① 因此，讨论中国现实主义电影就难免要看到这种特定的交融特性。这就是说，现实主义在中国既是作为一种美学尺度、又是作为一种政治尺度或历史尺度来运用的。当然，它实际上从来都不是单纯的美学尺度或政治尺度，而是它们两者之间的紧密交融、难以分割的综合形态。也许这样说更具体而又准确：现实主义概念要求在电影的富于审美魅力的表现中揭示当代政治所需要并设定的社会现实意蕴。

马克思主义创始人本身就对现实主义艺术的这种双重特性提出了特定要求。在他们的分析中，好的文学作品除了应有合理的结构和感人的情节外，总是在"人物个性的描写方面"有鲜明特色。② 现实主义作品除了"细节的真实"外，还要真实地再现"典型环境中的典型人物"。巴尔扎克的《人间喜剧》不仅生动描写了19世纪法国多彩多姿的社会生活环境，而且塑造了"贵妇人怎样让位给为了金钱或衣着而给自己丈夫戴绿帽子的资产阶级妇女"的典型形象，"给我们提供了一部法国'社会'，特别是巴黎'上流社会'的卓越的现实主义历史"。③ 他们还强调，对典型环境和典型人物的塑造是否成功，要看作家对这些艺术形象的描写是否"恰如其分"。典型艺术形象作为特定时代、特定阶级的思想代表，这种思想的流露要显得"自然而然"，符合艺术规律。"作者的见解越隐蔽，对艺术作品来说就越好"④。根据马克思主义创始人的上述论述，结合中外世界艺术发展状况去考察，现实主义一般具有如下三个基本特征：一是客观性，即在艺术观念层面，按照客观生活的本来面目去加以描写，再现客观事物及人与人之间的社会关系，以达到艺术反映的内在真实性的要求；二是典型性，即在艺术形象层面，注重创造典型形象；三是批判性，即从与现实的关系来说，大胆暴露社会问题，体现强烈的批判性。如果上面的概括有其

---

① 恩格斯：《诗歌和散文中的德国社会主义》，《马克思恩格斯全集》第4卷，人民出版社，1958，第257页；恩格斯：《致斐·拉萨尔》（1859年5月18日），《马克思恩格斯选集》第4卷，人民出版社，1995，第561页。
② 马克思：《致斐·拉萨尔》，《马克思恩格斯选集》第4卷，人民出版社，1995，第555页
③④ 恩格斯：《致玛·哈克奈斯》，《马克思恩格斯选集》第4卷，人民出版社，1995，第683–684页。

合理性，那么也不妨适当采纳美国文学批评家韦勒克的一种更宽泛的解说：现实主义的最基本特征就是"当代社会现实的客观再现"。当然，在此基础上还可以添加如下特征：题材的包容性、方法的客观性、环境与人物的典型性以及社会改革观念的表达等。①

上面关于文学的现实主义的客观性、典型性和批判性等特征的归纳，其实也可以推演到其他艺术门类现象中。因为，不存在只针对文学这一门艺术来说的专有现实主义。现实主义是可以涵盖包括文学、美术、戏剧、电影、电视艺术等在内的艺术思潮、流派、方法等的宽泛概念。说到底，在当前，现实主义作为一种完整的艺术思潮和流派，早已退出世界艺术的主流舞台了，因为，在当今后现代、后殖民、消费文化、全球化等氛围中，当作为任何一种完整的美学原则的坚实地基的理性、语言、形而上学等终结话语的权威性丧失时，现实主义权威的失落就是必然的了。取而代之，人们看到的是后现代主义以及更多说不上特定主义的林林总总的艺术思潮、流派或观念的碎片在相互并存和相互碰撞。但是，同样应当看到，另一方面，现实主义作为一种边缘或隐性力量，还是在那里扮演当代社会现实需要的特定角色：只要当代社会现实仍然需要艺术去暴露问题、揭示真相、激发改造社会的勇气等，现实主义就必然会有自己的作用。有鉴于此，现实主义在当前恐怕主要理解为一种艺术创作与批评范式更为合理些。

确实，作为一种新兴的、具有统治力和权威性的完整的世界观及竖立其上的艺术美学原则，现实主义在19世纪中叶到20世纪中叶的特殊历史时段中产生过积极的作用，体现了现实主义艺术在揭示当代社会现实的本质和规律，以及辅助地产生社会动员效果的强大优势。但随着世界社会历史状况的总体变迁趋势和现实主义本身在运行过程中的能量损耗，特别是现代主义和后现代主义的先后崛起和反叛，现实主义在20世纪初以来的欧美、在20世纪90年代以来的中国就分别

---

① 韦勒克：《文学研究中的现实主义概念》，载《批评的概念》，张金言译，中国美术学院出版社，1999，第243页。

逐渐退居边缘了。取而代之，现实主义虽然传承了直面当代社会现实的精神传统，但更多地作为一种悬搁起原有世界观后的艺术创作与批评范式在或明或暗地起作用。这里的范式（paradigm）一词借鉴自美国科学哲学家库恩，他赋予它两种含义：一种是在"综合"意义上指"一个科学集体所共有的全部规定"，另一种是在次级意义上指其中被"抽出来"的"特别重要的规定"①。从总体上说，"范式"是指"一个科学共同体成员所共有的东西"。"反过来说，也正由于他们掌握了共有的范式才组成了这个科学共同体，尽管这些成员在其他方面并无任何共同之处。"② 显然，范式相当于一种由特定的学术共同体成员共同信守的知识系统。

现实主义如果作为一种艺术范式，那就应当有一整套为特定的学术共同体成员共同信守的艺术创作与批评原则。现实主义范式，是指那种秉承客观性、典型性和批判性等原则去刻画当代社会现实的美学态度和艺术再现程序。衡量一部艺术作品是否具备或者说或多或少地具备现实主义范式，关键在它是否能以明显的客观性、典型性和批判性范式去刻画当代社会现实。

作为对19、20世纪现实主义艺术传统的一种继承和发挥，现实主义范式在当前世界艺术界、特别是中国艺术界仍有其不可忽视的作用。处于高速增长和发展中的中国当代经济、政治、文化和社会，难免不断遭遇一些新问题、新疑难甚至新症候，当然还要加上那些"剪不断理还乱"的旧困扰，难免让人时常心怀"忧患意识"去试图担当更多的社会公共责任，从而难免也期待艺术能以其无可替代的感人方式去协助人们感知及救治社会忧患，尤其是要求艺术能像"镜子"一样映现当代社会现实的被遮蔽或掩盖的真相。这样的现实主义范式在当前中国电影创作中显然必不可少：电影能否不是回避而是直面中国当代社会现实中的真问题？面对目前仍在不断出笼的一些粉饰现实、回避

---

① 库恩：《必要的张力》，纪树立、范岱年、罗慧生等译，福建人民出版社，1981，第290页。
② 库恩：《必要的张力》，纪树立、范岱年、罗慧生等译，福建人民出版社，1981，第291页。

生活困境、缺乏艺术魅力的"假大空"艺术现象，大力伸张现实主义范式难道不具有必要性、重要性和迫切性？

二、当前现实主义电影遭遇的多重挑战

即便是从现实主义范式视角去讨论中国电影中的现实主义或中国现实主义电影，也需要看到，这种现实主义在新世纪以来、特别是近五年来正面对多重挑战。在对这些挑战进行应战的过程中，中国现实主义电影呈现出一些新面貌。这些挑战中应包括如下较为直接而又难以回避的四重挑战。

首先，挑战来自现代主义和后现代主义等后起思潮。进入新时期以来，中国电影人终于知道当代世界艺术思潮在现实主义风行之后已历经现代主义、后现代主义的转变。现代主义崇尚暗示性、着力刻画个体心理现实、揭示个体生存的荒诞性、具有较强的先锋性。后现代主义推崇平面化、断裂感、零散感、复制性。[①] 这些新知识、新体验促使中国电影创作者和电影理论批评者，在分别从事电影创作和电影研究时，难免有意识或无意识地要联系现代主义、后现代主义以及此前的浪漫主义等艺术思潮去加以比较，从而导致对现实主义及其政治正当性和美学合法性产生一些新考虑。

其次，挑战也来自日常生活哲学的质疑。随着现象学哲学提出日常生活意识还原、分析哲学主张回到常识，以及意识形态理论对商品和神话的逻辑提出质询，一股日常生活哲学崛起，现实主义电影及其对客观性或真实性的影像建构就必然受到严重质疑。

再次，挑战还来自大众传媒和大众文化及其秉承的商业美学原则。当代大众传媒和大众文化的商业逻辑告诉人们，现实主义很可能只不过是商人在利润动机驱动下的一次盈利阳谋而已。

最后一重挑战，要归结为全球文化经济学的祛魅化进程。在当代

---

① 马克思主义理论研究和建设工程课题组编写：《文学理论》，高等教育出版社，2010，第284页。

中国从事现实主义电影创作，难免置身在美国社会学家阿尔君·阿帕杜莱（Arjun Appadurai）所谓"五重景观"构成的综合语境中。由于"全球化"加剧以来多重社会语境因素对艺术的重要影响，"全球互动的中心问题是文化同质化（cultural homogenization）与文化异质化（cultural heterogenization）之间的张力"。他认为，全球化给世界以及艺术状况增加了复杂度：与全球化进程相伴随的总是"本土化"，而与"同质化"相连的总是"异质化"。由此，他相信出现了"全球文化经济中的断裂和差异"，并提出五种"景观"（scapes）模式予以探讨：一是种群景观（ethnoscapes），二是媒体景观（mediascapes），三是科技景观（technoscapes），四是金融景观（finanscapes），五是意识形态景观（ideoscapes）。[①] 对这五种景观模式不妨从电影艺术的语境性角度去简要理解：种群景观是指全球化所强化的个人和群体的种族及民族特异性及其与同质化的冲突会对电影产生影响；媒体景观是指各种媒体的生产和传播信息的能力、世界形象制造能力及其对生活的影响力；科技景观是指科技变革及其跨越各种界限的流动对电影的影响越来越显著；金融景观是指多种资本或金融因素的全球配置对电影生产和消费产生新的复杂影响；意识形态景观是指特定的社会权力关系和权力冲突给予电影以深刻的制约作用。这五重景观交织在一起，让中国现实主义电影制作及评论都增添了更加错综复杂的因素。

置身在如上多重挑战语境中，实际制作中的现实主义电影为了生存和发展，势必会做出必要的策略调整。经过这些策略调整，此时新出现的现实主义同人们过去相信的经典现实主义思潮或流派相比，显然已不大可能同日而语了。这具体表现在：其一，过去的所谓客观性或真实性如今被视为艺术家的精心的选择和建构、虚构或编撰的产物，不过是一种艺术"逼真"而已。取而代之，如今的客观性不再是依托于一种被建构的可以按人类主观意图去加以认识和改造的社会现实观

[①] Arjun Appadurai, "Disjuncture and difference in the global cultural economy", *Theory, Culture & Society*, 7: 296（又见阿帕杜莱：《全球文化经济中的断裂与差异》，陈燕谷译，汪晖、陈燕谷主编：《文化与公共性》，生活·读书·新知三联书店，1998，第528 – 535页）。

之上,而是更多地强调"回退"到不需要多少人为加工的个体的日常生活流之中,似乎要让个体的日常生活流自动呈现。其二,与过去的典型性要以独特的个别性和个性化表达去蕴含普遍的社会规律不同,如今的典型性则淡化了其突出的个别性和个性化特征,而强化某种类型化含义,也就是同类人中的共同性或普遍性。其三,与过去的现实主义突出明确的社会批判性相比,如今的现实主义则消解了社会批判锋芒,演变为一种藏锋式含蓄描绘或谏言而已。这就需要明确地看到,如今的具备现实主义范式的电影,应当主要是指那种通过回退日常生活流、刻画类型化个人和提供藏锋式谏言而直面当代社会现实的电影作品了。

三、 当前中国现实主义电影的三重景观

具体地分析,从新世纪十多年来,特别是过去五年来中国电影创作来看,即便是称得上具备上述现实主义范式内涵的影片,也就是上面说的通过回退日常生活流、刻画类型化个人和提供藏锋式谏言而直面当代社会现实的影片,也呈现出多种不同的复杂情况,很难做简单区分。从被刻画的当代社会现实的平常层面到奇崛层面的逻辑结构去归纳,可看到如下三个层面:一是回到个体日常生活流,二是个体日常生活困境及其诗意抚慰,三是社会生活奇观的刻画。个体日常生活流层面是当代社会现实的最为显豁、最缺少修饰、常常缺乏明显意义的平常外表及其琐细的细节层面,透露出当代社会现实中个体生活的逼真画面。个体日常生活困境及其诗意抚慰层面则需要从两方面的结合来看:一方面,个体日常生活困境是当代个体经常遭遇的生活常态,透露出个体生活中的高风险状态;另一方面,诗意抚慰则是当代社会现实中的相对稀少、偶尔呈现、更能体现个体的理想生活方式的层面,显示了身处日常生活困境中的个体对理想生活的诉求。社会生活奇观层面是当代社会群体生活现实的高度奇观化了的集中呈现,它通过极端的社会危机性群体事件而凝聚起高度戏剧化的社会冲突,更集中地

袒露和化解社会矛盾，从而体现出当代社会群体生活现实的一种纷纭繁复的总体画面。尽管在实际的电影作品中，这三个层面其实常常有着错综复杂和难以分离的相互渗透和相互交融，但为分析方便，还是不妨重视它们在具体表现中的各自偏重或突出情形，从而可以分离出这样三个不同层面，其体现的现实主义范式可以分别称为日常现实主义电影、诗情现实主义电影和奇观现实主义电影。从这点上说，当前中国现实主义电影同时呈现出三重景观。

第一重景观：日常现实主义电影。它注重细致描摹个体日常生活流，颇有日常生活原生态还原的效果。其主要特征有：生活水平的有限性，个人的平常性，生活困境的求解性（生活困境能否解决尚是问题或待解之谜）。其主要创作方法或手段在于回退法，就是尽力回退到不加修饰的日常生活事件状况中。这方面的影片有《破冰》《耳朵大有福》《公园》《李米的猜想》《米香》《迷城》等。生活水平的有限性、个人的平常性和生活的求解性都在《耳朵大有福》（长春电影制片厂2008年出品）中获得集中展现。在东北小城，55岁的铁路工人王抗美（绰号王大耳朵）退休生活一开始，就遭遇日常生活琐细事件的重重困扰：老婆生病住院、女儿和搞婚外情的女婿之间吵闹不休、参加传销第一天就被抓、儿子不顾家庭、弟弟和弟妹整日打麻将致使老父生活无人照料、自己想做事又不知做什么等。似乎凡是城市平民能遭遇的种种烦恼琐事，都让他赶上了，在短短一天时间里尝了个遍。影片尽力让日常生活流本身仿佛自动呈现：王大耳朵为实现自己退休后想做事的念头，相继走访一元擦鞋厅、人力车夫、二人转小厅里的朋友、浴池里退休老干部、刮脸妇女、小卖店店主等。他把想法讲给他们听，他们多不理解他的奇怪想法。但他还是发现了一条相互贯通的生存链条：擦鞋的赚了钱去刮脸，刮脸的赚了钱去坐人力车，人力车夫赚了钱去买菜，卖菜的赚了钱去擦鞋等。他迫不及待地要把这新发现跟儿女们一起分享，很快做好了满满一桌子菜。但姑娘和姑爷来到后便开始闹别扭，导致家庭纠纷和不顺都一一暴露出来。如此，退休工人日常生活的辛酸、无奈及自娱自乐等状况，被活生生地呈现出来。范伟饰演的王抗美把底层退休工人的苦涩而又自得其乐的日常生活故事讲得如此真切感人，以致观众仿佛已触摸到底层生活流本身的质地了。

王抗美这一主人公形象塑造得较为成功。其性格特点在于一系列相互悖逆的行为方式的组合：一是细心而又粗心，如换钱时发现小摊的骗人把戏，可找零时看也不看就放兜里；二是虚荣心而又实心，如擦鞋店里了解行情时顺势装作干部体察民情而读《人民日报》，但去同事家送花被误认为送毛衣，他回答说那是送父亲的，所以又带走了；三是小气而又大气，如修自行车一块钱却只愿给7角，不行就用50元大钞去换零钱，而当儿子请朋友把姑爷的脸划了井字时，则出手100元让儿子请朋友去外面吃饭；四是理智而又冲动，如面对女儿和姑爷吵架把桌子掀翻时可以忍住，但让电脑算命时一高兴就慷慨给出10元小费；五是运气好而又倒霉，如在保暖内衣搞活动时幸运地赢了一套内衣，这归功于他随身携带的保温桶和姜，但老伴卧病在床需照顾、弟弟打麻将不顾亲爹、弟媳不孝顺、儿子不争气、女儿婚姻不幸福、姑爷不正经、找工作太难、借钱又借不着等，又着实让他感觉倒霉。总之，中国底层小市民的苦中作乐形象在范伟的诠释中活灵活现。看完这样的影片，观众在被日常生活流的真相震撼的同时，可能还会情不自禁地联想一些深层次问题：这些社会问题的出现原因何在？如何让主人公王抗美的生活有所改变？正是在这样的意义上，这部影片体现了现实主义范式的美学与历史双重要求。

属于这一层面的日常现实主义作品还有一些。《破冰》（保利博纳电影发行有限公司2008年出品）以儿子对父亲的追怀口吻，讲述一位功勋滑冰教练的平常甚至有些潦倒的生活，但这种生活由于他默然地长期坚持和忍受，后来竟然获得了神奇的意义——亲手培养出中国首位冬奥会冠军。一点值得重视的成功之处在于，对这位教练后来的上述神奇成就，影片只不过是在片尾打出一行字幕了事，而把从头至尾的叙述重心都放在这位教练的平常模样上：他如何窝囊而又好胜、无能而又坚持、不顾小家而只顾大家等。但到头来却明白地诠释了一个道理：平常中的坚持终究可以通向神奇。《公园》讲述一对父女之间的感情故事。父亲高远山急于通过公园相亲给女儿高小君找个放心夫婿，却不料搅乱了女儿的正常生活。女儿在父亲的亲情压力下步步退让，甚至不惜和男友分手。在"公园相亲"过程中，女儿认识了一位为儿子征婚的母亲，萌生出为父亲找老伴的念头。没想到这对彼此深爱的父女却总是因误解而相互伤害对方。这是一段平常而又带有隐伤的父女关系，剥露出的是一种过于重视家族亲情与过于轻视家族个体诉求之间的深层冲突，让人难免想到列维—施特劳斯式结构主义"二元对立"症候。

第二重景观：诗情现实主义电影（也可称为温情现实主义电影）。它一面注重个体的日常生活困境描摹，同时又注意以诗情镜头去淡化并加以拯救。这里突出的是生活诗情在困境中的现实性呈现。从电影手法上讲，带有现实主义元素与浪漫主义元素交融的某种意味。其主要特征有：生活空间的流动性，个人生活的困境性，生活困境中的诗情呈现。这方面的作品有《三峡好人》《左右》《走四方》《走路上学》《立春》《钢的琴》《观音山》等。

这个层面作品较为成熟的不少。《三峡好人》（西河星汇、上海电影制片厂等2006年出品）是这方面的佳作。它通过山西挖煤民工韩三明和护士沈红分别来到三峡寻找前妻和丈夫的过程，描绘了一群普通人充满风险而又不失温馨的日常生活。韩三明的含忍不露和朴实中不失狡黠的生存智慧，沈红的失落中的宽容和自尊，小马哥的位卑却要行侠仗义性格，都让影片透露出生活困境中的一缕诗意。全片以朴实方言传达底层小人物离开家园的沉重主题。编导善于用烟盒、人民币图案、手机彩铃等流行物品彰显人物内心情感变化轨迹。影片中也有诸如飞碟在大白天空中飞过、一幢废旧建筑突然变成火箭直冲云霄而不见之类的"超现实主义"镜头，给人一种荒诞之感，或者不如说透露出一种总体零散中的局部诗意，当然这种诗意难免也是零散的。

这样引人注目的作品还有《走四方》（国家广播电影电视总局电影卫星频道节目制作中心制作2008年出品）。它以平实姿态叙述打工者的人生困境及其化解历程，情节与场面设计具有浓郁的开封城市生活质感，表现了底层打工者对人生尊严和生活诗意的不懈追求。《走路上学》（深圳市新经典广告制片厂有限公司、云南润饰荣光影业制作有限公司2000年出品）讲述怒江边上傈僳族姐弟溜索上学的故事，表现了他们在贫苦环境中对美好生活的执着向往和追求，洋溢着一种清纯而忧伤的风格。凝聚在一双雨靴上的日常生活困境中的诗意化解策略，令观众感动。《立春》（北京保利华亿传媒文化有限公司2008年出品）讲述女教师王彩铃在持续的挫折中执着追求人生理想与艺术理想的故事，着力描写这位卑微人物在难以超越的物质与精神双重困境中永不放弃的个性特征，塑造了一位卑微而又心高的理想主义者形象。其影像风格高度冷峻和洗练，可以产生一种令人刺痛、促人反思的社会效果。《钢的琴》〔完美世界（北京）影视文化有限公司、大连鸿缘影视传媒有限公司、辽宁电影制片厂2010年出品〕讲述东北下岗工人陈桂林（王千源饰演）与女友（秦海璐饰演）等组建乐队为婚丧嫁娶吹拉弹唱，体现出底层小人物的生存韧性和生活智慧，使得平凡琐细的生活居然有生活情趣。当移情别恋的妻子即将把女儿带走时，陈桂林在一群落魄兄弟支持下慨然在钢厂车间用废旧钢材为女儿制作一台钢琴。陈桂林与众工友热情洋溢地铸造钢琴的场面，可以让人看到日常生活困境中的一缕诗意绽放，温暖而又富于质感，质朴而又清新动人。它试图告诉人们，底层小人物也有高远的生活梦想，只要坚持生活理想，日常生活困境也必有诗情和温馨在。

第三重景观：奇观现实主义电影。它注重透过社会群体生活中的奇观场面去传达对当代社会生活现实的关怀。它所专注的不再是个体日常生活，而是由个体与个体的相互共在而交织成的较大规模的社会生活网络，是社会群体生活奇观的现实性及其转化。其突出特征在于，社会生活空间的特异性及相对封闭性，社会生活场面的戏剧性，社会生活困境的可解性（相信社会生活问题终究可以解决）。这方面的作品有《天下无贼》《五颗子弹》《突发事件》《暮鼓晨钟》《千钧一发》《唐山大地震》等。

这种奇观现实主义电影实际上可以上溯到1992年的《中国人》

（青年电影制片厂、天津电影制片厂），为了解救新兴滨海城市水源几近枯竭的巨大危机，原地委行署专员钟强千方百计引入白龙河水，并为引水工程借道而不惜向果农下跪。这种面对社会公共危机而表现得奇特的个人卑微举动，反倒凸显出这位老共产党员的高大形象。但与《中国人》主要追求影片的思想性和艺术性的结合不同，《天下无贼》则把以生活奇观吸引观众放到优先地位，这是要满足新世纪以来观众对影片观赏性的日甚一日的突出需求。《天下无贼》把对当代社会现实中的金钱关系的揭示题旨，通过两个盗窃集团之间围绕傻根所携万元巨款而展开的殊死拼争表现出来。故事主要发生在高速行驶的火车这一封闭空间里，金钱和仁义在这里集中展开最后的对决。是保卫还是偷窃傻根的巨款及其有关"天下无贼"的纯朴心灵，这一由两大盗窃集团和人民警察参与其中的生活奇观事件，高度凝聚了当代中国社会现实问题的深层症候——金钱关系已经和正在成为中国社会中种种矛盾相互交汇的一个焦点。

《五颗子弹》（华映人国际影业投资公司、中视传媒股份有限公司和深圳电影制片厂 2007 年出品，萧锋执导、魏时煜等编剧）又名《仁枪》，取仁慈的枪或仁爱的枪弹之意，这个又名或许能更准确地传达影片的主导价值取向之所在——人民警察最仁爱。影片的奇观性显而易见：某监狱在特大洪灾袭击下紧急转移万名犯人并取得成功。这个凸显出奇观特征的故事框架显然属于主旋律范畴，称得上不折不扣的主旋律影片。但在具体刻画时却没有把狱警马队（刘佩琦饰）一味地神奇化，而是着重叙述他在生死攸关的转移途中如何逐渐地向三名犯人展示他的仁爱品质。本想当天就退休的马队，不得不奉命押送三名难以对付的犯人，一是被判死刑的杀人犯胡志军（姜武饰），一是隐匿巨额资产的贪污犯隋炳玉（吴大维饰），一是即将刑满释放的惯偷郭小柳（李滨饰）。这四人加上路遇的年轻女教师高兰（曹颖饰），五人共同交织成生与死、善与恶、美与丑等之间的激烈碰撞。三犯人可以相互依存和关爱，共同与死亡搏斗；也可以利欲熏心、相互倾轧，费尽心机与马队较量，争先逃跑。一心一意地要给警察生涯画上圆满句号的马队,坚守"不战而屈人之兵"的"仁枪"境界。他那支枪和五颗子弹要征服的不只是这帮悍犯的难以驯服的肉体和意志,而是他们更加难以驯服的灵魂。观众看到,影片把灾难片、动作片、悬疑片、爱情片等元素综合为一个超级奇观场面,让"警匪"共同置身在大洪水的空前灾难境遇中,他们之间的看来难以调和的较量变得尤其紧张、激烈和惊险。影片还把老马枪中的五颗子弹如何击发设定为吸引观众的最大奇观悬念,又让每颗子弹分别聚集一个奇观悬念故事,从而使得剧情的推进乃至人性构成的复杂度、人性较量的烈度及人性的升华等都融合在这五个连续发展的奇观悬念系列中。这样叙述中的五颗子弹显然已深浸入儒家式"仁爱"精神——面对当代社会现实中的利欲熏心和相互倾轧,不能强用暴力手段而只能用仁爱精神去化解。

奇观现实主义电影就是这样擅长于在生活奇观画面的呈现中让人直面当代社会现实问题。《暮鼓晨钟》透过工人集体围攻厂长、厂长冷静地处理重重矛盾的奇观,讲述国有企业在当前遭遇的破产、贪污、偷窃、欺骗等突出困境,以及困境中的顽强拯救。这是社会大危机中的局部拯救。章明厂长在处理危机中展示的性格凸显出当代社会现实对于英雄的呼唤。这种奇观现实主义的一种更明确和集中的呈现,要数《千钧一发》(龙江电影制片厂、天津电影制片厂2007年出品,高群书执导、兰景林编剧)。城市核心区惊现连环炸弹,全城处于社会恐慌中,警察全力以赴去排除,这样的生活奇观可以高度凝练地集聚社会问题。该片首先精选一批包括主角在内的非职业演员去饰演警察英模老鱼及其他警察群像,忠实地完成了影片预定的回退入日常生活流的表现任务。同时,编剧兰景林就是一位职业警务工作者。他在修改剧本时,根据导演的拍摄要求,大力删除剧本初稿中的概括化和虚构成分而加大日常生活流本身的比重。这就大幅度减少某些职业编剧常犯的虚假或做作毛病,使影片中被呈现的生活困境的可信度大为增强。主角排爆英模老鱼由在职警察马国伟扮演,更显示了不折不扣的平民化英雄的风范。影片尽力展现的不是英模警察的神奇处,反而是他身上携带的平民化弱点或"人性的弱点",并让这种弱点得到充分和反复的暴露。在观众眼中，老鱼不过是一位普通警察罢了，你看他住房简陋，老婆没工作，儿子即将复员工作却没着落。当临危受命几次去排爆时，这位人民警察却首先考虑个人和家庭困难，先后向领导提个人要求、写绝命书、给老婆打电话、对同事发脾气、把领导晾在现场、无端拖延排爆等，竟然斗胆把个人和家庭问题置于重大而紧急的排爆任务之上。凭这些哪里称得上先进人物或英模？但影片敢于直面这些生活困境事实，这些生活事实无一例外地都取自老鱼的生活原型本身，这种选取和刻画都显示了对生活困境本身的积极还原姿态，剥露出英雄人物所身处于其中的日常生活困境状态。观众的感受在于，主人公身处这样的日常生活困境中竟然还能在关键时刻显示崇高英雄品质，这难道不正是一种当代需要的英雄吗？这种欲扬先抑的刻画手法，在此前 20 世纪 90 年代的现实主义影片里应当说是少见的，但在这里却成为基本的现实主义手段了：先是着力凸现主人公的日常生活的平凡或卑微状况，进而展示出他作为"草根"英雄的平凡或卑微中的崇高品质。

《唐山大地震》可以称为两大生活奇观的一种组合形式：唐山大地震和汶川大地震及其铭刻下的心灵创伤。光是上述一次特大地震的奇观度已经够极限了，影片还把这两大地震奇观组接到一起，显然意在打造一种神奇的超级奇观电影，更加有力地撞击观众的感官和心灵。影片呈现的李元妮一家在唐山大地震中经历的从大喜到大悲的巨变过程，产生了强烈的感动效果与心理冲击力。特别是再现巨灾爆发的 23 秒时长的一系列奇观场面，可以带给观众剧烈的视听觉摇撼和心灵震动。影片叙述的真正重心在于巨震后人类灵魂的反思或自我拷问上，这才是这部奇观电影试图抵达的电影美学极限处。影片设置了平行推进的两条故事线索：一是母亲李元妮自选择救子弃女后，心灵处在悔恨和自责中，三十二年间从未停止过自我赎罪之举；另一故事线索来自女儿王小灯，这位当年亲耳听到母亲说救弟弟而自己被推入万劫不复深渊的绝望女孩，在幸运地活下来后一直带着对母亲的怨恨、对生活的怀疑而伤心地度过痛苦岁月。影片为了救治唐山大地震留下的这一心灵创伤而求救于汶川大地震，特地安排姐弟俩在汶川抗震救灾现场重逢,进而同去唐山完成母女团圆和冰释前嫌,由此最终实现两条平行线索的大交汇,同时也实现唐山与汶川两场特大地震的奇观性组合。当看到元妮跪到地上对女儿哭泣着说"我惦记了你三十二年,你咋就才回来呢"时,观众到此本已脆弱的心弦立时就被轰然拨响了。这一结局的处理方式让人感到些许遗憾,因为姐弟俩汶川重逢这一大巧合,以及两大地震的奇观遇合诚然可以带来莫大的惊奇感和情感快慰,但毕竟人为痕迹稍微明显了,并非解决当前我们民族人性深处灵魂疑难及相关精神困境的一剂良药。尽管如此,通过生活奇观而凸显当代社会现实心灵症候及其救治途径,毕竟体现了一种现实主义范式。

需要说明的是,上述三个层面的现实主义电影彼此往往相互交叉和渗透,这里分开来论述不过是为了分析方便。例如,《千钧一发》就实际上把日常现实主义电影的平常性和奇观现实主义电影的奇观性相互揉捏在一起了,因而放在日常现实主义电影范畴也可。《锡林郭勒·汶川》则相当于把日常现实主义电影、诗情现实主义电影和奇观现实主义电影三层面都交融到一起了。还应当看到,这三重现实主义景观各自具有特定的美学合理性和现实合理性:日常现实主义契合了反映当代社会现实中的真实状况或日常平庸现实的呼声,可以宣泄公众内心的日常生活积怨,也可以说是"诗可以怨"原则的一种当代再现方式;诗情现实主义则可以把公众内心的浪漫想象、主观幻想等要素释放出来,满足他们的超越日常平庸现实的理想诉求;奇观现实主义既能展现宏大的社会生活仪式场面,又能投合全球化消费主义时代公众对奇观艺术的消费渴望,何乐而不为?

四、当前艺术中的现实主义范式

从中国现实主义电影范式的三重景观可见,当前中国还需要现实主义范式。当这三重景观都共同地一方面反映主流话语中的"忧患意识"表述,另一方面又带给公众一些认知和超越现实方面的抚慰时,这样的现实主义范式在今天中国得以存在的合理性就变得可以理解了。

但应当看到，现实主义范式是推动中国电影发展的一种动力，却并非唯一动力。同时，不能将现实主义神化。捧得过高就会脱离实际，导致摔得很重。当前更需要正视的，是现实主义艺术创作和批评面对的紧迫问题。第一，现实主义艺术应当挖掘自身的与形象不可分离的思想丰富性及其深度。一提起现实主义，总是意味着一种通过艺术形象而释放的穿透生活现实表层而直指其深层内核的超级思想强光。平心而论，这种思想强光在当前现实主义作品中还属少见。现实主义作品如果只满足于描绘日常生活流，或者生硬地注入所谓日常生活诗情，就既不能掩盖日常生活的平庸性，也会让诗情拯救本身变得虚假或浅薄。对此，我难免不缅怀谢晋《芙蓉镇》通过秦书田和胡玉音等人物形象所呈现的那种揭示现实本质的强大思想力量来。第二，现实主义作品还应当进一步增强视听觉冲击力。上面提及的头两重景观中的影片，大多的视听冲击力或观赏性不强，无法吸引饱受当前以好莱坞电影为代表的时尚趣味引导的观众。即便是在第三重景观中，像《天下无贼》和《唐山大地震》这类有较强观赏性的影片也属极少数。这使得现实主义艺术反映当前社会现实的良苦用心，常常无法转化成应有的社会影响力。第三，现实主义作品自身尤其需要不断吸纳新资源、新营养，从而不断开放和更新，这样才能保持和增强自身的社会影响力。第四，中国艺术不仅需要现实主义，而且也同时需要别的主义，从而共同组成艺术的多元共存、相互竞争而又相互促进的自由创作空间。其实，探讨现实主义电影范式及其三重景观，可以为理解当前中国文学、美术、戏剧、舞蹈、电视艺术等艺术门类中的现实主义状况提供一种具有说服力的案例。就拿现实主义传统尤其深厚的文学门类来说，近年来是否也存在类似日常现实主义、诗情现实主义和奇观现实主义这三重景观呢？更进一步看，这三重景观是否同时也渗透到电视艺术、戏剧、音乐、舞蹈等艺术门类创作中了呢？不妨继续追究下去。

第三辑 修辞论美学与文化

现代性情结与文化无意识[1]
——有关"走向世界"口号的一点阐释

对当代中国公众来说,"走向世界"这一话语的存在、含义及其在社会中的修辞效果似乎是不言而喻的或不证自明的。它是近 20 年来在中国城市中几乎家喻户晓的一个口号。它的愈益频繁使用可能始于改革开放初起的 20 世纪 70 年代末,但其广为传播和流行则无疑与 1980 年 3 月 20 日深夜"中国男排事件"所引发的全国性群众游行有关。那晚中国男排与韩国争亚洲冠军,当以 0:2 落后时,电视直播中止,在全国各地受众中"制造"了强烈的悬念。但随后中国队以 3:2 反败为胜的喜讯传来,在几小时焦急等待中被强行抑制的"走向世界"的渴望,就迅速地剧烈反弹:先是校园内欢庆,既而是大学生为主体的街头群众大游行。在游行中人们最用情的口号之一就是"冲出亚洲,走向世界"。正是以这次遍及全国各主要大城市的群众游行为标志,"走向世界"一举风行全国,成为公众生活中一个经常使用的主流话语。它的巨大的修辞效果是无可置疑的:不仅成为体育界的压倒一切的"最强音",而且也流行于政治、外交、经济、贸易、旅游和艺术甚至个人生活等各个领域。这一话语的修辞论事实,对直接亲历或间接感受过的人们而言应不难理解。然而,人们是否想过,为什么这个看起来普通

---

[1] 本文初稿《与其"走向世界",何妨"走在世界"?——有关一种现代文化无意识的思考》曾发表于《世界文学》1998 年第 1 期,后经修改发表于《文学理论学刊》第 1 辑,北京师范大学出版社,2000 年。

的口号会被广大中国公众迅速认同,并一跃而成为这个时代的通行话语?这种几乎全民族的通行是出于偶然还是有其文化上的必然?一旦我们深入下去,就会感到这个表面看来是人人皆知的通行语本身,其实包含着某种微妙而深刻的修辞论意味,值得认真玩味,这有可能促使我们去发现某些值得重视和深思的东西。所谓修辞论意味,在此是说,一则具体话语的意义总是在一定文化语境中生成并产生社会效果的,因而要领会它的具体含义,就不能仅仅局限于单纯的语义层面,而需要把它重新置入具体文化语境之中,在这种特定语境中加以理解。本文拟从修辞论阐释角度,考察"走向世界"口号的具体语境意义及其深厚的文化渊源,由此显示潜隐于其中的现代中国人所具有的文化无意识状况和现代性情结,并回头就当前令人关心的文化和文学问题做点探讨。

需要说明的是,这里分析一种现代性情结,不是要标举走出现代性而转向"后现代性"或回归古典性,而不过是要在反思中继续文化现代性进程而已。反思现代性正是为着以新的姿态持续尚未完成的"现代性工程"。

一、一个具有超常认同力量的口号

钱锺书先生于1984年在为钟叔河的专著《走向世界》写的序言中写道:

> "走向世界"?那还用说!难道能够不"走向"它而走出它吗?哪怕你不情不愿,两脚仿佛拖着铁镣和铁球,你也只好走向这世界,因为你绝没有办法走出这世界,即使两脚生了翅膀。人走到哪里,哪里就是世界,就成为人的世界。
>
> 中国"走向世界",也可以说是"世界走向中国";咱们开门走出去,正由于外面有人推门,敲门,撞门,甚至破门跳窗进来。"闭关自守","门户开放"那种简洁利落的公式语言很便于记忆;

作为标题或标语，又凑手，又容易上口。但是，历史过程似乎不为历史编写者的方便着想，不肯直截了当地、按部就班地推进。在我们日常生活里，有时大开着门和窗；有时只开了或半开了窗，却关上门；有时门和窗都紧闭，只留下门窗缝和钥匙孔透些儿气。门窗洞开，难保屋子里的老弱不伤风着凉；门窗牢闭，又怕屋子里人多，会气闷窒息；门窗半开半掩，也许在效果上反而像男女"搞对象"的半推半就。谈论历史过程，是否可以打这种庸俗粗浅的比方，我不知道。叔河同志的这一系列文章，中肯扎实，不仅能丰富我们的知识，而且很能够引导我们提出问题。①

对"走向世界"，钱锺书在这里表示了自己的独特理解：首先，这里的"世界"是特定地指"人的世界"，而从具体语境看，"人"又是指不得不生存于"世界"的"个人"，"哪怕你不情不愿，两脚仿佛拖着铁镣和铁球，你也只好走向这世界"；其次，在引申意义上，这种个体生存的"世界"又被扩展来指由若干民族—国家组成的世界，所以才有"中国'走向世界'，也可以说是'世界走向中国'"之说。因此，按他的理解，所谓"走向世界"直接地就是说每一个人类个人都不得不走向人们所生存于其中的"世界"，即"人的世界"，而引申则说每个民族—国家都必须走向各个民族—国家整体所组成的"世界"。在我看来，这里似乎体现了钱锺书的一种在人与世界关系问题上超乎具体民族生存境遇及其传统渊源之上的带有普遍性意义的人类学视野，即他关心的是个人和国家的普遍性"在世的生存"或"生活世界"问题，强调个人或国家都无一例外地必定属于其所不得不生活于其中的"生活世界"。这样的理解本身无疑是有其合理性的，是可以作为有关"走向世界"的一种理解成立和存在的。但是，如果我对钱锺书的这一观点的如此理解有一定道理的话，那么，问题不仅没有得到澄清或解决，反而是变得更加复杂起来。

---

① 钟叔河：《走向世界》，中华书局，1985，第2页。

首先，这一解释无法说明"走向世界"在进入"新时期"以来的中国语境中，何以体现了远比单纯人类学含义更为宽泛和丰富的具体内涵：它实际上不仅被应用于一般地谈论当代中国人的个体人生，如体现"走出封闭的自我而走向广阔的社会大舞台"或"从封闭的中国走向开放的西方"之类含义，而且更经常地和大量地被应用到作为民族—国家的整个中华人民共和国的生存境遇问题上。例如，说"我们中国就是应当走向世界，而不应当继续被关在世界的大门之外"，这一表述显然带有"中国应当向世界上其他国家开放"的含义，而这一点却并不一定适用于世界上别的国家（如西方国家，及韩国和新加坡等其他亚洲国家），即并不具有钱锺书所理解的那种为世界各国都需要或适用的普遍性内涵。由此看来，"走向世界"是生成于中国文化具体语境中的集体性话语，在这一语境中它既是个体的更是民族—国家的口号，从而具有个人的和民族—国家的双重内涵。

其次，似乎正由于具有如此双重性，作为一个近二十年来在中国民众中极具震撼力和凝聚力的个人和民族—国家双重口号，它的适用范围早已超越个人和民族—国家之上而涉及中国社会生活的几乎方方面面。例如，简捷地说，"走向世界"可以意味着，在政治上告别专制、奴役和人治，顺应当今世界的"民主""自由"和"法治"潮流而加快政治体制改革步伐；经济上结束以"革命"统帅甚至代替"生产"的迷误，转而以"经济建设为中心"，谋求富足的物质生活；文化上以新的"启蒙"澄清"无文化"或"反文化"的"蒙昧"状况，在输入西方现代文化的同时也力求让中国文化传统重新赢得"世界"声誉，等等。而单就文化领域而言，艺术界如文学、电影、绘画和音乐等的"走向世界"呼声，就显然是以重新赢得世界一流地位为旨归的，而实在与钱锺书先生所解释的普遍性个体人类学内涵没有太直接关联，更别说这一口号在体育上的强大感荡与震撼力量了。"走向世界"虽然在体育上最能展现其鼓动人心的力量，但同时又通过体育这个尤能煽情的窗口，涵摄、凝聚或宣泄了这个特定时代中国公众在政治、经济和文化等各方面的不可遏止的集体欲望和幻想。因而不妨说，"走向世界"所具有的这种多元的或综合的巨大感召效应,是任何单一理解所无法穷尽的。

再次,这可能更为重要,这个口号涉及一个可以说是低级的"地理学错误"。因为,人们可能争辩说,如果单纯从地理学角度看,中国本来就在"世界"之中,就是这"世界"的一员,怎么还要"走向"它呢?难道说中国处在"世界"或"地球"之外?这岂不荒唐透顶?对此"地理学错误",不知为什么钱锺书没有加以解释,但从他在上述引文中表露的那种不容置疑的决断语气可见,他是没有察觉的。而正是这种"没有觉察",值得我们认真追究。与此不同,或许是由于意识到这种有悖简单常识的"荒唐",翻译家杨宪益在应约为钟叔河主编的《走向世界丛书》(及专著《走向世界》)考虑英译文时,就不得不把它改译为"从东方到西方"[①]。显然,这一用心良苦的改译成功地避免了"地理学错误",使这个口号对于外国读者来说变得容易理解了,因为他们可能一时难以理解这一口号的由来,从而充分地照顾到了对外交流的需要。单就消除在外国读者及学者中引起的可能的理解障碍而言,杨宪益的工作应当讲是成效卓著的。然而,当他似乎成功地避免了这一口号在地理学上的低级"荒唐"之后,问题就解决了吗?没有。因为他这不是翻译本身,而只是改译。改动原意的译法,也就等于绕开而不是直入问题本身了。顺便讲,如何翻译这一口号,至今也还是一个问题。为此我曾与国内一些西学专家商讨过,他们大多感觉棘手,因为在西文中一时难以找到相同或相近而又易于理解的表述。我于1999年7月至12月在加拿大多伦多大学东亚系访问期间,曾为此多次与当地学者及其他朋友讨论过。他们大多在开初对此口号及其在中国的强大修辞效果表示难以理解,只是当我专门做了一番解释以后,他们才觉释然。不过,如何翻译依旧成为难题。由此看,杨宪益的改译诚然有助于通常国际交流,但却付出了不惜改变其原义这巨大代价。值得一提的是,多伦多大学东亚系中国文学教授林理彰(Richard

---

① 即"*From East to West*",见钟叔河:《走向世界》,中华书局,1985,第504页。

Lynn）博士主张译为"go on into the world"（即"走入世界之中"）。这一译法的优点是没有绕开而是顾及了口号本义，想来是可以采纳的，至少已比"从东方到西方"的改译前进了一步。

而我认为，恰恰不应当轻易忽略的，正是这一口号本身所涉及的地理学"错误"。因为，问题的症结部分地就在这里。

这里需要问的是：为什么这样一个在地理学上错误的口号，非但不被认为错误，相反却能自然而然地迅速风行开来，产生极其强大的涵摄与统合力量？为什么它能把当代中国人的个体与民族的情感、理智、欲望、想象和幻想等多种复杂心理，都尽数包容、调整与融汇其中，产生出超乎寻常的"卡里斯马"式（charismatic）认同效应，在近20年中国社会生活中扮演极为活跃而重要的角色？且不说张艺谋电影《红高粱》在世界一流电影节上首获大奖带来的神话般的"走向世界"狂喜，只要提一提大型广场上那万众一心地和发自肺腑地振臂高呼"冲出亚洲，走向世界"的动人情境，你就会约略地体会到这一口号在这个民族的当代生活中的超常的认同力量了。

这到底是为什么呢？为什么这个连简单的地理学常识都不通的口号，竟能如此自然而然地被中国公众所接受和服膺？这种"自然而然"的现象真的就是仅仅事出"自然"？这看来"自然"的东西是否是由某种更为深层而隐秘的文化机制支配着的？本文正是试图从现代性情结的角度简要地讨论和解答这一问题，由此追溯至今仍活跃着的中华民族的文化无意识渊源，并结合艺术界情形做点引申，最后提出我个人的一点建议。可以从若干不同的小径通向这一问题，而我出于专业习惯和个人兴趣只能选择其中之一，抛砖引玉而已。需要说明的是，鸦片战争以来中国人"走向世界"的历程，是中国的现代性进程的一个必然而重要的组成部分，对这一历程的历史性意义是不能轻易否定的。我们试图做的只是，如何在今天的现实情境中重新反思这一历史记忆，走向新的未来。同时，这里的分析对象当然包括我自己——我与其他千百万中国人一样，何以曾经为这一口号如此沉醉痴迷？在这个意义上说，这一分析可以说是我个人的自我剖析的一部分。

二、现代性情结与"走向世界中心"

我想,"走向世界"口号的提出导源于一个应不难明白的直接的语境缘由(这一点想来任何稍有中国现代史体验或常识的人都不会看不到):在自 1840 年鸦片战争以来的现代,中国由于强大而陌生的西方"他者"的剧烈冲撞,必然地和无可奈何地丧失了自己在过去长期拥有的"世界中心"地位,仿佛被逐出到"世界"的"边缘"甚至到"世界之外"(如说"开除球籍")。对于现代中国人来说,重要而紧迫的是,在新的现代世界格局中如何重建中国的"中心"地位,而这也就等于说"重返世界"或"走向世界"。这样,"走向世界"或"重返世界中心"这一目标理所当然地摆在现代中国人面前,成为中国文化的"现代性工程"的一个核心内涵和最高指标。显而易见,这一口号在其深层就意味着"走向中心",即从"世界之边缘"(或"之外")走向或返回"世界中心"。换言之,"走向世界"在其深层就是意味着"走向世界中心"。正是这样,"走向世界"口号虽然明显地违反地理学常识,却又符合中国文化的现代性工程指标,所以在现代流行开来,成为体现这种文化现代性工程的一个简洁而有力的话语。这里的文化现代性,意味着中国在古典文化帝国衰落以后,以西方现代性为参照系而从事文化的全面现代化运动,以便获得现代文化所具有的那些基本性质。而这种文化现代性的一个基本指标,正是在现代世界格局中重建中国在古代曾经拥有的那种世界中心地位。

当然,我们不妨把这种"重建世界中心"的指标看作一种现代中国人特有的、尤能体现现代性工程指标的集体情结,即现代性情结。"现代性情结"一词,对应为英文则大致相当于"modern complex"。"情结"(complex)一词在这里指由欲望、感觉、知觉、情感、想象、理想、幻想和理智等多种心理要素或过程组成的综合的和复杂的状态,如情感与直觉、欲望与理智、认知与想象、理性剖析与情感直觉、意识与无意识等复杂地渗透或混合在一起,难以分开。这种"情结"使人往往遭遇如下情形：如果你说它是虚妄的理想或幻想，它又给你一种快要变为现实的强烈感觉；而当你果真把它视为马上就要到来的现实去舍身追求时，它却又忍心弃你而去，消遁于九天之外。而这两种情形常常循环或交替出现，使人处于欲求不能、欲罢不忍的两难境地。以"走向世界"形态存在的重返世界中心渴望，正可以说是这样一种现代性情结。这种情结的"现代性"在于，"走向世界"所表述的"重建世界中心"的渴望，一般说来，绝不是属于鸦片战争之前的古代的，而只能是属于那时以来的现代的。这是因为，在那时之前，中国根据自己特有的宇宙模式，自觉就是"世界的中心"，从而不需要探讨谁是世界的中心这一问题；而只是从那时以来，当中国的古代中心地位和感觉遭受致命打击之后，谁是世界的中心及如何重建这一中心才成为一个实质性问题摆了出来。所以，"走向世界"作为现代中华民族所具有的集体性情结，确实凝聚了现代中国人的重建世界中心的强烈欲望、想象或幻想。

因而可以说，"走向世界"不能被简单地看作一个纯地理学命题，而宜看作一种中国人的集体现代性情结。它正是随着中国文化现代性工程的战略需要应运而生的。换言之，它在地理学意义上可能显得"错误"甚至"荒唐"，但从文化现代性角度看却有其充分的合理性。

三、文化中心主义：从文化意识到文化无意识

人们可能会问：固然可以承认你所谓这个口号的文化现代性特点，但是，一个再简单不过的问题是，为什么没有直说"走向中心"或"走向世界中心"，而是改说"走向世界"了呢？你能说明这种语词置换是出于什么原因吗？

而且还可以比较一下：在"走向世界"与"走向中心"（或"走向世界中心"）之间哪个更能体现修辞上的感染力量？显然，不必多说，答案应该是前者，即前者具有远为强烈的修辞感染力。倘若真的说成"走向中心"，这不仅显得莫名其妙，而且也缺少原有的修辞学效

果了。你能说明这种语词置换何以产生出更加强大的修辞效果吗？

问题就出来了："走向中心"为什么会被置换成"走向世界"？并且何以这样置换后更显其感人魅力？

我以为，焦点应在于，"中心"与"世界"这两个在现代汉语里颇为不同的概念，怎么可以在"走向世界"这一表述中悄然发生替换而又被社会公众似乎"自然而然地"接受了呢？这一表述的说话主体内心应当存在着某种暗中起支配作用的共同文化心理机制。在我看来，对这个问题的思索需要适当地深入现代汉语语境之中，并由此向其中潜隐的中国古典性传统回溯，在那里"发现"在现代发生深刻影响的中国人特有的文化无意识（the unconscious in culture）——"文化中心主义"心理①。

谁都知道，当我们今天通常说"全世界"时，"世界"一词确定地指由地球上所有民族—国家组成的整体。然而，与此不同，这一"世界"概念在中国古代却是很少在这一"通常"意义上使用的。在那时，"世界"原初地出自佛教语汇，本义指宇宙。"世"指时间，"界"指空间。《楞严经》卷四指出："何名为众生世界？世为迁流，界为方位。汝今当知，东、西、南、北、东南、西南、东北、西北、上、下为界，过去、现在、未来为世。"这一佛教原义后来才逐渐地衍生出人间、天下、局面、境界、时世、世道、众人及全球各国等其他丰富含义。例如，近人马君武诗《从军行》写道："祖国岂不美，世界昔第一。"这里用的就是"世界"所具有的"全球各国"这一现代民族—国家含义了。②

可以说，在中国古代，即大致在鸦片战争之前，是不存在今天这种"民族—国家"意义上的"世界"概念的。取而代之，古人具有不同于今人的独特宇宙模式，在这个模式里，不是今天的"世界"而

---

① 罗西：《文化无意识——列维-施特劳斯的结构主义透视》，纽约，1974。[Rossi, Ino. edited. *The Unconscious in Culture: The Structuralism of Claude Levi-Strauss in Perspective* (New York: E. P. Dutton & Co., Inc., 1974)]

② 罗竹风：《汉语大词典》第1卷，汉语大词典出版社，1990，第498－499页。

"天下"受到关注。"天下"指的是位于"天之下"的由若干不同文化形态或实体组成的群体。正如《孟子》所谓"普天之下,莫非王土"。处于上天之下的所有不同文化形态,都一律同处于一个文化整体之中,即都属于"天下"。这显然是一种注重"文化"而不是"民族—国家"的宇宙模式。这种文化性"天下"有个鲜明特点:哪个文化实体如果处在最发达、强盛或先进地位,就会被认为是"中国"。而"中国"在那时绝不是指今天意义上的一个"民族—国家",而是指"天下之中央"或"天下之中心"。换言之,这个"中国"在古典时代主要不是指享有独立主权的"民族—国家",而是指"天下"之最具有文化性权威的那部分("中央"或"中心")。所谓"普天之下,莫非王土",可以说主要是从文化上着眼的,它即使包含某种"霸权"意味,那也主要是指"文化霸权"而不是"民族—国家霸权"。也正如冯友兰所解释的那样:

> "中国"或"华夏"与"夷狄"……这种区分是从文化上来强调的,不是从种族上来强调的。中国人历来的传统看法是,有三种生灵:华夏,夷狄,禽兽。华夏当然最开化,其次是夷狄,禽兽则完全未开化。……人们或许说中国人缺乏民族主义,但是我认为这正是要害。中国人缺乏民族主义是因为他们惯于从天下即世界的范围看问题。①

这意味着说,"中国"在古典时代主要不带有后来的"民族—国家"或民族主义含义,而带有浓烈的"文化主义"色彩。孔子主张"大道之行也,天下为公";顾炎武和王夫之特别区分"国"与"天下",置天下于国之上,以为国不过是指政权,而天下主要是指文化。正由于如此,作为古典性文化帝国的"中国",在长时期里一直不需要和不曾想到"民族—国家"意义上的国体名称,而只有作为世界文化

---

① 冯友兰:《中国哲学简史》,北京大学出版社,1985,第221-222页。

中心的"中国"这一带有总体象征意味的形象性名称("中国"形象地比喻"天下之中央")。同时,表述这种古典性文化形象的词语是不固定的和可以替换的:除了"中国"以外,还有"秦""汉"及"唐"等,它们都以某个文化强盛朝代作表征。据说北宋末年以后朝廷屡次谋使诸蕃废"唐"称"宋"而无效,因为强盛的唐朝文化形象对于周边"夷狄"具有长久的威慑力。冯友兰还论及,由于"中国人自以为是人世间唯一的文明人",所以,当十六七世纪开始与欧洲人接触时,想当然地认为他们与以前的夷狄一样,称他们为"夷",并未感到有何不安;可一旦发现欧洲文明虽与中国不同但"程度相等""有相等的力量和重要性"时,才终于感到"不安"了。① 这意味着,在中国古代,谁在文化上处在最强盛地位,谁就有资格成为"中国",即天下或世界文化之"中央"或"中心";而成为"中心"就等于成为或代表整个"天下"。这样,"中心"这一局部性称谓就可与"天下"这一总体性概念相替换了。

　　这表明,中国古代生成一种"文化中心主义"心理:我们所生活于其中的天下(世界)是以文化而不是以"民族—国家"为标准来衡量实力的,即不是"民族—国家"而是文化成为关照"天下"大势的中心指标。哪个文化实体处在强盛地位,它就理所当然地成为世界的"中心",可以号令其他文化实体,从而也就实际上拥有并且代表整个世界(天下);而中国不容置疑地就是世界文化之中心,也就代表整个世界,从而吸引东夷、西戎、南蛮、北狄等四方顺民如"百鸟朝凤"般前来膜拜。中国古人对待世界和自我的看法,正是以这种"文化中心主义"心理为基础的。而这种文化心理的形成和发挥作用,同中国古人的实际认识能力是相称的。在鸦片战争之前的漫长数千年里,中国人沉浸在自己的独特的宇宙模式之中,并不知道在遥远的"西方"(泰西)还存在着相当强盛而又陌生的文化实体,而满以为自己这个文化实体就是世界文化的中心(因而就自称"中国"),就代表世界

---

① 冯友兰:《中国哲学简史》,北京:北京大学出版社,1985,第223页。

("天下")。在这种特殊的宇宙模式的规范下，怎能不生成"文化中心主义"心理？

重要的是，这一"文化中心主义"心理的存在是如此根深蒂固和影响深远，以致在几千年漫长岁月中逐渐渗透或深潜入中国人幽微隐秘的无意识之中，成为我们处理自身文化与周围外来文化之间关系问题的一种无意识心理模式——一种文化无意识（the unconscious in culture）。我这里所谓文化无意识，是一种存在于特定文化内部的历时地暗中传承的社会性语言—心理机制。一种文化实体的内部，往往既存在着明面的文化意识，也存在着隐蔽的文化无意识，两者共同参与建构文化心理。如果说，文化意识是特定文化内部历时地传承的在明面起作用的一整套显在社会心理机制，那么，相应地，文化无意识就是这种文化结构内部历时地传承的在暗地里起作用的隐在社会心理机制。与前者可能更带理智或理性色彩不同，后者往往更具情感与欲望意味。换句话说，文化意识通常摆在明显的理性意识层面，而文化无意识则往往深潜在通常意识以下，与情感、欲望紧密相连，更隐秘、根本而又更难以言说。可以约略地说，文化无意识是由文化结构内部复杂因素的作用而形成的参与调节或解决文化冲突的一整套隐蔽性社会心理机制，具有顽强的生命力和建构能力。它往往成为那显在的文化意识得以形成和存在并发挥作用的微妙心理基础。

这里说的"文化中心主义"心理正是如此。古代中国人长期习惯于相信和享受自身在世界文化中的中心地位，并把这种原本应属主体"想象"或"幻觉"的东西，当成永恒不变的"现实"本身；而一旦有一天发现这不过是虚假的"幻觉"了，却不仅不会立马"猛醒"，就此与之诀别，或对其感到气馁，而是相反地在内心强烈的中心主义焦虑驱使下，急切地起而重建"中心"。如果说，这种"文化中心主义"心理在古代更多地还是以明确的文化意识形式起作用的话，那么，到了古典中华帝国的中心自信破灭后的现代（鸦片战争以来），它就逐渐地被压抑入深层无意识暗流之中，由公开运作转为地下运行，从而主要是以文化无意识的形式暗中起作用了。

也就是说，正是鸦片战争以来的现代世界格局，给这种"文化中心主义"无意识搭建起一个表演舞台。或者不如说，正是这种新格局造成的"挑战—应战"困境，迫使中国人把自身的"文化中心主义"意识"下潜"为无意识，并真正地暗中活跃起来，在文学和其他领域成为丰富的文化想象资源和动力。可以说，这种无意识主要是在古代萌发或生成，而在现代才真正成熟并发挥作用的。在这个意义上，它与其说是古典性表述，不如说正是现代性话语，是现代"文化中心主义"无意识。

例如，我们看到，中国现代作家（其实也包括读者）总是在古典文化的现代废墟上纵情地驰骋想象，希望重建一个崭新的中心化了的"新中国"。蔡元培的小说《新年梦》（1904）早就把这种焦虑急切地宣泄出来了："我们意中自然有了中国，但我们现在不切切实实造起一个国来，怕永远没有机会了！"这里的一个"怕"字道出了上述中心主义焦虑中弥漫的恐惧或担忧意味：如果再不立即起来重建中国中心，那中国这个千年文化古国就可能从此"永远"地失去了赶超"世界"（中心）的"机会"，也就会永远落后于"世界"，而用后来的话说，则可能被"开除球籍"。所以，在现代作家的文化无意识里，首要的任务当然就是：走向或重建天下（世界）之中心，即让中国再度中心化。于是，"走向世界"口号在文学领域里实在饱含着现代文学界数代人的"走向世界文学中心"的梦想。这一口号不仅文学领域如此，在其他领域亦然，包含了多重含义。

需要注意的是，在"走向世界"口号中，现代意义上的"世界"一词实际上可以视为古代"天下"概念的暗中置换，即现代"民族—国家"概念置换了古代文化性的"天下"概念。同时，在这种置换过程中，与"天下"相连的"天下之中央"之义也被牵引进来。这样，"世界"一词就可以视为对于"天下之中央"或"世界中心"的语词置换。由于"世界"在现代学术语汇中常专指地球上所有的"民族—国家"，这就把"天下"所携带的原初的文化中心主义（即"天下之中央"）内涵从意识明面"抹"去了。但是，这种涂抹不是使它消失，而是令其转入无意识潜流之中，在那幽暗微茫处起着不容忽视的重要作用。表面上，"走向世界"表述的不过是个人向着外部世界走去，或一个民族面向其他民族开放的意思，这无论用钱锺书的解释还是用杨宪益的改译都可道明；但实际上，在其无意识深层，却寄托着现代中国人强烈的无意识渴望——在现代世界格局中重建中国在古代有过的那种"天下之中央"或"世界中心"地位。可以说，正是现代文化中心主义无意识，使中国人的重建中国在世界上的中心地位的渴望，被巧妙地凝练和置换成"走向世界"口号。也正是由于这种文化无意识暗中起作用的缘故，才可以理解今人何以从意识上对"走向世界"中的"世界"一词的地理学迷误发出激烈质疑而对其深层无意识含义却"自然而然地"接受和服膺了。

四、双重隐喻及其在文学界的双重效应

从上面的简要分析可以看到，"重建世界中心"这一表述应当属于深层文化无意识的直白形式，而相比之下，"走向世界"口号显然带有某种隐喻色彩，因而在修辞学意义上更耐人寻味。换句话说，它似乎是一则包含着双重意义的具有丰富的读解可能性的隐喻性本文，值得加以分析。这里主要结合文学界的情况进行解释。

很明显，在现代汉语语境里，"走向世界"这一表述的明面意义应是向着中国以外的外部世界走去。但这一明面意义是一层烟雾似的东西，它掩藏起真正重要的隐面意义——走向世界中心。这从"走向世界"中的"世界"一词的含混性上可以集中感受到。"世界"在此可能包含两个基本的隐面含义。一是就现实境遇而言，它指作为或代表现代世界中心的"西方"。"西方"由于被认为代表着现代文化的先进和强盛力量，它能带动或引导其他落后和封闭的国度走向先进和强盛，从而就被视为"世界"，所以需要"走向"它。这样意义上的现代西方或世界显然是落后和封闭的中国所必须师法的和力求被容纳的对象。二是就努力的最终目标而言，"世界"指重建中的未来世界文化中心的

中国。这样的未来"中国",由于重新拥有世界文化的中心地位,因而有理由再度成为或代表"世界",因此才需要"走向"。显然,"世界"一词在这里把"现实西方"和"理想中国"这两个本来不尽相同的深层意义,巧妙地缝合、包容或交织于一体,让它们形成彼此渗透的关系。至于"走向"一词,直接地指"向着……走去",引申地指为实现某种特定目标而采取的现实行动步骤。而按"世界"的上述两义,它在这里体现的应是引申义用法。

这样就可获得"走向世界"的基本隐喻性含义:走向世界中心,即向着世界中心这一目标走去。只不过,这一基本目标又具体分解为两个:一是"向着西方中心走去",也就是师法西方并赶上或超过它(学习其先进的和强盛的文化,以便使中国尽快走出封闭和落后境地而重返世界中心,即所谓"师夷长技以制夷"),其基本标志便是被西方所承认或容纳(被世界的先进和强盛文化所承认,如获得西方所颁发的诺贝尔文学奖,似乎就能表明中国已具备了重建其中心地位的资格);二是"向着新的中国中心走去",也就是中国努力实现重建自身中心地位这一目标,即在现代世界格局中重返中心地位,或者使自身在古代曾经拥有的那种中心地位在现代复现,其基本标志同样是被西方所承认或容纳(靠什么来衡量中国已重建起中心地位呢?显然也只能靠西方的承认或容纳了)。这样,"走向世界"具体包含着走向西方中心和走向(重建)中国中心这两义,而这两者的主要标志都是为西方所承认或容纳。

值得注意的是,这两义之间同时存在着同一的和对抗的关系。同一的关系,是说两者都体现出同一种文化中心主义意味:相信中国应当向往并再度成为世界文化的中心,而中国的一切行动都应当服从于这一目标。而对抗的关系,则是说走向西方中心和重建中国中心这两者必然迟早会发生碰撞。因为,走向西方中心意味着中国甘愿承认目前的"边缘"地位而倾心认可西方权威,而重建中国中心则表明中国又不甘心于这种边缘地位而力求恢复古代那种中心权威,这或迟或早地势必与西方中心发生冲突。当然,从目前所能看到和想象到的情形来说，重建中国中心义项对于走向西方中心义项还有着极大的依赖性。这一点可由两者的基本标志都在于为西方所承认或容纳上得到证明。这似乎是令人惊奇而又"自然"的：中国走向中心（世界）的进程在目前还只能由西方（世界）来证明，因为西方（世界）毕竟还代表着世界文化的中心力量。而反之，如果老是得不到西方（世界）证明，那么，就会感到走向中心（即"走向世界"）的目标没有实现。

例如，中国现代文学"走向世界"的历程可谓久矣，但直到现在仍然得不到巴望已久的诺贝尔奖，于是有人惊呼："中国文学至今还没能'走向世界'！"这句话的潜在意思十分明白：中国文学"走向世界"的问题实际上就被归结为在西方（世界）获文学大奖的问题，或更简单地归结为"走向诺贝尔奖"的问题。什么时候获得了这一奖项，才能说"走向世界"这一目标已经实现。这里暗中起支配作用的仍是那文化中心主义无意识。

但正面和负面效应都正集中在中国现代文学对于西方的依赖上，从而使"走向世界"口号形成复杂效应。其正面效应是显而易见的：正是由于来自"世界"的西方现代文学的富于魅力的启蒙和感召，新生而稚嫩的中国现代文学才能迅速生长起来，创造了自身的文学现代性。这时的"世界"对于中国人具有一种特殊的神圣或崇高魅力，或者就是一个富于魅力的神圣或崇高形象，其地位大致相当于古典"天下"概念（如"先天下之忧而忧，后天下之乐而乐"，"天下兴亡，匹夫有责"）。在这个意义上，"走向世界"口号无疑对中国现代性文学的发展发生过巨大而积极的历史性作用。

这种积极作用诚然应当认可，不过，在目前文化语境中，其别种含义可能更值得深思：难道可以把"走向西方中心"当作中国现代文学发展的似乎唯一的最高目标？例如，能像西方"现实主义"小说那样"真实地再现现实"，创造宏大而完整的文学"世界"，几乎一度被视为"走向世界"的唯一标志或标准。这才发生了独尊现实主义而轻视其他"主义"的偏颇。现实主义作为现代文学的标准之一应是不容怀疑的，但它不应当成为"唯一"。而与此相连的是，由师法西方而生的现实主义式"堂皇叙事"（grand narrative）被视为正宗或主流，而接受古典"白描"传统影响而出现的"小叙事"（small narrative），如张恨水、沈从文、张爱玲、萧红和汪曾祺等的小说，则容易被视为受落后传统制约的"异端"而打入冷宫。更值得注意的是，在西方获取最高级的诺贝尔奖，就更被认为是中国现代文学的最高成就的标志了。于是，"走向世界的中国文学"就被赋予了"走向诺贝尔奖的中国文学"这一令人难免感到滑稽的实际含义。试想，当中国现代作家们竞相走向诺贝尔奖而又迟迟不得时，中国现代性文学自身的传统的激活与个性的创造及其审美特性的形成等，还能受到应有的重视吗？

无论从哪种作用或含义看，我们都可以获得一种观察："走向世界"口号作为现代中国人的卓越的集体创造，相当忠实地显示或披露了他们在现代世界格局中的特殊境遇。假设一个民族已经或继续处于世界中心，那他们的这种现实境遇就使他们无须提出自身的"走向世界"目标；而只是当他们感到这一目标在现实中如此重要却又一再落空时，那不可遏止的重返世界中心欲望才会迫使他们发出如此激烈的吁求。由此看来，这一口号对于了解现代中国人在世界上的具体地位，应具有重要的认识价值。似乎只要中国依旧处于现代世界格局的所谓"中心"之外，即"边缘"地位，那"走向世界"就会继续成为一个全民族共同享有的集体幻觉。

五、从关注"中心"与"边缘"到思索"差距"与"差异"

从上面的简要分析可见，"走向世界"口号的内涵实在比我们想象的远为深沉而丰富。它植根于现代中国人的古老而深厚的文化无意识沃土，积聚了我们的重返世界中心的强烈渴望，从而委婉而曲折地表达了我们在现代世界格局中的特殊的"边缘"境遇。在此意义上可以说，这一口号堪称当今中国人的富于卓越的审美想象力的集体创造！

同时，更应该看到，这一口号所得以产生的文化无意识动力之一，正是来自中华民族源远流长、至今不衰的"中心"与"边缘"二元对立观。往昔"中心"破灭的惨痛现实，迫使中国人正视自身新的"边缘"处境，产生出重返"中心"的剧烈渴求。今天反省这个口号的文化无意识渊源及其对现代中国人现实境遇的透视，并不是要简单地否定我们的先辈及今人以往的"走向世界"壮举（它的历史意义是不容否定的），而不过是要冷静地面对今天的现实。

今天，我们所置身于其中的"世界"格局已经和正在发生颇大变化，相应地，"世界"和"中国"形象也在变换着外表和内涵，而附丽其上的文化中心主义无意识正面临挑战。例如，单就文学界来说，随着中国自新时期开始的面向外部世界的开放进程的持续发展，中国文学与世界其他文学的交往活动日渐频繁、平常和多样，尽管并未获得过国际大奖，但实际上已经和正在使自身成为当今"世界文学"总体的一部分。这表明，"世界"和"中国"形象都正发生变化——"世界"不再是过去那种可望而不可即的深潜于无意识梦中的神圣幻象，而就是文化交往的平常对象和环境；"中国"也不再是被排斥于现代世界之外的落后与蒙昧国度，而就是现代世界之一员。既然中国文学就是世界文学之一员，那又何必还要"走向世界文学"呢？当然，中国文学与世界文学的"中心"（西方）之间确实存在着某种"差距"，而且这种差距并不很小，所以确实有必要向其学习。但是，绝对还没有"差"到位于"世界文学之外"而必须"走向"的地步，如此，还有必要把"走向世界文学"当作自己孜孜以求的唯一的最高目标吗？

另一方面，重要的是，中国文学与西方发达国家的文学之间并不仅仅存在"差距"，而且还存在某种"差异"，这才是具有根本性意义的问题。这种差异是由两者的不同民族之间的文化—审美特性决定的，是它们各自的立身之本，因而不仅是不可抹去或消除的，而且相反正是需要全力维护和开拓的。在当前世界文学格局中，中国文学正需要在与其他文学的平常交往中保持和发展自身的独特而富于魅力的文化—审美个性，为世界文学的多样和丰富性做出自己的独特贡献，又为什么还要抹杀这种个性以求"走向"西方文学、向它全面看齐呢？

同时，按照当前流行的"全球化"理论，当今世界各种审美文化（包括文学）由于全球化经济、跨国资本、信息技术和大众传播媒介等的有效和有力介入，必然地被纳入同一发展进程之中，有意识或无意识地与别种文化发生渗透与被渗透关联，形成同一空间中的相互依赖、协调和共生关系。例如，日本发明的卡拉OK娱乐方式很快在中国城乡大地流行，美国好莱坞大片称霸全球，米兰·昆德拉小说在走红欧美后不久也就风行中国，等等。这种"全球化"也就是世界化的一种特殊方式。既然我们已置身在如此世界化格局中，何须再提"走向世界"？况且如今这个"世界"或"全球"，似乎早已丧失了本世纪初时对王国维、胡适和鲁迅等先辈产生过的那种神圣吸引力。一句话，这个"世界"已经或正在由神圣或崇高形象变为平常或平凡形象，那又凭什么让人继续或再度朝圣般地"走向"它呢？也就是说，我们既然本来就行走在这个不得不与之打交道的平常或平凡世界上，再说"走向世界"岂不多此一举？

更重要的是，中国的现实境遇决定了中国人没有必要继续以"重返世界中心"作为自身奋斗的唯一最高目标。中国在现代世界格局中的现实处境早已不同于古代，部分地也正像埃及、希腊和印度等世界文明古国的地位今不如昔一样。即便是那骄傲一时的"日不落帝国"也早已日薄西山了。中国人为什么一定要重建那个昔日的"中心"？有此可能和必要吗？何不代之以一种平常心或务实态度？也就是说，放弃重返世界中心的目标，脚踏实地地从事自身的现代性工程，努力摆脱"落后"境地和建设自己的独特审美与文化个性，这似乎才是真正重要的。与其说重返中心，不如说摆脱落后和树立个性。倘若真正舍弃了重返世界中心目标而专注于当前世界格局中的中国个性的创立，我们的现实事情是否会更好办些？

这就有必要提出一个考虑：告别"中心"与"边缘"二元对立模式，而代之以对"差距"与"差异"的思索。这意味着，放弃"重返世界文学中心"这一不切实际的幻想，而专注于对中国文学与世界其他文学之间存在的"差距"和"差异"的深刻反思。

一方面，与诺贝尔文学奖获奖作品的总体水平比较，中国文学同世界一流文学的水平相比，确实存在明显的差距，这涉及作品语言、文体、修辞、叙述、抒情和人物塑造，作家天才和想象力、胆识和审美修养，社会环境的民主、自由和理性等多种复杂因素。即便是一个或两个中国作家在不久的将来获得了诺贝尔奖，也并不必然地意味着中国文学就此可以自豪地宣布，它已经填平了与世界一流文学的差距。对此差距确实是需要持续地加以探讨并在创作实践中不断地弥补的。

另一方面，中国与世界上其他民族的文学相比，更具有深刻的差异，而这是由中华民族的独特的生存体验和审美表述方式所决定的。有什么样的生存体验和审美表述方式，就有什么样的文学形态。如果抹杀不同民族文学形态的相互差异而标举同一性，那文学还有何价值或个性可言呢？没有了建立在差异基础之上的独特审美个性，文学也就丧失了生命力。所以，差距需要关注，差异更需重视。

由此看来，需要就差距和差异问题做一种通盘考虑，这就是既承认差距又强调差异。承认差距，显示出对于中国文学现状的积极反省姿态，和向其他民族文学学习的开放心灵；强调差异，则表明在上述反省过程中努力从事中华民族独特的审美个性的建树。如果单纯考虑差距而无视差异，就有可能因为文学共性而丧失个性；而倘若仅仅思索差异而忽略差距，则可能以狭隘的民族性而遮蔽了世界性。显然，同时思索这"二差"是必要的。如果这一看法成立，那就有必要提出我个人的一个新设想：与其继续说"走向世界"[①]，倒不如转而说"走在世界"。但"走在世界"又是什么意思呢？这里不妨结合文学界状况加以讨论。

首要的是，"世界"在此已舍弃过去所拥有的"世界中心"含义，而体现出新内涵：一是指中国人的具体生存状态或生活方式（如中国人当前活得怎样之类），这是中国现代文学的丰富想象力的坚实基础

---

① "走向世界文学"曾在20世纪80年代中期一度成为颇有影响的学术论文集的书名，见曾小逸：《走向世界文学》，上海文艺出版社，1985。

（倘是离开这最终基础，还能做什么呢）；二是指中国所置身于其中的"全球化"或"世界性"国际环境，这种环境既存在于中国的外部或周围，更存在于中国人的日常生活中——中国的命运（如政治、经济和文化）同全球其他国家的命运联系在一起，而中国人的生存状态也实际上已受到全球其他民族生存状态的制约。今天的中国人当然可以频频走出国门与世界各民族交往，而中国作家更是可以把自己的作品介绍到国外，但更重要的是，我们中的普通大众无须"出国"（走向世界），就能在"家"里不同程度地感受到以可口可乐、肯德基、万宝路和好莱坞等为代表的美国文化的强大冲击，更不用提"魔幻现实主义""后结构"、米兰·昆德拉、"后现代"和"后殖民"等西方文化产品如何密集地登陆中国文学界了。所以，上述两个意思其实已交融为一个意思："世界"就是指中国人的与全球各种文化紧密交融的当下生存状态。相应地，"走在世界"之"在"就是"生活在或置身在……之中"的意思，表明中国现代文学不是外在地"向"着上述"世界"走去，而是必须生活"在"上述"世界"本身之中，与其不可须臾分离（否则就成了无源之水）。倘若它老是渴望着"走向"某个外在"世界"，而脱离自身与全球各种文化紧密交融的当下生存状态，还能做什么呢？

  所以，"走在世界"就是说，中国文学生活在与全球各种文化紧密交融的当下生存状态之中。具体说来，中国文学的根本使命，正是创造富于感染力的汉语形象，在其中表现中国人的与全球各种文化相交融的当下生存状态。不说"走向世界"而改说"走在世界"，可以促使中国作家淡化被西方主流认可或获得诺贝尔奖之类急功近利的目标，转而坚定地植根在中国人自己的与全球文化交融的当下生存现实土壤中，从中获取丰富的文学想象之源。这才是最重要的。而只有在此基础上，注意"走出去请进来"，学习全球其他文学的长处以丰富自身的表现力，和让全球各民族了解与欣赏中国人的文学才能，才具有了一种建设性意义。从而"走在世界"也就是走在中国人的与周围世界密切关涉的生活世界之中。

同时，说"走在世界"也可以帮助我们在与世界其他文学交往时保持一种平常心。如果有一天中国作家获得诺贝尔奖，无论是中国大陆（内地）作家，还是中国台湾、香港作家，抑或是世界其他地区的华人作家，只要其原创作品是汉语写就，当然是值得祝贺的。但是，不要高兴得忘乎所以，以为中国文学就已一举完成"走向世界"大业，就可与世界一流文学平起平坐了。或许，这极可能不过表明了中国文学的国际化程度，或证明了中国向周围文学开放的现实性而已，难以说明更多。人们应该记得中国电影界的如此事例：1988 年 2 月张艺谋影片《红高粱》获西柏林电影节金熊奖的喜讯被渴望"走向世界"的中国影人当然地视为中国电影已"走向世界"或进入"世界一流"的有力标志。但后来的进展讽刺性地表明，张艺谋获奖与其证明中国电影已"走向世界"，不如说显示了它从精英文化转向了国际化大众文化制作。① 这道理对文学界来说似乎也应是一样的：获得诺贝尔奖又怎么样？说不定那也不过是一部讽刺喜剧的开始？倘若一个并不被"看好"的作家出人意料地获此奖项，而许多国人却难以接受，你能说中国文学就"走向世界"了吗？我可以在这里斗胆预言：第一位获得诺贝尔奖的中国作家（如果将来真有的话），极可能非但不是"众望所归"，而是相反"难孚众望"或引发众说纷纭，甚至招致激烈的反对声浪（这一点可能是正常的）。如果真是这样的话，诺贝尔奖的高水平、权威性及其感召力又在哪里？所以，对获取诺贝尔奖应当保持真正的平常心，得了可以高兴一下，但不必太当真。反之，如果老是没能获奖，也应以同样的平常心待之，大可不必因此而气馁，好像中国文学根本就没水平，活该被"世界"排斥；也不必忿忿不平于它的芳香无人赏识，似乎这"世界"简直无知和无理到极点了！其实，今天这个全球化世界本来就是千奇百怪和纷纭复杂的（即便是在西方文学界内部）。这时，我们如果仍旧殚精竭虑地巴望着在西方获奖，那就会真正地是舍本逐末了，说得确切点，是真正地丧失了自我。行走在这个全球化

---

① 王一川：《张艺谋神话：终结与意义》，《文艺研究》1997 年第 5 期。

世界上，全力发展中国自己的独具审美—文化个性的现代性文学而又不忘师法别种文学的长处，才是应当全力去做，并力求做好的。当然，这并不是说中国文学应当简单地放弃"走向世界"或争取诺贝尔奖的目标，索性关起门来打造惊世骇俗的"本土化"巨著，而只是说，与其把获此奖项当作中国文学的基本奋斗目标或价值尺度，不如说全力以赴地创造那种能显示处于当今世界境遇中的中华民族的独特审美—文化个性的作品。

说"走在世界"或许还可以获得一种现实效果：帮助我们自己重新认识和清理现代文化中心主义无意识。在这个世界上生存和发展就是了，干吗老想着什么"中心"或"重建中心"？

与其"走向世界"，何妨"走在世界"？

当代大众文化与中国大众文化学[①]

当我在 20 世纪 80 年代初沉浸于"人类感性的解放"的审美理想时,绝没有预料到,这种感性解放在今天是以大众文化的感性愉悦方式变形地实现的。生活在当今中国都市的人们,不管个人是否喜欢,都无法否认一个事实:大众文化的潮流正拨动着几乎每个市民的心弦。无论是在家读周末报纸、看电视剧、听流行歌曲,还是出门骑行在街头林立的广告中、进商场享受美化的环境,或者是安坐在电影院与主人公同悲喜,都无不置身在大众文化的休闲氛围中。可以说,大众文化正在每日每时地和潜移默化地影响,甚至塑造人们的情感和思想,成为人们日常生活的一个当然组成部分。因而认识和阐释大众文化,就成为认识和阐释人们自身的一个重要方面了。然而,对如此日常而又重要的大众文化,知识界却知之甚少:要么对其存在置若罔闻,要么一概视为低俗物而严辞拒绝,要么仍旧沿用以往高雅文化的分析手段去观照,从而一再推迟真正意义上的探讨。所幸的是,近几年来已陆续有学者开始正眼打量它了,尽管这打量还远不及大众文化本身的发展和演变速度。本文正是想从我个人的视角加入到这种打量之中,就大众文化谈点浅见,并尝试提出建立中国大众文化学的初步设想。在我看来,中国大众文化理论确实已经需要进展到中国大众文化学了。

[①] 本文原载《艺术广角》2001 年第 2 期。

一、大众文化的定义

探讨大众文化，总会遭遇基本的概念问题：什么是大众文化？这个词历来众说纷纭，不可能找到最后的公认正确的答案，不过却不妨对这个概念提出一种约略的操作性界说。我这里所说的大众文化，是英文 popular culture 的对译形态（有人也用 mass culture 一词）。即便是在英语世界，这个词也有种种不同用法。约翰·斯托雷列出它的六种不同定义：（1）大众文化是为许多人所广泛喜欢的文化。这个定义强调受众在数量上的绝对优势，但没有考虑价值判断。（2）大众文化是在确定了高雅文化（high culture）之后所剩余的文化。这里注重它与高雅文化的明显区别，但忽略了两者之间的复杂关系。（3）大众文化是具有商业文化色彩的、以缺乏辨别力的消费者大众为对象的群众文化（mass culture）。这里主要从批判或否定意义上理解大众文化，无视它的可能的积极意义。（4）大众文化是人民为人民的文化（culture of the people for the people）。这里强调大众文化是"人民"自己创造的，但未能指出这种创造所受到的文化语境的深层制约。（5）大众文化是社会中从属群体的抵抗力与统治群体的整合力之间相互斗争的场所。这个定义把大众文化理解为不同群体之间的"霸权"斗争战场，而不是理解为一种文化实体，但与斗争相对的协调方面却较受忽略。（6）大众文化是后现代意义上的消融了高雅文化和大众文化（high and popular culture）之间界限的文化。这里突出了近来大众文化与高雅文化间的融汇或互渗趋势，但可能因此而抹杀其差异性。[①] 这里不可能更详细地检讨上述六种定义的得失，但可以指出：它们都各有其合理性与片面处。

如何在操作上定义大众文化呢？需要特别注意如下几方面：第一，

---

① John Storey, *An Introduction to Cultural Theory and Popular Culture*, 2nd edition (Athens: University of Georgia Press, 1998), pp. 6–18.

大众文化并不是任何社会形态都必然伴随的现象，而仅仅是工业文明以来才出现的文化形态，尤其以大众传播媒介（机械媒介和电子媒介）为手段和按商品市场规律去运作；第二，它是社会的都市化的产物，以都市普通市民大众为主要受众或制作者；第三，它具有一种与政治权力斗争或思想论争相对立的感性愉悦性；第四，它不是神圣的而是日常的。如此，可以对大众文化下一个简要的操作性定义（不是最后的定义）：大众文化是以大众传播媒介（机械媒介和电子媒介）为手段、按商品市场规律去运作的、旨在使大量普通市民获得感性愉悦的日常文化形态。在这个意义上，通俗诗、报刊连载小说、畅销书、流行音乐、电视剧、电影和广告等无疑属于大众文化。

这一定义可以使大众文化同一些相关概念区别开来。大众文化与民间文化（folk culture）都具有通俗易懂和受众量大的特点，但民间文化是古往今来就存在于民间传统中的自发的民众通俗文化，而大众文化则仅仅是与现代工业化和都市化进程相伴随的并运用大众传播媒介手段制作的具有商品消费特点的市民文化形态。在当今都市，大众文化往往与民间文化形成复杂多样的关系。高雅文化（high culture）与"精英文化"（elite culture）大体同义，同大众文化一样存在于当今都市，但显得截然不同：它以文化或教育程度较高的少数知识分子或文化人为受众，旨在表达他们的审美趣味、价值判断和历史使命感。

二、当代大众文化潮的兴起

上述意义上的大众文化，是在20世纪90年代以来逐渐成为中国知识界关注的对象的。八九十年代之交，是当代中国大众文化潮勃兴的关键时刻。这并不是说大众文化是从这时才兴起的，其实它早在清末民初就已经萌发，并从那时以来一直以种种不同的方式存在并演化着；而只是说，一度被高雅文化抑制的大众文化，是到这时才逐渐升腾和扩展为整个中国市民文化的主潮并引起知识界的强烈关注的。总体看，从20世纪初到20世纪80年代，中国文化主潮带有以知识分子的精英旨趣为主导的高雅文化特色。按这种精英旨趣，中国现代文化启蒙和民族救亡任务异常地重要、艰巨和紧迫，从而一向富于特殊感染魅力的文化就必须无条件地承担起社会动员和文化批判的非常使命。与此同时，它的感性愉悦因素就必然地受到忽略、抑制或排斥；即便是有所倡扬，也主要是要它服务于上述社会动员和文化批判意旨。确实，对现代知识分子来说，启蒙和救亡的紧迫情势要求他们创造"真美"艺术去唤醒公众的社会使命感和文化批判热情，自觉地承担社会责任。如此，何来轻快的欢娱和快乐？这种启蒙精神长期成为中国文化的主流，这一主流甚至持续到20世纪80年代。从20世纪70年代末期起，在经历"文革"的政治化挫折后复苏的高雅文化重新在文化主潮中占据着主导地位。它把精英知识界所构想的审美或诗意启蒙任务作为文化的根本使命。这时期的文化主潮，虽然由于对"纯美"精神的重新倡导，不可避免地减弱了直接功利性而增加了娱乐性，但娱乐性在当时主要还是服务于急迫的社会动员和文化批判意图，即增长的娱乐因素仍被当作新时期社会动员和文化批判的必要手段，而本身并没有展示出多少目的性来。这样，20世纪80年代文化留给人们的基本印象，依旧是严肃的理性沉思；而如何落实轻松的感性愉悦，仍悬而未决。但从20世纪80年代后期起，尤其是进入20世纪90年代以来，微妙而重要的变化毕竟发生了：在计划经济体制向市场经济体制转化和消费社会来临的新形势下，以精英旨趣为主导的理性沉思型高雅文化丧失了主流地位，并裂变成大众文化、主导文化（以群体整合、秩序安定和伦理和睦等为核心的文化形态）和高雅文化的三足并立新格局。当然，在这种一分为三的新的文化格局中，大众文化是作为主潮兴起和存在的。①

不过，这种变化不是"突然"出现的，而是在若干因素的综合作用下逐渐生成的。第一，外来大众文化的影响。来自中国香港、台湾

---

① 我在《从启蒙到沟通》（《文艺争鸣》1994年第5期）里曾提"主流文化"，现在觉得提"主导文化"更妥。

地区和欧美的大众文化风靡中国内地（大陆）城市，邓丽君、李小龙、《三笑》《追捕》《从大西洋底来的人》、琼瑶、金庸等在人们面前展示了文化的愉悦性景观，并逐渐地使这种感性愉悦需要不断获得再生产，引发了国内大众文化的摹仿性制作兴趣，从而为20世纪90年代的大众文化潮埋下了"伏线"。第二，新型大众传播媒介的引进。从"砖头"录音机到高保真组合音响，从黑白电视机到超大屏幕彩电，从无线电视到有线电视网，从个人电脑到国际互联网，大众传播媒介为人们的大众文化制作和享受提供了物质支持。第三，更主要的是，高雅文化主潮本身的感性愉悦追求。20世纪80年代前期高雅文化掀起的对"全面发展的人""人的感性的解放"及其"纯美"境界的追求热情，实际上已合乎逻辑地预示着以感性愉悦为中心的大众文化潮的兴盛，只是当时的计划经济体制还没有为它准备好成熟的"消费市场"以及自身的高雅文化陈规仍有某种束缚而已。朦胧诗人不正强烈地"渴望着在情人的眼睛里度过每一个宁静的黄昏"么？更值得一提的是电影界的"娱乐片"热。还是在20世纪80年代中后期（1986—1989），与城市经济体制改革的进程相应，中国电影呈现出新的开放势头，"娱乐性"开始受到非同寻常的重视。随着《少林寺》等武打片风靡全国，一批电影导演、电影美学家和批评家不约而同地寻求把娱乐性电影或"娱乐片"作为中国电影发展的新方向，引起争论。重要的是，通过广泛讨论，这最后竟成为当时政府电影部门制定的全国性电影战略决策。广播电影电视部电影局长在1989年全国故事片创作会议上反省说，"长期以来，我们被桎梏在对电影艺术功能的狭隘理解当中，那时故事片作为一种完全的宣教工具，蛮横地排斥了影片的娱乐功能"，而在20世纪80年代初还对"娱乐功能"作"品位、格调上的轻视"。这位政府官员同电影创作与评论人员站到了一起，坚决纠正以往电影的过度理性化偏颇，大力伸张娱乐性。为此他提出如下政府总结和规划："加强各类片种的观赏性、娱乐性，为满足人民群众多样化的文化娱乐和审美需求，实现电影的多元化功能而努力"，"现在有必要特别强调注重影片的娱乐功能，以匡正以往的偏颇"，"强调注重电影的观赏性、娱乐性"。他甚至指出:"有鉴于处在改革、开放的形势下,人们对多种文化的渴求、需要愉悦、松弛乃至健康的宣泄,因此强调注重电影的观赏性和娱乐性乃是贯彻'二为'方向的题中应有之义。"① 这不仅证明电影的娱乐功能,而且明确地把娱乐性提到"二为"方向的高度去认识,从而使大众文化制作获得了合理性和合法性。无论今天对这种"娱乐热"究竟应作何评价,它在当时毕竟同"美学热"中的"纯审美"渴望和文学中的金庸小说热等一样,构成了高雅文化界渴望和呼唤大众文化的组成部分。

正是上述外来影响、大众媒介技术和高雅文化本身的感性愉悦渴望等多种力量的交汇,为大众文化潮的勃兴铺设了新的宽阔河道。从20世纪80年代中期开始到20世纪90年代初,崔健的《一无所有》等城市摇滚乐、《黄土高坡》等"西北风"流行歌曲、张艺谋《红高粱》等娱乐电影,以及《渴望》《编辑部的故事》《北京人在纽约》等肥皂剧,就在大众文化这个宽阔河道里放纵地奔流着。如此说来,20世纪90年代大众文化潮不过是20世纪80年代高雅文化的感性愉悦渴望在市场经济、消费文化、大众传媒和外来影响等条件下的现实化而已。于是我们目睹这样的20世纪90年代新景观:不仅以感性愉悦为核心的大众文化已成为中国都市文化的主潮,而且它还连带着使主导文化和高雅文化都似乎理直气壮地把感性愉悦作为一种必要的和不可缺少的目的因素植入自身躯体之中,而以往那种严肃的理性沉思精神则相对减弱了,有时甚至被消融了。

三、大众文化与文化

要认识大众文化的价值或无价值,需要首先对"文化"本身加以大体界说,以便在此基础上进而思索大众文化的位置。所谓"文化"(culture),在西文中最初指土地的开垦及植物的栽培,后来指对人的

---

① 见《当代电影》1989年第2期。

身体、精神，特别是艺术和道德能力及天赋的培养，也指人类通过劳作创造的物质、精神和知识财富的总和。按英国文化批评家雷蒙·威廉斯（Raymond Williams, 1921—1988）的归纳，文化往往具有三种定义或内涵：第一是理想性定义，指人类的完美理想状态或过程；第二是文献性定义，指人类的理智性和想象性的作品记录；第三是社会性定义，指人类的特定生活方式的描述。[1] 而美国当代文化批评家贝尔（Daniel Bell, 1919— ）则采取了略有不同的三分法："我在书中使用的'文化'一词，其含义略小于人类学涵盖一切'生活方式'的宽大定义，又稍大于贵族传统对精妙形式和高雅艺术的狭窄限定。对我来说，文化本身正是为人类生命过程提供阐释系统，帮助他们对付生存困境的一种努力。"第一种文化指"特定人类的生活方式"，这是人类学家提出的较为宽泛的文化；第二种文化以英国贵族学者阿诺德（Matthew Arnold, 1822—1888）等的文化观为代表，指"个人完美成就"，这对贝尔来说显得过于狭窄了；第三种文化是贝尔追随德国哲学家卡西尔（Ernst Cassier, 1874—1945）的结果，指由人类创造和运用的"象征形式的领域"（包括神话、宗教、语言、艺术、历史和科学等），它主要处理人类生存的意义问题。贝尔采取了与人类学家的宽泛文化和贵族学者的狭窄文化都不相同的居中或居间的策略：把文化视为表达或阐释人类生存意义的象征形式。[2] 比较再三，我个人倾向于采纳与卡西尔和贝尔相近的文化概念：文化是特定人类群体的能够表达其生存意义的象征形式，包括神话、宗教、语言、历史、科学和艺术等形态。

但这个文化概念还没有为大众文化设定合适的领域，即文化分层问题还悬而未决。美国文化批评家杰姆逊（Fredric Jameson）也认为存在着三种文化定义，但在具体理解时与威廉斯和贝尔有同有异：一是指"个性的形成或个人的培养"，这大致对应于威廉斯的第一种和贝尔的第二种，即阿诺德代表的狭窄的贵族文化观；二是指与自然相对的

---

[1] Raymond Williams, *The Long Revolution* (London: Chatto & Windus 1961), p. 57.
[2] 贝尔：《资本主义文化矛盾》，赵 ·凡等译，生活·读书·新知三联书店，1989，第24、58页。

"文明化了的人类所进行的一切活动",属于人类学概念,这显然又与威廉斯的第三种和贝尔的第一种大体相同;三是指与贸易、金钱、工业和工作相对的"日常生活中的吟诗、绘画、看戏、看电影之类"娱乐活动,这尤其能体现后现代社会或消费社会的时代特点——指以大众文化为主流的日常闲暇中的娱乐活动。第三种文化概念体现了杰姆逊的特殊立场和关注的焦点:后现代文化或消费文化其实就是以日常感性愉悦为主的大众文化。① 西方学者的论述自有其针对性而不能简单照搬,但这并不妨碍我们略加参照,着力分析中国都市文化状况的独特特点。

我认为,一定时段的文化应是一个容纳多重层面并彼此形成复杂关系的结合体(并非统一的整体)。而在这种容纳多样的文化结合体中,大众文化具有自身的特定位置。当前中国都市文化存在着若干复杂的层面,但可以大约见出如下四层面。一是主导文化,即以群体整合、秩序安定和伦理和睦等为核心的文化形态,代表政府及各阶层群体的共同利益,这是当前中国文化与西方文化不同的一个重要方面。二是高雅文化,代表占人口少数的知识界的理性沉思、批判和探索旨趣。三是大众文化,尤其突出数量众多的普通市民的日常感性愉悦需要。四是民间文化,代表更底层的普通民众的出于传统的自发(或非制作)的通俗趣味。从文化价值看,这四个层面之间是否有高下之分?其实,就文化的分层来说,四个层面本身是无所谓高低之分、贵贱之别的,关键看具体的文化过程或文化作品本身如何。每一层面都可能出优秀或低劣作品,无论它是主导文化和高雅文化,抑或大众文化和民间文化。

四、大众文化的特征和功能

大众文化具有自身的与主导文化、高雅文化和民间文化不同的特

---

① 杰姆逊:《后现代主义与文化理论》,唐小兵译,陕西师范大学出版社,1986,第2-3页。

征。第一，信息和受众的大量性。利用现代大众传播媒介（如电影和电视）成批地制作和传输大量信息并作用于大量受众，是所有大众文化的一个基本特征。"大量"是其优势，但贪多图大往往对公众造成传媒的"暴力"。第二，文体的流行性和模式化。一种大众文化在开初总是善于吸收高雅文化和民间文化等的某些特点，创出原创性新模式，随即迅速地通过批量化生产而流行开来，从而变得模式化了，并引来众多摹仿之作，如《一封家书》之后有《祝你平安》《常回家看看》等一批仿作。流行是大众文化的必然特征，但流行的结果就是模式化，而模式化则又距"老化"或"僵化"不远了。第三，故事的类型化。在一部电影或电视剧中，好人与坏人、情人与情敌、由顺境转逆境或相反等故事，都是按大致固定的类型"打造"的，从而有武打、言情、警匪、伦理、体育等众多类型片、类型剧。这与高雅文化注重"典型"或"个性"是不同的。不仅影视甚至流行音乐，往往都是按明星的类型化特点"定做"的。第四，观赏的日常性。与欣赏高雅文化带有更多的个体精神性不同，公众对于街头广告、电视剧、流行音乐、时装、畅销书等大众文化的接受，是在日常生活的世俗环境中进行的，往往与日常生活过程交织在一起。甚至有时，现实生活似乎就直接地意味着谈论昨晚的或等待今晚的电视剧。这种日常性固然可以使艺术打破神圣或神秘性而与公众亲近，但又容易使艺术变得低俗、庸俗或媚俗。第五，效果的愉悦性。大众文化作品无论其结局是悲或喜，总是追求广义上的愉悦效果，使公众的消费、休闲或娱乐渴望获得轻松的满足。这种轻松的满足有时以牺牲历史使命感、理性精神和批判性为代价。

上述特征规定了大众文化的社会功能：以大量信息、流行的和模式化的文体、类型化故事及日常氛围满足大量公众的愉悦需要。使大量社会公众获得感性愉悦，让他们安于现状，是大众文化的基本功能。当然，具体分析的话，大众文化往往具有若干彼此相反的功能：反抗高雅文化又利用它、拆解官方权威又维护它、追求自由与民主又加以消解、标举日常生活的正当性又使其庸俗化，等等。有的大众文化甚至以反抗高雅文化开始，又以自身成为新的高雅文化的典范而告终，例如好莱坞影片《飘》，张恨水和金庸小说等。有时制作者的主观意图会遭遇公众的无情抵触或拆解。与法兰克福学派全盘否定大众文化不同，英国"文化研究"代表人物斯图瓦特·霍尔（Stuart Hall）提出了一个著名观点：公众对电视节目可以有三种解码立场。一是统治性—霸权性立场（dominant‑hegemonic position），完全受制于制作者的意图控制；二是协商性符码或立场（negotiated code or position），可以投射进自己的独立态度；三是反抗性符码（oppositional code），站在对立面瓦解电视意图。① 这表明大众文化绝不是铁板一块，公众既可能淹没也可以寻求自己的主体性。总之，这至少说明，大众文化的社会功能是复杂多样的，应具体分析。

五、大众文化研究的意义

面对迅猛发展的大众文化，理论界该怎么办？是视其如洪水猛兽而严加讨伐、御强敌于国门之外，还是笃信它预示着真正的自由和民主？我想，这种极端的否定或肯定态度都于事无补，重要的是针对大众文化本身的特点做理智的分析和评价。大众文化具有自身的特点，与高雅文化、主导文化和民间文化有不同，因而需要把大众文化当作大众文化本身，按它自身的规律去加以研究。而那种以高雅文化或主导文化的标准去硬性裁剪大众文化的做法是不足取的。就大众文化本身来说，其积极与消极方面往往纠缠在一起，需要冷静辨析。鲁迅曾说："美术诚谛，固在发扬真美，以娱人情，比其见利致用，乃不期之成果。沾沾于用，甚嫌执持。"② 艺术（美术）的目的就是以"真美"去"娱人情"，即是以真正美的东西去使人获得感性愉悦，至于它涉及现实功利关系，实在不是其本意。如果人们凭此强求艺术直接服务于现实功利需要，那实在是违背了艺术自身的审美规律。这种关于艺术

---

① Stuart Hall, "Encoding and Decoding in Television Discurse", in *The Cultural Studies Reader*, ed. Simon During（London: Routledge, 1993）, pp. 508–517.
② 鲁迅：《鲁迅全集》第 8 卷，人民文学出版社，1980，第 47 页。

旨在以非功利性审美去娱乐情感的看法，无疑道出大众文化的基本特征：大众文化从根本上说具有娱乐文化性质，就是要使人们获得感性愉悦。但这种娱乐特征在不同作品中有着不同表现，呈现为高低不同的价值品级。成功的大众文化作品，应当不仅能使公众获得丰富而深刻的审美愉悦，而且能在审美愉悦中被陶冶或提升，享受人生与世界的自由并洞悉其微妙的深层意蕴。而那种只满足于产生感官快适、刺激或沉溺的作品，显然是平庸的或庸俗的。同样，那种不要娱乐而只要直接的功利满足的作品，也必然是平庸的或庸俗的。所以，大众文化诚然离不开直接的娱乐性，但仅有娱乐显然是远远不够的。娱乐只有当其与文化中某种更根本而深层的东西融合起来时，才富于价值。

大众文化的存在是一个事实，研究它有何意义呢？可以说，大众文化主潮是我国文化演进到现在的一种必然状况。从当前市场经济体制和消费社会状况来说，这种娱乐文化潮显然具有某种历史必然性和审美合理性。在告别长期的过度"政治化"偏颇（如"文革"）以后，在经历长久的娱乐渴望和呼唤以后，大众文化有理由现实地把感性愉悦置放在真正基本的地位。但承认大众文化从理性沉思走向感性娱乐这一趋势的必然性和合理性，并不意味着可以轻易地放弃对此作清醒的理性沉思和价值评判。相反，后者显得尤其迫切和必要。当前的大众文化潮迫使我们面对新的文化价值问题：什么样的大众文化才是真正富有意义或价值的？这样的问题无疑对我们的现成高雅文化知识体系构成新鲜而陌生的挑战。是全力投身大众文化潮中，使它扩展为整个文化的唯一特性，还是反过来严厉地批判或抑制它，迫使它按高雅文化的高雅标准去重新塑造？与此极端做法不同，或许有一种可能性：既承认大众文化的某种合理性和优势，但更正视它的某些弊端或缺陷，从而作冷静的学理阐释和评价，为它在文化领域划定合适的地盘、规定合理的任务。显然，后者是目前尤其需要的。依照一定的学理方式去阐释和评论当前中国大众文化潮，考察其成败得失及未来走势，为走向21世纪的大众文化和整个文化发展提供一种合理化借鉴，正是需要努力的方向。如此说来，大众文化研究直接与文化建设相关联，甚至就是文化建设的一个重要环节，因而对它加以及时的深入研究，直接关系到我国文化建设的健康发展。更由于它是一个极其复杂的多方面现象，包含积极与消极、理性与非理性、健康与不健康等多重可能性，因而尤其应当作冷静的理性分析，揭露和批判其消极面，呈现和弘扬其积极面，以便让其更好地服务于民众的文化生活，效力于健康文化建设。

六、从大众文化研究到中国大众文化学

我国学界大众文化研究目前正在起步，然而，主要呈现为零星的或分门别类的研究，如分别考察电影、电视、流行音乐、时装、广告、畅销书、青春偶像、网上文学等大众文化种类，而忽略一种带有普遍意义的大众文化理论建构。这样做有一个必然缺陷：见木不见林，关注具体大众文化现象而忽略其共同属性。同时，这种零星研究既容易为以其他文化（如主导文化或高雅文化）标准来硬性裁剪大众文化提供缺口，更容易使大众文化本身在文化中的积极或消极功能被忽略。因此，应当在加强大众文化现象的分类研究的同时，切实加强带有普遍意义的大众文化理论建构。这就需要从大众文化研究进展到中国大众文化学。中国大众文化学是研究中国大众文化的学问，它透过中国的电影、电视、通俗文学、畅销书、流行音乐、时装、广告、网上文学等具体大众文化现象，探寻中国大众文化的普遍特征和其他相关问题。这样的中国大众文化学力求综合地运用大众传播学、政治学、社会学、心理学、语言学、美学、哲学等跨学科方法去考察大众文化，揭示中国大众文化的历史和现状，外来影响与本土传统，以及它在中国文化和社会中的复杂多样面貌和多方面功能。在中国大众文化学理论框架中综合地分析上述各种大众文化现象，并且回头由此丰富、调整或改变大众文化学框架本身，是中国大众文化学的主要任务之一。需要强调的是，中国大众文化学应是中国的而不是世界普遍的。当前大众文化研究主要是借鉴西方话语，这是必要的然而又是不够的。重要的是，应当通过借鉴西方大众文化话语而研究中国自己的大众文化，在这种研究中发现中国大众文化自身的特征，从而建立起与中国自己的大众文化状况相适应的中国大众文化学。这是一个长期而艰巨的任务，相信会有更多学者加入到这一行列中。

七、中国电影的大众文化类型

电影由于是以电子媒介为主的、可以大量复制并作用于大量受众的综合艺术，它基本上是属于大众文化类型的。然而，仅仅把电影归结为大众文化，是远远不够的。一个需要回答的问题是：在电影这种大众文化内部，是否还可以作进一步区分呢？也就是说，作为大众文化的电影是否还拥有其他文化的因子呢？可以说，电影内部应当而且确实还存在着更复杂而具体的文化类型。从多种文化类型在大众文化中复杂地组合的角度看，影片至少可以有如下四种类型：主导型大众片、高雅型大众片、大众型大众片、民俗型大众片。每一种影片类型都有其大致可以相互区分的类型规范，各行其道，从而呈现出各自不同的美学特征和观赏效果。

走向文化的多元化生[①]
——以文学艺术为范例

文化,是当前学术界持续思考的热点之一,牵涉到历史与现实、中国与外国、古典与现代、全球与地方、政府与民间、精英与公众等许多方面,因而不无道理地一再引发种种讨论或争论。这些探讨对于我国文化的发展是有益的,不过,其中留下了一个有待填补的空白问题:如何理解当前中国文化的层面及其相互关系?在一种特定的文化内部,总会存在着若干种不同的文化层面,它们之间组合成为一个相互对立而又相互共生的整体。梳理这些文化层面,考察它们之间的具体关系,对于这种文化的整体发展是有益的,这尤其会有助于建构这种文化的基本价值系统。

一、文化及其层面

就当前我国文化的基本构成来看,我们的文化中究竟有哪些层面呢?它们之间结成何种关系?问题就提出来了。我在这里不打算普遍地纵论文化层面,而是着重从文学艺术文本的文化层面角度来加以分析,即透过文艺的文化层面而为揭示普遍文化层面提供具体的想象性模型和个案。因为,文艺是文化中最富于表现力的想象性形态,完全

[①] 本文原载《社会科学》2003年第1期,本次收录有改动。

可以承担透视普遍文化层面的任务。

文化（culture）的定义历来很多，这里仅仅采纳德国哲学家卡西尔（Ernst Cassier，1874—1945）的界说：文化是人类创造和运用符号（symbol）的领域，包括神话、宗教、语言、艺术、历史和科学等形态，它主要处理人类生存的意义问题。① 也就是说，文化是人类的符号表意系统，人类通过自己创造的符号系统去表达生活的意义。而文化是一个历史性概念，每个民族、每个民族的特定历史时段都有其独特的文化状况。一定时段的文化应是一个容纳多重层面并彼此形成复杂关系的结合体（并不一定就是统一的整体）。而就中国目前的情形来说，这种容纳多样的文化结合体往往有四个层面或形态②：主导文化、高雅文化、大众文化和民间文化。从文化价值看，这四个层面之间本身是无所谓高低之分贵贱之别的，关键看具体的文化过程或文化作品本身如何。每一层面都可能出优秀或低劣作品，无论它是主导文化和高雅文化，抑或大众文化和民间文化。

二、文化的四元景观

上面的四个文化层面往往会渗透或显示在具体的文学艺术文本中，这就有文艺文本的文化层面。具体说来，这四个文化层面有可能同时并存于同一个文本中，这要求我们细心分辨各种文化层面在文本中的存在状况及其相互关系；但是，更有可能的是，它们中的某一种会在文本中居于相对主导的地位，这就使得我们有可能划分出文艺文本的文化层面：主导文化文本、高雅文化文本、大众文化文本和民间文化文本。

（一）主导文化

主导文化，是指体现特定时代的群体整合、秩序安定或伦理和睦

---

① 卡西尔：《人论》，甘阳译，上海译文出版社，1985，第281、288页。
② 我自己在过去一度将审美文化分为主流文化、精英文化和大众文化三种（见《从启蒙到沟通》，《文艺争鸣》1994年第5期），后来认识到不能忽略民间文化的存在。

需要的文化形态。这种文化文本的一个主要特征是教化性，也就是直接或间接地传达统治群体制定的社会规范，以便教育、整合或感化社会公众。每个时代的统治群体都会有意识地书写或制作这种文本，并大力鼓励原来属于高雅文化的文人作家来参与这种旨在巩固统治性规范的书写工作，再借助行政手段加以传输和推广，以便更有效地利用文学特有的审美感染力去达到教化公众的目的。

自汉儒董仲舒提出"罢黜百家，独尊儒术"以来，统治群体对文学的控制或支配作用就获得了明确的合法性，从而推演出文学承受主导文化引导的历史。需要注意，主导文化文本并不一定只要直接的或者甚至赤裸裸的教化性，而可以把教化性掩映在富有感染力的审美表现中。诸葛亮的《前出师表》和《后出师表》正是古典主导文化的典型范本。在《前出师表》，他首先陈述了蜀国的"危急"情势，表达了一下自己"追先帝之殊遇，欲报之于陛下"的忠心，提出"开张圣听""亲贤臣，远小人"等等一系列的社会整合以及国家安定的方针政策。接下来，他又坦诚地表述了自己对君王的耿耿忠心，发出"北定中原""兴复汉室"的铮铮誓言，从而近乎完美地表达了一个臣子为报答主子的知遇之恩而全力以赴的忠诚之心和献身精神。最后他在《后出师表》里立下的誓言——"臣鞠躬尽瘁，死而后已；至于成败利钝，非臣之明所能逆睹也"。在这里，主导文化所追求的群体整合、秩序安定和伦理和睦等目标，以及个人的尽忠报恩之心都得到了集中的体现。

就当代来讲，影片《生死抉择》（2001）也可以说是当代主导文化的代表性文本。它讲述了当今中国公众普遍关心的"反腐倡廉"故事。主人公海州市长李高成在中央党校学习一年后回来，立即被卷入自己工作过的中阳纺织厂工人的集体请援风波中，由此引发出自己也被牵连进去的重大腐败案件。李高成面临一个"生死抉择"：是把自己交给廉政还是留给腐败？作为一个关键人物，他的自我抉择确实成了事件进展的关键：只有他做出正确的抉择，才能确保廉政一方的成功。他在市委副书记杨诚的协助和省委万书记的支持下，经过短暂而艰难的思索，战胜了自我，做出正确的抉择，起来斗倒了以郭中姚为首的

"腐败集体",并由此挖出了其后台省委副书记严阵等,从而夺取了反腐败斗争的胜利。这部影片鲜明地反映了当今主导文化关于社会群体整合和秩序安定的要求。在中国文化传统中,主导文化历来扮演着群体整合等重要角色,至今仍然如此。不过,主导文化也需要不断更新、发展,体现民主性,并且让自身的权威不是强制而成为令人倾心服膺的感动。

(二) 高雅文化

高雅文化,有的称"精英文化",是指主要表达知识分子的个体理性沉思、社会批判或美学探索旨趣的文化文本。这种文本往往从知识分子或文人的个体立场和视角出发,去从事独特的形式变革,以便在这种新形式中传达对于社会生活的理性沉思、社会问题的批判性观察。这种文化文本的主要特征有三点:形式创新、社会批判和个性化追求。

第一,形式创新。高雅文化文本总是善于总结前人的形式惯例,并从现实生活和民间文化传统中吸取资源,创造出新的原创性形式。因而在高雅文化文本里,形式上创新的特征往往格外突出。例如,人们在日常生活中习惯于说"我轻轻地来了又走",而诗人徐志摩在《再别康桥》(1928)里则打乱了这一日常语言顺序,转而说:"轻轻的我走了,正如我轻轻的来,我轻轻的招手,作别西天的云彩。"把状语"轻轻"前置,先说"走"而后说"来",并破例出现三次重复。这种形式创新有什么意义?下面不妨完整地感受全诗,尤其注意体会志摩式"轻悄":

> 轻轻的我走了,/ 正如我轻轻的来;/ 我轻轻的招手,/ 作别西天的云彩。
>
> 那河畔的金柳,/ 是夕阳中的新娘;/ 波光里的艳影,/ 在我的心头荡漾。
>
> 软泥上的青荇,/ 油油的在水底招摇;/ 在康河的柔波里,/ 我甘心做一条水草!
>
> 那榆荫下的一潭,/ 不是清泉,是天上虹;/ 揉碎在浮藻

间，/沉淀着彩虹似的梦。

寻梦？撑一支长篙，/向青草更青处漫溯；/满载一船星辉，/在星辉斑斓里放歌。

但我不能放歌，/悄悄是别离的笙箫；/夏虫也为我沉默，/沉默是今晚的康桥！

悄悄的我走了，/正如我悄悄的来；/我挥一挥衣袖，/不带走一片云彩。

后面几节注意选用与"轻轻"合拍的表述轻柔妩媚事物的词语，如"金柳""新娘""波光里的艳影""软泥""柔波""水草"等，而且结尾还有"悄悄"的三次重复，造成首尾呼应效果。这就使得全诗都呼应着"轻轻"和"悄悄"，带来了语言形式上的整体创新，使本来司空见惯的日常表述语句竟突然间获得了新奇而别致的意义。我把这种语言形式称为志摩式"轻悄体"。读者因为志摩式轻悄体而可以获得一种新奇的意义体验。文学史和文化史容易忽略"我轻轻地来了又走"这类平常的陈述，但却可能永远地记住独特的志摩式轻悄体。其实，这里的"康桥"对诗人本人来说可能是确定的，但对读者来说却可能无限丰富而不确定。每一个读者都可能有自己心目中的永远留恋的"康桥"。他们用自己的活生生的生存体验去填充形式独特的"轻悄体"，从而形成了内心深处的深切共鸣。这可能正是这首诗得以长久流传的一个原因吧。

第二，社会批判。知识分子的一个突出特点，就是以强烈的责任感自觉地关心社会问题，大胆针砭时弊、揭露社会的痼疾。当然，知识分子作家创造的高雅文化文本，不仅体现出对社会问题的深切关怀和忧思，同时还可能展示出他们的社会乌托邦构想。他们有时可能不合时宜，甚至不见容于当世，但历史却会永远记住他们的独特的文化贡献。杜甫的许多诗正是这样的杰作。鲁迅的小说集《呐喊》和《彷徨》把批判的锋芒指向辛亥革命后的中国社会现实，无情地揭露其中隐伏的复杂矛盾，产生了深刻的社会批判效果。现代诗人臧克家的诗

《有的人——纪念鲁迅有感》(1949) 这样说：

> 有的人活着 / 他已经死了；/ 有的人死了 / 他还活着。
>
> 有的人 / 骑在人民头上："呵，我多伟大！" / 有的人 / 俯下身子给人民当牛马。
>
> 有的人 / 把名字刻入石头想"不朽"；/ 有的人 / 情愿做野草，等着地下的火烧。
>
> 有的人 / 他活着别人就不能活；/ 有的人 / 他活着为了多数人更好地活。
>
> 骑在人民头上的，/ 人民把他摔垮；/ 给人民做牛马的，/ 人民永远记住他！
>
> 把名字刻入石头的，/ 名字比尸首烂得更早；/ 只要春风吹到的地方，/ 到处是青青的野草。
>
> 他活着别人就不能活的人，/ 他的下场可以看到；/ 他活着为了多数人更好地活着的人，/ 群众把他抬举得很高，很高。

这首诗的语言明白如话、通俗易懂，但字字铿锵有力，如匕首或利剑令"有的人"胆寒，如春风化雨令"有的人"获得慰藉。既是一支崇高人格赞歌，更是一篇声讨一切"人民公敌"的战斗宣言，产生出明显的社会批判效果。

第三，个性化追求。与主导文化文本突出教化性不同，高雅文化文本着力书写知识分子的个性化追求。个性或个性化，是高雅文化文本的显著特征之一。知识分子当然要关注社会问题，但这种关心往往是从他们自己的个性角度出发的。他们以独特的个性化心灵去体验生活，解释他们所"发现"的生活真相，展示他们对未来的想象和幻想。他们有时当然可能有个人偏见，但这正是高雅文化文本的一个必然伴随物。有时，这种偏见或者"刻薄"正可能具有独特的历史深度。而如果没有这种鲜明而又独特的个人伴随物，高雅文化就失去其独特魅力了。例如，鲁迅在《狂人日记》里这样写道："我翻开历史一查，这历史没有年代，歪歪斜斜的每页上都写着'仁义道德'几个字。我横竖睡不着，仔细看了半夜，才从字缝里看出字来，满本都写着两个字是'吃人'！"鲁迅借"狂人"之口喊出的这些"疯话"，初看起来极不"真实"。因为，似乎任何一位稍有常识的人都不会同意说，中国数千年历史的特点就只是"吃人"。人们会质问说这是对中国历史的"歪曲""丑化"或"全盘否定"。但如果联系当时的文化语境看，就可能不得不承认：这些表面看来充满偏颇甚至"别有用心"的疯言疯语，其实正是鲁迅以其个性化视角对"五四"时期中国历史症候的冷峻"诊治"。中国文化传统当然有值得肯定的"灿烂"之处，但对当时的鲁迅来说，要紧的却不是去歌颂而是去剥露。可以说，"狂人"形象及其"吃人"表述充分地体现出鲁迅的形式创造和社会批判的个性化特征。高雅文化可以集中代表特定时代文化中的理性元素和创造性力量，体现真善美的运行方向。但它也容易流于僵化或神秘化。

（三）大众文化

大众文化，是指工业化和都市化以来运用大众传播媒介传输的、注重满足普通民众的日常感性愉悦需要的文化文本。

大众文化文本具有自身的与主导文化文本、高雅文化文本和民间文化文本不同的特征。第一，信息和受众的大量性。利用现代大众传播媒介（如电影和电视）成批地制作和传输大量信息并作用于大量受众，是所有大众文化文本的一个基本特征。"大量"是其优势，但贪多图大往往对公众造成传媒的"暴力"。第二，文体的流行性和模式化。一种大众文化文本在开初总是善于吸收高雅文化文本和民间文化文本等的某些特点，创出原创性新模式，随即迅速地通过批量化生产而流行开来，从而变得模式化了，并引来众多摹仿之作，如《一封家书》之后有《祝你平安》《常回家看看》等一批仿作。流行是大众文化文本的必然特征，但流行的结果就是模式化，而模式化则又距"老化"或"僵化"不远了。第三，故事的类型化。在一部电影剧本或电视剧剧本中，好人与坏人、情人与情敌、由顺境转逆境或相反等故事，都是按大致固定的类型"打造"的，从而有武打、言情、警匪、伦理、体育等众多类型片、类型剧。这与高雅文化文本注重"典型"或"个性"是不同的。不仅影视甚至流行音乐，往往都是按明星的类型化特点"定做"的。第四，趣味的日常性。与欣赏高雅文化文本带有更多的个体精神性不同，公众对于街头广告、电视剧、流行音乐、时装、畅销书等大众文化文本的接受，是在日常生活的世俗环境中进行的，往往与日常生活过程交织在一起，满足公众的日常生活俗趣。这种日常性固然可以使艺术打破神圣或神秘性而与公众亲近，但又容易使艺术变得低俗、庸俗或媚俗。第五，效果的愉悦性。大众文化文本无论其结局是悲或喜，总是追求广义上的愉悦效果，使公众的消费、休闲或娱乐渴望获得轻松的满足。影片《红衣女郎》通过一个事业成功、家庭美满的中年男性与一个红衣女郎的恋爱经历，带给公众一场日常趣味的满足。冯小刚近年拍摄的贺岁系列影片，《甲方乙方》《不见不散》《没完没了》和《大腕》，就是当前大众文化的一个典范实例。它们都围绕葛优这位戛纳影帝而编造故事，打造出由他扮演的类型化系列形象，满足公众的时尚趣味。

　　我们不妨来看看近年广泛流行的通俗歌曲《常回家看看》。这首歌在1998年创作出来，在1999年的联欢晚会上进行表演，从此风靡大江南北。"找点空闲/找点时间/领着孩子常回家看看/带着笑容/带上祝愿/陪同爱人常回家看看/妈妈准备了一些唠叨/爸爸张罗了一桌好饭/生活的烦恼跟妈妈说说/工作的事情向爸爸谈谈/常回家看看回家看看/哪怕帮妈妈刷刷筷子洗洗碗/老人不图儿女为家做多大贡献呀/一辈子不容易就图个团团圆圆/常回家看看回家看看/哪怕给爸爸捶捶后背揉揉肩/老人不图儿女为家做多大贡献呀/一辈子总操心就奔个平平安安"大家可以看到，这个歌词很是普通，用高雅文化的经典看法来讲，真可以说是一点"诗意"或"审美"意味都没有。大家不妨把这其中表述的"回家"的含义与朦胧诗中的"回家"比较一下。

　　梁小斌的《中国，我的钥匙丢了》：

　　　　中国，我的钥匙丢了。

那是十多年前，／我沿着红色大街疯狂地奔跑，／我跑到郊外的荒野上欢叫，／后来，／我的钥匙丢了。

心灵，苦难的心灵／不愿再流浪了，／我想回家，／打开抽屉、翻一翻我儿童时代的画片，／还看一看那夹在书页里的／翠绿的三叶草。

而且，／我还想打开书橱，／取出一本《海涅歌谣》，／我要去约会，／我向她举起这本书，／作为我向蓝天发出的／爱情的信号。

这一切，／这美好的一切都无法办到，／中国，我的钥匙丢了。

天，又开始下雨，／我的钥匙啊，／你躺在哪里？／我想风雨腐蚀了你，／你已经锈迹斑斑了。／不，我不那样认为，／我要顽强地寻找，／希望能把你重新找到。

太阳啊，／你看见了我的钥匙了吗？／愿你的光芒／为它热烈地照耀。

我在这广大的田野上行走，／我沿着心灵的足迹寻找，／那一切丢失了的，／我都在认真思考。

在这里，"家"代表着高雅文化诉求的精神家园。那里有"儿童时代的画片""翠绿的三叶草"，还有德国浪漫诗人海涅。这种精神富足是他征服爱情的制胜法宝。实际上，在高雅文化系统里，"家"常常就是那种在现实中难以实现而又弥足珍贵的至高精神境界的象征，相应地，"回家"成为寻找或追求那在现实中难以实现而又弥足珍贵的精神境界的行为的象征。

但在《常回家看看》里，"家"却早已"丢失"了这种至高无上的"精神"含义，而转变成一种日常家族亲情的象征。"回家"，是日常家族亲情的实现的象征。这首歌完全没有了高雅文化那种内在精神性，那种经典"诗意"，甚至也没有《涛声依旧》那种对于经典诗意的怀旧式宣泄，而用的是日常生活中的语言，述说的是日常家族亲情。

但是，为什么它会流行开来呢？这是很值得我们思考的一个问题。"常回家看看"，一声充满亲情而又温和的规劝或鼓动，胜过千言万语、千呼万唤，煽动起、催动着千千万万男男女女的无地焦虑和回家情怀，使得他们不远千里万里排除千难万难也要奔回父母的身边实现短暂的团圆。"回家"是来自过去的生活地点及其固定生活记忆的无意识召唤，表面看来构成对当下无地生存与流动性格的一种否定和一种回归，但实际上却是对流动性生存形成一种肯定。我们可以看到，这种对无地生存、流动生活的否定，恰恰是通过地点流动本身来完成的，从而就形成以流动否定流动的奇特悖论，结果是使地点流动无尽地再生产下去。同时，"回家"而不是"在家"，"回家看看"而不是"在家呆着"，表明无地焦虑以及流动生存注定了会循环往复地持续下去，从而不停顿地再生产出人们的"常回家看看"这一日常生活欲望。道理很简单：愈是流动在外的游子，对"家"的记忆才会愈益珍视，他们的"常回家看看"的无意识渴望才会因被压抑而变得愈益强烈，从而推演出"常离家生活"又"常回家看看"的互动型生存轨迹，形成流动—回家—再流动的循环圈。诚然，这首歌并没有在字面上特别强调地点的重要性，但实际上，整首歌在其字里行间都在述说着人们的一个日常现实——流动、流动、再流动，以及由此而生的种种生存体验。无论如何，在《常回家看看》的旋律中，这种无地焦虑和流动生存已经推演成为当前中国人的一种普遍命运和自主选择。这首歌曲让公众在轻松的愉悦中体验到渗透于日常生活的无所不在的无地焦虑和流动生存现实，其作为大众文化作品的效果已显露无遗。

  所谓流动人口，就是户口注册地与生活所在地不同的人们。在座的各位，包括我自己，也许大都是流动人口。根据国家统计局最近公布的统计数字，我国流动人口已经超过一亿。流动人口是指在某一时间范围、居住地发生跨越一定地域变动的人。2000年第五次全国人口普查登记了每个人的常住地及其户口登记地，从而统计出全国流动人口已达到一亿二千一百零七万，这个统计数字显示了流动人口在中国社会的强大比重，从而为我们理解《常回家看看》得以深入人心的原因提供了有力的社会学证明。《常回家看看》的歌词很是普通，它的流行很大程度上来自于家庭温情对于流动人口的召唤。它使得很多打算回家看看的人的回家行为变得合理化和合法化，也使得本来没有计划或无法回家的人产生出回家看看的强烈冲动，也使得实在没有办法回家的人选择在电话或者在想象中满足自己回家的愿望，同时，它也可能使正在回家路上的人们在漫长而艰辛的火车旅程中变得充满家庭的温馨。显而易见，大众文化是为了满足日常生活的娱乐趣味的。

上面的特征规定了大众文化文本的社会功能：以大量信息、流行的和模式化的文体、类型化故事及日常氛围满足大量公众的愉悦需要。使大量社会公众获得感性愉悦，让他们安于现状，是大众文化的基本功能。大众文化在当代可以集中代表文化的日常性、感性和稳定性，是文化趋于稳定的重要因素；但另一方面，它本身也容易自我复制，丧失创造力。

大众文化是否只是具有消极作用？持这种看法的人常常依据如下论点：普通公众完全受到大众文化的欺骗性操纵或暴力强制，无法进行任何反抗。下面一种不同观点值得我们注意。与法兰克福学派全盘否定大众文化不同，英国"文化研究"代表人物斯图尔特·霍尔（Stuart Hall）提出一个著名观点：公众对电视节目可以有三种解码立场。一是统治性—霸权性立场（dominant - hegemonic position），完全受制于制作者的意图控制；二是协商性符码或立场（negotiated code or position），可以投射进自己的独立态度；三是反抗性符码（oppositional code），站在对立面瓦解电视意图。① 这表明大众文化绝不是铁板一块，公众既可能淹没也可以寻求自己的主体性。一个合适的例子是，2001年春夏之交，央视播出电视连续剧《笑傲江湖》。这引来全国电视观众的各种激烈反应，批评、指责、讽刺、谩骂充斥着网上和其他媒体，这是制作者们始料未及的，也是媒体事前所无法预料的。观众的如此

---

① Stuart Hall, "Encoding and Decoding in Television Discourse", in *The Cultural Studies Reader*, ed. Simon During (London: Routledge, 1993), pp. 508 – 517.

激烈的反对声浪,在中国电视剧的播映史上应是空前的,而各种媒体的重点报道也是前所未有的,这突出地证明了观众对于大众文化文本的解码的多样性和复杂性,也折射出此时的社会文化心理状况。所以,电视剧《笑傲江湖》好,好就好在对制作者意图的抑制和观众能动性的揭示上。这典范地说明,大众文化文本的社会功能和反响是复杂多样的,应具体分析,不能单凭制作者意图而断定它的优劣好坏。这同时也可以提醒那些轻视或否定大众文化的人们:公众中有可能蕴藏着对于大众文化的反抗的能量,而这种反抗并不简单地来自大众文化之外,而就存在于它之中。也就是说,大众文化本身就可能是自反性的,即它可以自己反对自己、自己解构自己。其原因之一就在于,大众文化总想投观众所好,让观众有一种主人翁的感觉,显得比故事中的人物高明,从而使观众有时可以轻易地看穿制作者的意图或把戏,并站出来毫无顾忌地以常识为武器加以揭露。相比而言,高雅文化文本在语言、形象及其意义等方面要复杂一些,接受起来要艰难一些。

(四) 民间文化

民间文化文本是指体现普通民众日常通俗趣味的、带有传承特色和自发性的文艺文本。民间文化虽然与大众文化在通俗性和娱乐性方面颇为相似,但却不是像大众文化那样采用大众媒介、按市场行情和流行趣味成批生产的,而是往往与前辈具有传承关系,从日常生活中自发地生长出来,带有自娱特点。普通民众没有多高的文化教养,关注的主要不是知识分子标举的那种个体意识、自我实现欲望,而是日常生活过程及其自娱效果。

南朝民歌《三峡谣》说:"朝发黄牛,暮宿黄牛。三朝三暮,黄牛如故。"[1] 说的是早上开船看见黄牛,晚上停船也看见黄牛,走了三天三夜,还是看见黄牛。"黄牛"在这里直接代指"黄牛滩",是长江三峡西陵峡西边的险滩,滩边峭崖上有石纹如人背刀手牵黄牛,所以得

---

[1] 见《水经注·江水注》,引自北京大学中国文学史教研室选注《魏晋南北朝文学史参考资料》下册,中华书局,1962,第 373 页。

名。《三峡谣》正鲜明地体现了民间文化文本的特点：所用语词都是日常生活常用的，讲究上口易记，注重日常生活氛围的渲染。长达三天三夜的行船生活，本来是可以丰富多样的，但这里却只能在同一时空区域里重复进行，这可以说清晰地显示了船夫的日常生活的单调性和重复性。当然也可以换个角度看，得出另一层理解：三天三夜的艰难的逆水行船生活，竟然不过是围绕着同一个"黄牛"峭崖进行，终究无法走出"黄牛"的眼界，这难道不是对日常生活及人的命运的一种有趣的发现？这一发现难道不可以给原来单调乏味的行船生活增添一点自娱效果？而吟唱《三峡谣》本身，正可以说是积压在心底的情感体验的激情宣泄。在这种发自内心的情感宣泄中，吟唱者本人体验到一种轻松和愉快。

民间文化有怎样的功能？恩格斯说得好："民间故事书的使命是使一个农民作完艰苦的日间劳动，在晚上拖着疲乏的身子回来的时候，得到快乐、振奋和慰藉，使他忘却自己的劳累，把他的硗瘠的田地变成馥郁的花园。"① 民间文化在平时可以在普通民众中起到安定、自娱等作用，而当着主导文化、高雅文化或大众文化分别面临各自的僵化和衰微困境而亟待脱困时，民间文化往往可能成为一种出奇制胜的激活的力量，甚至革命性力量。

三、从多元互渗到多元化生

上述分类只是相对的，而实际上，主导文化、高雅文化、大众文化和民间文化总是渗透到主导文化、高雅文化、大众文化和民间文化的具体文本形态之中，而每一种具体文化文本都可能包含其他多元文化因素的互渗，从而形成更复杂多样的文化状况。多元互渗，在这里是指多种文化元素交叉渗透于具体文本中，使得不同文化层面之间形成我中有你你中有我、难以清晰地分辨的情形。重视这种多元互渗是

---

① 恩格斯：《德国的民间故事书》，载《马克思恩格斯论艺术》，人民文学出版社，1966，第401页。

重要的。如果只看到文化层面的分别而看不到这种多元互渗，就会把问题简单化，从而无法真正认识文化状况。

例如，主导文化影视作品往往注意吸收大众文化的一些东西。电视剧《导弹旅长》用很大的篇幅去讲述江昊、石志雄等几个主要人物的情感纠葛，要满足普通公众的娱乐需要。高雅文化文本中常常渗透进主导文化、大众文化和民间文化元素。王蒙的小说"季节系列"就充满了主导文化的政治话语。陈忠实的小说《白鹿原》开篇第一句就写"白嘉轩后来引以豪壮的是一生里娶过七房女人"，这句话在语言上是对拉美魔幻现实主义代表作《百年孤独》的摹仿，而在效果上则试图仿效大众文化去迎合普通公众的阅读趣味。莫言的近作《檀香刑》显然从民间说唱艺术中吸取了资源。大众文化中的互渗就更为鲜明。《北京人在纽约》和《不见不散》在结尾都不约而同地让漂泊纽约的主人公回归祖国母亲的怀抱，体现了主导文化的制约作用。电视剧《橘子红了》在人物语言、行为举止、服装、布景和音乐等方面都体现出高雅或"唯美"趣味，显示高雅文化已成为大众文化争取公众的制胜法宝。还有一种互渗情况：大众文化常常在调侃的意义上戏拟高雅文化以便取悦于普通公众。

《射雕英雄传》第30回《一灯大师》写郭靖护送黄蓉去寻找一灯大师治伤，一路闯过"渔樵耕读"四大高手中的前三个。面对最后的高手书生，小说这样写道：

> 黄蓉……见那书生全不理睬，不由得暗暗发愁，再听他所读的原来是一部最平常不过的"论语"，只听他读道："暮春者，春服既成，冠者五六人，童子六七人，浴乎沂，风乎舞雩，咏而归。"读得兴高采烈，一诵三叹，确似在春风中载歌载舞，喜乐无已。黄蓉心道："要他开口，只有出言相激。"当下冷笑一声，说道："'论语'纵然读了千遍，不明夫子微言大义，也是枉然。"那书生愕然止读，抬起头来，说道："甚么微言大义，倒要请教。"黄蓉打量那书生，见他四十来岁年纪，头戴逍遥巾，手挥折叠扇，

颏下一丛漆黑的长须,确是个饱学宿儒模样,于是冷笑道:"阁下可知孔门弟子,共有几人?"那书生笑道:"这有何难?孔门弟子三千,达者七十二人。"黄蓉问道:"七十二人中有老有少,你可知其中冠者几人,少年几人?"那书生愕然道:"'论语'中未曾说起,经传中亦无记载。"黄蓉道:"我说你不明经书上的微言大义,岂难道说错了?刚才我明明听你读道:冠者五六人,童子六七人。五六得三十,成年的是三十人,六七四十二,少年是四十二人。两者相加,不多不少是七十二人。瞧你这般学而不思,嘿,殆哉,殆哉!"那书生听她这般牵强附会的胡解经书,不禁哑然失笑,可是心中也暗服她的聪明机智……

这种"胡解经书"的方式,显然属于当今大众文化惯用的经典戏拟,就是用戏谑的方式拆解经典,造成化雅为俗和以俗戏雅的效果。解读儒家经典以及对对联、猜谜语等,原是中国古代文人阶层的高雅文化传统的一个显著特征,这里却以戏拟这一特殊形式移置到现代大众义化文本中,并且与黄蓉和书生等人物的具体生活境遇密切结合起来,既有助于刻画黄蓉和书生的性格或特点,又可以向现代读者显示高雅文化传统的独特魅力。这样做,意味着使武侠小说这种大众文化文类获得"高雅化",从而可以跨越通常大众文化的水平而进入优秀的高雅文化的行列。不过,金庸武侠小说具有多面性,既可俗读也可雅读,既可视为大众文化也可视为高雅文化。原因并不复杂:某些优秀的大众文化文本是可以超越通常分类的限制而兼具其他文本特征的。

上面只是介绍了一些多元化生的例子。然而,我认为,仅仅有当前的多元互渗是不够的。多元互渗当然比"文革"时那种一元独尊好,因为它尊重不同的文化因子,呈现出开放、进取和活跃的态势。然而,多元互渗毕竟没有进一步梳理出明确的文化价值系统,这就是:在这种多元文化结构中,哪些文化因子在文化价值系统分别承担着各自的使命?

我以为,需要从初级的多元互渗走向更高的多元化生境界。多元化生，意味着多元文化因子按照理想的和合理的尺度组合成一个相互化合和生成的互动结构。我这里想提出有关具体步骤的几点初步考虑：第一，多元共存。应当承认这种多元共存格局的合理性。这四种文化因子都需要存在，不能简单武断地以此代彼甚至以此灭彼。谁灭谁呀？第二，各行其道。这四种文化因子按照各自的规律和类型特征去发展，各自承担自身的文化功能。第三，优化组合。在这里，主导文化中的伦理和睦、高雅文化中的个性品质、大众文化中的感性愉悦、民间文化中的群体娱乐等因子，可以着力组合起来并且加以突出，使得我们的文化既注重伦理和睦又不忘群体娱乐、既突出个性性格又注意感性愉悦。当这些多元文化因子在文化中凝聚为一体时，我们的文化是否会逐渐地步入健康发展的轨道？第四，个性彰显。在如上过程顺利进展基础上，也许可以进一步展望一个目标——这就是使得中国现代文化在保证内部多元化生的基础上寻求新型个性特征的彰显。在当今全球化时代如何重新凸显中华文化的独特个性？这种凸显是否可能在21世纪实现？问题就提出来了。

上面有关多元化生的初浅考虑有待于进一步探讨，这对于21世纪中国文化的持续与健康发展应有益处。这里主要是提出问题，希望更多的朋友来关心它。

文化的物化年代①
——新世纪十年中国艺术景观

今年已是 21 世纪第十个年头了。如果把这十年来新出的艺术现象之种种连成一片回望，或许有些东西会变得稍微清晰些。但要由我来做这种回望，恐怕又是无法胜任的，因为艺术有那么多门类和样式，其每一种都可能有特定的发展与变化，这既需要艺术专业视野，也需要跨艺术专业的包容与整合眼光。个人能力有限，只能从自己感兴趣的电影、电视和文学等领域中谈点有关新世纪十年中国内地艺术状况的一孔之见而已。不妨首先按照艺术的由外向内的层次构造来进行：艺术媒介、形式、类型、意义结构、模式和风格；然后再对整体状况做一个初步的个人判断。

一、近十年艺术新景观

从艺术媒介开始我的新景观游历或许是合理的，因为新兴媒介不仅表征物，而且似乎更直接地指向物本身了；同理，新媒介不仅是艺术意义传输的新渠道，而且更是艺术意义生成的新场所本身。伴随 2001 年的"9·11"、2003 年的"非典"和 2008 年的"5·12"等重大事件的发生，网络媒介和移动媒介在艺术中的地位和角色越发突显。当国际互联网日益成为一茬茬疯长而茂盛的"草根"文学争相展示新

---

① 本文原载《艺术评论》2010 年第 7 期。

自我的大舞台时，以手机短信笑话（或幽默短信）为代表的移动网络媒介，正在每日每时痛快地撩拨起人们敏感的神经，唤起他们的日常生活幽默感，从而这两大新兴媒介一起跻身于影响人们日常生活体验的主导媒介行列。前者使我们想到蔡智恒、安妮宝贝、韩寒的网上小说、博客等，后者使我们想到那些令我们捧腹的幽默短信，如《这年头》："这年头，教授摇唇鼓舌，四处赚钱，越来越像商人；商人现身讲坛，著书立说，越来越像教授。……警察横行霸道，欺软怕硬，越来越像地痞；地痞各霸一方，敢做敢当，越来越像警察。"这里所讽刺的固然属于极少数负面现象，但因其具备急促警示意义，足以唤起人们会心地笑。正是由于这两大媒介的及时与双向互动优势，那原本看来正与日常生活之"物"渐行渐远的艺术，又重新拉近了距离，重新成为人们对日常生活之"物"的共通体验的直接表达渠道和探寻人生意义的日常平台。

与媒介新景观相应的，是新的视觉形式的崛起：在电视、报纸、杂志、街头广告牌等媒体上源源不断的汽车、别墅、时装、首饰等商品广告，与张艺谋执导的电影《英雄》中的视觉奇观镜头、大型实景演出"印象"系列等一道，凸显出中式视觉形式感的新形式景观。这种中式视觉形式感当其让"物""实物""实景"乃至身体等在生活中的作用非同一般地凸现出来时，其鲜明特色就不难把握的了：第一，艺术品或艺术展演更直接地凸显"物"的两维乃至三维形貌，让其在生活中的中心地位凸显出来，刺激人们对"物"及其表征意义的消费欲望，而这也与全球文化的"视觉文化转向"或"图像时代"潮流相应。第二，视觉形式与中国地缘文化之间结成了更深的似乎不可分离的相互嵌入关系，造成视觉形式的地缘化奇观。第三，这种被精心打造的艺术视觉形式本身越来越跳脱于被再现的艺术意义系统之上而争相展示独立的审美价值，导致我所谓"视觉凸现性美学"的出现。这样，艺术形式原本是尽力抽空"物"的实体内容的表征或象征，而今则仿佛充当"物"的实体内容本身了。更为重要的是，这种中式视觉形式感的打造，由于张艺谋等"先锋"的强力拉动作用，已成为争先恐后仿效的潮流，例如接二连三的中式古装大片（《十面埋伏》《夜宴》《满城尽带黄金甲》《无极》等）、一系列的大型实景演出"印象"系列，以及各种舞美 LED 设计等。我难免不禁想到这样的论断："目前居'统治'地位的是视觉观念。声音和景象，尤其是后者，组织了美学，统帅了观众。"① 这虽然说的是 20 世纪 70 年代西方文化景观，但用在我国当前也是约略适合的。

在艺术类型和样式方面，电影界的转折因其社会影响力巨大而引人瞩目：1997 年《甲方乙方》以来凭借贺岁片系列在国内票房上连战连捷但却在国内大奖评选上不断落空的冯小刚，终于通过《集结号》而一举实现转运。《集结号》独创了中式类型互渗模式，就是在一部特定的影片中可以汇集主旋律片、艺术片和商业片的类型元素，使其形成相互渗透，相当于开辟出一种新的中式类型片。这部影片让人们在视听觉奇观的享受中沉浸入英雄主义人格想象、个人自由诉求及民间正义呼声等多重价值观的交融一体状态，满足了当前中国社会的多方价值诉求，从而同时赢得政府管理部门、专家和公众的一致口碑，一举产生"叫座又叫好"的效果（当然也难免引发激烈争议），并为后来的其他影片如《梅兰芳》《叶问》《风声》《十月围城》《叶问2》等的成功上映预设和铺平了类型化道路。在这个意义上，《集结号》可以视为到目前为止这十年中国内地电影界最富于标志性意义的最沉厚收获和独具转型意义的标杆。

艺术通过新的媒介、视觉形式、类型模式等，终究是要想象和建构这时代所需要的人生意义或价值系统的。《三峡好人》把观众带到正经历拆迁和移民变故的三峡地带，目睹当前风险社会中个人的不同命运转换、选择及其结局。山西挖煤民工韩三明前往寻找已分离十六年的"前妻"麻幺妹（和女儿），来自山西的护士沈红对阔别两年的丈夫郭斌的寻找，还有那位喜欢模仿影星周润发式做派的"小马哥"的侠义之举等，呈现出处在当前新的生存风险中的一群底层"小人物"。

---

① 贝尔：《资本主义文化矛盾》，赵一凡等译，生活·读书·新知三联书店，1989，第 154 页。

这些"好人"无法不面对生活巨变及随之而来的人际鸿沟的加剧,却能处变不惊,体现出一种生存的韧性:生活中的一种含忍不露的承受力、沉稳有度的理智控制力和困境中寻觅生机的求变力。他们既清楚生活中金钱、地位、情感等无情鸿沟的存在现实,但又力图加以跨越;既力图跨越但又清楚这种跨越的艰难。他们正是在这种"两难"困境中坚韧地寻求自己的生活梦,由此不难让人体察到一种新世纪生存风险语境下特有的不同差异的个人及人群之间寻求相互共通感和同情的异趣沟通精神。由此,我们可以感受到近十年来中式艺术创作中出现的新型意义建构:在社会失谐中寻求异趣沟通。而从 2009 年引发巨大争议的国庆献礼片《南京!南京!》上,也可以见出当前社会新的伦理诉求及跨文化沟通的努力。

对这种异趣沟通精神的探索,确实已经和正在成为新世纪十年来我国艺术界关注的一个重大题旨。当前政治、经济、文化、社会和生态建设的核心课题在于以人为本和社会和谐,也就是要从以往的国家政治为本转向以人为本,从社会失谐回归社会和谐。以人为本,并非单纯地以 20 世纪 80 年代"人道主义"热时那种个人精神诉求为本,而首要地表现为以复苏的个人物质欲望和精神欲望为本。这就是要以人的实际利益或功利为本,即是以人的物质利益与精神利益及其协调为本。具体来说,就是要在处理并协调个体与个体、个体与集体、集体与集体等诸种利益关系的基础上,达到社会和谐。因此,当前以人为本原则下的社会和谐诉求,并不追求单纯的个人克制了私欲的集体性精神和睦,而是要寻求在个体利益诉求与集体和睦愿望之间达成一个大致的平衡状态,并以此为基础去追求个体精神提升。这就是说,对人的"物"的欲望及其协调的尊重和重视,成了今天艺术意义系统建构的一个重心。

如果从更加简略和抽象的角度去观照这种艺术意义建构,那么可见,今天我们艺术品的价值构造中已经出现了一种越来越稳固而又风行的中式二元耦合模式:看来相互对立的双方实际上不存在本质上的对立,而可以相互并存、转化和共生。这种二元耦合模式在《甲方乙方》以来冯小刚贺岁片系列中得到集中展示，体现出当前中式商业片特有的文化品格及其兴味蕴藉。在《天下无贼》中，金钱（或财物）与情义的对峙原来终究可以通过人的率真性情的纯真流露而予以化解。王丽拼命保护傻根的纯朴梦想，迫使王薄为了爱情而违心参与到激烈的保护过程中，直到英勇献身。我们目击了一个金钱至上的人竟然自主地转化为情义无价的守护神。在这种二元耦合中，观众一方面可以纵情投射被压抑的与金钱和财物相连的无意识渴望，另一方面又可以享受到传统情义无价信条所带来的生活智慧启迪，两全其美，何乐而不为？在冯氏贺岁片系列中，还可见出情感与理智、历史与现实、本土与西方等多种二元耦合模式的兴味蕴藉。

　　处在艺术的凝练而又显豁的风格层面的，是一种粗朴美学与冷智风格的形成。粗朴美学的当然代表，是民间表演艺术明星赵本山的央视春晚小品系列，如《卖拐》《卖车》《不差钱》《捐助》等，它们把金钱或财物在日常生活中的中心角色、粗朴的民间狡智及其作用等，既剥露得彻底又张扬得几乎淋漓尽致；还有电视剧《激情燃烧的岁月》《亮剑》《狼毒花》《历史的天空》及《大秦帝国》等所纵情展现的粗俗、粗鄙或野性的性格。而与此相连，冷智风格的代表作有韩寒在其博客随笔中展现的刻薄美学，有电影《疯狂的石头》和《疯狂的赛车》造成的反讽风格，还有电视剧《暗算》及《潜伏》和电影《风声》等共同形成的阴冷与智斗氛围。关于冷智风格和刻薄美学，不妨以80后作家韩寒为突出代表。他的语言风格具有简短而冷硬、机敏而无情的智性特质，总是能凭借其高人一等的理智或机智而将论敌解剖得体无完肤，从而展现出一种决无任何妥协或宽容余地的极端刻薄风范。同时，他常常起用一些与身体、长相、生理需要等相关的词语或比喻，突出"物"欲的迫切性，达到以俗抗雅、消解虚伪道德等效果。他的博文《三个中年男人》对三个时尚圈男人陈逸飞、陈凯歌和余秋雨展开了冷酷乃至刻薄的嘲讽。"有人说，他们是大师。坦率地说，我不喜欢这三个人，他们身上有太多中国中年男人的无趣，不坦诚，精明狡猾和缺乏想像力。"他直言自己"不喜欢他们的长相"："他们三个长得实在是有异曲同工之妙,三大领域的大人物居然一种脸。好生奇怪。"如此身体的"长相"或许正透露出当前中国文化对艺术家的某种共通的形塑作用?韩寒仿佛自备一把刻薄的手术刀,无须多少语言就能直插对象的致命的心脏。

这种刻薄当其用在与白烨的博客争论中更是展示出致命的作用。在博文《文坛是个屁 谁都别装逼》中,韩寒对论敌本人展开辛辣的讽刺:"书卖得好不好,和文学不文学没多大关系。比如这位白烨,行文啰唆,观点重复,很没有灵气和文采,……可以想象,他要写一小说,势必要花去一万字描写一棵树。小说卖不好,肯定又要觉得这年代阅读风气出了问题。绝对是便秘怪马桶。"末了的以俗化雅比喻更是起到画龙点睛的作用。他的如下语言更具有刻薄的力量:"部分前辈们应该认真写点东西,别非黄即暴,其实内心比年轻人还骚动,别凑一起搞些什么东西假装什么坛什么圈的,什么坛到最后也都是祭坛,什么圈到最后也都是花圈。真正的武林高手都是一个人的,只有小娄娄才扎堆。"像这里的"什么坛到最后也都是祭坛,什么圈到最后也都是花圈"之类精辟语句,由于其以人的身体及其寿终祭祀物为联想物,显示了无以复加的"刻薄"度,可能注定了会成为这种"刻薄"美学以及这个时代的标志性语句而传下去。韩寒所表现的这种新的刻薄美学,同作家王蒙曾表现的圆通、包容等可称为"融通"美学的旨趣相比,宛如对立的两极。如果说,融通美学是要在新时期初期特有的"继续革命"与"改革"之间的政治对立情境中刻意寻求宽厚与融合的和谐的话,那么,刻薄美学则是要在 21 世纪多元并置的价值观的相互冲突中刻意寻求彼此鄙薄中的断然决裂,其中似乎隐含着从"改革"中寻求"革命"的某种冲动的萌芽。融通美学意在凭借圆通之道而由政治对立走向政治和谐,而刻薄美学则意在运用冷酷语言的锋芒在多元价值并置中独秀自我。从王蒙式力求八面圆通的融通美学到韩寒式锋芒四露的刻薄美学,简直恍若隔世,又确实已然隔世!刻薄美学,无论你我个人是否赞同,确乎已成为 21 世纪中国艺术与美学的一道别样新景观了。

上面列举的这些新景观中,诚然有的自有其来龙去脉,彼此不存在多少内在关联,但当把它们合起来想时,也许有可能从中见出 21 世纪头十年艺术状况的某种共通感。

二、文化的物化

当匆匆结束上面关于艺术媒介、形式、类型、意义系统、意义模式和风格的游历,并且想把这些零散印象糅合起来想象时,不由得对艺术及其集中凸显的文化及其物化或实力化趋向生出一些感慨。

文化当然有一种力量,不过,这是一种我们过去曾长久笃信的与符号的表征意义系统紧密相连的、代表人的心灵或精神维度的特殊的感染力量。文化被视为人类跨越自然的实力或力量王国而奔向自由王国的一种中介,它历来被赋予一种超自然、超物质、超实力的精神特质。原因不难理解:文化更多地被理解为特定时代精神或理智发展的最高境界或水平的标尺。由此,文化总有种超越于具体"物"之上的高雅精神特质。"文化不是仅仅排队,要追求内涵意义。"① 文化正是要通过创造符号表意系统,去追寻超越于具体"物"之上的精神内涵或内在意义。阿诺德早就说过:"文化即探讨、追求完美"。他的如下谈论尤其让人难忘:"文化认为人的完美是一种内在的状态,是指区别于我们的动物性的、严格意义上的人性得到了发扬光大。人具有思索和感情的天赋,文化认为人的完美就是这些天赋秉性得以更加有效、更加和谐地发展,如此人性才获得特有的尊严、丰富和愉悦。"② 文化就这样被视为一种区别于人的动物性或物质性的内在的精神完美状态。不妨做这样的约略比较:如果说,自然代表人类的外化的、实力的或物化的状态,那么,文化则代表人类的内化的、精神的或心灵的状态。

但是,上面目睹的近十年艺术新景观,却让我感受到文化的某些与此不同的别样风貌:文化似乎正越来越经常地和偏好地指向它原本

---

① 金克木:《文化之谜:传统文化·外来文化》(1986),载《文化三书》,东方出版社,2008,第 22 页。
② 阿诺德:《文化与无政府状态》(1869),韩敏中译,生活·读书·新知三联书店,2002,第 9、16、10 页。

应当尽力超越的现实的"物",并且还竭力展示它的影响现实生活的"实力",而非原本被强化的精神之力。马克思早就揭示商品社会中劳动关系已被商品化或物化了,出现了"商品拜物教":"商品形式在人们面前把人们本身劳动的社会性质反映成劳动产品本身的物的性质,反映成这些物的天然的社会属性,从而把生产者同总劳动的社会关系反映成存在于生产者之外的物与物之间的社会关系。由于这种转换,劳动产品成了商品,成了可感觉而又超感觉的物或社会的物。"原本属于人与人之间的社会关系的劳动,就这样被转化成"人们之间的物的关系和物之间的社会关系"。[①] 到20世纪20年代,卢卡奇发现,资本主义社会已把"商品拜物教"进而演变成社会关系中的普遍的"物化"(reification)状况了,"物化是生活在资本主义社会中每一个人所面临的必然的、直接的现实性"[②]。再过大约半个世纪,鲍德里亚则从"物"的象征意义的需求出发探讨消费社会及消费文化,发现"富裕的人们不再像过去那样受到人的包围,而是受到物的包围"。丰盈的"物"对消费者来说不仅仅是生活的实用物品,而同样是其日常生活中的丰富的想象、欲望、幻想等的投射处,当然也是其现实社会身份和地位的表征。"消费者与物的关系因而出现了变化:他不会再从特别用途上去看这个物,而是从它的全部意义上去看全套的物"[③]。此"物"属更大的商业之物品链条的一部分,并且对人拥有实用与非实用等"全部意义"。近期学者则进而指出,"在全球文化工业兴起的时代,一度作为表征的文化开始统治经济和日常生活。文化被'物化'(thingified)"[④]。文化原来主要是作为某种意义的"表征"而存在的,而今却蜕变为直指实际生活中的"物"的中介了。"文化一旦归于物质基础,就显现出一定的物质性。媒介变为物。意象(image)以及其他文化形式从上层建筑崩塌,陷入物质性的经济基础当中。原先属于上

[①] 马克思:《资本论》第1卷,人民出版社,2002,第88-89、90页。
[②] 卢卡奇:《历史和阶级意识》,张西平译,重庆出版社,1989,第224页。
[③] 鲍德里亚:《消费社会》(1970),刘成富、全志钢译,南京大学出版社,2000,第1、3页。
[④] 拉什、卢瑞:《全球文化工业——物的媒介化》,要新乐译,社会科学文献出版社,2010,第7页。

层建筑的独立的意象被物化,变为了'物质图像'。"①

由此思路看,我们这里的文化也仿佛正在呈现出一种被物化、实化或实力化的新趋势。手机幽默短信被持续热捧,恰是由于它以集中而凝练的方式及时地传达了人们的日常生活与"物"的紧密关联。赵本山的《卖拐》《不差钱》《捐助》等小品系列在春晚走红的原因之一,更在于它们无论是在标题还是内容上都生动而逼真地触及了"金钱"或"财物"等"物"在现实生活中的愈益重要的中心作用。一想到这里,近三年来被热议的"文化软实力"或"国家文化软实力"概念就自动浮现出来。确实如此:自从约瑟夫·奈1990年提出"软实力"(soft power,或译软权力、软力量)概念以来,文化如今已被当成一种不折不扣的国家软实力了。无论是硬实力还是软实力,文化都被赋予了一种与"物"紧密相连的实力内涵了。如此该怎么理解文化呢?由此,我不由不对文化这个词儿产生新的一连串的陌生感和好奇心:文化究竟是雅的还是俗的?虚的还是实的?心的还是物的?

要回答这个问题,光回溯雷蒙·威廉斯提出的"文化是日常的"命题恐怕远远不够,更需要约略回顾亨廷顿在1993年夏以来有关"文明的冲突"的著名论述。他认为,冷战后世界冲突的基本根源不再是政治或意识形态,而是文化差异。主宰全球的将不再是政治或意识形态的冲突而是"文明的冲突"。他相信,"冷战后时代的世界形势是一个包含了七个或八个文明的世界。文化的共性和差异影响了国家的利益、对抗和联合。世界上最重要的国家绝大多数来自不同的文明。最可能逐步升级为更大规模战争的地区冲突是那些来自不同文明的集团和国家之间的冲突。"② 这种以"文明冲突论"取代原有的"政治冲突论"的观点,已经内在地孕育着一种文化软实力视野:国际的政治、经济及军事实力的硬性较量,会逐步让位于文化与文明的软性实力较量。这种视野的一个当然的或明或暗的理论前提就是:文化不再只是

---

① 拉什、卢瑞:《全球文化工业——物的媒介化》,要新乐译,社会科学文献出版社,2010,第11页。
② 亨廷顿:《文明的冲突与世界秩序的重建》,周琪等译,新华出版社,2002,第8-9页。

阿诺德所伸张的那种纯粹精神性品质，而已成为指向具体"物"的世界的实力手段了。随着2001年"9·11"事件的发生，"文明的冲突"在世界冲突中的先导角色和显赫作用被进一步凸显。

与亨廷顿的"文明的冲突"概念把文化由精神性目的层面下移到物质性手段层面相应，约瑟夫·奈的"软实力"概念则更是从当前国家之间的实力较量出发，把文化由精神性感染的力量实化成了一种像物质性力量那样去征服的实力——文化软实力。2004年，他较为完整地阐述了软实力概念："软实力是通过吸引而非强迫或收买的手段来达己所愿的能力。它源于一个国家的文化、政治观念和政策的吸引力。如果我国的政策在他人看来是合理的，我们的软实力就自然会增强。"①与硬实力（经济、军事）通常依靠直接的"施压"、惩罚或收买而迫使他国非自愿地接受不同，软实力则通常依靠间接的"吸引"而得到他国的自愿认同。可见，"软实力"作为国家综合国力的重要组成部分，特指一个国家依靠文化价值的感召力、政治制度的吸引力和政府政策的合理性等释放出来的无形影响力，它会深刻地影响其他国家人们对一个国家、民族或群体的整体看法。如此，文化就似乎正在依赖国家、社会和个人等的合力而被实化、物化或实力化。难道说，我们就已生活在一个文化的物化或实力化年代？

文化的物化（或实力化）年代，或许暂且可以作为对一种文化意识或文化理念新趋向的描述性术语来使用，指的就是文化的内在精神性功能被弱化而其外在的物化（或实力性）功能被强化的带有一定普遍性的演变状况，也即人们的符号表意系统或象征形式系统的价值取向不是指向内在精神世界而是相反指向外在物质世界。当各种文化产业以其艺术产品争先恐后地满足人们对"物"的追逐、窥视和占有等欲望，通过直接指向现实的"物"而赢得票房、收视率、上座率、销量等时，我们难道不正是置身在文化的物化年代？只是这里的"物化"

---

① 约瑟夫·奈：《软力量——世界政坛成功之道》，吴晓辉，钱程译，东方出版社，2005，第2页。文中"软力量"一律改译"软实力"。

(thingfication）与卢卡奇意义上的"物化"（reification）虽然在内涵上相互关联和延续，但所指已有重要变化了。如果说，物化在卢卡奇那里主要是说人与人的关系普遍地被演变成人们之间的物的关系和物之间的社会关系；那么，物化在我们这个年代则是指不仅劳动或社会关系被普遍地物化，就连原本以为可以超越于物化之上的文化也直指事物、实物、财物或东西本身了，也就是说连艺术符号表意系统的象征性或表征性也被实物化了或直指现实中的物或实物。艺术作为文化的主要形态之一，本来是要超越人类的自然或实物层面而提升到精神高度，但现在却反过来把艺术重新拉回到自然或实物层面。这样，作为市场经济时代的文化产业，艺术凭借商品、技术、身体等手段日益凸显"物"的诱惑力，从而越来越蜕变为与"物"纠缠不清的经济、产业、技术等行为。就西方的认识历程来说，阿诺德代表着文化的内在化或精神化年代，卢卡奇发现了社会中普遍的"物化"现象，鲍德里亚预见到"物"的消费时代及其向文化的渗透时代的来临，而亨廷顿和约瑟夫·奈则宣告了文化的实力化年代的到来。

文化的物化或实力化的主要的或标志性特征可能在于：第一，从意指系统构成看，文化的符号表意系统的价值取向，往往或明或暗地更多地指向或唤起外在实物世界，而非提升到内在精神世界。这里高涨的是消费主义、物质主义、商品拜物教等关联因素。第二，与此相连，从社会功能看，文化已经更经常地被提升到国家软实力的优质资源高度，从而被实力化或权力化，而非仅仅是过去被看重的个体精神修养的优质资源。第三，从实质看，文化似乎更多地已不仅是人们的个体精神鉴赏对象，而就代表一种日常生活行为本身，或者至少具有唤起现实的日常生活行为的力量。这样，文化的物化就意味着文化的实物化、实力化和行为化。

三、通向文化的心物互渗

如果这种有关文化物化或实力化年代的认识多少有点道理，那么，文化的内在精神性维度及其力量何在？如何安置？文化还能以完美的知识和品格等吸引我们吗？应当注意到两对有意思的相互伴随现象：文明的冲突与展示和文化的物化与精神化呼唤。

与全球日益频繁的"文明的冲突"相伴随的，其实正是文明的展示，即各种文明或文化的独特的图像展示或奇观展示，它们甚至成为种种文化产业的品牌良药，对电影票房、电视收视率、戏剧上座率、图书音像制品销量等起到强劲的刺激或拉动作用。华语片《卧虎藏龙》、好莱坞大片《2012》和《阿凡达》等电影的获奖或高票房正是如此。尽管异质文明之间的冲突在当代尖锐、激烈甚至惨烈，可促使种族内部更加充满凝聚力和排外力，进而导致种族分离、种族内战、地区冲突以及国家分裂，但是，另一方面，文明的奇观展示却又是更普遍的和令人快适的。文明的冲突可能愈发刺激起文明之间的认知和体验的冲动。观赏异质文明成果，恰恰可以满足公众的无尽好奇心和奇观享受。似乎哪里有文明的冲突，那里也就有文明的奇观展示。文明的冲突与展示就成为一对彼此分离而又如影随形、相互共生的孪生兄弟。这样，全球异质文明之间的冲突与展示，成为新世纪以来全球审美文化与艺术的一道新景观或新语境。

同时，还应当看到，与文化的物化方面被尽力伸张相并行的，其实还应有对文化的内在化、精神化或心灵化的竭力呼唤。把文化用来征服他国或向他国展示自身的柔性吸引力，自然有充分的必要性和合理性，但如果此时轻视甚至放弃文化在提升个体精神境界方面的传统功能，则必然会受到严重质疑，从而引发一场文化危机。近年来围绕赵本山春晚小品走红而发生的关于艺术缺失"人文精神""伦理责任""现实主义"和"典型化"等争论正在于此。而由媒体、产业等多方合力搅动的城乡消费文化及大众文化大潮，一方面满足公众的"物"的消费欲望，成为拉动经济持续高速增长的内需助推器，另一方面又被赋予了抚慰公众心灵、维护社会稳定、促进社会和谐的中介角色。这种以消费促经济与促稳定为特色的消费文化潮，当其可能导向"物"的现实崇拜偏向时，人们提出和强化人的内在精神或心灵维度的持守问题，自然就有充分的理由了。

这样，对上面出现的文明的冲突与展示、文化的物化与精神化或心灵化呼唤现象，就需要做尽可能多的调查与研究工作，这里还只能是提出问题。或许，对我们今天面临的艺术文化状况来说，酌情采用心物互渗的辩证态度去认知和把握，可能会有更大的合理性和必要性。心与物，在这里可以视为有关中国文化价值取向的一对范畴。文化的心的方面，是指文化的内在的、虚拟的、精神的或心灵的维度；文化的物的方面，是指文化的外在的、实有的、物质的维度。文化其实历来就是心与物的交融的产物，只是在过去长时期里人们更多地突出其心的方面而已。

随着全球化时代艺术状况的急剧演变，文化的物的方面被日益凸显，而文化的心的方面正在受到严峻挑战。正是在这样的情境中，有必要认真考虑文化的心物互渗问题。这既是一种现实状况描述，也有一种价值思虑及价值筹划在内。从现实状况描述看，心物互渗是说文化的虚拟的心灵维度和功能与文化的实有的物质维度和功能，正处在相互渗透或交融而难以分离的状态中。而从价值思虑及筹划角度看，心物互渗是指文化的指向外在实物世界的倾向与指向内在精神世界的倾向之间宜保持一种动态的平衡和协调状态。一种健康的富于活力的发达文化或文明，既不能仅仅满足于物化也不能仅仅停留于心化，而需要尽力达成高度的心物互渗。在今天这个倡导以人为本并寻求社会和谐的年代，当个体利益诉求获得强势复苏、个人化的物质性愿景与非个人化的集体性精神愿景之间形成多种多样的冲突时，艺术或文化就可以作为一种必要的人际调解方式或国民素养濡染途径铺设开来（当然其作用也有限），正如我们在《集结号》《三峡好人》等影片中看到的那样。当前艺术或文化势必不能满足于像在 20 世纪 80 年代那样主要致力于诉诸人们的精神性审美渴求，而需要面对他们所陷入其中的个人利益与集体利益之间的多重冲突，提供富于感染力的想象的或假定的协调方案。此时的心物互渗，就是要在内在精神性审美与外在物质性审美的对话中，在个人化的物质愿景与非个人化的集体精神愿景之间，达成异趣沟通，形成以心导物、心物平衡的国民素养结构，从而逐步促进健康而富于活力的国民人格的养成。

第四辑
修辞论美学与现代性

现代性文学：中国文学的新传统[①]
——兼谈中国现代学与文学研究

我们所即将告别的20世纪文学，将会为源远流长的中国文学史留下什么？换言之，这个世纪的文学在中国文学史浩浩长河中将占据怎样的位置和做出怎样的贡献？这是近十多年来文坛关注的焦点之一。一些学者于1985年提出"20世纪中国文学"概念，试图把一向从属于政治划分的中国现代和当代文学统合起来研究，引起学术界的广泛关注。然而，这并不表明20世纪中国文学研究趋于终结，而只是掀开了新的一页。因为从那时以来，人们关于"20世纪中国文学"的讨论连绵不绝，形成杂语喧哗局面。我们在这里也只是想从中国文化的现代性这个特定角度，加入到这场有关20世纪中国文学及其相关问题的世纪末喧哗之中，提出另一种观察，以就教于方家。

一

中国文化的现代性或现代化，是在现代进行的一项长期而根本的"工程"。这种"现代性工程"（project of modernity）起于何时？学术界有不同意见。我们虽然认为它根源于中国文化内部的种种因素的长期复杂作用和演化，但在作具体划分时，还是不得不把目光沉落到

[①] 本文原载《文学评论》1998年第2期。

1840年鸦片战争这个影响深远的重大历史事变上。我们所谓现代性工程，大体以鸦片战争为明显的标志性开端，指从那时以来中国社会告别衰败的古典帝制而从事现代化、以便获得现代性的过程，这个过程涉及中国的政治、经济、法律、教育、宗教、学术、审美与艺术等几乎方方面面。当这个闭关自守的"老大帝国"在西方炮舰的猛烈轰击下急剧走向衰败时，按西方先进的现代化指标去从事现代化，"师夷长技以制夷"，似乎就成了它的唯一选择。确实，面对李鸿章所谓"三千年未有之变局"，中国的古典"中心"地位和幻觉都遭到了致命一击，只能脱离传统旧轨而迈上充满诱惑而又艰难的现代化征程，以便使这"老大帝国"一变而为"少年中国"或"新中国"。李伯元在小说《文明小史》（1903—1905）楔子里，就把走向现代化的"新中国"比作日出前的"晨曦"和风雨欲来的"天空"：

> 诸公试想：太阳未出，何以晓得他就要出？大雨未下，何以晓得他就要下？其中却有一个缘故。这个缘故，就在眼前。只索看那潮水，听那风声，便知太阳一定要出，大雨一定要下，这有甚么难猜的？做书的人，因此两番阅历，生出一个比方，请教诸公：我们今日的世界，到了甚么时候了？有个人说："老大帝国，未必转老还童。"又一个说："幼稚时代，不难由少而壮。"据在下看起来，现在的光景，却非幼稚，大约离着那太阳要出，大雨要下的时候，也就不远了。

这里可以说同时展示了中国眼前的衰败景致和即将到来而又朦胧的现代化美景。现代化（modernization），在这里就是指中国社会按照在西方首先制定而后波及全世界的现代性指标去从事全面而深刻的社会转型的过程。而相应地，现代性（modernity）则是指中国通过现代化进程所获得的或产生的属于现代的性质和特征。

要在这个具有数千年文化传统的"老大帝国"实施空前宏大而艰巨的现代性工程，必然会牵涉到方方面面。对此，原可以从不同角度加以分析。在这里，我们不可能面面俱到，而只能选取一种特定角度。在我们看来，中国的现代性问题，可以从中国文化对于其在现代化进程中所遭遇的种种挑战的应战行动角度去考虑。在这个意义上，现代化意味着被迫纳入现代化进程的中国旧体制经受一系列尖锐、严酷而持久的挑战，如产生"道"与"器"、专制与民主、巫术与科学、科举与教育、王法与法律、传统思维与现代思维等等剧烈而持久的冲突。有挑战，就不得不有应战。应战就是面对挑战而采取必要的应对措施，在现代性内部的种种冲突中尝试和寻找适合于自己的现代化道路。因此，可以说，中国的现代性集中而明显地体现在面对现代化过程的种种挑战而显示的应战行动上。这就需要我们从挑战性课题与应战行动的角度去理解现代性所牵涉的种种复杂问题。

大体说来，现代性涉及这样一些主要方面：其一为科技现代性，主要体现为如何师法西方现代科学和技术而建立中国的现代科学和技术体制，并且在这种现代科学和技术体制参照下重新激活中国古典科学和技术传统；其二为政体现代性，要求把奉行天下一体的古典帝制转变为现代世界格局中的一个"民族国家"（nation-state），这引发种种政体变革；其三为思维现代性，涉及古典宇宙观与现代宇宙观、中国哲学与西方哲学、中国思维与西方思维等冲突及其解决上；其四为道德现代性，要确立中国人的现代道德规范，涉及人际交往、礼仪、感情、恋爱和婚姻等方面，如破除"三从四德""三纲五常"，规定个人、恋爱和婚姻自由及社会义务等；其五为教育现代性，意味着借鉴西方教育制度而在中国建立现代教育制度以取代衰落的中国古典教育制度（但后者作为传统仍有其生命力）；其六为法律现代性，要求把古典王法转变为现代法治；其七为学术现代性，即把古代学术体制翻转为以西方学术体制为样板的现代学术体制，涉及从学术观念、学术思维、治学方式到学术机构等一系列根本性转变，如从古典文史哲到现代文学、历史、哲学和美学等；其八为审美现代性，表现在从古典审美—艺术观到现代审美—艺术观的转变、面对新的现代生活的审美表现能力，及如何借鉴西方艺术样式如文学、绘画、电影、音乐、舞蹈和戏剧等方面；其九为语言现代性，主要指汉语现代性，体现在从古代汉语到现代汉语的转变中，如现代白话文取代古代文言文和古代白话文。可以说，这仅仅是不完全列举；同时，其中任何一个方面都需要运用专业知识去作专门论述，而在我们这里由于个人能力和兴趣所限是不可能的。我们只能讨论与我们的论题密切相关的后两方面——即审美现代性和汉语现代性。

二

审美现代性，在这里是审美—艺术现代性的简称，即它既代表审美体验上的现代性，也代表艺术表现上的现代性。在现代性的诸方面中，审美现代性是看来非实用或非功利的方面，但这种非实用性属于"不用之用"，恰恰指向了现代性的核心——现代中国人对世界与自身的感性体验及其艺术表现。审美，西文作 aesthetic，原义为感性的或感觉的。审美现代性（aesthetic modernity），就是指中国人在现代世界感性地确证世界与自身并加以艺术表现的能力，或感性地体验现代世界和自身并加以艺术表现的能力。它涉及这样的问题：在现代世界上，中国人还能像在古代那样自主和自由地体验自己的生存状况、寻找人生的意义充满的瞬间吗？这样，正是审美现代性能直接披露作为现代人的中国人的生存体验状况、整体素质和能力，从而成为中国现代性的一个极为重要的方面。

审美现代性往往表现在如下几方面：从古典审美意识向现代审美意识的转变，即确立属于现代并融合中西的审美情感、审美理想和审美趣味等；以现代审美—艺术手段去表现现代人的生存体验，涉及从旧文学到新文学的转变，国画与西画之争，国乐与西乐之辨，戏曲与话剧的关系，及新的表现手段如广播、摄影、电影和电视的引进等；参照西方现代美学或诗学学科体制而建立现代美学或诗学学科，从而出现中国现代美学或诗学。就上述方面而言，以现代审美—艺术手段去表现现代人的生存体验，是尤其值得关心的。单从文学角度说，以现代审美—艺术手段去表现，首先就意味着以现代汉语为书写形式、以相应的现代审美—艺术语言规范去表现，如实现从古典章回体小说到现代小说、从旧体诗到新体诗、从文言散文到新散文、从戏曲到话剧等的转变。由于这里都无法绕开古代汉语文言文与现代白话文的关系这一"纽结"，因而要谈论文学的审美—艺术表现即审美现代性，就不得不涉及汉语现代性问题。

三

如果可以说汉语是显示中国人生存状况的基本场地或方式，那么，说现代汉语是显示现代中国人生存状况的基本场地或方式，则是顺理成章的事了。因为，近一个世纪以来的事实已经清晰地告诉我们，当古典文言文无法表达或无法尽情表达现代中国人的新的生存体验时，呼唤并创造新的属于现代的汉语形态，使其击败并替代衰朽的古代汉语而登上正统或主流宝座，就成了汉语现代性的主要课题。人们有理由发出疑问：正像古代汉语成为显示古代中国人的生存状况的有效和有力方式一样，新生而稚嫩的现代汉语还能同样有效和有力地表现中国人的现代生存体验吗？还能帮助中国人在现代世界重新树立自己的那份自信、自主与尊严吗？所以，可以说得集中点，汉语现代性的焦点，正在于现代汉语作为显示现代中国人的生存状况方式的有效性和魅力问题。

汉语现代性问题，约略说来，集中表现在如下方面：一是从汉字结构来说，由繁体字变为简体字，虽然对中国人的古典汉字形式美感无疑构成极大的挑战，但却是汉语为适应现代生活的表达需要而采取的一个重要的和有效的步骤；二是就汉语书写格式来说，从竖排右起形式到横排左起形式，标志着汉语书写格式与现代世界通行语言书写格式形成统一；三是就汉语表述来说，从无标点句到标点句，和从不分段到分段，使汉语表述增加或获得了现代语言所需要的逻辑性和精确性；四是就汉语语法来说，从古代"文法"到现代"葛朗玛"

(grammar),建立起汉语的现代语法体系;五是外来语的大量引进、仿造和新词的创造,满足了现代生活的交往需求。

而从语体分类来说,汉语现代性具体体现在为适应现代表达需要而出现的新的分类形态中——科学语言、新闻语言、官方语言和文学语言成为现代汉语的基本语体。首先,作为科学语言,现代汉语能否像现代西方语言如英语那样表述和创造中国现代科学知识?当古代汉语无法完满地完成上述任务时,现代汉语中的科学语言就必然地承担起这项使命了。其次,作为新闻语言,现代汉语能否完善和准确地报导和评述错综复杂的新闻事件,以便满足现代人对新闻的特殊敏感和消费渴望?再次,作为政府或官方语言,现代汉语能否完满地完成传达现代政府指令、治理和动员大众的任务?最后,作为文学语言(这里特指艺术语言),现代汉语能否像古代汉语表现古代人的生活状况那样,完满地和创造性地表现现代人的生活体验?而同时,作为文学语言的现代汉语,是否也像古代汉语那样,在文学表现中本身就具有特殊的"美",而这种美正是现代文学的美的有机组成部分?这最后一个问题正是这里需要讨论的。

四

这里,作为汉语现代性的重要方面之一,以现代汉语去表现现代人的生活体验问题,是必须同前述审美现代性问题紧密联系在一起考虑的。审美现代性要解决现代人的生存体验及其表现问题,而汉语现代性正是意味着把这一问题落实到具体表现方式——现代汉语上,于是就出现了一个崭新的问题:如何创造新的现代汉语以便表现现代人的生存体验?这正是中国文学的现代性问题。这样,正是在审美现代性和汉语现代性相交叉的坐标点上,出现了以20世纪中国文学为代表的新型文学,更确切点说,中国现代性文学。这种新型文学致力于以新的现代汉语形式去表现现代中国人的生存体验。

现代中国人不得不遭遇这样的问题:面对新的陌生的现代世界,

中国自我还能真正进入自己的生存隐秘处，在那里获取人生的意义充满的瞬间吗？要完成这项审美现代性课题，古代汉语已经落伍了，需要求助于新的汉语形态，这就有汉语现代性要求。这样，问题就来了：曾经运用古代汉语去书写生存体验、并创造了辉煌灿烂的古典文学的中国人，还能运用新的现代汉语去书写现代生存体验并创造堪与古典文学媲美的具有现代性的新文学吗？面对这个空前难题，中国现代作家开始了自己的艰难历险，结果是创造了20世纪中国文学，或者不如说，中国现代性文学。

从中国的审美现代性与汉语现代性相交叉的角度看，所谓"20世纪中国文学"就实际上带有与古典性文学不同的现代性性质，从而属于中国现代性文学，或者说是中国现代性文学的一个主体部分。所谓古典性文学，在这里是与现代性文学相比较而言的，或者是从现代性角度去追认的，指1840年鸦片战争之前的以古代汉语（包括文言文和古代白话文）为基本书写形式的中国文学。中国古典性文学具有自身的源远流长而又辉煌灿烂的"美"或审美特征，这是任何人都无法否认的。然而，与此相对照，似乎只是仓促出生，且生长艰难的中国现代性文学，还能有属于自身的独特的"美"或审美特征吗？人们当然有理由持怀疑态度。而确实，长期以来，人们总是把现代性文学同古典性文学和西方现代文学相比较，并且总是得出中国现代性远不及后两者的结论。果真如此吗？

中国现代性文学，是从鸦片战争以来至今的中国文学的基本美学形式和精神风貌的通称。如果说，从1840年至戊戌变法（1898年）的半个多世纪，属于中国古典性文学的衰落期和现代性文学的酝酿期；从戊戌变法失败至"五四"新文化运动属于中国现代性文学的滥觞或开端期，那么，"五四"以来至今的八十载则属中国现代性文学的发展期。这样，"20世纪中国文学"在此也就是指中国现代性文学的发展形态。它不是在"五四"运动中突然"蹦"出来的独立形态，而是从鸦片战争以来就一直在缓慢地孕育和生长着的中国现代性文学的一部分，一个主体部分。如果我们否认它同之前数十年文学发展的联系，就意味着把它同文学的现代性进程,以及更根本的文化现代性进程割裂开来,仿佛是一个自我生成的"怪物"。在这个意义上,人们提"20世纪中国文学"诚然是可以的,并且曾经产生过一定积极意义,但却是不大合理的,因此不如提"中国现代性文学的发展期"。

五

作为中国现代性文学的发展形态,20世纪中国文学已经形成了自身的独特的审美特征。这自然需要从若干方面去作综合考察,这里不妨单从它所创造的现代汉语形象去作初步考虑。在中国文学中,汉语并不是单纯的意义表达工具,而就是审美对象基本的组成部分——它是文学中的一种艺术形象。具体地说,汉语在其意义表现中本身就能展现出丰富而意味深长的审美的艺术形象(如语音形象、文法形象、辞格形象和语体形象等);并且可以说,文学也只有凭借这种基本的汉语形象,才能把艺术形象总体及其意义创造出来。汉语形象不是文学的艺术形象系统的多余的装饰部分或次要外壳,而就是它的直接的和基本的美学"现实"。因为,中国文学毕竟是汉语的艺术,确切点说,是汉语形象的艺术。如果没有了汉语形象,文学的艺术形象总体及其意义又如何创造出来呢?不是艺术形象总体及其意义需要借助汉语形象去表现,而是汉语形象把艺术形象总体及其意义创造出来。

确实,不再是沿用伟大而衰落的古代汉语,而是自无而有地创造稚嫩而伟大的现代汉语,以便表现现代中国人的新的生存体验,这是中国文学史上前所未有的艰巨而辉煌的事业。试想,在古代中国人已经把古代汉语的表现能力伸展到最大限度从而使其必然地走向衰落后,置身在新的世界格局中而急切地寻求表现的现代中国人,就别无选择地只能另创新语了。孕育过李白和杜甫的诗文土壤而今不可能再度孕育他们了。纵使李杜再生,他们也不可能再度成为创造过辉煌的古代汉语形象的现代李杜,而不得不面对一个千古新难题——如何创造和运用新的现代汉语去写作,去表现现代人的生存体验。这无疑是李杜们不可能遭遇的一项名副其实的前无古人课题。

这项前无古人课题进展怎样呢？可以说，从"五四"白话文运动到20世纪90年代，现代汉语在表现现代中国人的生存体验方面已经和正在取得令人瞩目的美学成就，同时，它作为汉语的现代形式，也已经和正在形成与古代汉语不同的独特的美或审美特征（另论）。古代汉语具有自身独特的美，而现代汉语也正在把自己独特的美打开来。汉语的古今两种美之间，当然存在着内在根本的继承关系，但同时，相互间的差异也是明显的。约略地说，具有独特的美的现代汉语形象，从三方面吸取"美的资源"（爱德华·萨丕尔语[①]）：一是汉语内部的古代传统语言"流"，即中国古代文学所传承下来的古代汉语遗产，它作为内在汉语形式为现代汉语形象提供古代汉语传统的强大支援；二是外来的语言"流"，即以先进和科学语言面目出现并产生深刻影响的西方现代文学语言，这使得中国人在创造现代汉语形象时有了可以仿效的现代理想典范；三是基本的语言"源泉"，这是最为重要的，即现代中国人对于自身生存体验的当下语言把握方式，这为现代汉语形象确立了新的基本的、活生生的和永不枯竭的语言资源。现代汉语形象正是这三方面融汇的结晶。

现代汉语形象与文化现代性存在着密切的多方面的联系。而从总体上讲，文学中这些现代汉语形象的出现，恰恰是要适应文化现代性的需要，并且实际上成为现代性工程的一个不可缺少的方面——新的丰富而意味深长的现代汉语形象不正构成中国现代性工程的动人的想象性"镜像"吗？正如前面所说，这是审美现代性与汉语现代性相交叉的坐标点。现代汉语形象所达到的美学高度，是现代性文化所想象的高度的一个凝缩模式。而就文学来说，正是现代汉语形象的美，有力地支撑起中国现代性文学的美。如果我们承认现代汉语形象的美的独特性，那我们就必然会引出如下认识：以现代汉语为"美的资源"的现代性文学，也已经开始展现出自身独特的美，这是与古典性文学

[①] 萨丕尔：《语言论》，陆卓元译，商务印书馆，1985，第202页。

的美不尽相同的新的美。如此，从现代汉语与现代性文学的关系而言，中国现代性文学其实可以表述为中国现代汉语文学。

这样看来，今天的所谓中国"近代文学""现代文学"和"当代文学"研究学科，就应当在中国现代性文学（或中国现代汉语文学）这一新框架中统合起来。这是它们各自的学科建设所急需的。因为，正是这种综合研究有可能帮助人们打消内心对于这三种学科的学科根基或立足点的长久怀疑。把所谓的"近代文学""现代文学"与"当代文学"这三个基于政治话语划分而产生的领域统一起来研究的时日，应当说已经来临了！它们不都是现代汉语文学或现代性文学的组成部分和研究领域吗？不都是与现代性相连的中国现代文化的组成部分吗？这三者相互打通的时刻，也即中国现代性文学获得全面而综合研究的时刻，无可否认地来临了！

中国现代性文学并不只是以往中国文学传统的一个简单继续，而是它的一种崭新形式。即，它不是为既往五千年或三千年传统续上一百五十年"尾巴"，而是在五千年或三千年传统衰落之后另辟蹊径，另创一种新的形态，从而使中国文学呈现与古典性文学不同的别一种"美"。如果说，以古代汉语为书写形式的古典性文学代表中国文学的古典性传统，那么，以现代汉语为书写形式的现代性文学则代表中国文学的新的现代性传统。这是中国文学所具有的两种彼此相连而又不同的"传统"。遗憾的是，由于传统学术成见的限制，人们对于伟大而衰落的古典性传统似乎所知颇多，然而，对于同样伟大而有待成熟的现代性文学传统却所知甚少；相应地，人们对衰落的前者大加推崇，却对有待成熟的后者严加苛责。所喜的是，我们正开始形成对于现代性文学的新眼光。无疑地，现在已到了正视这种堪与古典性传统媲美的新传统、并同它对话的时候了。

六

由于中国现代性文学远不是单纯的诗学或美学问题，而涉及远为广泛的文化现代性问题，因此，有关它的研究就需要依托着一个更大的学科框架。也就是说，它是一个涉及现代政治、哲学、社会学、心理学和语言学等几乎方方面面的文化现代性问题，因而需要做多学科和跨学科的考察。有鉴于此，需要有一门更大的学问，去专门追究中国文化的现代性或现代化问题，从而为中国现代性文学研究打下坚实的学科地基或学科立足点。这个专门研究中国现代性或现代化的更大的文化学科，在我们看来，应是中国现代学。中国现代学是我们的一个新构想，它能否成立呢？

中国现代学应是与时下流行的"国学""汉学"（Sinology）和"中国研究"（Chinese Studies）三个概念不同的。"国学"在今天通常指中国古典学术，或以中国古典学术方式对中国古代文化的研究。这样的国学当然有其价值，但对中国文化的现代性问题却很少涉及，或者说，在处理现代性问题时缺乏行之有效的办法。"汉学"一词则有广义和狭义之分。广义的"汉学"把所有有关中国文化的研究都包容在内。凡是研究中国文化的，无论是国人还是外国人，都可以称为"汉学家"。但这种用法由于过于宽泛，实际上不大被采用。常用的倒是狭义的"汉学"。它常用来指 16 世纪以来外国人（尤其是欧洲人）从语言、历史、地理、宗教和哲学等方面系统地研究中国的学问，可以说是"东方学"的一个组成部分。[①] 这种研究的规范和目的都是属于外国的，虽有参考价值，但毕竟无法充分满足中国人研究自己的现代性问题的需要。"中国研究"（或译"中国学"）是近十余年来引进国内的，它是"二战"以来兴起于美国的一门以现代中国为研究对象、以历史学为主体的学问，属于美国学术中的"区域研究"（Regional

---

① 阎纯德：《汉学和西方汉学研究》，载《汉学研究》第 1 辑，中国和平出版社，1996，第 1-3 页。

Studies）范畴。其奠基人是近年去世的知名美国学者费正清（John King Fairbank）博士。"中国研究"正是要突破欧洲"汉学"重视传统而轻视现实的旧模式，把中国现代问题作为基本研究对象。① 这种研究虽然以中国的现代问题为主，富有一定参考意义，但实际上是欧洲"经典汉学"（Classical Sinology）在现代问题上的一种延续形式，其根本目的仍是像经典汉学那样服从于和服务于西方自身的利益需要。

那么，在国学、汉学和中国研究之外，还有没有一门新学问，它由现代中国人自己建立，能把中国的现代性作为中心问题加以研究，从而承担起研究现代中国问题的任务？显然，中国现代学正是为弥补国学、汉学和中国研究所留下的空缺而产生的。它致力于研究鸦片战争以来中国在古典性文化衰败以后寻求全面的现代性过程时的种种问题。换言之，中国现代学是研究中国现代性问题的学问，是涉及中国现代政治、经济、社会、哲学、历史、语言、艺术等方面的跨学科研究领域。而这些现代性问题的重要方面之一，就是由审美现代性和汉语现代性交织成的文学现代性问题，即如何创造新的现代汉语以适应表现现代中国人的生存体验的需要。在这个意义上，中国现代性文学研究不过是中国现代学这个包罗广泛的现代文化学科中的一个环节。

当然，在我们看来，中国现代学与其说是一门严格意义上的专门学科，不如说是一个灵活自如的跨学科研究领域。作为"研究领域"，它特别标明的是所研究的问题范围，或所思考问题的方式，而这种问题范围或思考方式则往往需要跨越特定专门学科的界限，而向周围其他学科开放。例如，要从中国现代学角度研究20世纪中国文学，则需要走出单纯现代文学和现代诗学的限制，借助社会学、语言学、历史学和心理学等多种学科的优势，从事跨学科研究。这样做，才可能真正形成中国现代学研究视野。而如果把中国现代学固定为一个专门或独立学科，则它的特色就势必都丧失掉了。说得通俗点，中国现代学应是一种在中国的现代性问题框架中思考具体问题的、具有跨学科意

---

① 侯且岸：《当代美国的"显学"——美国现代中国学研究》，人民出版社，1995，第7-18页。

味的研究眼光、视野或方式。

其实,中国现代学正是严格意义上的"中国学"。在古典时代,当中国人对于自己在世界上的中心地位充满自信、固执地相信自己就是全世界的"中心"时,就自然地把"中国"当成"世界"或"天下"。那时的"中国"还不是一个"民族国家"的国体称谓,而是一种"文化主义"或"天下主义"意义上的文化中心名称。谁在文化上强盛,谁就是"中国"(即天下之中央)。所以,那时的"中国学"(如果有的话)与"世界学"是重合的,或者干脆就是一回事,并不需要专门针对中国的"中国学"[①]。只是在现代,当中国的古典中心权威无可挽回地走向衰败、中国作为现代世界若干民族国家之一员这一事实被确认后[②],在新的视界格局中重新认识或想象中国、重建中国在世界上的地位,才成了一种必然要求。也只有在这时,才真正需要一门专门研究中国现代性的学问,这就是中国现代学即中学(当然,如果要对译成英文的话,它显然不宜再译作 Sinology 或 Chinese Studies 了,而需另创新词,如 Chinese Studies of Modernity)。

到今天为止,有关中国现代学的研究虽有开展,其历史甚至可上溯到魏源、龚自珍和严复等对中国现代问题的最初认识,但毕竟一直缺乏真正明确的意识和筹划。这种情形的原因是多方面的,其中自然包括如下缘由:在许多人眼里,鸦片战争以来的现代化进程不过一百五十余年,与中国几千年辉煌的古典文化史相比似乎算不了什么,它不过就是这古典文化史的现代延续而已,因而重要的是研究这古典文化的现代复兴,而不是把它看作与古典文化不同的一种新的文化的诞生。依此类推,人们以为古典文化取得很高成就,与世界任何一种优秀文化相比毫不逊色,而现代文化才刚刚开始,无甚成就,至多也只是它的一个不起眼"尾巴"而已。

[①] 冯友兰:《中国哲学简史》,美国麦克米伦公司 1948 年,此据涂又光译,北京大学出版社,1985,第 221-222 页。
[②] "中国"作为一个主权国家术语,是直到 1689 年 9 月 7 日在《中俄尼布楚条约》中才首次以拉丁文、满文和俄文文本形式出现的,而它的第一次汉语表述则要等到 1842 年 8 月 29 日《中英南京条约》签订时才出场。参见王铁崖编《中外旧约章汇编》之五,上海人民出版社,1957,第 130 页。

这种偏见既存在于中国，也存在于外国。外国人一提起中国，往往首先想到的就是它的古典形象。但是，只要我们从西方介入前后新旧中国形象的巨变角度考虑，就可以发现，这种现代性进程所标明的变化、带来的震撼和取得的成就，是怎么估价也不算过分的。以文学中的"中国形象"为例。鸦片战争好比一个分水岭，划分了两种中国形象。如果说，在这之前，古典性中国形象凝聚了中国人有关自身与世界的第一次定义，使"中国"呈现出世界之中心权威的形象；那么，在这之后，现代性中国形象则代表着中国人对自己和世界的第二次定义，此时的"中国"转而承认西方为世界之中心，自己则被放逐到边缘。然而，第一次定义出的古典性中国形象并没有因新的定性的出现而消逝，而是以新的方式更强烈地显示出来：当古典中心形象被消解而现代边缘形象顽固地挺立后，对昔日中心地位的渴望非但没有因此而减弱，相反是被极大地激发起来了，形成再度中心化渴望，因为长期的中心地位造成了这样的文化习惯或定势，以致中国人难以忍受被长久地放逐边缘的巨大苦痛；而当再度中心化渴望在现实中一再难以实现时，就往往被压缩到集体无意识深层，再通过多种渠道被置换出来。在文学中创造"新中国""少年中国"等现代性中国形象，不过是多种置换渠道之一。一部现代文学史，可以说正是新的中国形象的创造史。[①] 相应地，现代性标明一种旧的文化时代的结束和新的文化时代的开端。因而不能简单地从时间的前后延续上看待现代性同古典性的区别，而从要看到这种区别所揭示的文化传统上的根本差异：这是两种文化传统或文化状况的分水岭。而从文学上讲，这就需要我们在这种基点上回头重新审视现代化进程，认真考察这种现代化进程所引发的巨变对中国人的生存状况造成的震惊效果。这种审视和考察自然会不断回头涉及中国古典文化状况和古典性中国形象，在两者的比较中进行。而中国现代学正是要把中国形象问题置于中国文化的现代性这一更广泛的问题领域之中。

---

① 王一川：《中国人想象之中国——20世纪文学中的中国形象》，《东方丛刊》1997年第1、2辑。

由于如此，中国现代学应是多方面研究的集合。例如，它可以包括哲学现代学、社会现代学、汉语现代学、心理现代学、教育现代学、审美现代学，等等。与中国现代学相对应，今日有关中国古典文化的学问可以称为中国古典学，这自然包括关于中国古典性文学的研究。然而，中国古典学并不能等同于"国学"，它不过是现代中国人出于理解现代文化的需要而对自身古典传统作新的研究的产物。这种有关中国古典传统的现代研究必然地是在中国现代学框架中进行的，目的是服务于现代人的现代性工程。因而严格说来，中国古典学其实应是中国现代学的一个关系密切的旁系或支系。同时，与中国古典学一样地同属中国现代学的旁系或支系的，还有中国外国学。中国外国学是由中国人开展的关于外国的学问，包括中国东方学、中国西方学等。为了了解中国的现代性问题，了解外国，尤其是西方自然是十分必要的。这样，中国现代学同它的主要旁系中国古典学和中国外国学一道，承担起研究中国的现代性的任务。

但我们不能在中国现代学问题上走得过远，需要赶紧回到本文的论题上来：中国现代性文学在中国现代学中的位置如何呢？中国现代性文学应主要属于中国现代学中的审美现代学与汉语现代学的交叉领域——这不妨暂且称为中国文学现代学。文学现代学要处理如何以新的现代汉语形式（如"新小说""现代白话文"和"新文学"等）去创造和确证现代人的生存体验的问题。这意味着把现代性文学纳入整个中国文化的现代性进程去考察，发现现代性文学与现代性文化的密切联系。

这样把中国现代性文学置于中国现代学框架中加以研究，其意义是显而易见的。这里尤其重要的是，它应当可以为目前仍旧彼此疏离而飘无定所的中国近代、现代和当代文学研究提供一个共同的学科立足点或生长点，在此基础上考察它们的共同的审美特征。这必将有助于消除长期以来有关中国现代性文学的种种偏见，使其独特审美价值展现开来。这种偏见在于，与人们标举古典文化而轻视现代文化相应，古典性文学被认为具有独特审美价值和伟大成就，而现代性文学据说则由于废除古典语言而采取西化的现代汉语形式，被认为尚处在失去古典根基的无根或虚空状态，因而不存在独特的审美价值，更不可能取得什么值得一提的成就。美国汉学家孙康宜所披露的西方事例或许具有一定代表性："数十年来美国汉学界一直流行着一种根深蒂固的偏见，那就是，古典文学高高在上，现代文学却一般不太受重视。因此，在大学里，中国现代文学常被推至边缘之边缘，而所需经费也往往得不到校方或有关机构的支持。一直到90年代，汉学界才开始积极地争取现代文学方面的'终身职位'，然而其声势仍嫌微弱。有些人干脆就把现代中国文学看作是古代中国文学的'私生子'。"① 而依我们从中国现代学角度所作的审视，正像古典性文化与现代性文化之间的关系一样，古典性文学与现代性文学的比较绝不应看作五千年文学与其自身随后的一百余年文学的自我比较，而应视为同一种文学的两种不同形态之间的比较。也就是说，中国现代性文学已经开始获得了堪与古典文学媲美的独特而伟大的审美风格，它们虽在审美精神上是一致的，但在表现形态上却有明显不同。它们好比同一文学之树上的两株奇葩：一株在古典性传统中生长、盛开和衰败，另一株则在现代性氛围中迎风怒放。古典性文学虽然伟大却已衰败，而现代性文学尽管幼稚却已初显其独特审美特征与伟大前景。因此，要充分显示现代性文学的独特审美特征和伟大前景，就需要大力倡导和开展中国现代学，把现代性文学置于中国文化的现代性问题框架之中。

中国现代学以及中国现代学框架中的中国现代性文学的有关问题甚多，这里只是提出初步研究提纲，以期引起国内人文学界，尤其是美学界和各门艺术学界同仁的探究兴趣。希望这个视界能够为研究包括现代性文学在内的中国文化现代性问题开拓出一种新的意义空间。

---

① 孙康宜：《"古典"或"现代"：美国汉学家如何看中国文学》，《读书》1996年第7期，第116页。

"望月"与回到全球性的地面[1]
——读黄遵宪诗《八月十五日夜太平洋舟中望月作歌》

人是应当生存在地面的,只有在地面时我们才会有中国人习惯说的"脚踏实地"之感。地面是我们生存的基本层面。尽管有时我们会飞上天空,但我们注定了是会返回地面的。全球性(globality)是一个被人们从地理、政治、经济、社会和文化等各个层面分别加以谈论的转变过程,这些谈论似乎有着各自充分的理由,常常引领我们升腾到思想的太空里驰骋遨游。不过,在我看来,全球性问题应当是有个不能被遗忘的基本的地面的,这就是个人对于生活世界的体验。换言之,全球性涉及的是个人对自身的生存境遇的体验。个人往往不只是从思想、观念、理智上而是根本上从对生活世界的切身的总体感受中,才会深切地领略到世界的全球性变革的。而对此,中国晚清诗人黄遵宪在他的诗里透过对中国人熟悉的"月亮"形象的体验,提出了一种答案。

黄遵宪(1848—1905),字公度,别号人境庐主人,广东嘉应州(今广东梅县)人。光绪二年(1876)中举,随即被任命为清朝驻日使馆参赞,次年秋赴日本,开始长达十余年的外交官生涯,足迹遍及日本、新加坡、美国和英国。著有诗集《人境庐诗草》11卷、《日本杂事诗》2卷,及《日本国志》40卷等。

黄遵宪的《八月十五日夜太平洋舟中望月作歌》(1885),正表达

---

[1] 本文原载《社会科学辑刊》2002年第1期。

了他对处于新的全球性境遇中的中国个人的独特体验。"月亮"历来是中国古典诗歌反复吟咏的一个意味深厚的原型性形象,相应地,"望月"或"赏月"也是其历史悠久的主题之一。例如,"举头望明月"(李白)、"月是故乡明"(杜甫)、"海上生明月"(张九龄)、"夜吟应觉月光寒"(李商隐)、"明月何时照我还"(王安石),等等。月亮是如此经常地出现并显示出抒情上的重要性,以致成为中国古典诗歌传统的基本标志性形象和主题之一。[①] 这种月亮形象往往与中国古典宇宙观形成密切的联系,这种宇宙观相信中国就是世界(天下)的中央。诗人对月亮的体验,如果被一直包容在中国古典宇宙模式的框架内,那表明世界还是原有的"中国中心"幻觉主导的世界;而一旦这种体验出现重大变异,那么,原有的宇宙模式就面临分裂的危机了。月亮形象的变异,尤其能显示中国在由古典性步入全球性的过程中的内在冲突状况。

中国人的全球性体验在其发生过程中的一个必然现象,正是凝聚在月亮形象上的传统审美方式在全球性进程冲击下的被迫变形、肢解或转型状况。置身在新的"地球"视野中的黄遵宪,对月亮产生了与古人和自己此前的体验颇为不同的新体验。光绪十一年八月(1885年9月),他由驻美国旧金山总领事任上请假回国,正值旧历八月十五之夜,轮船航行在茫茫太平洋上。诗人仰望明月,思乡情浓,不知哪位西方游客唱着异国歌曲,于是感慨颇多,作成这首诗。全诗如下:

茫茫东海波连天,天边大月光团圆。送人夜夜照船尾,今夕倍放清光妍。一舟而外无寸地,上者青天下黑水。登程见月四回明,归舟已历三千里。大千世界共此月,世人不共中秋节。泰西纪历二千年,只作寻常数圆缺。舟师捧盘登舵楼,船与天汉同西流。虬髯高歌碧眼醉,异方乐只增人愁。此外同舟下床客,梦中暂免供人役。沉沉千蚁趋黑甜,交臂横肱睡狼藉。鱼龙悄悄夜三

---

① 傅道彬:《晚唐钟声》,东方出版社,1996,第 41—67 页。

更,波平如镜风无声。一轮悬空一轮转,徘徊独作巡檐行。我随船去月随身,月不离我情倍亲。汪洋东海不知几万里,今夕之夕惟我与尔对影成三人。举头西指云深处,下有人家亿万户,几家儿女怨别离?几处楼台作歌舞?悲欢离合虽不同,四亿万众同秋中。岂知赤县神州地,美洲以西日本东,独有一客欹孤篷。此客出门今十载,月光渐照鬓毛改。观日曾到三神山,乘风竟渡大瀛海。举头只见故乡月,月不同时地各别,即今吾家隔海遥相望,彼乍东升此西没。嗟我身世犹转蓬,纵游所至如凿空,禹迹不到夏时变,我游所历殊未穷。九州脚底大球背,天胡置我于此中?异时汗漫安所抵?搔头我欲问苍穹。倚栏不寐心憧憧,月影渐变朝霞红,朦胧晓日生于东。

这首诗写出了诗人生平从未经历的独特体验:中秋夜在太平洋上望月。以往中国诗人对中秋月夜的描绘,多是从内陆大地或近海(四海)做出的,如苏轼《水调歌头·明月几时有》、张九龄《望月怀远》等。他们"望月",是处在中国古典宇宙观模式控制下的行为,这样,他们的时间和空间观念都是属于中国的,并且想当然地以为这就是天下唯一的时空模式。可以说,他们是在中国固有的"中国中心"传统框架内体验中秋月夜的,心中想当然地以为天下人对于月亮都拥有同一种感情。然而,当黄遵宪生平第一次横跨太平洋而游历美洲以后,眼中的月亮却悄悄地而又意义重大地改变了形象。

全诗由56句组成,描写诗人的中秋望月体验。这56句可以说由五部分组成:(1)第1至第4句为开头,显示中国人原有的对于月亮的原初同一性体验;(2)第5至第20句描写诗人的原初同一性体验已发生巨大裂变:由同趋异;(3)第21至第34句表达出在差异中寻求再度同一性的渴望,即在"不同"中见"同";(4)第35至第49句透过个人身世而回复到对差异境遇的描写;(5)第50至第56句抒发内心的疑问和对未来的期待。这五部分依次显示出诗人的望月体验从原有的古典性体验向全球性体验的转变过程:同—异—同—异—同。

这五阶段如果可以说得更具体些，就是：原初同一——由同见异—异中见同—同中见异—异中求同。

（一）原初同一

"茫茫东海波连天，天边大月光团圆。送人夜夜照船尾，今夕倍放清光妍。"这表达了黄遵宪在中国传统审美方式的无意识支配下产生的对于月亮的原初的同一性体验。诗人置身于太平洋上，适逢中国传统的中秋节，一时间感到分外亲切，心中涌动着传统审美方式赋予他的那些生动感人的月亮原型，所以有"天边大月光团圆"和"今夕倍放清光妍"的特殊感受。天上的"月圆"与地上人的"团圆"之间的同一性关系，是中国文化传统模式规定的。诗人的望月之眼早已被灌注了这种中国文化传统内涵，相比而言，西方诗人则不会有这样的眼睛。于是，在中秋夜凝神望月的瞬间，他自然会无意识地"看见"格外光亮和浑圆的团圆之月。当然，这同时也与切身体验有关：在太平洋上看见的月亮确实比在内陆看见的显得更大更亮更圆。

（二）由同见异

然而，上述原初同一性体验却是短暂易逝的。在这古典性体验与全球性体验相转化的关口，它不可能持续长久。诗人突然意识到，自己已不再置身在中国大地，而是浪迹茫茫太平洋上。"一舟而外无寸地，上者青天下黑水"，这样新异环境下的太平洋望月体验，对这位生长在中国大陆的诗人来说，是陌生、神秘并带着恐惧的。他的属于中国传统的望月无意识已在此悄然转换为新的全球性意识。黄遵宪发现："登程见月四回明，归舟已历三千里。"过去在中国，在人工船上看月亮，四夜行走至多不过数百里而已。而现在在机械轮船上望月，却竟已行进"三千里"。行进的速度变了，人所跨越的实际空间及相应的心理时间就都同时发生了改变，从而对整个生存境遇产生了全新体验。

诗人在这里体验到了古今之"异"和中西之"异"。"大千世界共此月，世人不共中秋节。""大千世界"在这里借助佛教语指今日意义上的世界。也就是说，这不再是古典中国宇宙观所拥有的"中国中心"

意义上的"天下",而是指今日所谓全球或全世界。黄遵宪不得不接受了新的全球性宇宙观。然而,他又惊奇而懊恼地发现,全球各民族诚然共同拥有一个月亮,却没有同样的"中秋节",无法获得同样的望月体验。中秋望月似乎只属于中国人。"共"强调全球地理之"同",而"不共"则有力地突出了古今文化、中西文化之"异",从而显示了全球地理与民族文化之间的差异性冲突。

诗人的时间意识也出现了裂变。"泰西纪历二千年,只作寻常数圆缺。""纪历二千年"是指公历纪年,当时实际只有 1885 年,这里举其成数。"泰西纪历"显然是与中国的阴历、夏历或农历迥然不同的另一种纪历方式,显示了中国人与西方人在时间意识上的巨大差异。时间意识及相应的纪历方式不同,对月亮的感受也就有差异。黄遵宪意识到,月亮的阴晴圆缺只是对中国人具有特殊的团圆与分离意味,而在西方人那里则只不过是平常的阴晴圆缺而已,即使是对于中国人如此重要的中秋节,也只是寻常的宇宙运行而已。

诗人由中西方之间望月体验的差异,更联想到种族或民族之间的差异,即由望月之异进展到种族之异。"虬髯高歌碧眼醉,异方乐只增人愁。"诗人异常强烈地感受到,当白种人乐兴大发地沉醉于自己的民族歌曲时,中国人不仅不能同醉,反倒平添愁怨。

"此外同舟下床客,梦中暂免供人役。沉沉千蚁趋黑甜,交臂横肱睡狼藉。"诗人的视线转向同舟共济的下等劳工,一种同情感油然而生。这种同情感,实际上已不同于昔日中国诗人笔下的属于中华民族内的同情体验,而开始具有全球普遍人性特征。在这种全球普遍人性意识支配下,诗人强烈地感受到人与人之间、种族与种族之间的不平等或差异。

(三)异中见同

接下来抒情转入第三阶段。如果说上一阶段表达了一种新的陌生、奇异而又令人恐惧、痛苦的全球性体验的话,那么,这里则是在陌生、奇异和痛苦中,通过古典传统原型而寻求同一性体验。这是一种新的异中见同。而全诗也在此时达到抒情的高潮。而这一高潮是以身心激动后的平静或平和的方式出现的，是对上述全球性震惊作内在调节的心理结果。"鱼龙悄悄夜三更，波平如镜风无声。一轮悬空一轮转，徘徊独作巡檐行。我随船去月随身，月不离我情倍亲。"诗人仿佛于突然间消除了全球性带来的陌生感和创痛而重新与古人接通，从月亮身上获得了熟悉而亲切的认同性体验。尽管身处全球性境遇中，月亮毕竟还是如他回忆中的月亮那样满溢亲情，亲如知己。"汪洋东海不知几万里，今夕之夕惟我与尔对影成三人。"上句显示诗人在全球性境遇中的陌生而奇异的体验，在这种体验中太平洋宽阔无边，深不可测；下句则诉说他在全球性境遇中的重新认同：他与明月如老朋友般亲切地"对影成三人"。黄遵宪显然清晰地记得唐代诗人李白的《月下独酌》："花间一壶酒，独酌无相亲。举杯邀明月，对影成三人。"置身在浩瀚而陌生的太平洋上，黄遵宪竟然重新发现了仿佛已久违的知音，使自己在望月的瞬间实现了一个现代中国人的身份认同。他似乎在宣布：即便是置身在一个陌生而奇异的全球性世界中，中国人还是能够通过月亮而重新发现失落在茫茫地球上的自我！

由这专属于中国的月亮，诗人自然联想到祖国亲人。"举头西指云深处，下有人家亿万户，几家儿女怨别离？几处楼台作歌舞？悲欢离合虽不同，四亿万众同秋中。"诗人的个人体验骤然间升华为整个中华民族的集体体验：在西边的白云深处，生息着四亿中国同胞，他们的怨别伤离、悲欢离合等体验方式虽彼此各有不同，却由于有着同一个中秋节，而呈现出同一性。正是由于中秋节这一民间节庆的存在和延续，使得中华民族能够在同一个纽带维系下团聚为一个整体。既"不同"又"同"，这样的语词运用是十分恰当和有力的，明确而深刻地表达出诗人在不同境遇中的同一性体验。那么，这种同一性体验在全球性时代能长久持续吗？

（四）同中见异

在下面的第四阶段里，诗人又从个人的亲身体验出发，由同而见异，清醒地意识到古今、中西之间的差异不可避免。"岂知赤县神州地，美洲以西日本东，独有一客歌孤篷。此客出门今十载，月光渐照鬓毛改。观日曾到三神山，乘风竟渡大瀛海。""岂知"一词，准确地传达出诗人的体验的转折，预示着由"同"到"异"的心理转变。"三神山"本指传说中的渤海三座仙山蓬莱、方丈和瀛州，这里借指日本。而"大瀛海"，来自《史记·孟子荀卿列传》。齐人邹衍认为，中国居赤县神州，中国之外像赤县神州的州还有八个，合为九州，其外有小海环绕。被小海环绕的九州又可称为一州，像这样的大州也共有九个，外面有"大瀛海"环绕。"大瀛海"在这里借指黄遵宪正置身于其中的太平洋。诗人的思绪不禁转向自身。作为一个中国人，他与足不出"四海"的先辈不同，到过日本和美国，遭逢前所未有的全球性境遇，似乎身不由己地被抛入一个新奇的世界。这是幸运还是不幸？无论如何，诗人已注定了置身在一个全球性世界里，领受到全球性带来的个人命运变故。"大瀛海"一词的使用是一个富有意义的象征性事件，表明作为诗人的黄遵宪已经抛弃了古典"中国中心"的"天下"观，而接受了经过古代邹衍"九州"说过滤的现代全球意识。

"举头只见故乡月，月不同时地各别，即今吾家隔海遥相望，彼乍东升此西没。嗟我身世犹转蓬，纵游所至如凿空，禹迹不到夏时变，我游所历殊未穷。"这里的"不同""各别""不到""变""未穷"等词语，鲜明地突出了"异"的存在和诗人对其的痛切体验。这里述说诗人特殊的同中见异处境：我尽管沐浴在"故乡月"的同一性光辉中，但游踪所至却是大禹未曾到过的、不用夏历的地方，那是一个奇异的全球新世界。由此，诗人经受到古今、中西两种时空意识的冲突的煎熬，清醒地意识到自身的"异化"境遇。

（五）异中求同

最后，诗人在强烈的非同一性体验中禁不住对中国、世界及个人的生存境遇发出激烈的质疑。"九州脚底大球背，天胡置我于此中？异时汗漫安所抵？搔头我欲问苍穹。倚栏不寐心憧憧，月影渐变朝霞红，朦胧晓日生于东。"诗人感到，自己是身在"九州"脚底、"大球"脊背，而"异时"将置身何处，竟不得而知，不得不仰问上苍。"异时"一词突出了对未来的不可知及其焦虑。面对这一全球性"异化"境遇，诗人不禁发出"天问"式质问:"天胡置我于此中?异时汗漫安所抵?搔头我欲问苍穹。"这一"天问"自然是一时无法解答的,但诗人依旧执着地仰望上天,寻求答案,一直望到月亮消失而朝日升起。"倚栏不寐心憧憧,月影渐变朝霞红,朦胧晓日生于东。"答案没有找到,但见"朦胧晓日"已升腾于东方。末句"朦胧晓日生于东",可以说隐约地表征着诗人对于祖国的朝日般未来的朦胧想象和期冀。在这里,可以感受到古代诗歌中"海日生残夜"的原型形象的延续。诗人从这一古典审美与文化原型中,似乎已经遥望到了他急切盼望的新的同一性基础。不过,联系全诗语境看,这种同一性基础是脆弱的:毕竟此月已非古时月,业已转化为全球性月亮了。

这样,全诗以五阶段展现出"同"与"异"、"同一"与"非同一"的冲突。这一冲突的存在及其展开,显示了诗人内心的全球性体验的进程及其冲突状况。它表明,全球性体验并不是一个内容单一的同一性整体,而是充满了"古"与"今"、"中"与"西"的对立以及更为根本的"同"与"异"的矛盾,即呈现出古代时空意识与现代时空意识、中国文化与西方文化、同一性与非同一性的紧张关系。而且这些对立或矛盾又并不只是全球性体验的原因,而同时就是它的必然组成部分。换言之,全球性体验本身就包含着种种复杂的内心冲突,就是这种冲突的展开及其寻求解决的过程。

对《八月十五日夜太平洋舟中望月作歌》当然还可以有别种读法,即便是五阶段划分也还可以讨论,我的读法只是表明了我从全球性体验角度阅读和理解黄遵宪的过程及其结果。尽管如此,这诗的意义已经显露出来了:它透过诗人在太平洋上的新奇的望月体验,具体地显示了中国人的全球性体验的曲折的内心发生轨迹及其内部所包含的丰富的"同"与"异"的冲突性内涵。读完这首诗,一位古典格律诗人在面对新奇的全球性境遇时经历的震惊、痛苦、欣喜、平静和焦虑等种种复杂反响,已经鲜明地呈现在我们的脑海里。借助望月体验而刻画中国人的全球性体验的复杂演变过程,典范地体现出黄遵宪自己的美学原则:"诗之外有事"和"诗之中有人"[①]。他是通过描写个人的

[①] 黄遵宪.《人境庐诗草笺注》上册,上海古籍出版社,1981,第3页。

望月体验的演变（"诗之中有人"）而揭示了中国人生存境遇的全球性转变这一历史性事件（"诗之外有事"）。这样一种望月体验显然已成为全球性中国形象的一部分。

由于是以古典格律诗表现新的全球性体验，这诗更显示了特殊的审美与文化价值：它在中国诗歌的旧格律框架中尽情地表达新的全球性体验的曲折发生过程及其复杂内涵，显示了旧格律在开拓全球性体验方面所能达到的最高美学绝境，从而也等于宣告了中国旧体诗表现全球性体验的终结。在我们考察中国全球性体验的具体发生状况时，这首诗正是一个可供反复阅读的意味深长的典范性本文。它作为中国诗歌由古代形态向现代形态转变的一个代表性本文，在中国文学史上具有重要的审美与文化意义。

对这首诗的阅读也表明，全球性归根到底是以个人对生活世界的体验为地面的。现在已经到了返回这种全球性的地面的时候了。

中国现代性的特征[1]

尽管现代性早已成为我国学界的热门话题之一,但中国现代性与其他各国现代性相比是否有其独特处及这种独特处怎样,却往往要么被人回避,要么被仅仅纳入普遍的世界现代性描述中。本文尝试对这个问题提出一种初步探讨。

一、现代性的特征问题

我觉得,识别现代性,最简要的方法就是寻找并抓住它的主要特征。我的意思是,中国现代性应当有属于自身的独特标志即特征。关于中国现代性(modernity),要说的方面很多。单说这个概念的来龙去脉及其丰富而又复杂的含义,就够专家们写好多部专书。[2] 这里不妨来直接追问一个看似简单然而具有基本意义的问题:对于一个时时刻刻在体验现实生存境遇的中国个人来说,现代性意味着生活中哪些新东西?也就是,在个人的体验中,与古典性相对,现代性能带来怎样的生活新特征?他可能无法用准确的学术语言去阐述现代性的含义,但是却可以实实在在地感受到现代性带给他的生活的种种实际影响。什

---

[1] 本文原载《河北学刊》2005 年第 5—6 期。
[2] 马泰·卡林内斯库:《现代性的五副面孔》,顾爱彬、李瑞华译,商务印书馆,2002,第 1－102 页。

么样的文化特征才足以被称为与古典性不同的现代性？这确实值得认真追究。我以为现代性的特征正是中国现代学的焦点性问题之一。

（一）陈独秀论"近代文明之特征"

早在1915年，陈独秀就对中国现代性的"特征"做了自己的探讨，为我的讨论提供了借鉴。尽管他用的术语是"近代文明之特征"，但实际上与我所谓现代性的特征应是相通的，甚至基本上就是一回事，因为他关心的就是中国的区别于古代的现代特征问题。按照他的看法，现代性的特征应当是那些"最足以变古之道，而使人心社会划然一新者"，即最能够转变古典规范而使人心与社会都焕然一新的那些要素。这确实有道理。就这种特征，他提出了"三事"："一曰人权说，一曰生物进化论，一曰社会主义"①。这三件事都涉及有关人类个人与社会发展的新观念，确实是现代性题中应有之义。但是，如果从现代性的整体状况来看，显然还过于狭窄，未能就其他方面如宇宙模式、制度变革等提供更加全面的观察。

（二）吉登斯论"现代性三要素"

值得参考的最近一个观点，来自英国当代社会学家吉登斯（Anthony Giddens）。他在《现代性与自我认同》（Modernity and Self-Identity, 1991）一书里讨论了构成"现代性"的三个主要"动力品质"或"因素"：时空分离、抽离化机制和反思性。首先是"时空分离"（separation of time and space）。按他的分析，在"前现代"社会，尽管每种文化都有其特定的时间计算和空间定位模式，但其共同点在于：时间和空间往往"通过空间的定位而联结在一起"，换言之，"通过地点联结在一起"。而在现代性条件下，时间与空间的分离首先表现在，时间的"虚空"维度发展了。机械时钟的发明和扩散是这一过程的最初标志："机械计时工具的广泛使用不仅促进而且预设了日常生活组织会发生深刻的结构变迁，这种变迁不仅是区域性的，而且，它无

---

① 陈独秀：《法兰西人与近世文明》，载《独秀文存》，安徽人民出版社，1987，第10页。

疑也是全球化的过程。……世界地图，作为一种全球规划，其上面再也没有禁地，它在空间的'虚空'上是与钟表一样的符号。它不仅仅是描绘'那有什么'或作为地球地理学的模型，而且更是社会关系中基本转型的建构性要素。"① 吉登斯相信，现代性"时空分离"机制有助于世界的积极的转型，"它为不同场合协调社会活动提供了时空重组的坚实基础"②。时空分离导致了"时空重组"，世界获得了重新组织或构造的新机遇。由于如此，时空分离的"深入发展"对社会进步产生"巨大的推动力"，"使得现代社会生活逐渐脱离开传统的束缚"③。按照吉登斯的乐观设想，当全球各种原来相对封闭和自主的文化，都消除了各自的时空模式而在同一种机械计时方式之下统一起来时，世界的时间和空间必然地获得了重新组合或转型。

由于时空的分离导致时空的虚空化，就有了现代性的第二种基本要素：社会制度的抽离化机制（disembedding merchanism）。抽离化，是说"社会关系从地方性的场景中'挖出来'（lifting out）并使社会关系在无限的时空地带中'再联结'"。吉登斯认为抽离化机制由"抽象系统"（abstract systems）构成，包括"象征标志"（symbolic tokens）和"专家系统"（expert system）两种类型。"象征标志"指的是那种具有一定"价值标准"的能在"多元场景"中相互交换的"交换媒介"，如货币。而"专家系统"是指那种"通过专业知识的调度对时空加以分类的"机制，这些专业知识包括食品、药物、住房、交通、科学、技术、工程、心理咨询或治疗等。重要的是，无论是"象征标志"还是"专家系统"都往往独立于使用它们的具体从业者和当事人，依靠"信任"（trust）关系而发挥其作用。④ 例如，当我们用货币去商场购物，或是到邮局寄信时，不必靠熟人关系，只要"信任"货币这

---

① 吉登斯：《现代性与自我认同》，赵旭东、方文译，生活·读书·新知三联书店，1998，第18页。
② 吉登斯：《现代性与自我认同》，赵旭东、方文译，生活·读书·新知三联书店，1998，第18–19页。
③ 吉登斯：《现代性与自我认同》，赵旭东、方文译，生活·读书·新知三联书店，1998，第19页。
④ 吉登斯：《现代性与自我认同》，赵旭东、方文译，生活·读书·新知三联书店，1998，第19–20页。

一象征标志或邮电系统就行了。正是这些为全球社会变革提供了有利条件。

现代性包含的第三个基本因素是"现代性的反思性"（reflexivity）。它不是指通常那种对于外在行动的内在反思监控过程，而是一种社会制度化了的社会生活本身的内在机制，具体说是指"多数社会活动以及人与自然的现实关系依据新的知识信息而对之作出的阶段性修正的那种敏感性"。也就是说，这种社会制度已内在地规定了例行化地或定期地把专门知识应用到社会生活情境中，并对这种社会生活加以重组、建构或转型。所以他又使用"现代性制度反思性"（institutional reflexivity）一词。这表明，在现代性条件下，运用专门知识系统去反思社会生活状况并导致其重组、建构或转型，已成为一种必要的经常性"制度"①。吉登斯的现代性三要素理论确实有助于思考世界范围内文化现代性的普遍特征。

（三）中国现代性的五个特征

应当清醒地认识到，中国现代性是全球现代性的一部分，不可能超离这个整体而独行其是、另搞一套。在此，单纯强调中国"国情"的特殊性而忽略普遍性现代性问题，会走向死胡同。

不过，另一方面，重要的是看到，中国现代性毕竟有自身的具体呈现方式：第一，它不是西欧那种先发性或原生性现代性文化，而属后发的现代性，因而就有一个模仿与反模仿、影响与过滤等问题；第二，进一步看，中国还是一种拥有数千年辉煌历史传统以及负重的文化，这种文化具有一整套独特而完整的宇宙模式、社会制度、价值系统等，它们会"过滤"任何一种新介入的现代性因子，因而必然地会在现代性进程中发生特定的有力作用，正面的或负面的、积极的或消极的、显著的或隐蔽的，等等。例如，陈独秀首先标举"人权说"，无论其是否准确，本身就反映了中国现代性问题的一种特殊性：中国人总是根据自身的现代性境遇去提问并且尝试解决，他觉得中国的"人

---

① 吉登斯：《现代性与自我认同》，赵旭东、方文译，生活·读书·新知三联书店，1998，第22页。

权"问题是现代性的根本所在,所以必然会加以突出。这无论如何都与西方学者的主张有所不同。

所以,探讨中国现代性的特征,需要顾及普遍的全球现代性状况,由此深入到中国自身的具体的现代性问题境遇中。从中国现代性的具体问题境遇来看,对此的分析可以涉及很多方面,但以下几方面应是必不可少的:第一是宇宙模式的改变。这是中国人的最深厚的世界观和人生观的基本范型的变化,它的变化不能不引起一连串的连锁效应。与吉登斯所谓"时空分离"相比,中国人的宇宙模式的变化要剧烈得多、伴随着更深的民族苦痛。第二是民族观念的变化。这涉及中国人对地球上其他民族(他者)的新看法,从而也回头涉及中国人对自我的新看法。当他者从弱小或蛮荒的"西域"变成强大而陌生的"泰西"时,中华民族不得不调整自己的自恋幻觉。这一点是吉登斯难以真切地体察的。第三是社会制度的变化。这合乎吉登斯的三要素之第二要素——"社会制度的抽离化机制"。一系列现代政治、法律、伦理、教育、学术、新闻、艺术等制度的建立及其合理化、合法化,意味着中国人的社会生活方式发生整体性的巨大变化。第四是价值系统的变化。这一点在中国现代性进程中呈现出独特的历史具体性:鸦片战争以来中国社会的一系列重大变化,无不可以溯源到道与器之间的等级观念的变迁。重新认识并调节现代器物与道的关系,不能不是中国现代性的一个具有自身特色的基本问题。正是在这种重新认识与调节过程中,中国人固有的人生价值尺度发生了改变。第五是人的观念的变化。这一点没有被吉登斯强调,但在中国却具有特殊的重要性。因为,中国人在现代性进程中越来越深切地感受到,新型的人的观念既是现代性成功的基本前提,也是它的题中应有之义。如果没有人的觉醒、个体人格的确立,现代性注定了是虚幻的允诺。这就涉及中国固有的人的学说、规范、主张等的重大转变。由这些方面可以见出构成中国现代性的特征的五要素:地球模式、民族协同观、制度转型论、道器互动说和人权说。

二、现代性的特征1：地球模式

一种文化总是与一种特定的地点相联系的，总是在特定地点上生长。而这种文化对这一地点的自我理解，将在很大程度上决定这种文化的状态本身。这一点并非出于简单的地点或地理决定论，而是看到如下事实：对自身所处的特定地点状况的自我理解，正是文化本身的关键性组成部分之一。中国人对自身所处的"宇宙"的理解正是如此。中国处在怎样的宇宙环境中？它在这个宇宙中的地位、形象、权力如何？与此相连的是，中国与其他文化的关系又怎样？这正是中国文化建构的重大问题之一。

在戊戌变法期间，一位叫作皮嘉祐的人写过一首《醒世歌》："若把地球来参详，中国并不在中央，地球本是浑圆物，谁居中央谁四旁？"这首诗歌里描述的地球图景，对今天的中国人，即便是不到十岁的孩子，也都是再普通不过的常识了：我们是中国人，中国在圆圆的地球上，地球是太阳系的一颗星，太阳系不过是远为浩瀚的天体的一小部分而已。在过去20年里，无论在中国还是在世界上其他华人社区，许多中国人都不约而同地先后喜欢上两首流行歌曲："河山只在我梦萦，祖国已多年未亲近，可是不管怎样也改变不了我的中国心。洋装虽然穿在身，我心依然是中国心，我的祖先早已把我的一切烙上中国印。长江、长城、黄山、黄河，在我心中重千斤。无论何时、无论何地，心中一样亲！流在心里的血，澎湃着中华的声音，就是身在他乡也改变不了我的中国心。长江、长城、黄山、黄河，在我心中重千斤。无论何时、无论何地，心中一样亲！"（《中国心》）"我们都有一个家，名字叫中国。兄弟姐妹都很多，景色也不错。家里盘着两条龙是长江与黄河呀，还有珠穆朗玛峰儿是最高的山坡。我们都有一个家，名字叫中国。兄弟姐妹都很多，景色也不错。看那一条长城万里在云中穿梭呀，看那青藏高原比那天空还辽阔。我们的大中国呀，啊，好大的一个家！经过那个多少那个风吹和雨打。我们的大中国呀，啊，好大的一个家！永远那个永远那个我要伴随它。中国，祝福你！你永远在我心里。中国，祝福你！不用千言和万语！嘿！"（《大中国》）

尽管可以说《中国心》曲调庄重而富于深情，《大中国》则诙谐而轻快，但它们都共同地表达了中国人的一种现代性体验：我们是由众多"兄弟姐妹"组成的中华民族大家族，拥有同样的"中国心"和"中国印"；"中国"是我们共同的"家"，它拥有长江、长城、黄山、黄河、青藏高原和珠穆朗玛峰；中国是地球上的一个国家，而且是地球上一个独具特性和魅力的国家，我们为做一个中国人而无比自豪；即便是身在异国他乡，我们也会感受到"中国"的无限力量！这样的激情歌唱，包含了现代中国人的一种十分自然而又基本的世界体验或知识：我们所生活的国家叫中国，中国是位于地球东半球的一个多民族国家。可以说，今天没有任何人会对这样最基本的世界体验或知识发出疑问。它们太令人熟悉了！

但很少人想到，这样的宇宙模式并非古已有之或古往今来一直延续下来，而仅仅是现代性的产物，是中国人经历极其倔强的抗拒以后才缓慢地明白的事实。确实，直到明代末年利玛窦向中国人描绘地球图式之前，古典中国占主导地位的还是"天地之中"的宇宙图式，处在这个图式中央的是"中国"；"中国"正是"天地之中"或"天下之中央"的意思。北宋的石介写了一篇《中国论》，其描述颇有代表性，完全可与《醒世歌》对比起来阅读："夫天处乎上，地处乎下，居天地之中者曰中国，居天地之偏者曰四夷。四夷外也，中国内也。天地为之乎内外，所以限也。"[①] 在这一宇宙图式中，处在天地的中心的是中国，而处在天地的边缘的是四夷；四夷在天地的外缘，而中国在天地的内缘。这里呈现出一种明确的"同心圆"宇宙模式：中国处在宇宙的圆心，而四夷散落在圆心周围，围绕着这个圆心旋转。这样一种宇宙图式植根在中国人心中，成为中华民族的集体记忆和知识。意大利传教士利玛窦（Matteo Ricci，1552—1610）在明代万历年间进入中国，

---

① 石介：《中国论》，载《徂徕石先生文集》卷十，中华书局，1984，第116页。

向明神宗进呈自鸣钟等西方器物，并讲解《万国图志》等，在中国人面前展示了崭新的地球图式。他广交中国士大夫，广泛传播西方天文、数学、地理等科学技术知识，并翻译科学著作及世界地图《坤舆万国全图》等。从此，地球论开始挑战古典中国固有的宇宙模式。

当然，变化是缓慢的。偏安于东方的中国人那时还缺乏预感，大多对此只当异端邪说笑看，使得利玛窦带来的奇异的地球图式未能迅速动摇中国古典"天地之中"模式的权威。除了徐光启等少数人热情地吸纳以外，"骤闻而骇之者甚众"①，或"诞之莫信"②，或加贬低，或予批驳。即使像王韬、李圭和薛福成一类亲自"开眼看世界"的文人，最初也是坚守传统地理学模式的，对西方传入的"地球"说持怀疑或排斥态度。他们只是要等到亲身体验了西方以后，才逐渐地转变了以往信念。李圭在评论20世纪70年代中期的主流观点时还说："地形如球，环日而行，……我中华明此理者固不乏人，而不信是说者十常八九。"这一说法确实能反映当时中国人的普遍心态。他自己是在1876年游历美国后，才产生出根本性转折的。他自述最初对"地球"说"亦颇疑之。今奉差出洋，得环球而游焉，乃信"③。出使欧洲的薛福成在20世纪90年代初的见解似乎是一种总结："天圆而地方，天动而地静，此中国圣人之旧说也。今自西人入中国，而人始知地球之圆。凡乘轮舟浮海，不满七十日即可绕地球一周，其形之圆也，不待言矣。"④ 他已经宣告了"中国圣人旧说"的衰败和"地球说"在中国人心目中的新生命。

可以说，直到1840年鸦片战争爆发，或者甚至之后几十年，当"泰西"不断在中国显示其强大的军事、科技、政治与文化力量，而固守古典宇宙模式的中国一败再败终于一败涂地、置之死地而求新生时，地球模式才逐渐地、越来越有力地介入中国人的体验，成为现代性体

---

① 《四库全书总目提要》（上册）卷106，第895页，参见郭双林：《西潮激荡下的晚清地理学》，北京大学出版社，2000，第240页。
② 姚莹：《康輏纪行》，黄山书社，1990，第498页。
③ 李圭：《环游地球新录》，湖南人民出版社，1982，第312页。
④ 薛福成：《出使英法义比四国日记》，张玄浩和张英宇标点，湖南人民出版社，1985，第499页。

验的组成部分,并在庚子事变期间终于彻底击败和取代了古典"天地之中"模式。从此,对于每一个中国个人来说,一个明白的日常体验事实出现了:眼中所见所感的天地变了,自我也必然发生改变。那植根在中国人内心数千年的"天地之中"模式,已经让位于新的"地球"模式。皮嘉祐的《醒世歌》正同时呈现了新模式取代旧模式的必要性以及艰难性:"若把地球来参详,中国并不在中央,地球本是浑圆物,谁居中央谁四旁?"当人们走出"天地之中"模式而面对地球仪这一"浑圆物",就会有一个再简单不过的发现:"中国并不在中央";同时,既然地球是圆的,那么处于地球表面的全球各民族国家,就无所谓"中央"与"四旁"了,"谁居中央谁四旁?"这就有力地消解了古典"天地之中"模式,而建构起中国与世界各国共处一体的地球模式。

地球模式作为中国现代性的内涵之一,意味着如下新的体验:中国不再是世界上唯一的超级大国,而不过是世界民族国家之一。这样,古老的"天地之中"摇身一变为地球之一国。这一变化的后果是惊人地严重的:作为"天地之中",中国自我是唯一强盛的存在;而作为地球之一国,中国自我与其他他者相比没有什么特权。地球模式的生成,明明白白地告诉中国人:你只有尊重地球现实,才能重新找到自己安身立命的所在。郭沫若的《地球,我的母亲》(1920)这样写道:

  地球,我的母亲! / 天已黎明了, / 你把你怀中的儿来摇醒, / 我现在正在你背上匍行。

  地球,我的母亲! / 我背负着我在这乐园中逍遥。 / 你还在那海洋里面, / 奏出些音乐来,安慰我的灵魂。

  地球,我的母亲! / 我过去,现在,未来, / 食的是你,衣的是你,住的是你, / 我要怎么样才能够报答你的深恩?

  地球,我的母亲! / 从今后我不愿常在家中居处, / 我要常在这开旷的空气里面, / 对于你,表示我的孝心。

  地球,我的母亲! / 我羡慕的是你的孝子,那田地里的农人,／他们是全人类的保母,你是时常地爱顾他们。

地球,我的母亲!／我羡慕的是你的庞子,那炭坑里的工人,／他们是全人类的 Prometheus,／你是时常地怀抱着他们。

地球,我的母亲!／我想除了农工而外,／一切的人都是不肖的儿孙,／我也是你不肖的子孙。

地球,我的母亲!／我羡慕那一切的草木,我的同胞,你的儿孙,／他们自由地,自主地,随分地,健康地,／享受着他们的赋生。

地球,我的母亲!／我羡慕那一切的动物,／尤其是蚯蚓——／我只不羡慕那空中的飞鸟:／他们离了你要在空中飞行。

地球,我的母亲!／我不愿在空中飞行,／我也不愿坐车,乘马,著袜,穿鞋,／我只愿赤裸着我的双脚,永远和你相亲。……

诗人已经彻底地承认了地球模式,并为这种承认而欢欣鼓舞。承认地球模式,并非远离中国固有宇宙观,而是一种新的返回:正像在道家那里常见的复归"自然"的主张一样,诗人宣告:"我不愿在空中飞行,／我也不愿坐车,乘马,著袜,穿鞋,／我只愿赤裸着我的双脚,永远和你相亲。"承认地球也就是意味着回归古典道家的自然境界。

三、现代性的特征2:民族协同观

一旦摇撼掉"天下之中央"旧图式而建构地球之一国新图景,就必然会波及中华民族与地球上其他民族的固有的民族关系。因为,在一个自以为位居中心的民族看来,自己对四周民族拥有超常的权威是天经地义的;而当它被甩出中心位置时,这种超常权威就自觉衰落了。于是,中国人不得不发现自己不过是地球上民族之林的一部分,不得不放下"天下之中央"的幻觉与自恋,承认与其他民族"协同生长"①。这样,中华民族与地球上其他民族之间协同生长的观念,成为现代性的固有内涵及显著标志之一。

自居"天朝上国"的中华民族或华夏民族,由于置身"天地之中",向来拥有中优外劣的民族优越感:中华民族是最上等的民族,而四周民族则是次等民族。"非我族类,其心必异。"在鸦片战争以前,华夏民族处于一种自我与他者关系的相对充足或完满状态,享受着作为世界中心民族或强盛民族的古典性荣耀。华夏自我对自己作为"天地之中"的中心地位和绝对权威,深信不疑,以主人自居,从而自信地把自己形容为"夏"或"华夏";同时,在这位自我看来,作为外来客人的边缘他者总是野蛮、弱小和低级的少数民族,即属于"夷"或"夷狄"。由于这种明显的自我与他者的权力差异,"华夏"自我才可以具有足够的自主和自信,可以"虚怀若谷"地向外来其他民族即"夷狄"开放。其实,也正是由于有了四周"夷狄"这面他者"镜象",这位自我的位置和权威才得以确证。无论如何,在古典中国的民族关系图景中,中华民族是优等民族,而四周民族是劣等民族。于是,古典性中国形象形成了:"中国"如"夏",位于宇宙模式的"中心"(中央),享有号令天下的最高权威;而周围各国如"夷",位于这个模式的边缘,必须向"中国"主子臣服。与这种"中国"形象相近的,还有"万方之主""百鸟来朝"等经典形象。这种中国形象可以用汉代贾谊在《过秦论》中的描绘来形容:"席卷天下,包举宇内,囊括四海,并吞八荒。"而王维的"九天阊阖开宫殿,万国衣冠拜冕旒",则令人想起这个"天朝上国"的赫赫威仪。

在今天看来,中优外劣心态不过反映了那时特定状况下中华民族的一种自我迷恋或自我幻觉而已。黄遵宪辩护说,中国人自称"中华"或"中国"在当时是并无现在所以为的"自尊卑人"之意的,因为那是由中国其时所处的特定历史条件所致。"天下万国,声名文物莫中国

---

① 鲁迅:《热风·随感录三十六》,载《鲁迅全集》第1卷,人民文学出版社,1981,第307页。

先,欧人名为亚细亚,译义为朝,谓如朝日之始升也。"中国在古代属文化发达国度,而四周他者(邻居)却欠发达。"其时环中国而居者,多蛮夷戎狄,未足以称邻国。中国之云,本以对中国之荒服边徼言之。因袭日久,施之于今日,外国亦无足怪。……余考我国古来一统,故无国名。国名者,对邻国之言也。然征之经籍,凡对他族则曰华夏。"①"中国"(天下之中央)这一名称是由中国与当时四周不发达的邻居"蛮夷戎狄"相比较而言的,它们由于文化上的弱小和未开化,"未足以称邻国",所以只能称"夷"。黄遵宪的这一辩护虽然难免有缅怀"中国中心"幻觉之意,但显然有其历史合理性。这样的看法后来引起杨度、梁启超、汪康年和章太炎等人的反响。②杨度就根据这种历史环境制约之说,探讨了古代中国人缺乏全球性或世界性视野的原因:

　　……故夫中国之在世界也,自开国以至如今,亦既数千年矣。然此数千年中,所遇者无非东洋各民族,其文化之美,历史之长,皆无一而可与中国相抗,实无一而有建立国家之资格,于是有中国之国家,为东方唯一之国家。中国之名称,不能求一国名与之对待,即有之非终为其并吞之领土,即其臣服朝贡之属国,亦决无与之相颉颃者。故中国数千年历史上,无国际之名词,而中国之人民,亦惟有世界观念,而无国家观念。此无他,以为中国以外,无所谓世界,亦无所谓国家。盖中国即世界,世界即中国,一而二二而一者也。③

在中国古代环境条件下,"中国"就是"世界","世界"就是"中国",因而那时的中国人并不需要现代意义上的"国家"概念。只是由于西方的崛起及全球性扩张,"中国即世界"的既成关系格局才被打破:

---

① 黄遵宪:《日本国志·邻交志上一》,载《黄遵宪全集》下册,中华书局,2005,第931页。
② 郭双林:《西潮激荡下的晚清地理学》,北京大学出版社,2000,第297-299页。
③ 杨度:《金铁主义说》(1907),载《杨度集》,湖南人民出版社,1986,第214页。

自近数十百年以来，经西洋科学之发明，于水则有涉大海破巨浪之轮船，于陆则有越大山迈广原驰骋万里之汽车，于空则有飞山驾海瞬息全球之电线，西人利用之，奋其探险之精神，率其殖民之手段，由欧而美而非而澳，乃忽然群集于东亚大陆，使我数千年闭关自守、以世界自命者，乃不得不矍然而惊，瞠然而视。仰瞩遥天之风云，俯视大海之波涛，始自觉其向之所谓世界者非世界也，不过在世界之中为一部分而已。此世界之中，除吾中国以外，固大有国在也。于是群起而抗之，仍欲屏之吾国以外。然讵知其处心积虑以图我者，不仅不可屏也，乃与之交涉一次，即被其深入一次。又奋而与之战，其结果则仍与之战争一次，抑更被其深入一次。经数十年之交涉战争，经数十年之深入复深入，以至如今，自吾政府之军国重事，以至人民之一衣一食，皆与之有密切关系焉。①

　　中国"人民"就是这样被迫抛弃"中国即世界"的固有信念而接受中国"在世界之中为一部分而已"的事实。如此，由于现代生存环境的根本改变，即前面所谓地球模式确立，尤其是中国自我与西方他者的具体实力对比发生决定性大逆转，新的地球模式和民族协同观念才得以产生。

　　直到20世纪末，英国历史学家霍布斯鲍姆还在《极端的年代》(1994)里这样评论中华民族的自我优越感及其难以动摇性："中国民族的同一性不但远超过其他许多国家——94%的人口为汉族——并且作为一个单一的政治实体（虽然其间或有分裂中断），至少可能已有两千年历史之久。更重要的是，在两千年中华帝国岁月的绝大多数时间里，并在绝大多数关心天下事的中国人心目当中，中国是世界文明的

---

① 杨度：《金铁主义说》(1907)，载《杨度集》，湖南人民出版社，1986，第214-215页。

中心与典范。"① 尽管不少西方人轻视中国，把它视为愚昧和贫穷的边缘国度，"但是中国可不这样想"。"它认为——相当正确的看法——自己的古典文明、艺术和文字，以及社会价值系统，是其他国家公认的精神鼓舞及模仿对象，对日本尤其恩深泽重。像这样一个文化大国，不论由集体角度看，或从个人地位与其他任何民族相比，自然毫无半点知识文化不如人的自卑感觉。而中国周围的邻近国家，也没有一国能对它造成丝毫的威胁；再加上中国发明了火药，更可高枕无忧，轻而易举将犯境的野蛮人拒之边外。于是中国人的优越感，更获得进一步的肯定，虽然这种心态，曾使得它在面对西方帝国的扩张时，一时措手不及。19世纪时，中国在科技上的落后，变得再也明显不过——因为科技不如人，直接便表现为军事上的不如人。但是这种落后现象，事实上并非由于中国人在技术或教育方面无能，寻根究底，正出在传统中国文明的自足感与自信心。因此中国人迟疑不愿动手，不肯像当年日本在1868年进行明治维新一样，一下子跳入全面欧化的'现代化'大海之中。因为这一切，只有在那古文明的捍卫者——古老的中华帝国——成为废墟之上才能实现；只有经由社会革命，在同时也是打倒孔老夫子系统的文化革命中，才能真正展开。"② 霍布斯鲍姆冷静地看到，正是"中国人的优越感"或"传统中国文明的自足感与自信心"，导致了中国人在现代巨变时刻的一再"迟疑"，阻碍着他们像日本人那样迅速变法以便适应"现代化"转型。

确实，只有当"古老的中华帝国"沦落为"废墟"后，中华民族才不得不忍痛丢弃根深蒂固的自足感和自信心，获得新的身份认同：中华民族不再是地球上唯我独尊的高等民族，而不过是地球上彼此平等与协调的多民族的一员；生存在地球上的各民族之间无所谓高低优劣，都应当彼此平等和协调。而这种民族平等观念一旦产生，一种令中国人痛苦的否定性图景就赫然显现了：在20世纪初西方列强环伺的

---

① 霍布斯鲍姆：《极端的年代》（下），郑明萱译，江苏人民出版社，1999，第687页。
② 霍布斯鲍姆：《极端的年代》（下），郑明萱译，江苏人民出版社，1999，第688页。

特定情形下，中华民族已经沦落为低一等的被侵略与被压迫民族了。

正是在这种哀痛和缅怀体验中，人们纷纷起来重新思索中国人及其与地球上其他民族的关系。与古典性体验认定中国优越于外国（"华我夷人"）不同，在现代性体验中，中国人既有人类普遍性或普遍人性，又有自身的独特民族性或民族特异性。一方面，中国人挣脱了古代"夷夏""家国""三纲五常"等传统观念的束缚，承认自己并不优越于全球其他民族，而是同他们在许多方面一样，并且接受了凡人类无论种族或民族均平等相待、协同生长等观念，相信自由、平等、爱、民主等普遍性价值尺度。当然，应当看到，这种承认在庚子事变至民国初年曾经伴随着一种极端倾向——就是悲观地认定"中国人"已经远远落后于世界上先进民族，甚至要"国亡种灭"①，从而对中华民族的现代命运充满了"大恐惧"②。

确实，自从庚子事变和辛丑条约之后，外国人在中国人的心目中已经具有了强大而不可一世的地位。李伯元的《文明小史》（1903—1905连载）描写洋瓷碗事件，正显示了这种民族心态演变。永顺府柳知府作为朝廷命官，深深知道洋人是不能惹的，否则要出"大乱子"，所以，仅仅因为店小二不小心打碎洋人的瓷碗就把他关押起来。区区洋瓷碗事件被知府小心翼翼地对待，正是由于它代表着外国人，是外国人的权威地位的表征，不能冒犯。柳知府的话透彻地显示了清朝官员对待外国人的这种低三下四的态度："他们外国人最是反面无情的，究竟打掉一个碗，不是什么要紧东西，也值得拖累多少人，叫人家败家荡产吗？不过现在他们外国人正在兴旺头上，不能不让他三分。可怜这些人哪一个不是皇上家的百姓，我们做官的不能庇护他们，已经说不过去，如今反帮着别人折磨他们，真正枉吃朝廷俸禄，说起来真叫人惭愧得很！然而也叫做没法罢了。"外国人的"兴旺"正反衬出中国人的地位的衰落。柳知府不"庇护"百姓却"反帮着别人折磨他

---

① 鲁迅：《热风·随感录二十三》，载《鲁迅全集》第1卷，人民文学出版社，1981，第301页。
② 鲁迅：《热风·随感录二十六》，载《鲁迅全集》第1卷，人民文学出版社，1981，第307页。

们",内心是感到"惭愧"的,直叹息舍此而"没法"。这种复杂的心理过程表明了中国人的体验模式的演变。也就是说,从这位一心讨好、巴结外国人的知府的话及其表露的心态演变,可以见出中优外劣心态的解体和相反的外优中劣心态的形成。上述洋瓷碗事件的处置方式,典型地透露出以中优外劣心态为标志的中国古典性体验的终结和以相反的外优中劣为表征的现代性体验的形成。

  一方面是民族协同观的发生,另一方面是中华民族在地球上的生存危机的凸显,这正构成中国现代性在民族关系上的一种特殊景观。因为,民族协同观的提出依赖于古典中优外劣心态的幻灭,而这种幻灭恰恰是由民族危机所致。《文明小史》第二十回借"新派"魏榜贤的演说,勾勒出那时人们眼中的中国及中华民族的危机形象:"诸公,诸公!大祸就在眼前,诸公还不晓得吗?现在中国,譬如我这一个人,天下十八省,就譬如我的脑袋及两手两脚,现在日本人据了我的头,德国人据了我的左膀子,法国人据了我的右膀子,俄罗斯据了我的背,英国人据了我的肚皮,还有什么意大利骑了我的左腿,美利坚跨越了我的右腿,哇呀呀,你看我一个人身上,现在被这些人分占了去还了得!你想我这个日子怎么过呢?诸公,诸公!到了这个时候,还不想结团体吗?团体一结,然后日本人也不敢据我的头了,德国人、法国人,也不能夺我的膀子,美国人、意大利人,也不能占据我的腿了,俄国人,也不敢挖我的背,英国人,也不敢抠我的肚皮了。能结团体,就不瓜分,不结团体,立刻就要瓜分。诸公想想看,还是结团体的好,还是不结团体的好?"这里以譬喻的方式以"人"喻"国",显示了"中国"被列强瓜分的贫弱者形象。可以说,这在一定程度上代表了那时的仁人志士对现代性中华民族形象的普遍体验。

  鲁迅对于清末民初的"大恐惧",也有独到的分析。他在《热风·随感录三十六》(1918)中通过透视这种民族"大恐惧",提出了独特的民族"协同"观:

    现在许多人有大恐惧;我也有大恐惧。

> 许多人所怕的,是"中国人"这名目要消灭;我所怕的,是中国人要从"世界人"中挤出。
>
> 我以为"中国人"这名目,决不会消灭;只要人种还在,总是中国人。譬如埃及犹太人,无论他们还有"国粹"没有,现在总叫他埃及犹太人,未尝改了称呼。可见保存名目,全不必劳力费心。
>
> 但是想在现今的世界上,协同生长,挣一地位,即须有相当的进步的智识,道德,品格,思想,才能够站得住脚:这事极须劳力费心。而"国粹"多的国民,尤为劳力费心,因为他的"粹"太多。粹太多,便太特别。太特别,便难与种种人协同生长,挣得地位。
>
> 有人说:"我们要特别生长;不然,何以为中国人!"
>
> 于是乎要从"世界人"中挤出。
>
> 于是乎中国人失了世界,却暂时仍要在这世界上住!——这便是我的大恐惧。①

鲁迅所极大地"恐惧"的,不是中华民族作为"中国人"的民族身份的"消灭",因为他相信,"只要人种还在,总是中国人","保存名目,全不必劳力费心";与当时许多人(如"国粹"派)的恐惧内涵不同,他所恐惧的恰恰是"中国人要从'世界人'中挤出",即中华民族的"世界人"这一新身份的得而复失。按鲁迅的看法,中华民族的身份认同的焦点不在于自身的"中国人"身份而在于其"世界人"身份,也就是如何从世界各民族生而平等的新观念出发,努力寻求民族的普遍的价值尺度,如自由、平等、人性或人道等。中华民族要想在地球上做合格的"中国人",首先必须丢掉顽固的中优外劣心态而养成民族平等与协调的新习惯:自觉地"与种种人协同生长",即与地球上其他民族的前进主流协调一致。只有这样,中华民族才能为自

---

① 鲁迅:《热风·随感录三十六》,载《鲁迅全集》第1卷,人民文学出版社,1981,第307页。

己在地球上"挣得地位"。

鲁迅在这里使用"挣得"二字表明，他相信中华民族在地球上的新地位或身份不是既定的，不是靠中国文化古典性慷慨地赐予的，而只能来自新的民族间"协同生长"这一生存实践。这种新地位的标准或条件，包括"相当的进步的智识，道德，品格，思想"。鲁迅还充分地估计到，要实现中华民族与地球上其他民族的真正的"协同生长"并非易事，"这事极须劳力费心"。

郁达夫《沉沦》（1921）写一位身患"忧郁症"的留日中国学生，他的"忧郁"及多愁善感处处都与中华民族的民族身份的失落相关。"他们都是日本人，他们都是我的仇敌，我总有一天来复仇，我总要复他们的仇。""他们都是日本人，他们对你当然是没有同情的，因为你想得他们的同情，所以你怨他们，这岂不是你自家的错误么？""我何苦要到日本来，我何苦要求学问。既然到了日本，那自然不得不被他们日本人轻侮的。中国呀中国！你怎么不富强起来，我不能再隐忍过去了。"

小说写"他"渴望异性的爱，在孤独中进了一家酒楼：

> 他看了那侍女的围裙角，心头便乱跳起来。愈想同她说话，但愈觉得讲不出话来。大约那侍女是看得不耐烦起来了，便轻轻的问他说：
>
> "你府上是什么地方？"
>
> 一听了这一句话，他那清瘦苍白的面上，又起了一层红色；含含糊糊的回答了一声，他呐呐的总说不出清晰的回话来。可怜他又站在断头台上了。
>
> 原来日本人轻视中国人，同我们轻视猪狗一样。日本人都叫中国人作"支那人"，这"支那人"三字，在日本，比我们骂人的"贱贼"还更难听，如今在一个如花的少女前头，他不得不自认说："我是支那人"了。
>
> "中国呀中国，你怎么不强大起来！"

他全身发起抖来,他的眼泪又快滚下来了。

面对自己内心极度渴望的日本侍女,这位富于青春活力的年轻大学生本应自信地冲锋向前的,但他却先自"卑怯"起来,"愈想同她说话,但愈觉得讲不出话来"。来自侍女的一句平常的问话,也能掀起他心海深处的惊涛骇浪:"原来日本人轻视中国人,同我们轻视猪狗一样。日本人都叫中国人作'支那人',这'支那人'三字,在日本,比我们骂人的'贱贼'还更难听"。正是在脆弱的民族自尊心的驱使下,这位留学生时时处处都能激发起内心强烈的民族认同冲动。"中国呀中国,你怎么不强大起来!"越是痛感自身的贫弱和卑微,越是急切地盼望民族国家的"强大"。而正是从这种盼望祖国富强的焦渴中,不难见出个人内心的民族自卑情结。

当然,鲁迅的设想是有远见的:中华民族要走向真正的"强大",首先需要彻底消除中优外劣心态而承认各民族"协同生长"的必要性,即不是唯我独尊地继续维护"中国中心"观,而是冷静地承认地球上各民族的平等与"协同生长"。只有与其他民族协同生长,承认"世界人"现实,中国人才能真正重新做回"中国人"本身。而此时的"中国人",显然已经具有了与古典性中国人颇为不同的内涵了:他不再是"天地之中"的"中国人",而是"世界人"之中的"中国人"。以民族协同观取代中优外劣心态,确实是中国现代性的一副经常性特征。

四、现代性的特征3:制度转型论

现代性远远不只是一种新思想转型,而是与新制度转型相连的社会总体转型。随着地球模式、民族协同观的建立,现代性必然地要求一种与之相适应的新制度,制度转型论从而发生。这里的制度是指现代中国所兴起的与地球模式和民族协同观相应的新型社会制度,包括民族国家政体、法律制度、社会关系制度、教育制度、宗教制度、学术制度及艺术制度等。制度转型论是包含上述所有制度在内的整个社会制度的根本性转变观念。英国社会学吉登斯（Anthony Giddens）在《现代性与自我认同》（1991）一书里讨论了构成"现代性"的三个主要"动力品质"或"因素"："时空分离""社会制度的抽离化机制"和"现代性的反思性"。对中国现代性来说，这三点其实都涉及制度转型。

首先，就"时空分离"来看，中国人历来有自己的计时、纪年、土地丈量等各种各样的时空制度，如十二时辰、四时、二十四节气、阴历等，它们构成中国文化古典性的一部分。但随着现代性的进程，原有的时间与空间关系被肢解了。"机械计时工具的广泛使用不仅促进而且预设了日常生活组织会发生深刻的结构变迁，这种变迁不仅是区域性的，而且，它无疑也是全球化的过程。"① 吉登斯深信，全球化语境下的"时空分离"机制有助于世界的积极的"转型"，"它为不同场合协调社会活动提供了时空重组的坚实基础"②。按照这种乐观设想，当全球各种原来相对封闭和自主的文化，都消除了各自的时空模式而在同一种机械计时方式之下统一起来时，世界的时间和空间必然地获得了重新组合或转型。对中国来说，时空分离导致新的时空制度转型是必然的，但是，这种转型给中国人带来的影响程度却是异常深刻的：它远不只是一种时空分离而完全可以视为一种更剧烈而更深刻的时空裂变。

不说别的，就拿"离别"（或"别离"）这类中国人关心的日常话题来说吧。离别体验实际上与特定的时空制度紧密关联，而时空制度如果发生转型，则势必给予离别体验以微妙而深刻的影响。"多情自古伤离别"。在中国人的日常生活中，离别历来是一种常见的生存体验，涉及人的悲欢离合、生老病死等既日常而又重大的问题。正是由于这种重要性，离别往往成为一种因时空分离而发生的日常生活仪式，一种在特定时空制度中开展并与时空变化及时空预期紧密相连的日常生

---

① 吉登斯：《现代性与自我认同》，赵旭东、方文译，生活·读书·新知三联书店，1998，第18页。
② 吉登斯：《现代性与自我认同》，赵旭东、方文译，生活·读书·新知三联书店，1998，第18-19页。

活方式，一种与时空关系密不可分的生活滋味。离别与团聚相反。如果说，团聚是指同一时间与同一空间中的人际共在，即实现时空同一的人际共在或人际交往的时空同一体，那么，离别则意味着时间同一而空间疏隔的孤立存在，这正是时空分离的存在。苏东坡所谓"但愿人长久，千里共婵娟"，当然说的只是一种月光下的想象性团聚：尽管在时间同一中品味空间上的千里阻隔，但却可以在同一月光下在想象中跨越空间距离而实现团聚。不过，这恰恰正道出了实际生活中的离别状况及对团聚的呼唤。

在古代，离别仪式总是发生在特定时空情境中，并与某些象征物件形成稳定的关系，除上面提及的月光外，还有杨柳、雨雪和饮酒等。"昔我往矣，杨柳依依；今我来思，雨雪霏霏。"（《诗·小雅·采薇》）在这一离别仪式中，出现了离别的时间变化（"昔"与"今"）、空间景物变化（"杨柳依依"与"雨雪霏霏"），以及联结这种时空关系的行动变化（"往"与"来"），而"杨柳"和"雨雪"则成为离别及与之相连的人际情感的典范象征物件。王维的《送元二使安西》：

渭城朝雨浥轻尘，客舍青青柳色新。
劝君更尽一杯酒，西出阳关无故人。

渭城旧址在今陕西咸阳以东窑店镇一带，丝绸古道的起点。唐时从长安送人西行，多在此折柳赠别（而东行则在长安东郊的灞桥送别）。阳关位于今甘肃省敦煌市西南，为古人出塞的要道。咸阳距西安市约30公里，西渭桥是唐时西送行人必经之路，王维当年送别元二的地点想必应在这里。这里出现"柳色"和"朝雨"形象，显然可以溯源到"杨柳依依"与"雨雪霏霏"，显示了与离别相关的早期象征物件传统的延续；"渭城"和"西出阳关"的对立，道出了在时间的未来维度上发生空间位置疏隔的必然性；"一杯酒"与"无故人"，通过饮酒送别仪式与孤独预期的对比，想象出未来的人际疏隔前景，由此透露出自己作为"故人"而对朋友的深厚的思念之情。

如果说现代性转型意味着时空制度的转型,那么,问题就在于,在现代性情境中,与离别相连的时空制度会发生怎样的转型?而这种转型又会对个人的离别体验产生怎样的影响?黄遵宪的《今别离》正是一个合适的个案。"今别离"题目来自《乐府诗集·杂曲歌辞》,其中录有崔国辅的《今别离》。从题目选择看,黄遵宪是有意与《古别离》相对举。唐代诗人孟郊有《古别离》:"欲别牵郎衣,郎今到何处?不恨归来迟,莫向临邛去!"诗写妻子在丈夫远行前难舍难分的惜别情形:"临别时拽住你的衣裳:你今个又去什么地方?不论你哪年哪月回来,可别去了卓文君的家乡!"① 这里在时空关联中写出了两种离别:一种是即将开始的夫妻之间的空间阻隔(欲别牵郎衣,郎今到何处),这属于通常的夫妻离别;另一种则是夫妻之间的情感疏离(不恨归来迟,莫向临邛去),这是与时空分离相连的别一种离别方式——空间疏隔有可能进一步导致夫妻情感断裂。而黄遵宪则想写出现代时空情境中的新的离别体验。所谓"今别离",实际上可以视为与古代别离(古别离)相对的现代别离,即是一种现代性离别体验。

黄遵宪的《今别离》四首之一:

> 别肠转如轮,一刻既万周;
> 眼见双轮驰,益增心中忧。
> 古亦有山川,古亦有车舟;
> 车舟载离别,行止犹自由。
> 今日舟与车,并力生离愁;
> 别知须臾景,不许稍绸缪。
> 钟声一及时,顷刻不少留;
> 虽有万钧舵,动如绕指柔。
> 岂无打头风,亦不畏石尤。

---

① 白话译文系雷奔作,据人民文学出版社编辑部编:《唐诗今译集》,人民文学出版社,1987,第305页。

送者未及返，君在天尽头。
望风倏不见，烟波杳悠悠；
去矣一何速，归定留滞不；
所愿君归时，快乘轻气球。

诗的抒情焦点集中在供人远行的交通工具——舟与车及其速度上。诗明显地脱胎于唐代诗人孟郊的《车遥遥》："路喜到江边，江上又通舟。舟车两无阻，何处不得游。丈夫四方志，女子安可留。郎自别日言，无令生远愁。旅雁既叫月，断猿寒啼秋。此夕梦君梦，君在百城楼。寒泪无因波，寄恨无因辀。愿为驭者手，与郎回马头。"两诗同样是写舟车载人远别，但在黄遵宪这里，古代的"舟车"被现代"舟车"即轮船和火车取代。黄遵宪的兴趣似乎在于叩问：同为远行的"舟车"，它们同样是离愁别绪的伴随物，那么，古别离与今别离在体验模式上仍然是同一的吗？

全篇集中突出了一个"快"字。转、驰、载、动、速、快等动词的接连运用，渲染出现代交通工具的一种显著优势：超乎寻常的快速度。在现代快速度下，人的生活必然会呈现出相应的快节奏。我们知道，速度等于路程除以时间，换言之，速度等于空间距离除以时间长度。显然，现代快速度必然会意味着新的时空体验。人的"别肠"在孟郊时代随着那马车车轮"一日一万周"，但在现代火车时代又会怎样呢？黄遵宪开篇就告诉说："别肠转如轮，一刻既万周"。这直接道出了现代离别体验的新内涵：由于现代火车的车轮行驶速度远远快于古代马车车轮的旋转速度，所以，人的"别肠"也就会运转得更加快捷。这表明，随着交通工具的现代化，现代人的时空制度改变了，时空高度压缩，而人的离愁别绪也就随之发生改变，变得比古人的更为新鲜、丰富而复杂。"眼见双轮驰，益增心中忧"，目睹飞驰的双轮，眼见时空的快速变换，人内心的忧愁在滋长。诗人不禁生起一种怀旧情绪："古亦有山川，古亦有车舟；车舟载离别，行止犹自由。"古代的车舟诚然同样"载离别"，但毕竟速度有限，从而时空转换也有限，让人感受到行动举止的"自由",因为人的以往经验赋予其应对古代车舟速度的能力。但愈是缅怀古时的时空自由体验,就愈会在现代境遇下体会到"不自由"。"今日舟与车,并力生离愁;别知须臾景,不许稍绸缪。钟声一及时,顷刻不少留。"现代火车和轮船具有古时不可能有的快速度,因此会加倍增生人的离愁别绪。"钟声"显然是现代的,是现代时间的象征物。"须臾""及时"和"顷刻"三个时间词语的高密度重复出现,正突出了现代时间的迅捷变换特性。而时间的迅捷变换当然会催生出空间上的变化体验。"今日舟与车,并力生离愁"两句,凝练地表达了全诗的基本题旨:现代交通工具的快速度产生出一种神奇的"力",它导致时空高度压缩,加倍地增生人的离别体验。可以说,这首诗的焦点在于揭示现代交通制度转型在时空制度转型中的关键作用及其对离别体验的深刻影响,透露出诗人对现代交通工具的权力的深切忧虑。

地球上不同位置间必然产生或大或小的时差,这在今天自然是平常事,但在黄遵宪时代,却是巨大的时空裂变。如果说上面这首诗讲述时空压缩如何导致离别体验的变化,那么,《今别离》其四则突出了由地球空间的阻隔而造成的相思错位:

汝魂将何之?欲与君追随。飘然渡沧海,不畏风波危。昨夕入君室,举手搴君帷。披帷不见人,想君就枕迟。君魂倘寻我,会面亦难期。恐君魂来日,是妾不寐时。妾睡君或醒,君睡妾岂知。彼此不相闻,安怪常参差。举头见明月,明月方入扉。此时想君身,侵晓刚披衣。君在海之角,妾在天之涯。相去三万里,昼夜相背驰。眠起不同时,魂梦难相依。地长不能缩,翼短不能飞。只有恋君心,海枯终不移。海水深复深,难以量相思。

诗从东西半球间的现代时差,联想到现代人彼此相思时可能出现的空间错位状况。这种在全球性境遇中激发的相思错位联想,在古时自然是不可能有的。黄遵宪想象道,妻子思念远在西半球、三万里之外的丈夫,禁不住要追随他,不畏险阻、跨越沧海。但想象中寻到他的卧室时,却发现他不在:"披帷不见人,想君就枕迟"。想来他是由于时差缘故比在中国时就寝迟吧?妻子不禁反过来想象,假如丈夫也像我一样寻找呢?不也是会面难期吗?"恐君魂来日,是妾不寐时。妾睡君或醒,君睡妾岂知。彼此不相闻,安怪常参差。"由于东西半球之间的时差,你我的相思情景在时间上必然地出现错位情形。这样,妻子终于理解了亲人间彼此的天涯海角、昼夜错位的现实处境:"君在海之角,妾在天之涯。相去三万里,昼夜相背驰"。而对中国人来说,真正痛苦的是,两人睡眠和起床的时间都不相同,致使彼此"魂梦难相依"。人不在一起,魂梦总该相随吧?却也不能。唯一实在的,就只能是妻子对于丈夫的海枯石烂永不变的爱和海洋一般深邃浩瀚的"相思"之情了。时空制度转型是现代性转型的一部分,它给原来习惯于古代时空制度的中国人带来了全新的时空裂变体验——相思错位。

与时空制度转型相连的是吉登斯所谓现代性第二种要素:社会制度的抽离化机制。抽离化,是说"社会关系从地方性的场景中'挖出来'并使社会关系在无限的时空地带中'再联结'"。按我的理解,社会制度的抽离化机制是指现代政治、社会、文化、学术、教育等各种制度的统一的合理化结构重组。地球上无论何种国家、民族、地区、群体或个人,都舍弃地方性惯例而接受大致统一的抽象系统的规范。这种抽离化机制就凝聚在"抽象系统"中,具体包括"象征标志"和"专家系统"两种类型。"象征标志"是那种具有一定"价值标准"的能在"多元场景"中相互交换的"交换媒介",其最典范的象征物是货币;而"专家系统"是指那种"通过专业知识的调度对时空加以分类的"机制,这些专业知识的种类很多,有食品、药物、住房、交通、科学、技术、工程、心理咨询或治疗等系统。这两种类型都往往独立于使用它们的具体从业者和当事人,依靠现代性特有的"信任"关系而发挥其作用。① 例如,当我们用货币去商场购物,不必靠熟人关系,

---

① 吉登斯:《现代性与自我认同》,赵旭东、方文译,生活·读书·新知三联书店,1998,第19—20页。

只要"信任"货币这一共同象征标志就行了；有病时不能随便找江湖郎中，得去医院看医生，医院有专门的医生，有一整套病理、药理、药物等抽象系统；同理，我们向邮箱里投递信件，一般不必担心它被不相干的人偷阅或中途丢失，而是信赖这个现代"鸿雁"系统会在几日之内安全送达收信人地址。正是这些抽离化机制的建立和健全，保障现代社会生活的车轮正常运转。试想，如果抽掉了这一系列抽离化机制，现代生活必然会陷于混乱，例如，持有货币却不能交易，有病无医生诊治，投递信件却无法送达。

中国的传统货币银元分量沉又占空间，在日常生活中携带和交易都不便。而由西方人发明的现代货币即"洋钱"，则轻巧便利。《文明小史》在第21回叙述绰号"花千万"的农民花清抱赴上海发财的经过时，讲述了洋钱的妙用。这位18岁的穷苦农民想去上海"开开眼界"，只好卖掉自家耕牛换得十五吊钱。小说这样写道："将几件旧布衣服，打了一个包，十五吊钱扣成两捆，找根扁担挑上肩头，出来要走。阿四看了，好笑道：'你这样出门，被上海人见了，要叫你做曲辫子的。那沉沉的一人捆钱，合着一条粗竹扁担，不是好跟你到上海去的！满了十吊钱，关上就要问你的。我劝你破费几文，到城里换了洋钱吧。'说得清抱面红过耳。没话讲得，只得同到城里，去了些扣头兑洋十六元有零，带在身边，再要轻便没有。他自己也快活道：'果然外国人的东西好。'"银行兑换使原来"沉沉的一大捆钱"变成了"再要轻便没有"的"洋钱"，方便旅行及生活花费。货币及银行制度的现代转型，在这位中国农民眼前打开了一个惊人的世界，使他不仅切身体验到便利和舒适，而且内心充满"快活"，禁不住由衷地赞叹"果然外国人的东西好"。

再看电信制度的建立带来的后果。电信总局作为电信系统的指挥机构，曾经进入游历英法的王韬的眼帘：

> 偶过电信总局，入而纵观。是局楼阁崇宏，栋宇高敞，左为邮部，右为电房，室各数百椽。内植奇花异草，种数繁多，几莫

能名。盆中一树,高约二尺,上罩玻璃,其叶如艾似榕,叶上生叶,攒簇茂密。询其名曰"子母树",乃系远地携来。总办师蒄导览各处。堂中字盘纵横排列,电线千条,头绪纷错。司收发者千余人,皆绮年玉貌之女子。①

王韬明确地认识到有线通信系统给生活带来极大便利,其长处在于"其利甚溥,其效甚捷"②,确实值得发展。而英国有线通信系统从私有到国有化的演变过程,也受到王韬的关注。

黄遵宪在伦敦担任外交官时,也对电信发生了浓厚的兴趣。他的《今别离》组诗之二刻画了现代电信与人的离愁别绪的联系:

朝寄平安语,暮寄相思字,驰书迅已极,云是君所寄。既非君手书,又无君默记,虽署花字名,知谁箝纸尾?寻常并坐语,未遽悉心事,况经三四译,岂能达人意,只有斑斑墨,颇似临行泪。门前两行树,离离到天际,中央亦有丝,有丝两头系。如何君寄书,断续不时至?每日百须臾,书到时有几?一息不相闻,使我容颜悴。安得如电光,一闪至君旁。③

与轮船和火车一样,现代电信也体现了快速度。古时寄信速度虽慢,却是相思者亲笔"手书",令人唤起浓浓的亲密回忆;而今,电报卜虽署真名却不见真迹,如此怎能准确传达相互情怀?更何况经过层层转译和传递,原意就可能被歪曲、变形,变得陌生了。"况经三四译,岂能达人意",突出说明现代电信带来的传播障碍。不过,诗人同时也看到另一种新问题:既然电信速度那么快,为什么不每日每刻寄书往来以便交流彼此的相思之苦呢?"每日百须臾,书到时有几?一息不相闻,使我容颜悴。"由对现代快速度的高度信赖和期待,反倒对亲

---
① 王韬:《漫游随录》,陈尚凡、任光亮校点,岳麓书社,1985,第107-110页。
② 王韬:《漫游随录》,陈尚凡、任光亮校点,岳麓书社,1985,第107-110页。
③ [清]黄遵宪著、钱仲联笺注:《人境庐诗草笺注》上册,上海古籍出版社,1981,第518页。

人产生了更急切、更深厚的相思之情和更多的沟通要求，所以恨不得化作电光一瞬间飞到亲人身旁："安得如电光，一闪至君旁"。诗人强烈地感到，现代电信制度给人际传播和亲情沟通既提供了速度上的极大便利，又增添了新的障碍和陌生感，更滋生出远为频繁的沟通需要，从而在现代人的心理上造成新的紧张感。

在中国，电信制度的建立确实在生活中产生了明显的作用。《文明小史》第22回写一位名叫万岐的抚台过生日，突然接到秘密电报：

> 可巧门上送来一封电报，是北京打来的，拆开一看，都是密码，连忙辞别众人，请他们多喝几杯，独自一个走到签押房，叫翻电报的亲信家人字字翻出。却是小军机陈主事打给他的，内言东事棘手，鄂抚调苏，阁下调鄂，梗电，抚台看了这个电报，把眉头皱了一皱，连忙插在袋里，吩咐家人，不准走漏消息，依旧踱到花厅。大家问起电报何事，他说没什要紧，不过说些京里琐事，大家也不便深问了。那知鄂抚缺苦，又系督抚同城，事事掣肘，所以万帅不什愿意。料想内里主意已定，不能挽回的了。当下藩台来见，同他商量周道代理温处道，离了学堂，总算趁了他的心。次日，又打了一个电报给胡道台，借银一万两，接回电答应五千，某庄划送，只得罢了。停了数日，果然奉到上谕，并着毋庸来京，藩台护院。交代清楚，带了全眷赴鄂，雇了五号大船，用两只小火轮拖到上海。

朝廷对这位万抚台调任湖北的机密任命，通过电报迅速地悄然先达他本人手里，使他有足够的时间做出细致的安排。而这种机密情报的如此快速传递，在过去是不可能的，只有电信制度才能办到。等到他安排好调动的有关事宜后，才接到朝廷的姗姗来迟的"上谕"。可见，不仅在日常生活中而且在政治生活中，现代电信制度都可以引起神奇的变化。

现代性的第三个基本因素是"现代性的自反性"（reflexivity）。它不是指通常那种对于外在行动的内在反思监控过程，而是一种社会制度化了的社会生活本身的内在机制，具体说是指"多数社会活动以及人与自然的现实关系依据新的知识信息而对之作出的阶段性修正的那种敏感性"。也就是说，现代性的内在逻辑里已经确立了社会制度的自我反抗、自我批判机制，以致社会制度已内在地规定了把专门知识应用到社会生活情境中并对其加以重组、建构或转型的例行或定期程序。所以吉登斯又使用现代性的"制度自反性"（Institutional reflexivity）一词。这表明，在现代性条件下，运用专门知识系统去自主地反思社会生活状况并导致其重组、建构或转型，已成为一种必要的经常性"制度"。① 其实，每一种社会都具有自身的自反制度，只是在现代性条件下，这种自反制度变得格外经常而又突出。例如，后面将要看到的"革命主义"或"先锋主义"行动，往往就成为现代性的自反性的常见的具体呈现方式。现代性是始终有激进的社会革命、文化革命或阶级革命相伴随的文化过程。

以辛亥革命为标志，从封建帝国体制转变为现代共和体制，这一社会政体的急剧革命为原本准备不足的全面的社会制度变革吹响了进军号角。社会制度的现代性变化或转型，原是可以有两种方式的：一种是渐进的部分转变，即"改良"；另一种是彻底推倒重来，即"革命"。中国的现代历史老人，先是推出渐进的"改良"论，盼望"洋务自强"，但在甲午战争和庚子事变中先后遭到灭顶之灾；继而不得已才祭起了"革命"论武器。制度革命，意味着不是旧制度的部分或局部"改良"，而是旧制度的全面瓦解和新制度的急速生成。

单就政体转型来看，陈独秀早就有清楚的筹划。"吾人既未能置身政治潮流以外，则开宗明义之第一章，即为抉择政体良否问题。"② 他相信政体的选择十分重要。他这样展望政体变革大趋势："古今万国，政体不齐，治乱各别。其拨乱为治者，罔不舍旧谋新，由专制政治，

---

① 吉登斯：《现代性与自我认同》，赵旭东、方文译，生活·读书·新知三联书店，1998，第22页。
② 陈独秀：《吾人之最后觉悟》，载《独秀文存》，安徽人民出版社，1987，第39页。

趋于自由政治；由个人政治，趋于国民政治；由官僚政治，趋于自治政治：此所谓立宪制之潮流，此所谓世界系之轨道也。"① 他认为这正是中国的政体"进化"的唯一正确道路。"凡不能应四周情况之需求而自处于适宜之境者，当然不免于灭亡。"② 中国的政体模式应当怎样？"吾国欲图世界的生存，必弃数千年相传之官僚的专制的个人政治，而易以自由的自治的国民政治也。"③ 这里的所谓"自由的自治的国民政治"，正代表了陈独秀的政体理想。

从辛亥革命建立共和制度及相应的法律制度、教育制度、学术制度等，到五四时期确立白话文的正宗语言权威，再到后来的马克思列宁主义与社会主义的中国化，革命论在中国社会制度转型过程中逐渐地升任主角。直到 20 世纪 80 年代至今，改良论又再度复活，取代了一度独领风骚的革命论。在最近播映的电视连续剧《走向共和》中，长期以来在公众中"臭名昭著"的"汉奸""卖国贼"李鸿章等清末官员，其在洋务运动、中外冲突、社会变革等历史过程中的正面作用被挖掘和突出出来，显然正是改良论复活的一个标志。这些可以见出，现代性本身总是处在经常的甚至激烈的自反状态中，这种制度自反性已经成为现代性的一大特征。

其实，即便是日常生活中的看来不起眼的琐事，也会成为诱发现代性的自反性挑战的契机。当代诗人张枣的《到江南去》（2000）这样描写越洋卫星电话通话时突然中断的情形：

> 我们相隔万里正谈着虎骨、肥皂剧、樟树
> 和琴，忽然电话"嘎"地一串响，像是
> 卫星掉落了：漆黑。
> 你丢失在你正在的地方。
> 话筒里仿佛憋着监听者带酒气的屏息，

---

① 陈独秀：《吾人之最后觉悟》，载《独秀文存》，安徽人民出版社，1987，第 39 - 40 页。
②③ 陈独秀：《吾人之最后觉悟》，载《独秀文存》，安徽人民出版社，1987，第 40 页。

和哗啦啦的翻纸声,若有若无的浑沌,或
大水,它正乌云滚滚地倒映在碎玻璃之上;
窗:有个胖姨在朝天喊谁下来搬煤气罐。
你会在哪儿呢,这一瞬,是否荒蛮果真重临?
你,俄耳甫斯主义者,你还会
返回吗?线路,这冷却的走廊,仍通着,
我不禁迎了上去:对,到江南去!我看见
那尽头外亮出十里荷花,南风折叠,它
一个道理,在阡陌上蹦着,向前扑着,
又变成一件鼓满的、没有脑袋的白背心,
时而被绊在野渡边的一个发廊外,时而
急走,时而狂暴地抱住那奔进城的火车头,
寻找幸福,用虚无的四肢。
对,到江南去!
解开人身上多年来的死结;比如,对一碗
藕粉之甜不恰切的态度,对某个细节的
争议,对一个篮球场的曲解;它就在报社的
对面,那儿,夕照铺了成吨厚的红地毯,
它多想善待你啊;那儿,你忘了你的
白背心和眼镜:嗬,大地的篮球场,
比天堂更陌生[1]!

这首诗讲述了日常生活中原来十分平常的一件事情:打电话时突然断线。但诗人的不同处正在于,他比常人能够展开远为丰富的联想和想象,穿越日常生活的表面琐事而进入到与人的生存相关的至深层次上反思,从而触及现代性的内在症候。第一行述说诗人与朋友的越洋电话闲聊,这只有在器物现代性条件下才能实现。借助卫星传播的

---

[1] 张惠.《到江南去》,载《大连日报·文化周刊》,2000年12月28日,第3版。

技术优势，电话闲聊成了当今全球化日常生活的组成部分。"虎骨、肥皂剧、樟树和琴"，提示了现代生活的四种东西：名贵中药、普通日用品、富有香气的植物和乐器。贵的和贱的、俗的和雅的交融在一起。在这平和的气氛中危机骤然爆发："忽然电话'嘎'地一串响，像是/卫星掉落了：漆黑。"闲聊中断了，诗人不禁联想：在地球的上空，那不停地运行的通信卫星是否突然间"掉落"、让极大地依赖通信的整个世界跌入无边无底的"黑洞"中？现代性确实给人带来极大的舒适和便利，例如实现越洋的瞬间沟通；但是，同时又把人投入随时随地的风险中，连日常闲聊也可能被神奇的力量强行中止。于是，一个日常而又终极的危机情势出现了："你丢失在你正在的地方"。随着通信"卫星掉落"，个人的存在也突然间失落了。而问题的关键正在于：你似乎在着，跟朋友通电话，好端端的啊！然而，你所与之对话的伙伴、你所全身心投入其中的对话，以及在通话中建构起来的你本身，却仿佛一下子无影无踪地消失了，不在了。你在又不在，不在而又在。这一句应当是全诗的关键句子。这令人想起法国后期心理分析学家拉康的名言："我思故我不在"，"我在我不思之处"。拉康的重心是挑战笛卡尔的"我思故我在"，强调思考反而不在、不在方能思考这一悖论性事实。当我们思考的时候，往往才发现我们的存在失落了；而当我们痛感存在的失落时，方能自主地思考。与拉康一样，诗人想在此思考个体生存问题。

  但与拉康不一样的是，诗人不是在存在与思维的关系上提问，而是重新反思存在本身的标志问题：你看来存在着就等于拥有整个存在？由此而提出了当代生活的一个新问题："你丢失在你正在的地方"。我理解这句话的意思是指，你明明在着却丢失了，即在着却丢失，或在而失。在而失，这是诗人对当代生活或现代性本身的风险提出的一种反思。现代性凭借快速更新的先进器物，给"在"提供了前所未有的新承诺，例如透过越洋电话开辟出新的乌托邦胜境或生活想象；但与此同时，却把"在"推入同样前所未有的新险境：随着通信卫星的突然掉落，人随时有可能丢失刚刚在电话中建构起来的新的想象性存在。

当现代人让存在越来越依赖于器物时，也就意味着越来越无保留地将自身交给器物，从而把人类本身投入空前地无保护的高风险境地。置身在现代性这个高舒适与高危机、高保险与高风险同在的社会里，人的生存如何才能获得真正的舒适与保险？这确实是现代性面临的重大问题。

诗人继续想象，"话筒里仿佛憋着监听者带酒气的屏息，／和哗啦啦的翻纸声，若有若无的浑沌"。也许是那无所不在的电话监听者，在控制着这场看来自由的私人通话？人们当然有理由问：这种监听中的自由还是真正的自由吗？也许是天灾导致通话中断，仿佛有一场突发的"大水"，"正乌云滚滚地倒映在碎玻璃之上"。诗人的飘浮的思绪漫溢开来，联想到"有个胖姨在朝天喊谁下来搬煤气罐"。这曾经经历的一幕日常风景从记忆里重新提取出来。

诗人的联想的潮水进一步冲开了尘封在心的有关希腊神话的记忆："你会在哪儿呢，这一瞬，是否荒蛮果真重临？／你，俄耳甫斯主义者，你还会／返回吗？""荒蛮""俄耳甫斯主义者"以及"返回"，把我们带回到遥远的希腊神话时代。俄耳甫斯（Orpheus）是古希腊特剌刻的英雄、著名的诗人和歌手，太阳神及音乐之神阿波罗（Apollo）和司管文艺的缪斯女神卡利俄帕的儿子。他从父亲那里得到宝贵的金琴、并从母亲那里学会弹琴。由于从父母那里获得优越的遗传和悉心教诲，俄耳甫斯拥有极高的音乐天赋和才能，年轻时就成为举世无双的琴师了。他的琴声具有神奇的作用，能使顽石点头、草木摇动、猛兽驯服；更重要的是，取得英雄壮举：在辅佐伊阿宋取金羊毛时成功地制服守护羊毛的巨龙；而当归途中遇到海妖西壬的迷惑时，同样以琴声压倒女妖的淫靡之音而脱险。俄耳甫斯的歌声和英雄壮举又打动了仙女欧律狄刻，两人幸福地结合。但欧律狄刻却不幸被毒蛇咬伤致死。为了找回心爱的妻子，俄耳甫斯勇闯地府，以如泣如诉的歌声先后打动了冥河艄公、看守冥府的双头狗以及冥界女王佩耳塞福涅。她破例让他带走欧律狄刻，但约定一个条件：在领妻子走出冥界之前不能回头。然而，俄耳甫斯终于没能牢记戒律而回头一望，欧律狄刻突然惨叫声，被无形的大手拽了回去。俄耳甫斯只能痛苦而孤独地只身返回人间。①

心爱的人能否死而复生？人生是否还有来世？往昔美妙时光能够返回吗？也许正是根据自己的亲身遭遇和被压抑的渴望，俄耳甫斯创立了俄耳甫斯教派或俄耳甫斯主义（Orphism）。这一教派认为人同时拥有两种本性——高尚的神的本性和卑微的提坦的本性，并且相信来世报应。按照这派教义，人生的主要任务就是清除从提坦身上继承的粗鄙本性，为来世做准备。参加俄耳甫斯教派秘密仪式的人可以得到永生的幸福。而只有品行端正、遵守教规的人才有资格参加这种秘密仪式。这一教派的重要教义之一，就是赋予冥界法庭以神奇的权力：能够使死者再生为人，也能使人转生为动物。②

张枣在这里重述俄耳甫斯主义者及其"返回"的教义，显然应该有自己的用意。越洋电话的突然中断，也许致使在通话中建构起来的想象的美妙场景在瞬间幻灭。这样的美妙一旦消逝，它还可能"返回"吗？诗人禁不住像俄耳甫斯急望携欧律狄刻走出冥界那样地寄望于来世的奇迹，盼望尽快重建起通话"线路"。"线路"一词正道出了诗人此时的上述急切心愿。然而，我们读到的却是希望中的失望："线路，这冷却的走廊，仍通着"。诗人想象到，这时的线路"仍通着"，但它宛如空无一人的"走廊"，令人倍感"冷却"。没有了欧律狄刻的"返回"，再畅通的线路、再堂皇的走廊也是寒气逼人的，即是没有意义的。"通"等于"不通"，或者干脆不如"不通"，这就像诗人说"你丢失在你正在的地方"一样。

诗人在自己渴盼的俄耳甫斯主义式"返回"没有成功时，又不禁信马由缰地继续驰骋，遥望见新的乌托邦胜境："我不禁迎了上去：对，到江南去！我看见/那尽头外亮出十里荷花，南风折叠，它/像一个道理，在阡陌上蹦着，向前扑着"。此时飘浮出来的不再是西方文明

---

① 鲁刚、郑述谱编译：《希腊罗马神话词典》，中国社会科学出版社，1984，第86-87页。
② 鲁刚、郑述谱编译：《希腊罗马神话词典》，中国社会科学出版社，1984，第87-88页。

圣地希腊，而是东方故园江南。"我不禁迎了上去"，披露了诗人此时急迫的和喜悦的心情。"到江南去"，言简意赅地宣泄出内心的颇有回归古典意味的浓郁乡愁。"江南"或"苏杭"自古有"天堂"美誉。白居易的《忆江南》向来脍炙人口："江南好，风景旧曾谙。日出江花红胜火，春来江水绿如蓝。能不忆江南？"词牌"忆江南"又作"梦江南""望江南"。诗人提及"到江南去"，显然是勾起了对故国江南的思念。企盼希腊式来世未能成功，不由得重新回归江南故土。"亮出十里荷花"进一步点出了"江南"的迷人处。"亮出"与前面"卫星掉落"后的"漆黑"相对，突出江南"十里荷花"在诗人心中的明亮位置。它仿佛是对现代性灾变的一种怀旧式拯救。"十里荷花"出自宋代柳永的描写钱塘秀色的《望海潮》：

  东南形胜，三吴都会，钱塘自古繁华。烟柳画桥，风帘翠幕，参差十万人家。云树绕堤沙。怒涛卷霜雪，天堑无涯。市列珠玑，户盈罗绮竞豪奢。
  重湖叠𪩘清佳。有三秋桂子，十里荷花。羌管弄晴，菱歌泛夜，嬉嬉钓叟莲娃。千骑拥高牙，乘醉听箫鼓，吟赏烟霞。异日图将好景，归去凤池夸。

  这里的东方"江南"与俄耳甫斯神话一样，都是古典文明的典范性象征。由此不难见出诗人内心的以"回到古代"为标志的浪漫主义愁怀。所不同的只是，他先是求索于西方，一无所获时不得不转而回归东方，分别诉求于东西方古典文明。
  应当看到，"江南"其实是张枣诗歌中多次反复出现的形象。《深秋的故事》这样写道：

  向深秋再走几日
  我就会接近她震悚的背影
  她开口说江南如一棵树

我眼前的景色便开始结果
开始迢递；呵，她所说的那种季候
仿佛正对着逆流而上的某个人
开花，并穿越信誓的拱桥

落下一片叶
就知道是甲子年
我身边的老人们
菊花般的升腾、坠地
情人们的地方蚕食其他的地方
她便说江南如她的发型
没有雨天，纸片都成了乳燕

而我渐渐登上了晴朗的梯子
诗行中有栏杆，我眼前的地图
开始飘零，收敛
我用手指清理着落花
一遍又一遍地叨念自己的名字，仿佛

那有着许多小石桥的江南
我哪天会经过，正如同
经过她寂静的耳畔
她的袖口藏着皎美的气候
而整个那地方
也会在她的脸上张望
也许我们不会惊动那些老人们
他们菊花般升腾坠地

清晰并且芬芳①

这里的如同一棵树、宛如美人发型、"有着许多小石桥"的"江南",确实让诗人梦萦魂牵。由此可见,"到江南去"是长期旅居欧洲的诗人时时回溯的一股饱含生命活力的源头活水。

但正像欧律狄刻的"返回"无望一样,"到江南去"也不过是美梦一场。"南风折叠"下的"十里荷花"是无法持久的,"江南梦"不得不在瞬息间转换了模样,变成了一个抽象的意念或"道理"。"它像一个道理,在阡陌上蹦着,向前扑着,/又变成一件鼓满的、没有脑袋的白背心"。这里的"一件鼓满的、没有脑袋的白背心",可能直接地是指诗人童年时代的亲历情景,它能唤起一种快乐的回忆。不过,它倒让我想起鲁迅《示众》里的那个被"示众"的"白背心":

> 像用力掷在墙上而反拨过来的皮球一般,他忽然飞在马路的那边了。在电杆旁,和他对面,正向着马路,其时也站定了两个人:一个是淡黄制服的挂刀的面黄肌瘦的巡警,手里牵着绳头,绳的那头就拴在别一个穿蓝布大衫上罩白背心的男人的臂膊上。这男人戴一顶新草帽,帽檐四面下垂,遮住了眼睛的一带。但胖孩子身体矮,仰起脸来看时,却正撞见这人的眼睛了。那眼睛也似乎正在看他的脑壳。他连忙顺下眼,去看白背心,只见背心上一行一行地写着些大大小小的什么字。②

无论是童年的还是被示众的,"白背心"在这里都是指代对于飘逝而去的生活的回忆。"时而被绊在野渡边的一个发廊外,时而/急走,时而狂暴地抱住那奔进城的火车头,/寻找幸福,用虚无的四肢。"连用三个"时而"句式,引出了全诗探讨的一个中心题旨——不惜一切

---

① 张枣:《春秋来信》,文化艺术出版社,1998,第43-44页。
② 鲁迅:《示众》,载《鲁迅全集》第2卷,人民文学出版社,1981,第68-69页。

代价地去"寻找幸福,用虚无的四肢"。

从第一行"虎骨、肥皂剧、樟树",到"俄耳甫斯主义者",到"到江南去",再到"白背心",诗人悉心关注的是现代人的幸福问题,具体说,以存在与丢失、幸福与虚无为重心,由此出发对现代性本身提出反思。现代性凭借发达的器物装置给人类带来了从未有过的舒适和便利,例如卫星电话和煤气罐之类,然而,它真的能给人带来"幸福"吗?它真的就意味着幸福吗?在这种"幸福"之中,我们不是正在遭遇无可回避的"虚无"?这些似乎正是这首诗提出的重大诘问。对此,前面的"你丢失在你正在的地方"已经提供了一种否定性答案。而这里的"寻找幸福,用虚无的四肢",顺接着"没有脑袋的白背心"形象,则与上述否定性答案组合成一种同声呼应的效果。这应当视为一组更为明确的悖论式陈述:正题——幸福是需要寻找的,反题——用虚无的四肢去寻找幸福。结论在此实际上已经挑明了:一方面,用虚无的四肢怎能寻找幸福?现代人的困境显而易见。但另一方面,用虚无的四肢难道就不能寻找幸福?现代人的生存的韧性也赫然呈现。万里闲谈与卫星掉落、漆黑与亮出、丢失与正在、死去与返回、失落与寻找、幸福与虚无、现世与来世等,在这里交织成一幅色彩斑斓的现代性悖论景观。可见,在存在与丢失、幸福与虚无及与此相连的现代性反思等根本问题上,诗人陷于一种悖论式意念中。

"对,到江南去!"再次呼出这句话到底要说明什么?执着于"江南十里荷花",就可以"解开"现代性"死结"?"解开人身上多年来的死结;比如,对一碗/藕粉之甜不恰切的态度,对某个细节的/争议,对一个篮球场的曲解;它就在报社的/对面,那儿,夕照铺了成吨厚的红地毯,/它多想善待你啊;那儿,你忘了你的/白背心和眼镜:嗬,大地的篮球场,/比天堂更陌生!"随着现代性的进展,人的生存变得更便利和丰富了,但在"人身上"却堆积下无法轻易"解开"的种种"死结"。藕粉、细节、篮球场、红地毯般的夕照、白背心和眼镜,这些都让人想到年轻时工作之余愉快的生理满足和轻松的朋友间游戏。那是无可挽回却又无比珍惜的往昔个人记忆啊!在这种四散漫溢的忆旧中,诗人的思绪更加轻快地飘荡开来,从具体而实在的"篮球场"变异为似乎已泛化而抽象的"大地的篮球场",整个广袤的大地不正如一个人们在其中游戏的篮球场吗?但是,出人意料的是,随着时光的无情流逝,想象与回忆中的篮球场已变得"陌生"不再熟悉了。"比天堂更陌生",表明了一种"死结"的顽强存在:与向来陌生而神秘的"天堂"相比,"江南"本来是熟悉而亲切的,但在这时却变得"比天堂更陌生"了。"天堂"显然与西方有关人死去可以"返回"的"来世"紧密相连,而"江南"则表征带有魏晋风度的以自然山水为知音的中国审美意识。当中国人的最后的故土记忆都陌生化了,现代人还有救吗?天堂的陌生化以及江南记忆的更加陌生化,剥露出诗人的无法解开的最后的死结:现代生活笼罩着相隔、掉落、漆黑、丢失、浑沌、碎玻璃、荒蛮、冷却、狂暴、虚无、死结、争议、曲解、陌生等种种阴影,因而在本性上是陌生的。

这里实际上是以质疑现代性或反现代性这一特殊方式,显示了现代性本身的自反性制度特征。自我质疑、自我反抗,成为现代性的当然制度,成为它开辟又拆毁自身道路的经常武器。

五、现代性的特征4:道器互动说

电影《西洋镜》(胡安导演,1999年)有这样一个镜头:从来没有见过电影的北京市民,第一次看见影片中迎面冲来的马车、火车等运动画面时,以为是真事发生,惊吓得仓皇奔逃。影片围绕1905年任景丰和刘京伦拍摄中国第一部电影《定军山》的过程,讲述电影这一来自西方的现代器物如何在中国人面前展现了一个惊人的奇异世界。欧洲人刚刚发明的活动照相——电影被英国人雷蒙携来北京,最初受到北京市民的排斥,而随着少年刘京伦的痴迷、合作、学习和推介,终于赢得了青睐,从而导致了中国第一部电影的诞生。

同样,20世纪初的东方都市上海,人们面对新的器物发出由衷的惊叹:"活火燃千朵,明星迥万家。楼台春不夜,风月浩无涯。欲夺银蟾彩，真开铁树花。登高遥纵目，疑散赤城霞。"（《地火》）"电气何由达？天机不易参。纵横万里接，消息一时谙。竟窃雷霆力，谁将线索探？从今通咫尺，不值鲤鱼函。"（《电线》）① 这两首诗分别赞叹煤气灯的"活火"给十里洋场带来"不夜"之"春"和"无涯风月"，歌咏电线的神奇的通信作用。它们都不约而同地发现，现代器物能够给日常生活带来时间和空间上的巨大变化：煤气灯的"活火"可以在时间上延长白昼而消灭夜晚、在空间上造成"风月浩无涯"的作用，而电线则可以在一瞬间"纵横万里接"，大大缩短通信的时空距离限制。这表明，现代器物能给日常生活带来巨大便利，并且在人的心理上激起的强烈震荡，导致人的整个生活体验发生根本性变化。

这样的事例启发我们：现代性并不只意味着新的地球模式、民族观念和制度转型，而且还意味着日常生活的新变化——现代器物正是在现代生活中起着不可缺少的重要作用。现代性并不只表明思想模式的现代变革，而同时也表明生活器物的现代变革。现代性当然与来自西方的洋枪洋炮、科学、技术等先进器物联系在一起，但普普通通的中国人，就像《西洋镜》里的那些北京市民一样，却常常从日常生活用具中体验到现代性实实在在的便利和舒适。再如 X 射线的发现和在医疗上的利用，给中国人带来极大的惊奇。1896 年，上海一家报纸这样报道说："泰西形性诸学精益求精，出奇入妙。近有人得一照新法，光透坚物，洞照底里，用以照人身，筋骨毕露，如见肺肝。"并具体列举一件成功的手术实例："有某西人数年前受一弹丸，深入肌肤，间时作痛，不知其所在，岐黄家不敢用刀挖。及以新法照之，炯炯可观，裂其肤一索而得之。"② 现代医疗器械可以救治和延长人的生命，这岂不是现代性带给普通人的莫大实惠？

火石、油盏、土布、皂荚和板箱等原是古代中国人的普通日常器具，它们确实是再普通不过的器具了。但是，来自西方的洋火（火

---

① 陈伯海、袁进：《上海近代文学史》，上海人民出版社，1993，第 91 页。
② 《西学日精》，《益文录》1896 年 5 月 13 日。

柴)、洋油灯(煤油灯)、毛巾、肥皂和提箱等现代器物却很快就赢得了人们的喜爱,逐渐地击败"土货"而成了日常生活体验的组成部分。靠近上海洋场的区域的变化正突出说明了这一点:"取火之物,向用火石,其色青黑,以铁片擦之,即有火星射出,与纸吹相引而生火,人家莫不备之;光绪乙未、丙申之际,始改用火柴,俗称'自来火',为欧洲输入品。夜间取光,农家用篝(俗称油盏),城镇用陶制灯檠,家稍裕者,则用瓷制或铜制者,有婚丧事,则燃烛,光绪中叶后,多燃煤油灯,而灯檠遂归淘汰。洗面擦身之布,旧时多用土布,有用高丽布者已为特殊,其布仿于高丽,质厚耐久,自毛巾盛行,即下至农家,亦皆用之。洗衣去垢,曩日皆用本地所产皂荚,自欧美肥皂行销中国后,遂无有用皂荚者。计时之器,仅有日晷仪,用者亦不多,购买洋钟表者尤为稀少,自轮船、火车通行,往来有一定时刻,钟表始盛行。箱箧之类,乡间盛行板箱,中上人家则用皮制者,嫁妆内所备多用砾漆,余则用广漆;光宣之间,西式提箱仿造于沪地,于是旅客列车多购用之。"① 上海滩的这些变化是一个缩影,凝聚了中国人的现代性生活方式的变迁轨迹。郭嵩焘认识到,来自西方的器物很快便在中国各地流行开来:"钟表玩具,家皆有之;呢绒洋布之属,遍及穷荒僻壤。"② 新器物的使用必然同新的现代性体验联系在一起,或者说从日常生活的平凡层面激发起新的现代性体验。当然,当这种新器物的大量输入引发中国固有生活方式动荡不已,并且直接挑战固有的以道器关系为核心的生活价值系统时,它在国人心中所唤起的就不仅仅是欣羡而也混合着痛楚了。

确实,面对新起的现代器物在生活中的巨大作用,中国古代生活价值系统却一时无法给予合理化阐释。按照在清代占主流的古代价值系统,道作为天地人生之规律或法则,属于根本;而器或技作为天地人生之用具,属末。以道制器被视为这个价值系统的根本法则,它必

---

① 《嘉定县续志》卷五,风土志,载《近代上海地区方志经济史料选辑》,上海人民出版社,1984,第343—344页。
② 郭嵩焘:《伦敦致李伯相》,载《郭嵩焘诗文集》卷十一,岳麓书社,1984,第109页。

然地导致重道轻器心理的存在。现代性正是意味着这个古典法则的解体。

林则徐较早突破了古典重道轻器心理的束缚，认可了"器物"的重要性。这集中凝聚在魏源的著名命题"师夷长技以制夷"中。"技"在这里通"器"，指的就是来自西方的现代"器物""器艺"或"技艺"。"师"字指的就是师法、师承或效法。可以说，"师"在这里的使用是具有划时代意义的：堂堂"天朝上国"竟然会屈尊师法"蛮夷"之"末技"，这在过去是绝不可能的，除非发生斗转星移的巨变。这样的"斗转星移巨变"确实到来了：中国竟然落到了只有先"师夷技"才能"制夷"的地步。如此，"师夷长技以制夷"的意思就很明白了：师法西方人擅长的技艺以便制服西方。这样，"师夷长技以制夷"命题的提出具有了重要的象征性意义：中国人开始与古典重道轻器心理诀别，认可"器"在生活中的重要作用；而与此相应，中国知识分子也开始逐渐地体验到"器"或"技"对于国家兴亡的重要性。

李鸿章进一步明确地认识到，"中国欲自强，则莫如学习外国利器；欲学习外国利器，则莫如觅制器之器"①。这里，"利器"与"长技"是一样的意思，只是把"夷"这蔑称换成了"外国"而已。

当然，中国人不可能翻转古典重道轻器心理而相反地主张重器轻道，而是采取了道器互动的方式。"器"，要；"道"，也要。现代性之"器"是重要的，但现代性之"道"也不可缺少。如何处理两者的新型关系呢？薛福成的主张是有代表性的："取西方人之器数，以卫我尧、舜、禹、汤、文、武、周、孔之道。"② 利用西方先进而强大的"器数"，是要捍卫、守卫或护卫中国之"道"。这里等于提出了以器卫道的主张，明确地表述了器可以通道、道依赖于器的思想。这等于说，在现代性的过程中，器与道都需要不断地变革，并形成互动关系。道器互动论正意味着，现代之道与现代之器相互依赖、相互共生；新

---

① 李鸿章：《朋僚函稿》，载《李文忠公全书》卷十六，第25页。
② 薛福成：《筹洋刍议·变法》。

器通向新道,而新道借助新器彰显。

  这种由新器通新道的理念,可以在中国最早的"科学小说"、晚清小说家东海觉我(徐念慈)写的《新法螺先生谭》里得到形象性阐发。"法螺"是古代做佛事用的乐器,在这里是指荒诞不经。新法螺先生醉心于现代科技,依靠科技之力变成一个真力无比的新人,可以随意上天入地,先后漫游月球、火星、金星等。他将自己的身体炼成由两部分组成的新型"发光体":一是"灵魂之身",另一是"躯壳之身"。首先是"将灵魂之身炼成一种不可思议的发光原动力",这种"光力"威力无比,与太阳光相比为一万比一,与月光相比是二百万万比一。① 具体的发光程序是:"将躯壳之身面东背西,立于峰顶,轻轻将灵魂之身高捧至顶上,灵魂之身,四面射出最强之光线,使全世界大放光明。"这种光固然可以给全世界带来光明,但主人公的所思所念首先是造福于中国:"深有望于黄河、长江之域,余祖国十八省,大好河山最早文明之国民,以为得余为之导火,必有能醒其迷梦,拂拭睡眼,奋起直追,构成一真文明世界,以之愧欧美人,而使黄种执其牛耳。"② 他的发光体不同于 X 射线,而实际上是现代性启蒙之光的隐喻,所以它不是用来一般地救治病人,而是通过警醒国民而促进新的现代性之"道"的传播与生成。

  应当看到,道器互动论的诞生在中国经历过一个缓慢而痛苦的转变过程。即便是眼光敏锐、善于变化的人士如王韬,起初也对器物持轻蔑态度。他诚然可以欣赏西方印刷机的神奇("导观印书,车床以牛曳之,车轴旋转如飞,云一日可印数千番,诚巧而捷矣。书楼俱以玻璃作窗牖,光明无纤翳,洵属玻璃世界。字架东西排列,位置悉依字典,不容紊乱分毫"③),承认西方器物的先进、便利和聪慧;但是,另一方面,出于"中外异治"和"夷夏之大防"等顽固观念,他起初

---

① 东海觉我:《新法螺先生谭》(上海小说林 1905 年),转引自于润琦点校《清末民初小说书系·科学卷》,中国文联出版公司,1997,第 2-3 页。
② 东海觉我:《新法螺先生谭》(上海小说林 1905 年),转引自于润琦点校《清末民初小说书系·科学卷》,中国文联出版公司,1997,第 5 页。
③ 王韬:《漫游随录》,陈尚凡、任光亮校点,岳麓书社,1985,第 58—59 页。

仍然坚持西方器物对中国而言实属害大于利,足以引发中国的危机,因此断言不值得仿效:"钟表测时,固精于铜壶沙漏诸法,然一器之精者,几费至百余金,贫者力不能购,玩物丧志,安事此为。其他奇技淫巧,概为无用之物,曾何足重。故韬谓此数者,即中国不行,亦不足为病。"① 他毫不客气地用"玩物丧志""无用之物"甚至"奇技淫巧"等概念加以否定。只是在经历过流亡香港,尤其是"泰西汗漫之游"后,王韬的观点才逐渐地发生了一个质的飞跃:"曾膺西儒聘,往英二十有八阅月,兹已归自欧洲,纵横三万里,周历四五国。泰西汗漫之游,足以供其眺览,极北苍凉之境,足以荡其胸襟。飙车电驭,逐日而驰,火舰风轮,冲波直上,所见奇技异巧,格致气机,殆不可以偻指数。"② 他以前惯用的"奇技淫巧"一词被替换为"奇技异巧",这一字之换意义重大:王韬对于西方文化的看法已经发生了根本性转变,由对器物的否定和蔑视转向肯定和艳羡!王韬还使用过"奇技瑰巧"一词:"自中外通商以来,天下之事繁变极矣。见所未见,闻所未闻,一切奇技瑰巧,皆足以凿破天机,斫削元气,而泄造化阴阳之秘。"③ 无论是用"奇技异巧"还是"奇技瑰巧",意思都是一样的:西方器物确实神奇、巧妙,值得艳羡和仿效!

现代器物对于中国人的帮助,不仅在于物质生活条件的改善,而且也在于国家与民族危机的洞察。刘鹗的《老残游记》第一回楔子由于描写海上危船及拯救努力,其有关中国社会危机的"寓言"意义向来引人注目。但人们很少注意到望远镜在其中的特定作用。望远镜是西方17世纪发明的现代器物,是重要的科技仪器。对老残而言,望远镜绝不是一个满足好奇心的时髦洋玩意儿,而是可以透视中国本质的现代器物。这一描写是具有象征性意义的:它表明刘鹗已经彻底抛弃了古典"重道轻器"的体验模式,弃绝了王韬早期曾有过的"奇技淫巧"之类守旧派言论,而形成了新的"道器互动"观念:现代器物具

---

① 王韬:《与周弢甫徵君》,载《弢园尺牍》,中华书局,1959,第28页。
② 王韬:《代上丁中丞书》,载《弢园尺牍》,中华书局,1959,第101-102页。
③ 王韬:《弢园文录外编·自序》,中华书局,1959,第3页。

有洞穿事物本质,甚至拯救中国命运的功效。

在这一回里,老残和他的两位朋友文章伯和德慧生都带有望远镜,而望远镜在叙述中重复出现达八次(其中一次是用"千里镜",其他七次则用"远镜")。这种重复有何作用?

第一次:"各人照样办了,又都带了千里镜,携了毯子,由后面扶梯上去……"这次出现首次交代了一个事实:老残和他的朋友在外出旅行时必带的西洋宝贝就是望远镜。突出描写望远镜,披露出老残对于现代西方器物的偏好以及师法西方从事中国的现代化的努力。同时,这种描写也告诉我们,在义和团事变过去仅仅几年,中国社会在逐渐地发生不可逆转的变化,西方现代器物已经逐渐地成为一部分中国人,尤其是文人或知识分子的心爱之物。

第二次和第三次:"章伯正在用远镜凝视,说道:'你们看!东边有一丝黑影,随波出没,定是一只轮船由此经过。'于是大家皆拿出远镜,对着观看。看了一刻,说道:'是的,是的。你看,有极细一丝黑线,在那天水交界的地方,那不就是船身吗?'大家看了一会,那轮船也就过去,看不见了。"这两次出现共同陈述了一个"发现":"东边黑影",它是一只轮船,"随波出没",位于"那天水交界的地方",并且驶过去,直到"看不见了"。从整个这一回的寓言语境来看,这只船应当是暗喻日本。"东边"指日本位于中国的东方;"随波出没"指日本善于认清全球性境遇而变法图强;"过去""看不见了"指日本(在甲午战争之后)已经甩开中国,走到前面去了。这一描写意在揭示日本的洋务运动的成功和中国的失败,为下面的帆船寓言提供对比性铺垫。

第四次和第五次:"慧生还拿远镜左右观视。正在凝神,忽然大叫:'哎呀,哎呀!你瞧,那边一只帆船在那洪波巨浪之中,好不危险!'两人道:'什么地方?'慧生道:'你往正东北瞧,那一片雪白浪花,不是长山岛吗?在长山岛的这边,渐渐来的近了。'两人用远镜一看,都道:'哎呀,哎呀!实在危险得极!幸而是向这边来,不过二三十里就可泊岸了。'"这两次运用望远镜共同显示了那只暗喻中国的危船，把叙述的焦点从"东边黑影"转到"帆船"上。

第六次："相隔不过一点钟之久，那船来得业已甚近。三人用远镜凝神细看，原来船身长有二十三四丈，原是只很大的船。船主坐在舵楼之上，楼下四人专管转舵的事。前后六只桅杆，挂着六扇旧帆，又有两只新桅，挂着一扇簇新的帆，一扇半新不旧的帆，算来这船便有八枝桅了。船身吃载很重，想那舱里一定装的各项货物。船面上坐的人口，男男女女，不计其数，却无篷窗等件遮盖风日，同那天津到北京火车的三等客位一样，面上有北风吹着，身上有浪花溅着，又湿又寒，又饥又怕。看这船上的人都有民不聊生的气象。那八扇帆下，各有两人专管绳脚的事。船头及船帮上有许多的人，仿佛水手的打扮。"这里借助望远镜初步"看"出了帆船的状况及其潜在的危机。

第七次："这船虽有二十三四丈长，却是破坏的地方不少：东边有一块，约有三丈长短，已经破坏，浪花直灌进去；那旁，仍在东边，又有一块，约长一丈，水波亦渐渐浸入；其余的地方，无一处没有伤痕。那八个管帆的却是认真的在那里管，只是各人管各人的帆，仿佛在八只船上似的，彼此不相关照。那水手只管在那坐船的男男女女队里乱窜，不知所做何事。用远镜仔细看去，方知道他在那里搜他们男男女女所带的干粮，并剥那些人身上穿的衣服……"在望远镜的透视下，帆船的败相及危机暴露无遗。显然，无论从哪方面看，危船都明显地是隐喻现实中国的危机情状。

第八次："……三人就下了阁子，分付从人看守行李物件。那三人却俱是空身，带了一个最准的向盘，一个纪限仪，并几件行船要用的物件，下了山。山脚下有个船坞，都是渔船停泊之处。选了一只轻快渔船，挂起帆来，一直追向前去。幸喜本日括的是北风，所以向东向西都是旁风，使帆很便当的。一霎时，离大船已经不远了，三人仍拿远镜不住细看。及至离大船十余丈时，连船上人说话都听得见了。"正是借助望远镜，老残彻底"看"穿了船上的一种"英雄豪杰"的伪善面目——那是他所厌穿的"革命"者的一种隐喻。"原来这里的英雄只管自己敛钱，叫别人流血的。"

在这八次重复中，望远镜起到了微妙而重要的透视作用：它成为老残和朋友们一次次观察东边海上情景，尤其是帆船上的危机状况的绝佳工具。试想，假如没有望远镜这现代器物的强大透视力，是无法"看"出上述景致的。这样的描写似乎隐喻地披露出刘鹗心目中的一个无意识主张：中国社会的深重危机需要借助现代性意识和器物手段去透视。要观察、解剖并且拯救中国社会，离开了现代意识和现代器物都是无法成功的。

当然，不仅在日常生活中而且也在军事与政治角力中，现代器物都展示了重要的作用。现代器物以它在日常生活中的便利和舒适启发人们，现代性离不开器物的根本性作用。如果没有器物的现代性变革，现代性就只是一句空话。

按照道器互动论，完整地讲，现代性正意味着道与器的相互生成和作用。道与器的关系一旦理顺，整个生活价值系统就获得重新定位。器物是生活价值的不可缺少的基本保障，而道则是生活价值的最高境界，两者相互沟通。这实际上等于宣告了科学主义（或科技主义）与文化主义两种人生价值学说的共在及其分野。科学主义是指以自然科学和技术为中心的生活价值观念，相信科技作用是根本；文化主义是指以思想学说为中心的生活价值观念，相信思想观念的变化才是关键。

六、现代性的特征5：人权说

现代性的一个不可或缺的显著特征，在于有关"人"的崭新观念——人权说的生成。长期受制于以"三纲五常"为代表的古代人学的中国人，从现代人权学说中看到了新的人性曙光。所谓"三纲五常"，是中国古代社会的基本人伦规范。最初出现于汉董仲舒的《春秋繁露》，其思想可以上溯到先秦诸子之学，如孔子有"君君、臣臣、父父、子子"之说，韩非把"臣事君、子事父、妻事夫"当作"天下之常道"。"三纲"是指"君为臣纲、父为子纲、夫为妻纲"，要求臣、子、妻者分别绝对服从于君、父、夫；而君、父、夫则担当臣、子、妻的表率。"五常"是指仁、义、礼、智、信，这是用来调节君臣、父子、兄弟、夫妇、朋友之间关系的行为规范。随着中国的现代性的艰难进程，个人的自由、平等及其在现代性过程中的能动作用显得越来越重要，因而三纲五常就日益暴露出深刻的痼疾，曾经遭到五四新文化运动闯将们的强烈批判。

取而代之，人们标举"人权说"。人，是一个独立、自主、自由的存在，拥有自己的神圣不可侵犯的权利。陈独秀在探讨"近代文明之特征"时提出了"三事"："一曰人权说，一曰生物进化论，一曰社会主义"①。在这"三事"中，"人权说"被赫然列在首位，显然具有头等重要性。他所热烈赞扬的1789年法国的《人权及公民权宣言》，正是以"天赋人权"为主要理论依据，明确提出"人权"政治纲领及法律。这部划时代的人权宣言做出如下具体规定：人人生而自由，权利平等，享有自由、私有财产、人身不可侵犯和反抗压迫的权利；享有言论、著述和出版等自由，其行使以保证社会其他成员能享有同样权利为限；私有财产神圣不可侵犯，国家只有在给予赔偿时才可以取得私有的财产权；主权属于国民；实行分权原则，任何团体或个人不得行使主权所未明确授予的权力；法律为公共意志的体现，公民在法律面前人人平等，人人有权直接或间接参加立法等。按照陈独秀自己的阐述，人权意味着个人具有"独立自由人格""自由权利"。他还引用薛纽柏的话说："人人于法律之前，一切平等"②。

而在别的地方，陈独秀把人权论提到社会制度变革的先决条件这一高度来认识。他更为明确地强调，人权是社会制度变革的"唯一根本之条件"："所谓立宪政体，所谓国民政治，果能实现与否，纯然以多数国民能否对于政治，自觉其居于主人的主动的地位为唯一根本之条件。自居于主人的主动之地位，则应自进而建设政府，自立法度而自服从之，自定权利而自尊重之。"③ 人只有享有"主人"的独立自主

---

① 陈独秀：《法兰西人与近世文明》，载《独秀文存》，安徽人民出版社，1987，第10页。
② 陈独秀：《法兰西人与近世文明》，载《独秀文存》，安徽人民出版社，1987，第10-11页。
③ 陈独秀：《吾人最后之觉悟》，载《独秀文存》，安徽人民出版社，1987，第40页。

地位，才可能积极地建设政府、自立法律、自定权利。如果不能保障这种基本"人权"，则任何现代政体都不足以体现其现代性特质。"倘立宪政治之主动地位属于政府而不属于人民，不独宪法乃一纸空文，无永久厉行之保障，且宪法上之自由权利，人民将视为不足轻重之物，而不以生命拥护之；则立宪政治之精神已完全丧失矣。是以立宪政治而不出于多数国民之自觉，多数国民之自动，惟日仰望善良政府，贤人政治，其卑屈陋劣，与奴隶之希冀主恩，小民之希冀圣君贤相施行仁政，无以异也。"①

当然，现代中国的"人权"概念的内涵是变动和丰富的，不存在一个固定不变的定义。从实际的使用看，"人权"一词其实被赋予了若干人性概念的内涵：自由、平等、团结、协调等，以及与这些词语相应的意识形态如自由主义、个人主义、国家主义、集体主义、无政府主义、社会主义等。

所以，人权说诚然是现代性的一个突出内涵及后果，不过，它在具体落实过程中常常遭遇重重复杂的矛盾。在最初的"人权说"阶段，人们可能充满激情地、理直气壮地信奉尤其能体现"人权说"的个人主义、自由主义或无政府主义等政治学说，但随着现代中国政治形势的演变，往往很快就转向集体主义、民族主义、社会主义或资本主义等多重选择。竭力标举"独立自由人格"的陈独秀后来迅速转向马克思列宁主义和社会主义，就是一个并非特殊的必然选择。在"五四"以后的中国，这样的知识分子大有人在。"人权说"与众多复杂而难以统一的"主义"紧密地纠缠在一起，成为中国现代性的一个经常景观。

有的学者认为"个人主义"是"五四"以来新文化，甚至现代性的一个重要的标志性成果，这当然有道理，但在表述上过于简单了，没有看到它在实际使用中的复杂性，尤其是与上述众多"主义"密切缠绕时呈现的历史具体性。比较起来，我以为还是应当沿用陈独秀等的"人权说"，因为它更能体现现代性的人的学说的历史性与丰富性。

---

① 陈独秀：《法兰西人与近世文明》，载《独秀文存》，安徽人民出版社，1987，第40页。

然而，应当看到，现代"人权说"毕竟还是呈现出一种与以往古典性人论迥然不同的新内涵：中国人可以挣脱"三纲五常"的束缚，而合法与合理地从事自主人格的选择了。人们即便可能从独立自主的"人权说"而遁入"伪共和""伪立宪"的陷阱①，也有机会回过头来反思这种迷失。这种自我反思与自我纠正是现代性的"人权说"的一种内在机制。正如吉登斯正确地论述那样，"现代性制度反思性"成为现代性的一个动力要素。

"人权说"在日常生活中是如何使用的？与理论家或思想家的清晰界定不同，小说家往往倾心于发现它在生活中的喜剧性滥用事实。"自由"和"平等"是"人权说"的两个关键词，在庚子事变后的中国，这两个词迅速渗透到日常生活中，成了人们日常聊天时频繁使用的时髦字眼。也就是说，在那时谈论"自由"和"平等"，成了日常生活中的时髦事情，似乎简直就是"新文明"的象征。谁不谈论，谁就可能显得落后或守旧。《文明小史》写贾氏兄弟和姚氏父子在上海见识了与"新文明"相连的种种"自由"。姚文通的儿子接受了"自由"观念熏染，很快就仿效起来。他不顾父亲的禁令擅自离开客栈外出，当回来后受到父亲的责骂时，理直气壮地反驳说："我的脚长在我的身上，我要到哪里去，就得到哪里去。天地生人，既然生了两只脚给我，原是叫我自由的。各人有各人的权限，他的压力虽大，怎么能够压得住我呢？"（第十七回）"自由"与"天赋人权"竟被这个"新青年"当作违反父亲秩序而寻欢作乐的一个合理化借口。

姚文通还在万年春番菜馆见到新派人士郭之问。郭之问身着"洋装"，不断抽鸦片，并且这样辩解说："论理呢，我们这新学家就抽不得这种烟，因为这烟原是害人的。起先兄弟也想戒掉，后来想到为人在世，总得有点自在之乐，我的吃烟就是我的自由权，虽父母亦不能干预的。……凡人一饮一食，只要自己有利益，那里管得许多顾忌？你祖先不吃，怎么能够禁住你也不吃？你倘若不吃，便是你自己放弃

---

① 陈独秀：《吾人最后之觉悟》，载《独秀文存》，安徽人民出版社，1987，第40页。

你的自由权,新学家所最不取的。……就以这班人而论,无论他是什么出身,总在我们四万万同胞之内,我们今日中国最要紧的一件事,是要合群,结团体,所以无论他是什么人,我等皆当平等相看,把他引而进之,岂宜疏而远之?"(第十八回)这位"新学家"一面把吃害人的鸦片也看成享受"自由权",一面又高谈中国人的"平等",可见"自由"和"平等"等"人权说"已被这类"新学家"曲解和滥用到何种地步了。

以上所述中国现代性的几个特征,其实是相互联系着的。地球模式的引进,表明中国人的宇宙模式发生巨变:从"天地之中"转到地球之一国;民族协同观的生成,显示了中华民族与地球上其他民族之间的关系发生改变:从上等民族到世界多民族之一员;制度转型论的实施,显示中国从古典文化帝国转变为现代民族国家,并建立起相应的一整套社会制度;道器互动说,体现了生活价值层级的改变:从以道制器到道与器之间的相互依赖和作用;人权说的形成,标志着中国人的个体人生体验的改变:从帝国臣民到国家公民,以及随之而来的多重选择的困窘,如个人主义、无政府主义、民族主义、世界主义,等等。从我的个人视角得来的上述观察毕竟有限,他人自然会从自身的视角得出不同的感受,这里不揣冒昧地提出来,当然为的是相互切磋。

中国现代性的颜面[①]

中国现代性难道还有"颜面"吗?"现代性的颜面"问题是美国学者马太·卡林奈斯库(Matei Calinescu)在《现代性的颜面》(*Faces of Modernity*, 1977)及其修订版《现代性的五副颜面》(*Five Faces of Modernity*, 1987)中提出来的。这个问题的提出已过去四分之一世纪之多,而此书中译本也出版逾两载,但我国学界却仍然没有对这个问题做出应有的正面回应:如果卡林奈斯库有关"现代性的五副颜面"的论述是有道理的,那么,它是否适合阐释中国的现代性问题?也就是可否用来阐述中国现代性的具体问题?本文正是要切入这个问题,尝试做出初步回答。

按我的理解,卡林奈斯库所谓"现代性的颜面"应是有关现代性的审美艺术表现或审美现代性的具体呈现面貌的一个隐喻性表述,这不妨视为考察现代性的一条有用的思路。我在这里用汉语的"颜面"一词去翻译"face",而不是沿用通常的"面孔"或"脸面",就是想尽力贴近审美现代性所与之不可分离的颜色、形体、声音等艺术形式特征。颜面,在这里可以部分地理解为中国京剧中多彩多姿的"脸谱",它绝不只是固定不变的或唯一的,而是可以时常涂抹和变换的,在不同场合亮出不同的风韵。这部书初版时只勾画了现代性的四副

[①] 本文原载《文艺争鸣》2006年第5期。

"颜面"，后来第二版时增加了"后现代主义"，所以才改今名。这部著作以西方现代艺术为根据，描摹出现代性在审美表现上的五种颜面：现代主义、先锋主义、颓废、媚俗和后现代主义。卡林奈斯库在这里主要考虑的是"审美现代性"（aesthetic modernity，也译美学现代性）的具体表现形态问题："我对于现代性和本书所分析的其他概念的关切主要是文化上的（传统的严格意义上的艺术与文学文化），但如果忽视了这些复杂术语应用于其中的广泛多样的非美学语境，显然是不可能对它作出解释的。然而，把现代性、先锋派、颓废和媚俗艺术放在一起的最终原因是美学上的。只有从这种美学视角看，这些概念才显露出它们更微妙、更费解的相互联系，而对于一位主要以哲学或科学为旨归的知识史家，这些相互联系很有可能逃过他的注意。"① 他考虑，只有从审美现代性视角去透视，现代西方艺术中遭遇的现代性、先锋派、颓废、媚俗艺术等常见问题及这些问题之间的微妙联系，才有可能获得深入的洞察。因为现代性或审美现代性标志着"一个重要的文化转变，即从一种由来已久的永恒性美学转变到一种瞬时性与内在性美学，前者是基于对不变的、超验的美的理想的信念，后者的核心价值观念是变化和新奇"②。卡林奈斯库的研究是有意义的，可以启发我们思考中国现代性的颜面问题：从审美现代性的视角看，中国现代艺术中哪些因素可以获得其必要的或重要的意义？困难不在于是否能从中国现代艺术中找出与卡林奈斯库所论述的五副颜面相对应的现象，因为它们在中国都已经和正在发生种种实在的影响，或出现了相似的回应。真正的困难在于，找到这些对应物后如何加以甄别：中国的这些相似现象与西方的原生物是一回事吗？如果不是而只是部分相似或相通，那么，其具体异同及原因究竟何在？显然，真正研究起来就会感到问题复杂。

我想我不能直接套用卡林奈斯库的"五副颜面"说，因为这难免

---

① 马太·卡林奈斯库：《现代性的五副面孔》，顾爱彬、李瑞华译，商务印书馆，2002，第15-16页。引文中的"美学的"（aesthetic）一词也可以同时翻译和理解为"审美的"。
② 马太·卡林奈斯库：《现代性的五副面孔》，顾爱彬、李瑞华译，商务印书馆，2002，第9页。

忽略中国自身的问题所在;需要做的是在沿用"现代性的颜面"说并参照"五副颜面"的同时,主要从中国现代性语境出发,着力寻找那些能够呈现中国现代性的具体状况及其微妙方面的审美现代性因素。这样,以现代性的颜面这一名义,我将集中寻觅并展示现代艺术中专属于中国审美现代性的那些特定因素。列数中国现代性的诸种颜面,既可采用共时态并列的方式,即暂时不考虑历时演变因素而仅仅将所有颜面挤压到同一个横截面中,让它们显得仿佛是多元共生;也可以从在时间上轮流占据主流地位的角度,将这些颜面作历时的逐一展示。我的做法是这两种方式大致地拼贴起来:既寻找到属于中国现代性的那些特有的颜面,又大致按照它们的主流地位的历时演变线索而加以排列。这样,我的脑海里渐次浮现出这样几副颜面:首先是革命主义,接着有审美主义、文化主义、先锋派以及拿来主义。当然还可以列出若干副颜面,但我想这五副颜面应是必不可少和不应忽略的。

一、现代性的颜面1:革命主义

"革命"或"革命主义"称得上中国现代性的一副颜面吗?对中国人来说,现代性在变化强度和烈度上都远远超过了中国历史上的任何一次文化转型。它决不仅仅意味着吉登斯意义上的"时空分离",而代表着中国历史上前所未有的最经常、深刻而又富于动荡性的巨变。要表达这一特殊情形,除了"革命"外还能找出任何其他更恰当的词吗?[①] 在英国历史学家霍布斯鲍姆看来,19 世纪是"革命的年代"(Age of Revolution),而 20 世纪是"极端的年代"(Age of Extremes)。[②] 其实,在中国,20 世纪无疑才是真正意义上的"革命的年代"。不过,这个"革命的年代"却还有着与众不同的独特风景:它同时既是"革命"的又是"极端"的,是"革命的年代"与"极端的年代"的奇特

---

① 陈建华对现代中国的"革命话语"做过长时间细心考辨,见《"革命"的现代性——中国革命话语考论》,上海古籍出版社,2000。
② 霍布斯鲍姆著有《革命的年代》和《极端的年代》。

的叠加形态，因而可以说是一个"极端的革命的年代"。正是在这样一个"极端的革命的年代"里，"革命"曾给许多中国知识分子带来过无限的希望、激发过无尽的浪漫激情。不妨听听蒋光慈的热烈礼赞："在现在的时代，有什么东西能比革命还活泼些，光彩些？有什么能比革命还有趣些，还罗曼蒂克些？"① 在蒋光慈看来，"革命"直接关系到艺术的"生命""生气"和"活力"："而革命这件东西能给文学，宽泛地说的艺术以发展的生命；倘若你是诗人，你欢迎它，你的力量就要富足些，你的诗的源泉就要活动而波流些，你的创造就要有生气些。否则，无论你是如何夸张自己呵，你终要被革命的浪潮淹没，你要失去一切的创作活力。"② 出于对革命的神奇力量的无穷想象，这种带有"极端"特色的革命主义无疑成为中国审美现代性在20世纪的一副最激动人心而又最引发争议的标志性颜面。从20世纪初至70年代末开始，作为崇尚激进的美学变革及其社会动员效果的艺术观念、思潮或运动，革命主义曾长时间地扮演过主角，产生过至今仍余响不绝的深远影响，因而不妨多谈几句。

在20世纪中国，到底出现过多少种"革命"术语？不得而知。在戊戌变法失败后亡命日本的梁启超，从1899年起率先打出了"文界革命""诗界革命"和"小说界革命"等多种"革命"旗号③，在自己担任主笔的《清议报》和《新民丛报》上大力倡导。蒋智由则作《卢骚》加以响应，以诗的浪漫语言呼唤文学的"全球革命："世人皆欲杀，法国一卢骚。民约倡新义，君威扫旧骄。力填平等路，血灌自由苗。文字收功日，全球革命潮。"④ 而在清末产生过最大的社会影响力的"革命"话语当数"革命军中马前卒"邹容（1885—1905）的《革命军》（1903）了。在这部当时发行上百万册的小书中，他用诗意的语

---

① 蒋光慈：《无产阶级革命与文化》，《创造月刊》1926年第1卷第2期，第107页。
② 蒋光慈：《无产阶级革命与文化》，《创造月刊》1926年第1卷第2期，第103页。
③ 陈建华：《晚清"诗界革命"发生时间及其提倡者考辨》（1985），载《"革命"的现代性——中国革命话语考论》，上海古籍出版社，2000，第183-201页。
④ 蒋智由：《卢骚》，《新民丛报》第3号，1902年3月。

言赞美说:"巍巍哉! 革命也。皇皇哉! 革命也。"① 这部洋溢着浪漫的革命主义激情的书很快风行海内,被章炳麟称之为"义师先声"、章士钊主笔的《苏报》誉之为"国民教育之第一教科书"。1912 年 2 月,孙中山以临时大总统的名义签署命令,追赠邹容为"大将军"。鲁迅说:"别的千言万语,大概都抵不过浅近直截的'革命军马前卒邹容'所做的《革命军》。"② 可以肯定地说,中国的审美现代性一开始就与革命结下不解之缘。一方面,审美现代性常常以革命的名义在社会中推演自身,把自己的形式魅力播撒向社会公众,从而使得审美形式变革产生出更深厚的文化变革力量,例如梁启超的"诗界革命"和"小说界革命";另一方面,社会的文化变革也往往借助审美革命的形式、披上诗意的外衣,例如邹容的《革命军》。

"革命"确实在现代中国历史上是一个含义丰富的字眼。诚然,上述含义当然是它题中应有之义,但却并非仅仅只有此义。较早从日本引进并推广这一术语的梁启超,担心它被应用于鲜血和暴力的变革义,从而专门作《释革》(1902)加以澄清:"'革'也者,含有英语之 Reform 与 Revolution 之二义。Reform 者,因其所固有而损益之以迁于善,如英国国会一千八百三十二年之 Revolution 是也。日本人译之曰改革、曰革新。Revolution 者,若转轮然,从根柢处掀翻之,而别造一新世界,如法国一千七百八十九年之 Revolution 是也,日本人译之曰革命。'革命'二字,非确译也。"他还回溯汉语词源,指出"'革命'之名词,始见于中国者,其在《易》曰:'汤武革命,顺乎天而应乎人。'其在《书》曰: '革殷受命。'皆指王朝易姓而言,因而与 revolution 的变革意不同"。他坚持革命仅仅是指"人群中一切有形无形之事物"的"变革",这是社会进步之常道,不必惊骇。他列举当时中国出现的"经学革命,史学革命,文界革命,诗界革命,曲界革命,小说界革命,音乐界革命,文字革命等种种名词",指出它们的"本

---

① 邹容:《革命军》,载周永林编《邹容文集》,重庆出版社,1983,第 41 页。
② 鲁迅:《杂忆》,载《鲁迅全集》第 1 卷,人民文学出版社,1981,第 221 页。

义"就是"变革"。"闻'革命'二字则骇,而不知其本义实变革而已。革命可骇,则变革其亦可骇耶?"在两年后他又写《中国历史上革命之研究》(1904),更明确地指出,革命具有三层不同含义:"革命之义有广狭:其最广义,则社会上一切无形有形之事物所生之大变动皆是也;其次广义,则政治上之异动与前此划然成一新时代者,无论以平和得之以铁血得之皆是也;其狭义,则专以兵力向于中央政府者是也。"第一层为革命的最广义,是指社会上一切事物的大变动;第二层为其广义,是指由和平或暴力方式导致的以新时代取代旧时代的社会大变迁;第三层为其狭义,是专指推翻中央政府的军事行动。相比而言,他竭力将革命局限于头两义,而恐惧和担忧第三义:"吾中国数千年来,惟有狭义的革命,今之持极端革命论者,惟心醉狭义的革命。故吾今所研究,亦在此狭义的革命。"① 梁启超的小心考辨意在张扬非暴力的头两义而抑制暴力的第三义,用心良苦。但从中国现代性的实际进程来看,他的革命三义论毕竟还是公允之论,较为全面地梳理了现代革命概念的多层内涵,为理解审美现代性中的革命主义奠定了基础。②

这样,如果从梁启超的"革命"三义论来考察,审美现代性中的革命主义具有三层含义或形态:第一层为最广义的革命主义,往往涉及那些旨在推进社会事物的局部或总体变化的新思潮,有黄遵宪的"新派诗"、梁启超的"诗界革命"和"小说界革命"主张等,这通常被视为温和的"改良主义"或"渐进主义"。第二层为广义的革命主义,是指那些有组织有目的的社会变革运动,最典型的就有陈独秀和胡适等的以"文学革命"为核心的五四新文化运动,这就体现了现代革命论特有的依赖大众媒介和新的语言实施有组织的社会动员的含义,可以视为现代革命主义的最基本含义。如果说第一层主要体现社会变

---

① 梁启超:《中国历史上革命之研究》,《新民丛报》第 46 - 48 合号,1904 年 2 月,据吴松、卢云昆、王文光、段炳昌点校《饮冰室合集》第三集,云南教育出版社,2001,第 1671 页。
② 陈建华:《论现代中国"革命"话语之源》,载《"革命"的现代性——中国革命话语考论》,上海古籍出版社,2000,第 17 页。

革"思潮",那么,第二层的显著标志就是社会变革"运动"。其具体代表作有:《尝试集》《呐喊》《彷徨》《女神》《雷雨》等。第三层为狭义的革命主义,是指直接听从于现代政党号令、首先做革命者再以艺术服务于革命斗争的观念体系,如"无产阶级革命文艺""社会主义现实主义"等,这常常被称为"革命文学""革命文艺"。恽代英规定了这种狭义的革命主义的基本原则:"自然是要先有革命的感情,才会有革命的文学的。"这就是要想做革命艺术家,先要做"革命家";先有"革命的感情",才会有革命的文艺。"倘若你希望做一个革命文学家,你第一件事是要投身于革命事业,培养你的革命的感情。"① 这种狭义革命主义的直接成果有 20 世纪 20 年代后期"革命加恋爱"小说、丁玲《太阳照在桑干河上》等。

当然,革命主义的这三层含义之间不存在天然鸿沟,而实际上彼此关系含混而又相互滑动。例如,梁启超的思想就常常徘徊于第一、二层之间;胡适则从开初的第一层进展到第二层,而对陈独秀和李大钊后来向往的第三层持批评态度;陈独秀则尤其独特:依次经历了第一、二、三层的演变,即从改良主义思潮("五四"前)到革命主义运动("五四")再到社会主义政党活动(创建中国共产党)。从中国审美现代性的演变看,"五四"前的革命主义大致体现了这个词的最广义,"五四"文学革命则集中了它的广义,而后"五四"的"无产阶级革命文艺"等则凸现了它的狭义。

说到中国"革命"及"革命主义"的含义与形态,还不能不提到霍布斯鲍姆在《革命的年代》中提出的"双轮革命"概念:19 世纪欧洲的革命是一种"双轮革命"(dual revolution),即是法国政治革命与英国工业革命的结合。"革命"(revolution)在英文中最初就是"旋转"的意思,而"双轮革命"显然可以形象地理解为一种双轮驱动的旋转。至于中国革命主义中的"革命"一词,我想可能不只有双轮含

---

① 恽代英:《文学与革命》,《中国青年》1924 年 5 月 17 日第 31 期,据陈寿立编《中国现代文学运动史料摘编》上册,北京出版社,1985,第 149-150 页。

义，还需要增加来自俄苏社会主义革命成功的启示义：被压迫阶级与民族也可以成功地领导美学革命。就中国审美现代性而言，法国式的政治革命在这里主要涉及根本的政体制度及相应的文化观念的变革，如西方美学观、艺术观、教育观、文化观等；英国式的工业革命主要体现为传媒技术和文化产业的变革，如机械印刷媒介取代传统雕版印刷技术、摄影与电影等新媒介的运用、艺术的机械复制等；俄苏式社会主义革命则为以专政手段推翻旧趣味而推行新趣味提供了合法性。这样，中国审美现代性中的革命主义应当是一种由政体—文化革命、传媒革命和阶级趣味革命合力驱动的"三轮革命"。只有同时从这全部"三轮"去作完整的理解，才能准确地把握中国革命主义的最广义、广义和狭义三层含义的共存情形及其复杂关联，例如狭义的"无产阶级革命文艺"和"三突出"的出现的必然性和合理性，从而也才有可能准确地理解中国革命主义的独特特色。

单从今天的眼光看，审美现代性自然应当与诗意、愉悦、自由、解放等联系在一起。诗情画意、浪漫潇洒似乎应是它的代名词。这似乎不言而喻，甚至天经地义。然而，只要冷静而全面地考察，就不得不承认，在几乎整个20世纪长河里，审美现代性航船却总是必须悬挂着鲜艳的革命旗帜，在它的映照下乘风破浪或逆水行进。这究竟是为什么？原因并不复杂：这种革命主义得以发生的缘由，其实主要地并非来自艺术领域的内在审美要求本身（当然也不能不与此相关），而是来自外在的更为广泛而深刻的文化现代性变革需要。这是因为，梁启超等现代人文知识分子一次次痛感中国现代性进程的艰难性和曲折性，并深知这种艰难和曲折的症结就在于广大普通民众的愚昧，认识到如果不首先唤起他们的理性觉悟，就无法真正推动越来越沉重的现代性车轮。当然，还应当看到，在广大普通民众的愚昧后面，还有更深厚的文化无意识原因：中国人的根深蒂固的文化优越感和自我中心幻觉。正是这种传统重负阻碍着中国人轻松地弃旧图新。连霍布斯鲍姆也看到了这一点：中国在现代的"落后"，"事实上并非由于中国人在技术或教育方面无能，寻根究底，正出在传统中国文明的自足感与自信心"。只有等到局势变得不可收拾了，即古典文化传统无可挽回地走向没落时，中国人才能猛醒过来；但这时，渐进的改良道路已经断绝，只剩下激进的革命道路了。"因为这一切，只有在那古文明的捍卫者——古老的中华帝国——成为废墟之上才能实现；只有经由社会革命，在同时也是打倒孔老夫子系统的文化革命中，才能真正展开。"①甚至连知识分子们要唤醒愚昧的民众，也不得不运用艺术革命的激进手段。

如何唤起民众呢？处于困境中的知识分子不得不上下求索、"别求新声于异邦"，从西方和日本的现代性经验中获得启示，回头激活中国的"诗教"传统，发现诗歌、小说、戏剧、音乐、美术等艺术具有任何其他形式都无法比拟的特殊的审美感染力，可以有力和有效地完成现代性的社会动员任务。而当旧的艺术无法实现这一目标时，打碎旧艺术、创造新艺术、实行彻底的艺术革命，就成为他们的必然选择了。所以，革命主义的生成，首要地来自中国文化现代性的特殊的社会动员需要。为了圆满地完成社会动员任务，艺术就必须实行真正意义上的"革命"。这样，诗歌革命、小说革命、戏剧革命、美术革命等，就在20世纪初的中国如雨后春笋般地蓬勃兴起了。

尽管如此，一些人还是忍不住要质问：审美现代性真的必须长出一副"革命"的颜面吗？今天一些人在总结五四文学革命的经验时，就常常难以抑制住对"革命"颜面的厌恶与痛惜之情：这场文学革命简直就是野蛮地糟蹋中国文化传统的闹剧，竟导致中华文化的传统血脉在现代断绝；现在只有改弦更张而回归古典，才是唯一生路。在纪念五四运动八十周年之际，著名作家、加州大学白先勇教授就毫不掩饰他对五四文学革命的严厉质疑："《儒林外史》《红楼梦》，那不是一流的白话文，最好、最漂亮的白话文么？还需要什么运动呢？就连晚清的小说，像《儿女英雄传》，那鲜活的口语，一口京片子，漂亮得不得了；它的文学价值或许不高，可是文字非常漂亮。我们却觉得从鲁

---

① 霍布斯鲍姆：《极端的年代》（下），郑明萱译，江苏人民出版社，1999，第688页。

迅、新文学运动起才开始写白话文，以前的是旧小说、传统小说。其实这方面也得再检讨，我们的白话文在小说方面有多大成就？"他还认为由于这场文学革命运动全盘否定传统文化，使五四运动后的教育和文学都缺乏对传统文化的继承，制造出"文化的怪胎"①。这样的全盘否定性认识来自今天的文学视角，确实有些道理，因为单纯的文学内部变化完全可以在传统本身的弹性框架内有序和渐进地进行，而不必一定采用"革命"的激进方式。

但是，如果按当时的现代性语境设身处地想想，就不难见出这种革命性断裂所包含的文化合理性和历史必然性了。在当时的知识分子的慧眼中，陷入困境的中国文化现代性进程只有仰仗艺术革命才能转危为安啊！1916年8月，李大钊在创办《晨钟报》时就有意掀起一场"新文艺"革命运动："由来新文明之诞生，必有新文艺为之先声，而新文艺之勃兴，尤必赖有一二哲人，犯当世之不韪，发挥其理想，振其自我之权威，为自我觉醒之绝叫，而后当时有众之沉梦，赖以惊破。"② 如果现代性意味着一种"新文明"，那么，它就必须依赖"新文艺为之先声"，即通过表现崭新的"理想"、振奋"自我之权威"、呼唤"自我觉醒"，去"惊破"蒙昧的广大民众的"沉梦"。显然，文学革命的直接动机并非文学的，而是来自文学之外，即是文化的。让文学去革命，为的就是文化现代性本身。那么，文学革命与整个文化革命之间有什么具体联系、前者对后者有什么实际作用呢？这一点可从陈独秀对"三种文学"的"排斥"中见出：贵族文学、古典文学和山林文学的"公同之缺点"在于将"宇宙""人生"和"社会"排斥在"构思"之外。而正是这样的文学"与吾阿谀夸张虚伪迂阔之国民性，互为因果"，相互走向沉沦。所以，要改造"阿谀夸张虚伪迂阔之国民性"，就必须首先改造与它"互为因果"的旧文学。③ 可见，文学革命实在是要服务于改造"国民性"的任务。

---

① 转引自《天涯》1991年第4期，151页。
② 李大钊：《〈晨钟〉之使命》，《晨钟报》创刊号，1916年8月15日。
③ 陈独秀：《文学革命论》（1917），载《独秀文存》，安徽人民出版社，1987，第98页。

革命主义在现代中国之所以成为人们竞相拥戴的"显学",实在是由于中国现代性的"非常"局势。这种"非常"在于:由于中国人的固有的宇宙模式和中优外劣心态等的束缚,中国现代性一再处于低于理想水平或者成理想的反面的缓慢变革的或危机的状态。而这种非常局势在现代竟实际上充当了中国现代性变革的常态。这属于非常性常态。对这种非常性常态的痛切体验煎熬着现代知识分子的心,逼迫他们采取激进的革命姿态,从而不无道理地导致现代性长出一副革命主义的激进变革颜面。这样,革命主义在现代是具有其合理性的。所以,轻易否定以五四运动为代表的革命主义原则是不足取的。不过,应当冷静地看到,革命主义不大可能在任何时候都成为现代性的主旋律。作为这种主旋律,革命主义往往是在动荡不已的现代 1 时段才具有充分的合理性,因为摇晃不已的现代性车轮需要革命主义的非常态的强势推力,甚至多种力量的合力推举。而到了相对和平的现代 2 时段,革命主义的现实需要可能会大大减退,从而从"主旋律"降低为"次旋律"。尽管如此,我确信,革命主义在中国现代性时段决不肯轻易退场。每当中国现代性处于动荡状态或危机情势时,革命主义总会适时地登场亮相,推演出革命的种种正剧或悲喜剧,无论你是否乐意观赏。

二、现代性的颜面2:审美主义

审美主义能称得上中国现代性的一副颜面吗?审美主义,是英文词"aestheticism"的汉译,在长时间里曾被译作"唯美主义"。而一谈到"唯美主义",稍有历史记忆的人都会知道,这向来是被视为资产阶级的崇尚"为艺术而艺术"的颓废思潮并加以否定和清算的。现在改译为"审美主义",这本身就表明了一种越出以往意识形态偏见而加以冷静反思的理智立场。[①] 审美主义是 19 世纪后期在英法等国曾一度兴

[①] 就我所知,刘小枫率先使用"审美主义"及"审美现代性"重新反思这个问题,见《现代性社会理论绪论》,牛津大学出版社,1996。

盛的艺术思潮之一,它的主要代表有英国的王尔德(Oscar Wilder)和佩特(Walter Pater)、法国的戈蒂耶(Theophile Gautier)等。从20世纪初起,审美主义及"为艺术而艺术"的口号就介绍到中国,引发持续不断的争论,产生过这样那样的深远影响。① 据研究,"周作人是第一个把唯美主义者王尔德介绍到中国来的,他也是最早推崇佩特'刹那主义'的人之一。周作人1909年翻译出版王尔德的《安乐王子》(收入《域外小说集》),1922年在《晨报副镌》上开辟'自己的园地'专栏宣扬'独立的艺术美',最终在小品文中实践其唯美主义理想。"同时,"周作人不仅把唯美主义当作艺术理想,更把它付诸生活实践,使之贯穿于自己生命力中的方方面面,最终发展成为一种'生活之艺术'。"② 其实,不仅周作人个人,甚至推动五四新文化运动的人们,也都曾不同程度地心仪过王尔德及其审美主义信条。在1915年11月出刊的《青年杂志》(即《新青年》前身)第1卷第3号封面上,就赫然登载王尔德的肖像。③ 激进的革命文化启蒙刊物竟然以审美主义者王尔德为供师法之偶像,这不能不使人产生联想:五四新文化或多或少与审美主义相关。在五四青年对艺术的社会动员力量的想象中,似乎不无道理地会回荡着审美主义的以艺术改造人生与社会的幽灵。确实,审美主义是中国审美现代性进程中不可或缺的一副颜面。审美现代性中的革命主义原理其实就内含着审美主义的前提:由于美的艺术可以改造生活的丑、成为生活的美的典范,因而艺术革命才是合理的。

然而,应当看到,审美主义在欧洲其实可以有更为宽泛的内涵:它不仅狭义地指以王尔德为代表的19世纪后期英法审美主义思潮,已如上述;而且也可以广义地涉及18世纪末至19世纪前期德国古典美学思潮。这样,审美主义有广狭两义。广义的德国式审美主义,可以

---

① 解志熙:《美的偏至——中国现代唯美-颓废主义文学思潮研究》,上海文艺出版社,1997,第7-63页。
② 周小仪:《唯美主义与消费文化》,北京大学出版社,2002,第154页。
③ 周小仪:《唯美主义与消费文化》,北京大学出版社,2002,第149页。

称思辨式审美主义，注重从思辨角度高扬审美旗帜，主张审美与艺术是文化的最高原则、以审美去改造现有的衰败的文化。其代表主要是一批哲学家，如康德、席勒、黑格尔、谢林等。席勒认为，在"审美王国"里，"审美的创造冲动给人卸去了一切关系的枷锁，使人摆脱了一切称之为强制的东西，不论这些东西是物质的，还是道德的。"① "惟独美的沟通能使社会统一，因为它是同所有成员的共同点发生关系的。"② 而狭义的审美主义，在中国常被称为"唯美主义"，可以称日常式审美主义，在承认德国思辨式审美主义原则的前提下，进而着重让这种原则从思辨王国沉落为现实生活行为：突出艺术本身的自为性，提出"为艺术而艺术"原则，并且身体力行地追求日常生活的审美化或艺术化。其代表人物王尔德、佩特和戈蒂耶等都是艺术家，并在艺术创造追求美化和在日常行为上都追求艺术化。无论是广义的思辨式审美主义，还是狭义的日常式审美主义，其共同点是把审美当作文化的最高原则和解决文化问题的绝对中介，幻想以审美与艺术去改造现实社会，从而洋溢着一种审美乌托邦精神。

在中国，审美主义的具体存在形态却是多种多样的，需要作具体梳理。这里至少应看到审美主义在欧洲的双重源头和在中国的两种变体。中国审美主义可以追溯到上述欧洲的双重源头，即日常式审美主义和思辨式审美主义。以王尔德为代表的日常式审美主义曾经给予周作人、郭沫若、田汉等以深刻影响。周作人早期心仪日本茶道那种"忙里偷闲，苦中作乐"的生活方式，即"在不完全的现世享乐一点美与和谐，在刹那间体会永久"③。更重要的是，他像王尔德那样身体力行地寻求人生的艺术化："我们看夕阳，看秋河，看花，听雨，闻香，喝不求解渴的酒，吃不求饱的点心，都是生活上必要的——虽然是无用的装点，而且是愈精炼愈好。"④ 这里的日常吃喝玩乐都以审美主义

---

① 席勒：《审美教育书简》，冯至、范大灿译，北京大学出版社，1985，第11页。
② 席勒：《审美教育书简》，冯至、范大灿译，北京大学出版社，1985，第152页。
③ 周作人：《喝茶》，《语丝》1924年12月第7期，收入《雨天的书》（1925），据周作人《夜读的境界》，钟叔河编《周作人文类编》，第9卷，湖南文艺出版社，1998，第267页。
④ 周作人：《北京的茶食》，载《雨天的书》（1925），中国文联出版公司，1992，第41页。

的高雅名义进行。与此不同，来自德国源头的思辨式审美主义则容易偏于思辨层面的美化和精神生活的艺术化。例如王国维对于康德、叔本华和尼采的推崇与阐发。而宗白华对 17 岁时在青岛和上海生活的回忆则尤其能说明这种思辨审美主义特点："青岛的半年没读过一首诗，没有写过一首诗，然而那生活却是诗，是我生命里最富于诗境的一段。"① 审美主义在这里表现为日常生活的诗化。"'拿叔本华的眼睛看世界，拿歌德的精神做人'，是我那时的口号。"这种诗情从精神层面一直渗透到他的日常生活中："有一天我在书店里偶然买了一部日本版的小字的王、孟诗集，回来翻阅一过，心里有无限的喜悦。他们的诗境，正合我的情味，尤其是王摩诘的清丽淡远，很投我那时的癖好。他的两句诗：'行到水穷处，坐看云起时'，是常常挂在我的口边，尤在我独自一人散步于同济附近田野的时候。"② 在富于浪漫诗情的青年诗人宗白华这里，人生的艺术化决不涉及周作人那种日常吃喝玩乐，而是表现为个人内在精神生活的诗化。这种诗化显然都远离日常式审美主义而贴近思辨式审美主义。完全可以说，从周作人和宗白华身上，可以分别回溯审美主义的两种不同的理论源头，并且见出其两种不同的现实取向。

当然，实际上，在具有"革命主义"姿态的中国知识分子这里，审美主义的双重源头有时似乎又变成一回事，它们交织在一起，难解难分地共同起作用。五四时期活跃的诗人康白情，就有意采取两者的调和姿态："诗是'为人生底艺术'和'为艺术底艺术'调和而成的。"③ 周作人更是一个著名的双重交织个案：一方面躬身实行日常式审美主义，支持留法回国的张竞生博士成立"审美学社"；另一方面又与茅盾和郑振铎等发起创办中国第一个"写实主义"文学社团"文学研究会"，并担任执笔人起草《文学研究会宣言》（1921）。该宣言的

---

① 宗白华：《我和诗》，载《美学与意境》，人民出版社，1987，第 172 页。
② 宗白华：《我和诗》，载《美学与意境》，人民出版社，1987，第 172 – 173 页。
③ 康白情：《新诗底我见》，《少年中国》1920 年 3 月第 1 卷第 9 期，据王运熙主编《中国文论选》，现代卷上册，江苏文艺出版社，1996，第 160 页。

宗旨不再是日常式审美主义的"为艺术而艺术"或个体人生的"艺术化",而是吸取思辨式审美主义精神而提出的"为人生而艺术":"将文艺当作高兴时的游戏或失意时的消遣的时候,现在已经过去了。我们相信文学是一种工作,而且又是于人生很切要的一种工作;治文学的人也当以这事为他终身的事业,正同务农一样。"① 周作人在宣言中明确批判并超越"将文艺当作高兴时的游戏或失意时的消遣"的日常式审美主义姿态,而在他表述个人观点时或在个人生活中,则是一如既往地继续遵循日常式审美主义信条。一人而同时信奉两种审美主义,无疑是审美主义在中国的一个耐人寻味的实例。

如果说上述审美主义双重源头主要是在知识分子或精英人物中起作用的话,那么,审美主义在中国则实际上呈现为两种变体:精英审美主义和市民审美主义。精英审美主义,是指王国维、蔡元培、鲁迅、郭沫若、周作人、田汉、郁达夫、宗白华、朱光潜等知识分子所信奉的以审美为最高原则的思想线索,无论它们具体地偏向于思辨式还是日常式审美主义。蔡元培就提出了"以美育代宗教说"(1917),主张通过美育去陶冶国人的情感。宗白华有关"艺术的人生观"的论述,带有明显的审美主义色彩:"艺术人生观就是从艺术的观察上推察人生生活是什么,人生行为当怎样?"艺术的人生观意味着人生的艺术化,"积极地把我们人生的生活,当作一个高尚优美的艺术品似的创造,使他理想化,美化。"② 把人生当作艺术品去创造,正是典型的审美主义观念。"艺术创造的目的是一个优美高尚的艺术品,我们人生的目的是一个优美高尚的艺术品似的人生。"③ 这可见出王尔德的著名的审美主义论述的影响:"我们的岁月都消逝在对生命的奥秘的追求中,而生命的奥秘就在艺术之中啊。"④ 王尔德的审美主义"总原则"正是"生活

---

① 文学研究会同仁:《文学研究会宣言》,《小说月报》1921年1月10日第12卷1号,据陈寿立编《中国现代文学运动史料摘编》,上,北京出版社,1985,第56–57页。
② 宗白华:《新人生观的我见》(1920),载《美学与意境》,人民出版社,1987,第33页。
③ 宗白华:《新人生观的我见》(1920),载《美学与意境》,人民出版社,1987,第34页。
④ 王尔德:《英国的文艺复兴》,载赵澧、徐京安主编《唯美主义》,中国人民大学出版社,1988,第104页。

模仿艺术远甚于艺术模仿生活。"① 这种有关人生模仿艺术的原则给予中国知识分子以深刻启迪。周作人虽然不反对"人生派的艺术",但更强调的是艺术的独立价值:"艺术是独立的,却又原来是人性的,所以既不必使他隔离人生,又不必使他服侍人生,只任他成为浑然的人生的艺术便好了。"② 他主张"把生活当作一种艺术,微妙地美地生活",并且还用中国古代"礼"来解释"生活之艺术"③。他甚至把这种"艺术"提升到"建造中国的新文明"的高度④。郁达夫虽然不赞成"唯美主义者"的"持论的偏激",但却承认"对美的追求是艺术的核心"⑤。可以说,在20世纪初至30年代以前,凡是信仰革命主义的知识分子大多同时信仰过审美主义,体现了精英审美主义的旨趣。而从1930年开始,随着中国社会革命形势的演变,这种审美主义逐渐地走向衰落,让位于其他"主义",如后面将论及的文化主义。

谈论审美主义,如果仅仅局限在精英层面,显然是片面的。因为,实际上,从清末即20世纪初开始,一股崇尚审美的世俗潮流就在中国的上海和北京等大都市风起云涌,它似乎只是偶尔被关注(如在五四新文化运动中受到陈独秀等的无情批判),就匆匆掠过知识分子的法眼,很快沉落到市民通俗趣味的滚滚洪流中。这种注重市民日常消闲或娱乐的审美主义潮流,不妨称为市民审美主义,其中心旨趣是注重文艺的日常消闲性或娱乐性。其在文艺创作界的代表先后有:吴沃尧、鸳鸯蝴蝶派、张恨水、张爱玲、金庸、琼瑶等,以及20世纪90年代以来兴起的大众文化如冯小刚电影《甲方乙方》《不见不散》《没完没了》,张艺谋的《英雄》及其"视觉凸现性美学"等。

这种市民审美主义的突出特点之一,是对文艺的商品功能和娱乐

---

① 王尔德:《谎言的衰朽》,载赵澧、徐京安主编《唯美主义》,中国人民大学出版社,1988,第132页。
② 周作人:《自己的园地》,《晨报副镌》1922年1月22日,据周作人《本色》,载钟叔河编《周作人文类编》第3卷,湖南文艺出版社,1998,第63—64页。
③ 周作人:《生活之艺术》,《语丝》1924年11月第1期,据周作人《夜读的境界》,载钟叔河编《周作人文类编》第9卷,湖南文艺出版社,1998,第26页。
④ 周作人:《生活之艺术》,《语丝》1924年11月第1期,据周作人《夜读的境界》,载钟叔河编《周作人文类编》第9卷,湖南文艺出版社,1998,第27页。
⑤ 郁达夫:《艺术与国家》,载《达夫全集》第5卷,1930,第5版,第142页。

作用的强调。以民国初年的上海为例。"民初都市获得了巨大的发展，上海人口在 1915 年即已增加到 200 万以上，而且主要增加在华界而不是租界。华界的发展使都市更显庞大，经济的迅速发展使市民对娱乐的需求也大大增强，造成娱乐文学的兴盛。以'礼拜六'为刊名的期刊，其意图便是满足市民周末消遣的需要，它的畅销，是这种娱乐文学兴盛的标志。民初上海出版的 55 种文学期刊，绝大部分是娱乐文学的期刊。"① 都市消费群体的娱乐需要及其持续增长，催生了文化产业的艺术商品化进程及其不断加速，因而市民审美主义的娱乐化倾向就是必然的。有理由相信，对商品化和娱乐功能的过分重视，使得市民审美主义付出了沉重的代价。

与此相应，市民审美主义的另一显著特点是强调文艺以情动人，以强烈的情感去感染公众。因为，言情正是文艺的商品化和娱乐功能切入读者心灵的最恰当渠道。其代表文类就是"写情小说"或"言情小说"。自从清末翻译小说兴盛时起，写情小说就成了都市文学的一大主潮，而"情"也受到人们的特别关注。值得注意的是，写情小说是伴随着持续的有关言情是否合理的美学争论走向兴旺的。民国前，面对戊戌变法以来兴起的翻译小说中的写情小说浪潮，松岑就表示了一种恐惧态度："吾读今之写情小说而惧"②。他指责深受西方文学影响的写情小说会使中国读者受到西方生活方式的负面影响，如担心林纾译《迦茵小传》中"怀孕"一节会导致中国女子不顾"贞操"。他更担忧这些写情小说会有伤中国风化："恐数十年后，握手接吻之风，必公然施行于中国之社会，而跳舞之俗且盛行，群弃职业学问而习此矣。"这位道学家式的人物正确地预见到了中国社会风气发生变化的必然性，但却把这种变化的"罪魁"仅仅归结为写情小说的教唆。所以，他主张对写情小说"厉行专制"③。与松岑的严厉的"专制"态度相

---

① 陈伯海、袁进主编：《上海近代文学史》，上海人民出版社，1993，第 98 页。
② 松岑：《论写情小说于新社会之关系》，《新小说》1905 年第 17 号，据王运熙主编《中国文论选》近代卷（下），江苏文艺出版社，1996，第 391 页。
③ 松岑：《论写情小说于新社会之关系》，《新小说》1905 年第 17 号，据王运熙主编《中国文论选》近代卷（下），江苏文艺出版社，1996，第 391 - 392 页。

反，作为晚清写情小说的肇始者①，吴沃尧（吴趼人）在小说《恨海》（1906）第一回辩护说："情"属人"与生俱来"的本性，由它而生长出其他一切如"忠孝大节"等。② 他通过重新论证"情"的性质和地位，为自己的"写情小说"披上合理化美学外衣，也由此表达出了他的明确的市民审美主义取向。

觉我（徐念慈）《余之小说观》（1908）的观点也实际地起到为市民审美主义辩护的作用："小说者，文学中之以娱乐的，促社会之发展，深性情之刺戟者也。"他首先承认小说的特点就是让人"娱乐"，不过，又认为这种"娱乐"不会让读者沉溺在消闲境地，而是可以"促进社会之发展，深性情之刺戟"。他一方面批评那种把小说视为"鸩毒霉菌"的"冬烘头脑"，另一方面又认为梁启超等有关"风俗改良，国民进化"依赖于小说的见解"誉之失当"，转而提出第三种小说美学："小说固不足生社会，而惟有社会始成小说者也。社会之前途无他，一为势力之发展，一为欲望之膨胀。小说者，适用此二者之目的，以人生之起居动作，离合悲欢，铺张其形式，而其精神湛结处，决不能越乎此二者之范。"③ 他实际上梳理出当时的三种小说美学观：一是小说否定观，二是小说夸大论，三是社会小说观。第三种正是他本人的主张，认为先有社会而后有小说，小说同时传达社会"势力之发展"和"欲望之膨胀"，通过描写"人生之起居动作"和"离合悲欢"去"铺张其形式"，最终合乎社会的"势力"与"欲望"的规范。在民国初年鸳鸯蝴蝶派文学兴起的时候，爱楼在《游戏杂志》序言中为这类"游戏"文学辩护："且今日之所谓游戏文字，他日进为规人之必要，亦未可知也。余鉴于火珺风轮之起点，宗功祖德之开端，而知今日之供话柄驱睡魔之游戏杂志，安知他日不进而益上，等诸诗、书、易、

---

① 阿英认为："晚清小说中，又有名为'写情'者，亦始自吴趼人。此类小说之最初一种，即《恨海》。"见《晚清小说史》，东方出版社，1996，第202页。
② 吴沃尧：《恨海》，据吴祖缃、端木蕻良、时萌主编《中国近代文学大系·小说集》（6），上海书店，1991，第249页。
③ 觉我：《余之小说观》，《小说林》1908年第9、10期，据王运熙：《中国文论选》近代卷（下），江苏文艺出版社，1996，第403 – 404页。

礼、春秋宏文之列也哉。"① 他相信，今天的游戏文学有可能在明天成为社会的伦理规范，甚至成为堪与儒家经典相比拟的现代文化经典。

至于在民国初年崛起的鸳鸯蝴蝶派或"礼拜六派"，则是民初市民审美主义潮流的一批影响颇大的权威注释者。这一派当然竭力为文学的写情特点及其消闲与娱乐功能辩护，认为日常生活中的主要娱乐方式有缺点："买笑耗金钱，觅醉碍卫生，顾曲苦喧嚣"，不如小说"省俭而安乐"。由此烘托出小说阅读的独家优越性，并描绘出一幅绝妙的市民审美主义小说消闲图："读小说则以小银元一枚换得新奇小说数十篇。游倦归斋，挑灯展卷，或与良友抵掌评论，或伴爱妻并肩互读。意兴稍阑，则以其余留于明日读之。晴曦照窗，花香入坐，一编交手，万虑都忘，劳瘁一周，安闲此日，不亦快哉！故人有不爱买笑、不爱觅醉、不爱顾曲，而未有不爱读小说者。"② 小说阅读有利于朋友交往、夫妻互爱、生活回味，确乎是日常生活的审美乌托邦了。以小说消闲去重构市民日常生活的乌托邦，显然是"鸳蝴派"赢取市民的一大美学法宝。张爱玲小说由于注重"上海人"的市民趣味的满足，不无道理地可与"鸳蝴派"捆绑在一起。"我一直就想以写小说为职业。从初识字的时候起，尝试过各种不同体裁的小说，如'今古奇观'体，演义体，笔记体，鸳蝴派，正统新文艺派等等。"③ 张爱玲的小说写作理想就是"借了水银灯来照一照我们四周的风俗人情"④。当然，这种对于市民俗趣的追求只是张爱玲小说写作的一个方面。另一方面也很重要：她并非只会迎合上海人的市民俗趣，而是别有所求。如果仅仅只有这样一种本事，那就还不能成为张爱玲。当她的天才和想象力与她所受的中国古典文艺熏染及西方文艺素养融汇起来，就使得她可以跨

---

① 爱楼：《〈游戏杂志〉序》，《游戏杂志》1930年11月30日第1期，据芮和师、范伯群、郑学弢、徐斯年、袁沧州编《鸳鸯蝴蝶派文学资料》，福建人民出版社，1984，第4页。

② 钝根：《〈礼拜六〉出版赘言》，《礼拜六》1914年6月6日第1期，据芮和师、范伯群、郑学弢、徐斯年、袁沧州编《鸳鸯蝴蝶派文学资料》（上册），福建人民出版社，1984，第7页。

③ 张爱玲在"女作家聚谈会"的发言，《杂志》1944年4月第13卷第1期，转引自杨义《中国现代小说史》第3卷，人民文学出版社，1993，第464页。

④ 张爱玲：《流言·借银灯》，金宏达、于青编《张爱玲文集》第4卷，安徽文艺出版社，1992，第180页。

越一般的"鸳蝴派"而向往更高的美学境界——以上海人为个案而书写中国人的现代性体验,尤其是其中蕴含的传统与现代的复杂冲突。应当同时看到张爱玲写作中的上述二重性。

是否可以说,精英审美主义和市民审美主义之间存在难以调和的品位差异,如说前者向往高雅趣味而后者趣味低俗?其实,两者之间的差异远不如想象的那么大。一个有趣的现象是,它们都注意从中国古典美学的"感兴"或"兴"说中寻求合理化支持。鲁迅在早期(1907)就明确地主张艺术的愉悦效果:"由纯文学上言之,则以一切美术之本质,皆在使观听之人,为之兴感怡悦。文章为美术之一,质当亦然,与个人暨邦国之存,无所系属,实利离尽,究理弗存。……涵养人之神思,即文章之职与用也。"① 他自觉地用"兴感怡悦"去解释借自西方审美主义思想。几年后(1913)仍坚持这一观点,认为"美术诚谛,固在发扬真美,以娱人情,比起见利致用,乃不期之成果"②。

审美主义随着20世纪30年代国难当头、民族矛盾与社会矛盾的激化而渐入低潮,尤其是受到了新兴的文化主义的有力清算。不过,它在50年代后期曾昙花一现地推演出"美学讨论",直到开始于70年代末期的思想解放运动时又重新涌起,突然间蔚为大观。而进入90年代以来,审美主义在精英层面趋于衰落,而全力向着日常生活的全方位"实学"演进,借助市场经济、消费社会、大众媒介技术革新和大众文化浪潮等因素而复兴,与全球化、消费主义、后现代主义、享乐主义等交织成新的市民文化景观。

三、现代性的颜面3:文化主义

文化主义是有关审美与艺术有助于文化启蒙与复兴的种种观念的

---

① 鲁迅:《摩罗诗力说》,载《鲁迅全集》第1卷,人民文学出版社,1981,第71页。
② 鲁迅:《拟播布美术意见书》,载《鲁迅全集》第8卷,人民文学出版社,1981,第47页。

统称。它是与革命主义和审美主义等交织在一起的一副现代性颜面。比较起来，它与审美主义关系更密切，侧重于通过审美手段重构中国现代文化。确切点说，文化主义是对审美主义加以跨越的产物。跨越，意味着不是弃绝或背离审美主义，而是由审美主义迈向新的或更高的文化台阶。审美主义强调以真情陶冶人心、满足人的感性愉悦或日常消闲需要，其基本精神是感性论的；而文化主义在承认审美具有社会作用的前提下，注重刻画社会现实状况以引起关怀现实、复兴或重建中国文化的冲动，其基本精神则带有某种理性主义倾向。

文化主义可以说大约始于20世纪初年，从五四新文化运动起直到20世纪40年代基本上稳居现代性的主流宝座，并在20世纪90年代至今掀起新高潮。从现代1时段与现代2时段的转变来看，文化主义显示了两个发展时段：在清末至20世纪70年代末的现代1时段，文化主义更偏重于中国文化的世界化取向，即力求走出自我中心幻觉而融入世界文化之林；而在20世纪80年代起至今的现代2时段，文化主义更偏重于中国文化的全球地方化取向。世界化取向，是说意识到中国的地球境遇而力求融入地球各国的同一化进程中，这里突出的是中国文化如何消除自己的蒙昧而融入世界的普遍性之中。全球地方化取向，是说认识到中国是全球化过程中的一个地方，这个地方渗透着全球变化，这里强调的是中国文化的全球性与地方性的相互渗透和依存。

文化主义视野其实早已内含于梁启超的"诗界革命"和"小说界革命"等革命主义主张中。他关于"欲新一国之民，不可不先新一国之小说"的论点，由于突出小说审美的巨大的社会作用，看起来是审美主义的，但实际上内在地以"新"文化为更为根本的视野："故欲新道德，必新小说；欲新宗教，必新小说；欲新政治，必新小说；欲新风俗，必新小说；欲新学艺，必新小说；乃至欲新人心、欲新人格，必新小说。"① 这里虽然没有直接使用"文化"或"文明"字眼，但所

---

① 梁启超：《论小说与群治之关系》，《新小说》1902年第1号，据王运熙主编《中国文论选》（近代卷下），江苏文艺出版社，1996，第291页。

提及的道德、宗教、政治、风俗、学艺、人心、人格，显然正涵盖了文化的主要形态。这是让革命主义及审美主义思想服从并服务于文化主义的目的。王国维早期的美学与美育思想，也在审美主义中内含着文化主义视野。他于1903年发表《论教育之宗旨》一文，认为教育的宗旨"在使人为完全之人物"，其标准是人的真、善、美三方面素质实现调和，并主张教育由智育、德育、美育、体育四部分构成。① 这里的基本视野仍是文化主义的。五四新文化运动的闯将们更是从文化的"革命"视野看待文艺。陈独秀之所以举起"文学革命"大旗，是出于对文学审美的"文化"作用的清晰认识："欧洲文化，受赐于政治科学者固多，受赐于文学者亦不少。"② 胡适及受他影响的新潮社成员傅斯年和罗家伦等，都把五四运动称为中国的"文艺复兴"运动③，其着眼点还是包括文艺在内的整个文化的再生。

后来的文学批评家李长之把自己的美学思想与文学批评建立在文化主义基础上，不过，他在《迎中国的文艺复兴》（1946）中，认为五四运动只相当于中国的"启蒙"运动，而真正的"文艺复兴"则是现阶段的新任务："我的中心意思，乃是觉得未来的中国文化是一个真正的文艺复兴。五四并不够，它只是启蒙。那是太清浅、太低级的理智，太移植，太没有深度，太没有远景，而且和民族的根本精神太漠然了！……在一个民族的政治上的压迫解除了以后，难道文化上还不能蓬勃、深入、自主和从前的光荣相衔接吗？现在我们应该给它喝路，于是决定名我的书为《迎中国的文艺复兴》。"④ 李长之把五四视为中国的启蒙运动，显然有一定的合理性；但把"未来的中国文化"想象为"真正的文艺复兴"，则显然有些乐观了。无论如何，李长之的美学与文学批评都坚持了文化主义立场。李长之的五四"启蒙主义"之说

---

① 王国维：《教育之宗旨》，据《王国维文集》第3卷，中国文史出版社，1997，第57页。
② 陈独秀：《文学革命论》（1917），载《独秀文存》，安徽人民出版社，1987，第98页。
③ 胡适回忆，新潮社成员请他做顾问并征询刊物的名称，商量的结果是用"Renaissance"（"文艺复兴"）。见胡适《中国文艺复兴运动》，据《胡适学术文集·新文学运动》，中华书局，1993，第236页。胡适又说："他们把这整个的运动叫做'文艺复兴'可能也是受我的影响。"见唐德刚译注《胡适口述自传》，华东师范大学出版社，1993，第171页。
④ 李长之：《迎中国的文艺复兴·自序》，商务印书馆，1944，第3页。

倒合乎鲁迅的"启蒙主义"思想："说到'为什么'做小说罢，我仍抱着十多年前的'启蒙主义'，以为必须是'为人生'，而且改良这人生。我深恶先前的称小说为'闲书'，而且将'为艺术的艺术'，看作不过是'消闲'的新式的别号。"① 鲁迅在五四运动中坚持了文化启蒙主义信念，并且坚决地拒绝了以"为艺术而艺术"和"消闲"为代表的市民审美主义。在 20 世纪 80 年代中国思想界影响很大的美学家李泽厚不无道理地认为："从早年到晚岁，鲁迅虽然经历了思想的重大变迁，但始终抓住启蒙不放。启封建之蒙，向它作持久的韧性的战斗。特别是在晚年，鲁迅对各种以新形式出现的旧事物，或附在新事物之上的旧幽灵，总是剥其画皮，示其本相，以免它们遗害于人民。鲁迅是近代中国最伟大最深刻的启蒙思想家。"② 不过，需要补充指出的是，鲁迅主要是以文学（小说和杂文等）为表述方式的启蒙思想家，这表明他的文化启蒙主义中始终渗透着精英审美主义思想，并且主要呈现为语言审美方式。

20 世纪后期即新中国成立以来的文化主义，主要呈现为两种形态：一是 20 世纪 50 年代至 70 年代的文化政治主义，突出文艺为社会主义政治服务，二是 20 世纪 70 年代末期以来的文化启蒙主义，强调文艺服务于文化启蒙与文化复兴，如"寻根文学"、第五代电影等。从 20 世纪 70 年代末期开始，一种新的文化启蒙主义浪潮兴起。在李泽厚看来，鲁迅等所从事的文化启蒙任务并没有完成，"这种启蒙至今仍不失它的深刻意义，中国革命将是一个漫长的革命"③。他在《中国近代思想史论》的结尾甚至这样设想："打倒'四人帮'后，中国进入一个苏醒的新时期：农业小生产基础和立于其上的种种观念体系、上层建筑终将消逝，四个现代化必将实现。人民民主的旗帜要在千年封建古国的上空中真正飘扬。因之，如何在深刻理解多年来沉重的经验教训的基础上，来重新看待、研究中国近代思想史上的一些问题，总结出

---

① 鲁迅：《我怎么做起小说来》（1933），《南腔北调集》，载《鲁迅全集》第 4 卷，人民文学出版社，1981，第 512 页。
②③ 李泽厚：《略论鲁迅思想的发展》，载《中国近代思想史论》，人民出版社，1979，第 469 页。

它的科学规律,指出思想发展的客观取向以有助于人们去主动创造历史,这在今天,比任何时候,将更是大有意义的事情。"① 他把文化思想的持续启蒙视为"人们去主动创造历史"的前提,可见其对文化启蒙主义的高度重视。

其实,文化主义的真正实绩与其说在于理论建树,不如说在于丰富的文艺创作上。正是透过文艺创作,我们可以发现文化主义的种种不同风貌。任何一种文化思想往往可能涉及人生的不同时间维度如过去、现在和未来。同时,这种时间三维说大致可以对应于雷蒙·威廉斯的三分法。在他看来,在一个时段往往可能存在有三种形态:"主流的"(dominant)、"剩余的"(residual)和"新生的"(emergent)。② 主流型是指在现在占主导、正统或统治地位的形态,剩余型是指过去时段遗留下来但仍具影响力的形态,新生型是指正在生长的新兴形态。如果这一划分多少有些道理,那不妨把它与时间三维相结合,用来尝试把握文化主义在文艺中的具体呈现形态。由此,文化主义可以具体地分为四个支脉或形态:文化怀旧论、文化启蒙论、文化惊羡论和文化断零论。③ 文化怀旧论主要是留恋地回忆中国社会现实中的古典剩余物,代表则有《老残游记》、《玉梨魂》、宗白华、沈从文、张恨水、张爱玲、汪曾祺、金庸等。文化启蒙论主要是批判地呈现中国社会现实的病症或问题,唤起人们的理性觉醒,其代表是黄遵宪、鲁迅、周作人、艾青、李长之、梁宗岱、钱锺书等。还有第五代早期电影,如《一个和八个》《黄土地》《孩子王》《红高粱》《菊豆》《活着》等。文化惊羡论主要是传达有关现代性未来的欣羡或美化态度,如王韬《漫游随录》、未来主义、新感觉派等。文化断零论主要表现对于现代性的失望或绝望态度,有苏曼殊的《断鸿零雁记》、郁达夫的《沉沦》、曹禺的《雷雨》和《北京人》、贾平凹的《废都》等。

---

① 李泽厚:《中国近代思想史论》,人民出版社,1979,第488页。
② Raymond Williams, *Marxism and Literature* (Oxford: Oxford University Press), 1977, pp. 121 - 127.
③ 王一川:《中国现代性体验》,见《中国现代性体验的发生》,北京师范大学出版社,2001,第187 - 189页。

四、现代性的颜面 4：先锋主义

提起"先锋"，人们自然会想到在战斗最前沿冲锋陷阵的士兵。在审美现代性领域，先锋派，或称先锋主义，来源于法文 avant-garde，它最早本是军事用语，后来逐渐地进入政治与美学领域。① 在美学领域，先锋主义往往是指那种超出常规的激进的形式实验及由此而导致的观念历险、冒犯或反叛。先锋主义与现代性有什么关系？应当说，先锋主义是现代性的伴随物；离开现代性就无所谓先锋主义。善于求新求变求异的现代性，总是以先锋主义为自己杀开一条血路。不过，这条按现代性指令开辟的血路有时可能通向现代性，有时则可能反过来纠缠或抵抗它，甚至锋芒直指它本身。这样，先锋主义既可能是现代性的，是它的想象或美化的形式；也可能是反现代性的，是它的批判、质疑或自反形式。按卡林奈斯库的看法，先锋主义是与现代性不同而有密切关涉的概念。它常常"暗含或预见于现代性概念的较广范围内"，并且"在每一个方面都较现代性更激进"。这种激进就表现在，"先锋派实际上从现代传统中借鉴了它的所有要素，但同时将它们加以扩大、夸张，将它们置于最出人意料的语境中，往往使它们变得几乎面目全非。"② 显然，先锋主义可以说是现代性的一种扩大、夸张、变异及更激进的自反状况。先锋主义是现代性的一种审美表现形式，但却是它的一种激进的变异的或者自反的形式。因而要了解现代性的究竟，不妨看看它的激进的变异形式——先锋主义；而要理解先锋主义的究竟，也需要追溯它的现代性源头活水。

在探讨先锋主义之前，有必要就先锋主义概念的内涵略加界说，因为只要这样做，才可能消除可能的误解。我以为，首先需要把先锋主义与先锋精神区别开来。先锋主义作为现代性的一种激进的、变异

---

① 有关先锋派在西方的发展与演变线索，见卡林奈斯库：《现代性的五副面孔》，顾爱彬、李瑞华译，商务印书馆，2002，第 103–159 页。
② 卡林奈斯库：《现代性的五副面孔》，顾爱彬、李瑞华译，商务印书馆，2002，第 105–106 页。

的或自反的审美形式,应是指有着自觉的先锋意识与行动并有社会文化观念相匹配的群体审美思潮或运动。这样理解的先锋主义,至少需要三个要素:第一,自觉的目的、明确的群体行动,即先锋主义应是由一个或多个群体自觉发动并引发社会激荡的行动。光有单个人的行动而缺少他人响应和社会反响,不能算先锋主义或先锋派。第二,艺术形式的激进实验,即先锋主义应具体落实为前所未有或标新立异的语言、色彩、形体或声音等形式变革。第三,与形式实验相匹配的美学观念与社会文化观念,即先锋主义的形式实验只不过是理想的社会文化形态的预演,或者说正是要为社会文化变革提供审美模型。我觉得这是任何先锋主义的三要素,缺一不可。而先锋精神,则是指只具备后两个要素即艺术形式实验及相匹配的美学与社会文化观念的状况。对于判断是否为先锋主义,第一个要素十分关键。在它缺席情形下的先锋,就只具有一定的先锋精神而不足以成为先锋主义或先锋派。

先锋主义难道也是中国审美现代性的颜面之一?这个问题确实值得探讨。应当看到,尽管先锋主义(avant-garde)被卡林奈斯库视为西方现代性的主要颜面之一,但它在中国却具有颇为不同的特殊境遇。在20世纪的大部分时间里,如早期和中期乃至更晚,中国的艺术家们虽然可以理直气壮地像普罗米修斯偷取天火给人类那样"拿来"西方的种种"主义",但却很少提及或使用"先锋"(或其他译名如"前卫")一词。他们可能采用先锋主义的某些具体思想或主张,或者更重要的是,他们在文艺行动上可能已经完全称得上货真价实的先锋主义了,但却并没有自觉地或明确地竖起先锋主义旗号,取而代之,索性把自己的先锋行为统合到其他主义尤其是革命主义之中。中国在20世纪大部分时间里何以没有真正自觉的先锋主义?这一点确实值得深思。

造成这种情形的原因是多方面的,我想其中有两方面应必不可少:西方的先锋派状况与中国的特殊语境需要。一方面,作为影响源头的西方先锋派本身的高峰期,与中国知识分子前往取经的时间形成错位,从而导致先锋派在中国未能及时赢得发展良机。按卡林奈斯库的精细梳理,西方先锋派虽然可以一直上溯到19世纪中后期的波德莱尔

（1821—1867），但却是在几乎百年后即第二次世界大战后的五六十年代才达到高潮的："作为一个文化概念，先锋派的内在矛盾是波德莱尔在 19 世纪 60 年代即已预言性地觉察到的，但要等到一个世纪之后，它才成为一场较广泛理智争论的焦点。第二次世界大战后，与这种论争的出现同时发生的是，先锋派艺术出乎意料地在公众中取得广泛的成功，先锋派的概念本身也相应地变成一个被广泛使用（和滥用）的广告标语。长期以来先锋派有限的生命完全是靠触犯众怒而获得的，转眼间它却变成 50 年代和 60 年代最重要的文化神话之一。……有讽刺意味的是，先锋派发现自己在一种出乎意外的巨大成功中走向失败。这种情形促使一些艺术家和批评家不仅去质疑先锋派的历史作用，而且去质疑这一概念本身的合理性。"[①] 可见先锋派历来是依靠其标新立异的形式实验和"触犯众怒"的越轨的艺术行为而引人注目的，但只是到了第二次世界大战以后的特殊文化语境中，才突然间成为那时代的"最重要的文化神话"，而这种"文化神话"的成败祸福却是相互依存的。如果这一梳理是合理的，那么，中国知识分子大多是在 20 世纪上半叶寻梦欧美的，未能与后来才志得意满的先锋派相遇；等到先锋派走向登峰造极的"文化神话"的巅峰时，中国早已经紧紧地关闭了通向欧美的文化大门了。这样，前往西方取经的中国艺术家与先锋派的高峰期在时间上错位了，这是中国先锋派延迟生长的重要原因之一。

另一方面，更重要的是，先锋派或先锋主义之延迟生长实出于中国文化语境中的革命主义潮流一度掩盖其他潮流的光芒的缘故。正如前面在讨论革命主义的缘由时指出的那样，由于中国现代性的艰难、缓慢和曲折，知识分子急切地要以"革命"的非常手段去推演现代性启蒙工程，因而当革命主义尤其是其中的社会主义革命成了那个时代的最强音、最激动人心的社会乌托邦时，先锋主义这类主要停留于形式的离经叛道之举就必然地退居次要位置了。在《新青年》杂志所翻

[①] 卡林奈斯库：《现代性的五副面孔》，顾爱彬、李瑞华译，商务印书馆，2002，第 130 - 131 页。

译的外国小说中,俄国小说何以在数量上占第一位并高达39%?这种特殊关注正与翻译者的引进目的相关:"俄国的国情与中国相似,而俄国的小说在反映社会上尤为出色。"① 瞿秋白在1920年3月写的《俄罗斯名家短篇小说集序》中指出:"俄罗斯文学的研究在中国却已似极一时之盛。何以故呢?最主要的原因,就是:俄国布尔什维克的赤色革命在政治上、经济上、社会上生出极大的变动,掀天动地,使全世界的思想都受他的影响。大家要追溯他的原因,考察他的文化,所以不知不觉全世界的视线都集于俄国,都集于俄国的文学;而在中国这样黑暗悲惨的社会里,人都想在生活的现状里开辟出一条新的道路,听着俄国旧社会崩裂的声浪,真是空谷足音,不由得不动心。"② 十月革命的成功激发起中国人的巨大热情和非凡想象力:像中国这样的被压迫民族也能通过"掀天动地"的"布尔什维克的赤色革命"而实现民族的复兴!正由于这种革命主义想象,俄罗斯文学自然就成为《新青年》大力推介的外国文学范本了。显然,革命主义的辉煌动人的现实图景及乌托邦畅想吸引了人们的注意力,因而先锋主义就在中国知识分子的慧眼中变得模糊或暗淡了,失去了可能有的超常诱惑力。由此似乎可以认为,在20世纪中国的大半时段,如日中天的革命主义使得包括先锋主义在内的其他一切主义都相形见绌、黯然无光,甚或偃旗息鼓。与此相连,一个看来离奇然而又可理解的情形是:先锋主义早已经静悄悄地溜进中国,甚至可能已经掀起一点儿浪花,但却不曾竖立起明确的先锋旗号。例如,无论是梁启超的"文学革命论"、王国维的"美学"、鲁迅的"摩罗诗力说",还是胡适的《尝试集》、陈独秀的《文学革命论》等,都体现了或多或少的先锋主义特点,如追求文艺形式的新实验及相应的文艺观念的变革。缘由何在?当革命主义成为他们中许多人的最大兴奋点、革命派远比先锋主义激动人心时,何须改打先锋旗帜?

---

① 金丝燕:《文学接受与文化过滤——中国对法国象征主义诗歌的接受》,中国人民大学出版社,1994,第72~73页。
② 瞿秋白.《俄罗斯名家短篇小说集序》,载《俄罗斯名家短篇小说集》,新中国杂志社,1920。

在上述两方面的合力挤压下，中国的先锋主义必然遭遇与在西方不同的命运。这样，它的延迟形成也就变得容易理解了。而与先天延迟相应，中国先锋主义的早衰也是必然的。在 20 世纪 80 年代后期，当西方的先锋派已经无可挽回地溃退、更无法继续向中国提供先锋必需的"后勤保障"时，中国的突然崛起的先锋派必然会在迅速丧失战斗力后骤然消散。

尽管自觉的先锋主义姗姗来迟，但毕竟来了。这可以从两方面去看：一是"先锋"术语的明确使用，二是"先锋主义"的实际运行。

"先锋"一词是在 20 世纪 80 年代初起逐渐地登场亮相的。根据有关资料及研究①，诗人徐敬亚于 1981 年在学年论文《崛起的诗群》里自觉地用"先锋"一词去描述"朦胧诗"，认为"他们的主题基调与目前整个文坛最先锋的艺术是基本吻合的"②。这里的"先锋"明显地是指在文坛最前沿冲锋陷阵的开拓者。这可能是 80 年代中国最早出现的"先锋"话语。诗人骆一禾至迟在 1984 年写下以《先锋》为题的诗歌："世界说需要燃烧／他燃烧着／象导火的绒绳／生命对于人只有一次／当然不会有／凤凰的再生……／当春天到来的时候／他就是长空下／最后一场雪……／明日里／就有那大树长青／母亲般夏日的雨声／我们一定要安详地／对心爱的谈起爱／我们一定要从容地／向光荣者说到光荣"③ 这里依次用"导火的绒绳"和"长空下最后一场雪"两个比喻来礼赞"先锋"，表露出对"先锋"的英雄般自我牺牲精神、原创作用和影响力的清晰认识，以及甘愿充当"先锋"的姿态。到 80 年代后期，"先锋"一词逐渐地风行于文学界，产生了"先锋诗歌""先锋小说"等用法。与文学界乐于称道"先锋"不同，美术界则更喜欢用"前卫"一词翻译 avant-garde，所以常见到"前卫美术"的习惯用法。

---

① 张清华：《中国当代先锋文学思潮论》，江苏文艺出版社，1997，第 2-3 页。
② 徐敬亚：《崛起的诗群》，辽宁师范学院校刊《新叶》1982 年第 8 期，删改稿载《当代文艺思潮》1983 年第 1 期。
③ 老木编选《新诗潮诗集》（下），北京大学五四文学社未名湖丛书之一，1985 年内部发行版。

中国的自觉的先锋派或先锋主义浪潮是在20世纪70年代末逐渐地兴起的。"文革"结束后，当长期盛行的革命主义渐次地走向边缘时，先锋意识开始觉醒。1978年12月出现的《今天》文学杂志及随之而勃兴的"朦胧诗"浪潮、1979年北京的"星星美展"及首都机场女子裸体壁画风波、1982年起北京人民艺术剧院上演"实验戏剧"《绝对信号》和《车站》等，可以说传达出先锋主义艺术思潮的初澜。随着1985年中国进入更加开放的"城市经济体制改革"时段以及相应的文化变革思想趋于活跃，自觉的先锋主义在中国产生了，如20世纪80年代后期的先锋文学，而尤其以中期兴盛一时的先锋或前卫美术为主力军。1985年兴起的"85美术新潮"和1989年2月中国美术馆举办的现代艺术展，使得先锋主义在美术界达到鼎盛期；而从20世纪90年代开始至今，先锋主义美术诚然仍在生存，但主要是采用了一种奇特的方式：由主流潜入边缘，从国内学界搬到国外画廊（美术市场），从审美的形式实验演变为突破法律、道德与宗教极限的极端行为，在国外赢得名声而在国内悄然共存。

面对革命主义的极端形态——"文革文艺"，中国的先锋主义是以艺术形式为理论突破口的。1979年，画家吴冠中在美术界率先冒犯当时占主流的内容至上的信条，为先锋美术思潮锁定了"形式"与"形式美"焦点："形式美是美术创作中关键的一环，是我们为人民服务的独特手法。"他进而提出美术变革主张："形式美是美术教学的主要内容……而如何认识、理解对象的美感，分析并掌握构成其美感的形式因素，应是美术教学的一个重要环节、美术院校学生的主食！"[①] 他的先锋美学直接地是要突破在"文革"时期占据主流的"内容至上"美学的束缚，由此而搅动起后来曾一度蔚为大观的"抽象热"。

作为20世纪80年代中国前卫美术的主要批评家之一，栗宪庭后来对先锋美术或前卫艺术思潮有自己的反思。他承认"我们在接受西方的现代主义观念并开始搞自己的前卫艺术时，西方的前卫艺术已经

---

① 吴冠中：《绘画的形式美》，《美术》1979年第5期。

到了最困惑的时期,先锋性的东西,原创性的语言样式已经很少再见到了。"① 有鉴于我国先锋创作与西方的错位或错时状况,如何确定中国先锋派的原创意义上的先锋性呢?为回答这一"焦点与核心"问题,栗宪庭主张"必须重新来鉴定中国前卫艺术的规则,寻找中国前卫艺术的标准"。他提出中国先锋派或前卫艺术的两条美学标准:第一是同时承担社会文化批判与语言批判的双重任务,第二是基于西方原本之上的再创造性。第一条是说要服从于和服务于中国文化变革需要,第二条是由第一条而生的变异期待。上述两条美学标准是有道理的,尤其是第一条在先锋主义思潮中体现得更为突出,而相比之下,第二条的实绩则远为有限。其实,只要同现代性的其他颜面联系起来看就会发现,这时期先锋主义美术思潮同当时的文化主义是交织在一起的,尤其是同时还交织着强烈的革命主义色彩,而且这种"文化批判"往往以"革命"名义展开。在他眼里,以"85美术新潮"为代表的先锋美术自觉地承担起了那时迫切的文化批判任务,并且实际上演变成"一个全面的观念更新、思想解放的文化运动"②,这样的思想解放运动当然是以"革命"的名义进行的,从20世纪革命主义传统中吸取合法性资源。

在文学领域,尽管先锋主义的发轫可以追溯到"文革"后期的某些诗歌与小说实验,但是它直到1985年马原、莫言和残雪崛起于文坛时起,才在激进的"先锋小说"中聚集起强大的声势、产生引人注目的重要实绩。③ 随后有格非、孙甘露、苏童、余华、洪峰、北村等相继走入先锋文学的激进实验场。这股先锋文学浪潮是在由文化主义支撑的"寻根文学"正充当主流的时刻破土而出的。他们不满于"寻根文学"在语言表述和文学观念上的因循守旧,而此时又欣喜地瞥见来自拉美的"魔幻现实主义"新潮。拉美魔幻现实主义一下子解除了这批正为如何成名而焦虑的年轻作家的美学负载,更为他们打开了新的文

---

①② 栗宪庭、刘淳:《回顾中国前卫艺术——栗宪庭访谈录》,《天涯》2000年第4期。
③ 有关当代先锋文学,见陈晓明:《无边的挑战——中国先锋文学的后现代性》,时代文艺出版社,1993。

学胜境,诱使他们大胆地不顾一切地向前猛进,直到成为"先锋"。莫言的《透明的红萝卜》(《中国作家》1985年第2期)出现了这样的魔幻式描写:"黑孩的眼睛原本大而亮,这时更变得如同电光源。他看到了一幅奇特美丽的图画:光滑的铁砧子。泛着青幽幽蓝幽幽的光。泛着青蓝幽幽光的铁砧子上,有一个金色的红萝卜。红萝卜的形状和大小都象一个大个阳梨,还拖着一条长尾巴,尾巴上的根根须须像金色的羊毛。红萝卜晶莹透明,玲珑剔透。透明的、金色的外壳里苞孕着活泼的银色液体。红萝卜的线条流畅优美,从美丽的弧线上泛出一圈金色的光芒。光芒有长有短,长的如麦芒,短的如睫毛,全是金色,……"。黑孩眼中的这个充满魔幻景观的"透明的红萝卜",令人想起加西亚·马尔克斯《百年孤独》里的那些奇异的魔幻现实主义场景,但却又实实在在地是中国作家莫言对自己的特定生存体验的独特挖掘。当然,与拉美魔幻现实主义一道同时在中国先锋小说中产生作用的,还有"新小说"、黑色幽默、存在主义、弗洛伊德主义和后现代主义等西方思潮。

汉语表达方式的激进变革,是这股先锋思潮的一个主攻方向和主要特征。马原的《冈底斯的诱惑》(《收获》1985年第2期)可谓此时期文学中汉语形式变革的始作俑者。单纯从汉语形象的变革看,这批先锋派的先锋性就集中体现在"间离语言"这种新的语言的创造上,具体说包括如下方面:错乱叙述体、"我……"式反复句、模糊性人称与叙述干预、间接引语、隐喻形象、白描传统的复活、仿拟与反讽等。[①] 与在20世纪80年代中期文坛盛行的"寻根小说"如韩少功的《爸爸爸》、贾平凹的"商州系列"等相比,这里的先锋突破可以说是全方位的,决不限于小说语言或文体变化。这种由语言出发的先锋历险毋宁意味着一场美学革命,导致整个小说美学观念的解放,带来读者阅读的根本性变化。从此时起,中国文学的语言、文体、表意、观念等方面都发生了重要的转型,革命主义让位于先锋主义。不过,这

[①] 王一川:《汉语形象美学引论》,广东人民出版社,1999,第129–160页。

种先锋主义雄踞文坛霸主的格局并没有持续太长时间。这道先锋主义浪潮在持续短短几载光阴（1985—1990）后，就聪明地凭借其光坏而席卷脆弱的文坛主流，并一举成功地取而代之。例如，莫言、苏童、余华被奉为90年代新的文坛主流的代言人或象征者，并且代表主流中国作家而在国际文坛取得承认。其实，这种先锋派从边缘向主流的移位及随之而来的先锋作家主流化变故，是不以作家个人的意志为转移的，即便他主观上希望永远做先锋派。主流舞台的掌声和鲜花，绝对会在不知不觉中无情地挫伤大部分先锋作家的持续的先锋意志，而迫使他们走向主流化——把自己的新鲜的先锋历险转而应用到新的主流审美表现领域中。当他们这样做时，即便是自己想持续先锋，也不得不遭遇这样的命运：先锋一旦席卷向主流，就会遭遇来自主流河道的强大的变形（抵抗或拆解）作用，从而反过来被变形——这就是迅速失去先锋性而成为新的主流。这一点其实正是先锋主义成功的一条规律：首先以先锋姿态突破主流控制，继而自己移位为主流，最后丧失主流品格。所以，完全可以说，先锋主义一旦从边缘移位为主流，就必然会丧失原有的先锋性。这一点没有什么可奇怪可遗憾的。

当昙花一现的20世纪80年代后期先锋派因为激变为主流而迅速趋于淡隐或归于沉寂时，姗姗来迟的刘恪就似乎成了20世纪90年代少见的坚定不移、独树一帜而愈发孤独的先锋派风景。刘恪的先锋写作主要体现为"跨体小说"创作。在他的"诗意现代主义"系列（含《孤独的鸽子》《一往情深》等中篇）和长篇《南方雨季》里，我们可以见到一系列与众不同的跨文体尝试：各篇破例按散文诗节松散地排列，显出了某种如诗如散文的跳跃"节奏"；常见的几种体裁如小说、散文、诗、日记、法律文件、地方志及引文等都挪用进来；叙述焦点不在故事之内而竟在故事外，这导致本应完整的故事被经常的叙述干预切碎，令读者坠入由许多片断缀合成的故事迷宫里；看来写了若干人物之间的复杂的恩怨纠葛，但这些都是片断的和模糊的，随处可见瓦解、纷乱或神秘等。可见，跨体小说是一种汇集多种文体、又跨越它们彼此界限、直到似乎无文体的小说。跨体小说既是对现成小说乃至文学体裁、叙述规则和中外小说权威模式的大胆破坏,更是对一种前所未有的新的独特文体的创造。① 刘恪从事的跨体小说探险构成了对现成小说美学规范的多方面冒犯,这使他把自己置于20世纪90年代中国先锋写作的极端前沿地带。

如今,当现代性车轮隆隆驶入21世纪时,中国还存在真正的先锋派吗?先锋派本来就已经迟到很久了,而今又不得不面对着西方先锋派早已成过眼云烟的残酷事实。那么,中国的先锋主义该往何处去?我想,随着现代性本身移位为反本质、反深度、无主题、无作者或无人的后现代性,向来只知标新立异、奋勇向前的先锋主义,除了落入后现代性已经摆下的陷阱中,还会有别的出路吗?后现代是现代性内部的价值允诺遭遇严重质疑和自反性精神演变到极致的产物,它既立足于现代性内部又要对现代性展开清算,既极端先锋又极端反先锋。正是在后现代怀抱中,先锋的突围最终落入反先锋陷阱。换言之,在后现代的解构浪潮中,先锋主义所赖以支撑的基本的"知识型"(episteme)已经丧失了最后的根基。而过去的先锋主义者及其信徒们正是从这种"知识型"中获得基本的话语资源。

实际上,随着既极端先锋而又极端反先锋的"后现代"思潮于20世纪90年代初在中国兴起,先锋主义就无可挽回地走向衰落了。尽管还有少量先锋派如刘恪等残存着,并且也可能继续残存着,但从总体上看,先锋主义的根基已经镂空了。诗人于坚的《短篇之97》这样描述中国当代"先锋派"现状:

> 这一代人已经风流云散
> 从前的先锋派斗士
> 如今挖空心思地装修房间
> 娃娃在做一年级的作业

---

① 王一川:《在90年代先锋写作的前沿》,《小说评论》1996年5期,据《杂语沟通》,湖北教育出版社,2000,第79-80页。

那些愤怒多么不堪一击

那些前卫的姿态

是为在镜子上

获得表情晚餐时他们会轻蔑地调侃起某个

愤世嫉俗的傻瓜

组织啊

别再猜疑他们的忠诚

别再在广场上捕风捉影

老嬉皮士如今早已后悔莫及地回

到家里

哭泣着洗热水澡

用丝瓜瓢擦背

七点钟

他们裹着割绒的浴巾

像重新发现自己的老婆那样

发现电视上的频道

这里用"装修房间""娃娃在做一年级的作业""晚餐""洗热水澡""擦背""浴巾""电视频道"等日常生活词语系列,展示了"先锋派斗士"在日常生活激流中无可奈何的没落或转变。

中篇小说《先锋》以调侃或戏谑这一独特方式,勾勒出中国先锋主义的兴衰过程,以及它向"后先锋"或"后卫"转变的轨迹。① 小说主人公撒旦是1985年著名的先锋主义流派"废墟画派"的领袖,后来在1995年又成了"后卫画派"的首领。先锋主义的兴起原因,在这里被归结为城市里"艺术家密布成灾",也就是艺术家人口过剩。正是在因人口过剩而被迫寻求新的生存空间与方式的强大压力下,先锋主义诞生了:"年轻的画家们在撒旦的煽情指引下,半信半疑厌厌倦倦地

---

① 徐坤:《先锋》,《人民文学》1994年第6期,载小说集《先锋》,北岳文艺出版社,1995。

跟着他来到废墟。刚一进去，他们的眼睛就'刷'地被刺了一下，惊得几乎说不出话来。废墟以那样生动的存在无情地剥落了画家们的伪装，照得他们近乎赤身裸体，立时让他们感到四肢瘫软无力。原来废墟是真实存在着的，是先他们许多年就早已存在着的。它充满着并贯穿了他们诞生与成长的这个世纪。……废墟成为一种象征和隐喻，昭示着一个古老而又永恒的命题。"画家们由此获得了顿悟，震动中国的"废墟画派"就这样出现了。它不是来自什么崇高的理由，也没有高远的抱负，而不过是在"废墟"上诞生。它的一切都似乎是无意识的或准备不足的。如此解释先锋主义的诞生，等于是化雅为俗，以俗拆雅。那时的一些评论家挖空心思为这个画派贴上"先锋""前卫"的标签，没想到被不识先锋主义的海关机器给拦住了，急得画家和评论家们四处想办法。最后还是由于海关官员被搞得烦了，手一摆说："这也先锋那也先锋，都先锋了，还先个什么锋！我还有好多重要的事情要做，没时间跟艺术家们缠磨。放行算了，我看没什么大不了的。"批评家通过同样的通关手段成了理论与批评界的"先锋"："批评家们敢想敢干，瞅准时机，再接再厉，又用集装箱塞满了成批成批的'主义'，装到远洋货轮上往国内进口。"于是，结构主义、解构主义、人道主义、存在主义、前现代主义及其后现代主义等涌进国门。一时间到处是"先锋"，而且还要加上"主义"。

先锋主义在中国会有着怎样的命运？小说的探讨值得注意。叙述人继续说："大张旗鼓地主了一阵子以后，一点儿惊天地泣鬼神的变化都没有发生。该吃饭还吃饭，该睡觉还睡觉，该画画还画画。中国的政治制度社会结构经济体制该向哪个方向滑还向哪个方向滑。弄得撒旦他们心里反倒有些泄气，空落落的，白担惊受怕、趾高气扬地企盼了一场。"按叙述人的看法，先锋主义与中国社会进程严重分离或游离，最终导致了它的失败。"1985年的情形基本上就是这样，什么都主义又都主不了义。什么都先锋又都先不了锋，什么都存在又都不存在，什么都错了位都变了形，什么都看得懂又都看不懂。"先锋主义，其实就等于"先锋主不了义"。先锋主义还有什么用处？小说就这样对先锋主义做了空前辛辣的讽刺与批判。随后，各种各样的先锋主义，甚至出人意料的"后先锋"和"后前卫"都粉墨登场，直把功成名就的"废墟画派"看傻了，吓呆了，迫使他们激烈地内讧，"忽喇喇地作鸟兽散"。心灰意冷的撒旦躲到深山古寺里去画佛像，没想到被东方美妇人巧妙地以法院传票的方式又传回了尘世，加入到先锋主义的"新一轮艺术流通"与"拍卖热潮"中。这时的他们摇身一变而成了"后卫"，举办"后卫画展"。"后卫画展"获得空前成功，在艺坛又掀起了一股后卫浪潮。"冲冲冲／我们是新时代的后卫／冲冲冲／我们是新时代的后先锋"。但与新的成功相伴随的，却是撒旦本人感觉"头痛欲裂，一阵猛似一阵的神经抽痛折磨得他半死不活"，直到后来在迷离恍惚中体验到更深的痛苦，在轰隆隆的过山车上让自己化做"无数殷红的花朵"和"一地的绚烂和蓬勃"。喧嚣一时的中国先锋主义和后先锋主义，就这样衰败了。

　　这种小说家笔法可能过于尖酸刻薄了，对中国先锋主义的肯定性价值缺少应有的积极发掘，但另一方面，毕竟从一个夸张与变形的侧面，曲折地透视出先锋主义的盛衰轨迹，呈现了它因与中国社会状况相疏离、并植根于低俗本能而必然衰败的命运曲线。这似乎正是先锋主义在中国的必然命运，它是不配有更好的命运的了。当然，先锋主义不等于也不能代替文学变革。先锋主义诚然退场，但文学变革依然会发生，这种变革是要适应人的生存体验的变化需要，因为文学只能唯生存体验之马首是瞻；只是，这种文学变革不会再竖立起先锋主义的大旗了。而如果你在都市中心发现醒目地竖立起来的先锋大旗，那么，它们往往会约等于文化产业的一种"商业"包装。近年来，越来越怪异和极端的"行为艺术"或"前卫艺术"一心以国际文化市场为主要突破目标，正是一个明证；而同理，在近年所谓"先锋戏剧"那里，"先锋"已经成了戏剧走向商业化的眩目"包装"或标签。

五、现代性的颜面 5：拿来主义

"拿来主义"算什么？竟然可以被当作中国现代性的一副颜面？卡林奈斯库或其他西方学者当然是不会把这样一种奇特的"主义"算作现代性的颜面的。但是，在我看来，它却实实在在就是中国现代性的一副当然颜面。古典性文化本身已经无法让我们在地球上安身立命了，何不"拿来"那些先进的外来文化、从中寻觅新的生存良机？

在过去近二十年的大学中文系课堂教学中，我常常面对一个事实：大学生们所经常阅读并喜欢的，不是我们中国自己的文学，而是外国文学，例如英、法、俄、美、德、意等国的文学作品。他们对外国作品的熟悉远远高于对自身本土作品的熟悉，至于这本土作品在他们心目中的地位是远远逊色的。这些汉译外国作品以汉语的形式存在，但却是翻译过来的。其实，回想我自己的亲历也就不难理解了：1978年春天，当我作为知识青年的一员终于通过刚恢复的高考进入大学学习时，我对外国文艺的知识了解还十分有限，所以进校后正置身在新的对外开放大潮中，对于巴尔扎克、雨果、狄更斯、卡夫卡、拜伦、雪莱等几乎是如饥似渴地接受，这种兴趣一度远远超过了对于自己的文艺的热情。这种情形直到大学高年级时才得到扭转。我把这种中国大学生更青睐外国作品的情形与北美教授们交流，连他们也对这种几乎毫无遮拦的文化开放心态感到惊奇和难以理解："我们美国的大学生对于别国文学肯定做不到这一点。"

其实，如此渴求外国文化的，远不只是我这一代还有晚辈学子们。只要稍稍浏览或回顾中国20世纪历史，就不能不看到：不仅在文学界，而且也在包括文学、音乐、绘画、戏剧、学术、教育在内的整个文化界，几乎处处都能见到类似这种对于外来文化的欣赏、羡慕和仿效情景，也就是鲁迅所说的"拿来主义"。单就20世纪初年的"晚清小说"而论，"翻译多于创作"。根据阿英的统计，"翻译书的数量，总有全数量的三分之二，虽然其间真优秀的并不多。而中国的创作，也就在这汹涌的输入情形之下，受到了很大的影响"①。可以说，仅除了"文革"等少有的短暂禁锢期外，对外来文化的开放心态或拿来主义就构成了中国审美现代性的一道司空见惯风景，而且这道风景还给其他风景涂抹上一层又一层厚厚的颜色。换句话说，中国审美现代性进程始终闪烁着对外来文化的"拿来主义"颜面。

　　从上面对革命主义、审美主义、文化主义、先锋主义的具体描述已可见出，这些"主义"本身就不是纯粹的中国土特产，而与外来文化的影响或对外来文化的"拿来"密切相关。可以说，上述任何一副现代性颜面，都或多或少地会浮现出"拿来主义"所携带的异域风韵。尽管"拿来主义"是由鲁迅在1934年完整地表述出来的，但实际上，整个中国的审美现代性的面容上都清晰地飘浮着"拿来"两字。拿来主义，在这里是有关主动引进外国艺术的种种观念的统称，相当于指称有关外来艺术对中国现代性有益的诸种意识。按鲁迅的论述，与被动地接受别人"送来"的东西不同，拿来主义意味着中国人对待外来艺术的一种主动的和创造性的引进态度。他强调，应当主动地"运用脑髓，放出眼光，自己来拿"，去"占有"和"挑选"。"总之，我们要拿来。我们要或使用，或存放，或毁灭。那么，主人是新主人，宅子也就会成为新宅子。然而首先要这人沉着，勇猛，有辨别，不自私。没有拿来的，人不能自成为新人，没有拿来的，文艺不能自成为新文艺。"②鲁迅相信，通过这种主动的和创造性的"拿来"，中国的现代性"新文艺"才能生成和发展。

　　拿来主义为什么会在中国成为必然的颜面？原因不难理解：作为一种后发的而又自觉一再陷于险境的现代性，中国的审美现代性不能不从比自己先发的现代性国家如日本和西方"拿来"可资借鉴的审美范本。从最初的过分自信甚至自恋到后来的猛醒甚至过分不自信之间的转变可能过分漫长了，单从鸦片战争时算起到庚子事变经历了宝贵

---

① 阿英：《晚清小说史》，东方出版社，1996，第210页。
② 鲁迅：《拿来主义》最初发表于1934年6月7日《中华日报·动向》，署名霍冲，载《且介亭杂文》，《鲁迅全集》第6卷，人民文学出版社，1981，第38-40页。

的整整六十年光阴，但中国人一旦觉醒过来，就会以非凡的开放心态去师法西方、拿来先进的西方文化。所以，当王韬于1874年在香港创办中文报纸《循环日报》并开创现代政论散文文体、梁启超于1899年在《汗漫录》(《夏威夷游记》)中倡导"文界革命"和"诗界革命"、徐念慈在1905写出中国第一篇科学小说《新法螺先生谭》、李叔同和欧阳予倩等于1906年在日本东京组织中国现代第一个话剧社团春柳社，甚至当不懂外语的林纾竟敢斗胆"以古文笔法译书"[1]，直到当代作家莫言从对《喧哗与骚动》中译序言的阅读中欣然获得描写自己的邮票大小的家乡的启示时，他们无一不是主动地、并以自己的独特方式从西方"拿来"，实际地推演出后来被鲁迅做出准确阐述的"拿来主义"。他们想来深切地体察到，如果不主动地从外国"拿来"，就无法建设中国的"新文艺"、推动中国的审美现代性进程。正如梁启超在游记中指出的那样："欧洲之语句意境，甚繁富而玮异，得之可以凌轹千古，涵盖一切。"如此，他主张"竭力输入欧洲之精神思想，以供来者诗料"。

拿来主义的观念所及，可以涵盖外来艺术的几个层面：第一，外国艺术与美学观念的借鉴。这里实际上可以聚集起现代中国艺术领域的种种新兴的艺术与美学理念：一是前现代主义系列，含现实主义、浪漫主义、自然主义、科学主义、进化论等；二是现代主义系列，含唯美主义、象征主义、印象主义、未来主义、表现主义、立方主义、意识流等；三是后现代主义系列，含新小说、黑色幽默、实验小说、拉美魔幻现实主义、消费主义等。第二，与上相连，外国艺术形式的输入，如现代小说、新诗、科学小说、摄影、电影、话剧、油画等在中国的发展。第三，作为上述两方面的伴随过程及其结果，外国艺术作品的汉语翻译，如林纾、朱生豪、傅雷、穆旦、戈宝权等都翻译过大量外国作品。这些引进的外来艺术与美学在中国产生过这样那样的影响，并对中国现代艺术的创造与接受起到种种不同的然而全方位的

---

[1] 阿英：《晚清小说史》，东方出版社，1996，第211页。

作用。

正是由于拿来主义的全方位作用，中国的现代艺术始终带有"外"或"西"色彩，并且因此而时常被目之曰"西化"或"外来化"，从而激发起对于本土文化衰落的质问，牵扯出诸如中与西、古与今或传统与现代等种种争论。其实，外来艺术介入中国审美现代性，是一种正常的现象。如果从中国现代性分期的视角看，拿来主义必然会在现代1时段占据主流；不过，到了现代2时段，"拿来"则会变得平常了，而发掘中国艺术在世界艺术中的独特个性会受到更多关注。

六、反思中国现代性的颜面

中国审美现代性当然不止上面这五副颜面。如果还要细致追踪，那完全可以开列更多。例如，前现代主义、现代主义和后现代主义就可以单独加以论述。而就中国的具体情形来看，从最早进入中国的"写实主义"到后来的"现实主义""社会主义现实主义""两结合"（指"文革"时期占主流的"革命现实主义与革命浪漫主义的结合"）以及晚近的"新写实"这一系列，似乎也应当列入。这些诚然都有理由加以论述，但我这里还是暂且只作粗线条勾勒。其实，如上这种种"主义"已经融进上述五副颜面中，成为它们的当然构成元素了。不过，应当看到，这些颜面之间并不存在天然界限，而是相互联系、渗透、缠绕或倚重。

探讨中国现代性的颜面，有必要澄清一个常见的混淆：要么标举中国现代性的特殊国情，要么把它仅仅等同于西方现代性。从上面的谈论可以见到，在全球现代性语境中，来自西方的现代性思潮必然会在中国产生影响，所以，中国发生的任何现代性颜面都这样那样地与上述影响存在渊源关系。在这个意义上可以说，不存在任何形式的可与全球现代性相分离或绝缘的中国现代性颜面。如果无法认识或正视这一点，就可能遁入极端民族主义绝境。对此，鲁迅早在五四时期就指出："许多人所怕的，是'中国人'这名目要消灭；我所怕的，是中国人要从'世界人'中挤出。"与许多人借口"中国"特性而试图推迟或阻挡融入先进的"世界"性不同，鲁迅强烈地主张："想在现今的世界上，协同生长，挣一地位，即须有相当的进步的智识，道德，品格，思想，才能够站得住脚"①。他大声疾呼中国人根除旧有的民族劣根性而在"现今的世界上"与其他民族"协同生长，挣一地位"。中华民族要想在地球上做合格的"中国人"，首先必须丢掉顽固的中优外劣心态而养成民族平等与协调的新习惯：自觉地"与种种人协同生长"，即与地球上其他民族的前进主流协调一致。只有这样，中华民族才能为自己在地球上"挣得地位"。使用"挣得"二字表明，鲁迅相信中华民族在地球上的新地位或身份不是既定的，不是靠中国文化古典性慷慨地赐予的，而只能来自新的民族间"协同生长"这一生存实践。这种新地位的标准或条件，包括"相当的进步的智识，道德，品格，思想"。这样，中国现代性存在着与西方相近的"颜面"是理所当然的。无论在过去还是在将来，这种相近都是合理的。

然而，强调这种相近性并不等于可以完全无视中国现代性的自身风貌，相反，尤其需要重视中国现代性的独特颜面。这是因为，全球现代性的一致或普遍方面恰恰要通过而且只能通过各民族现代性的独特呈现方式表现出来。在这个意义上，"革命主义"虽然在西方先发而后影响中国，但正是在中国才汇集起在西方未曾有过的如此巨大的能量，以致成为一种引人注目的现代性"颜面"。这是由于，中国作为一个拥有悠久历史传统的后发现代性国度，在由盛而衰的逆境中痛感落后与被压迫的苦楚，产生出强烈的革命性渴求与实践。而这种独特的革命性渴求与实践恰恰呈现为中国现代性的独特颜面。这表明，一国现代性诚然无法与普遍的世界现代性相分离，但毕竟有自身独特的呈现方式。

更进一步说，尽管世界现代性有其可以归纳出来的普遍性，但中国现代性总是按自身的特点去演进的，体现出自身的独特节奏、问题

---

① 鲁迅：《热风·随感录三十六》(1918)，载《鲁迅全集》第1卷，人民文学出版社，1981，第307页。

呈现方式及重心等。"拿来主义"之所以能推演成中国现代性的一副独特颜面，也正与后发现代性国度特有的落后中仿效先进的强烈冲动有关。当然，另一方面，这种现代"拿来主义"事实上可以上溯到中国古代的"天下主义"心态：谁入主中原谁就是天下都臣服的"中国"，而天下所有的优质文化资源都可以向"中国"聚集。正是以这种独特方式，中国现代性可以为世界现代性提供独特的而又可以理解的个案。

今天，置身在当今全球化大众文化及消费文化大潮中，重新反思中国现代性的颜面问题，颇有些意味深长。上述五副颜面如今是冷峻地背弃还是热烈地融入大众文化与消费文化浪潮？其背弃或融合的方式是呈碎片式还是整体式？当我们不得不面对新的大众文化与消费文化时尚时，是否需要适度召唤以往现代性颜面的幽灵呢？问题就提出来了。

王一川主要学术著述

独著

1. 《意义的瞬间生成》，山东文艺出版社，1988年。
2. 《审美体验论》，天津人民出版社，1992年。
3. 《语言乌托邦》，云南人民出版社，1994年。
4. 《中国现代卡里斯马典型》，云南人民出版社，1994年。
5. 《修辞论美学》，东北师范大学出版社，1997年。
6. 《通向本文之路》，四川人民出版社，1997年。
7. 《张艺谋神话的终结》，河南人民出版社，1998年。
8. 《中国形象诗学》，上海三联书店，1998年。
9. 《杂语沟通》，湖北教育出版社，2000年。
10. 《汉语形象美学引论》，广东人民出版社，1999年。
11. 《中国现代性体验的发生》，北京师范大学出版社，2001年。
12. 《汉语形象与现代性情结》，首都师范大学出版社，2001年。
13. 《文学理论》，四川人民出版社，2003年。
14. 《文学理论讲演录》，广西师范大学出版社，2004年。
15. 《兴辞诗学片语》，山东友谊出版社，2005年。
16. 《中国现代学引论》，北京大学出版社，2009年。
17. 《大学从游》，北京师范大学出版社，2009年。
18. 《文学理论（修订版）》，北京大学出版社，2011年。

19.《文艺转型论》，北京师范大学出版社，2011 年。

20.《第二重文本》，北京大学出版社，2013 年。

21.《从游问津》，北京师范大学出版社，2015 年。

22.《革命式改革》，中国电影出版社，2015 年。

23.《远近幽深》，中国文联出版社，2016 年。

24.《艺术公赏力》，北京大学出版社，2016 年。

25.《跨文化艺术美学》，中国大百科全书出版社，2017 年。

26.《未名游艺》，中国文联出版社，2018 年。

27.《中国艺术心灵》，中国大百科全书出版社，2019 年。

主编及合著

1. 主编（联合主编）："20 世纪中国文学大师文库"，海南出版社，1994 年。

2. 主编：《京味文学第三代》，北京大学出版社，2006 年。

3. 主编：《西方文论中国化与中国文论建设》，教育部哲学社会科学重大课题攻关项目成果，经济科学出版社，2012 年。

4. 主编：《现代文学中的汉语形象——文学现代性的语言论观照》，教育部哲学社会科学重点研究基地项目成果，北京师范大学出版社，2012 年。

5. 主编：《当代中国艺术学研究》，中国社会科学出版社，2012 年。

6. 合著：《中国文化软实力发展战略综论》，国家社科基金重大课题成果，商务印书馆，2015 年。

7. 合著：《中国故事的文化软实力》，教育部哲学社会科学研究普及读物项目成果，江苏人民出版社，2016 年。

主编教材

1.《美学与美育》，中央广播电视大学出版社，2001 年。

2.《美学教程》，复旦大学出版社，2004 年。

3.《大众文化导论》，高等教育出版社，2004 年。

4. 《批评理论与实践教程》，高等教育出版社，2005 年。

5. 《文学概论》，中央广播电视大学出版社，2005 年。

6. 《美学与美育》（第 2 版），中央广播电视大学出版社，2008 年。

7. 《西方文论史教程》，北京大学出版社，2009 年。

8. 《新编美学教程》，复旦大学出版社，2009 年。

9. 《文学批评教程》，高等教育出版社，2010 年。

10. 《大众文化导论（修订版）》，高等教育出版社，2010 年。

11. 《大学美学》，高等教育出版社，2010 年。

12. 《文学批评新编》，北京师范大学出版社，2011 年。

13. 《艺术学原理》，北京师范大学出版社，2011 年。

14. 《人与审美》（国民艺术素养丛书之一），北京师范大学出版社，2011 年。

15. 《美学原理》，中国人民大学出版社，2015 年。

16. 《大众文化导论》（第三版），高等教育出版社，2015 年。

17. 《艺术学原理》（第 2 版），北京师范大学出版社，2015 年。

18. 《文学概论修订版》，北京大学出版社，2018 年。

19. 《西方文学理论》（教育部马工程重点教材，副主编），高等教育出版社，2018 年。

20. 《艺术学概论》（教育部马工程重点教材，副主编），高等教育出版社，2019 年。

主要学术论文

1. 《艺术创造过程中的主体和客体》，《江汉论坛》1983 年第 4 期。

2. 《审美体验与艺术》，《黑龙江艺术》1983 年第 2 期。

3. 《中国书法的审美心理根源》，《书法研究》1983 年第 3 期。

4. 《艺术的内在结构》，《文艺美学》第 1 辑，内蒙古人民出版社 1985 年版。

5. 《美学对象不是"审美关系"》，《江汉论坛》1985 年第 3 期。

6.《从信息观点看艺术》,《当代文艺思潮》1985 年第 3 期。

7.《从"诗言志"看中国诗的原始模式》,《文史知识》1986 年第 1 期。

8.《从人类活动的时间结构看美的本质》,《求是学刊》1986 年第 1 期。

9.《兴与酒神》,《北京师范大学学报》,1986 年第 4 期。

10.《中国"诗言志"论与西方"诗言回忆"论》,《文化:中国与世界丛刊》第 2 辑,三联书店,1987 年。

11.《语言作为"空地"》,《文学评论》1988 年第 1 期。

12.《体验与此在》,《北京师范大学学报》1988 年第 2 期。

13.《体验与直觉》,《外国美学》第 7 辑,商务印书馆,1988 年。

14.《体验与生成》,《文艺研究》1988 年第 3 期。

15.《体验与形式》,《文学评论》1988 年第 3 期。

16.《体验与彼在》,《东西方文化研究》第 5 辑,河南人民出版社,1988 年。

17.《原始意象与艺术体验》,《文艺争鸣》1988 年第 5 期。

18.《逃离深渊与乐在高峰》,《批评家》1988 年第 2 期。

19.《审美体验的发生结构》,《北京师范大学学报》增刊《学术之声》1989 年第 4 期。

20.《原型美学概览》,《当代电影》1989 年第 4 期。

21.《美学——诗意冥思方式》,《北京师范大学学报》增刊《学术之声》1989 年第 5 期。

22.《茫然失措中的生存竞争》,《当代电影》1990 年第 1 期。

23.《叙事裂缝、理想消解与话语冲突》,《电影艺术》1990 年第 3 期。

24.《卡里斯马典型与文化之镜》(系列论文),《文艺争鸣》1991 年第 1—4 期。

25.《浪漫乌托邦与父子冲突》,《文艺争鸣》1992 年第 2 期。

26.《典型、移心化与众声喧哗——80 年代后期典型问题描述》,

《东方丛刊》1992 年第 1 期。

27.《草色遥看近却无——后现代还是泛现代?》,《文艺争鸣》1992 年第 5 期。

28.《当今中国文坛的泛现代文学现象》,《文艺研究》1993 年第 1 期。

29.《现代中国的英雄梦》,《文艺争鸣》1993 年第 1 期。

30.《20 世纪西方美学中的语言本质观》,《中国社会科学》1993 年第 2 期。

31.《谁导演了张艺谋神话?》,《创世纪》1993 年第 2 期。

32.《革命加恋爱与转型再生焦虑》,《戏剧》1993 年第 2 期。

33.《支离破碎的话语世界》,《北京社会科学》1993 年第 2 期。

34.《面对生存的语言性》,《当代电影》1993 年第 3 期。

35.《谁打败了王朔?》,《创世纪》1993 年第 3 期。

36.《后结构历史主义诗学》,《外国文学评论》1993 年第 3 期。

37.《文艺理论的批评化》,《文艺争鸣》1993 年第 4 期。

38.《张艺谋神话与超寓言战略》,《天津社会科学》1993 年第 5 期。

39.《异国情调与民族性幻觉》,《东方丛刊》1993 年第 4 期。

40.《民族寓言与超寓言战略》,《文艺研究》1994 年第 1 期。

41.《我性的还是他性的"中国"?》,《中国文化研究》1994 年冬之卷。

42.《走向修辞论美学 ——90 年代中国美学的修辞论转向》,《天津社会科学》1994 年第 3 期。

43.《理性王国的盛衰》,《北京师范大学学报》1994 年第 3 期。

44.《语言与解构》,《外国美学》第 12 辑,商务印书馆,1995 年。

45.《高度符号化时代的美学理论》,《文艺研究》1994 年第 4 期。

46.《"无代期"中国电影》,《当代电影》1994 年第 5 期。

47.《从启蒙到沟通——90 年代审美文化与人文精神转化论纲》,《文艺争鸣》1994 年第 5 期。

48.《如实表演、权力交换与重复》,《电影艺术》1994 年第 5 期。

49.《转型再生辩证法:中国小说美学的一次新的书写》,《东方丛刊》1994 年第 2 辑。

50.《从理性中心到语言中心——20 世纪西方诗学的语言论转向》,《文学评论》1994 年第 6 期。

51.《传统性与现代性的危机》,《文学评论》1995 年第 4 期。

52.《狂人典型的修辞论阐释》,《天津社会科学》1995 年第 5 期。

53.《历史化与寓言——杰姆逊美学理论评析》,《当代电影》1996 年第 2 期。

54.《王蒙、张炜们的文体革命》,《文学自由谈》1996 年第 3 期。

55.《以拟骚体创造有机悲喜剧——王蒙季节系列在文体上的意义》,《新生界》1996 年第 2 期。

56.《平民自我的快活表白——于坚诗〈作品 67 号〉的自我形象分析》,《北京师范大学学报》1996 年第 2 期。

57.《在九十年代先锋写作的前沿》,《小说评论》1996 年第 5 期。

58.《间离语言与奇幻性真实——中国当代先锋小说的语言形象》,《南方文坛》1996 年第 6 期。

59.《从大海回到海》,《诗探索》1997 年第 1 期。

60.《回到现代性的日常生活基础——从黄河形象看后现代性的建设性意义》,《天津社会科学》1997 年第 2 期。

61.《"寻根文学"中的中国》,《中国社会科学》英文版,1997 年 3 期。

62.《中国人想象之中国》,《东方丛刊》1997 年第 1-2 合期。

63.《自为语言与文人自语》,《南方文坛》1997 年第 1-2 期。

64.《重复模式与日常生活——几部新写实小说中的市民形象》,《求是学刊》1997 年第 5 期。

65.《诗意启蒙与异趣沟通》,《山花》1997 年第 10 期。

66.《张艺谋神话:终结与意义》,《文艺研究》1997 年第 3 期。

67.《与其"走向世界",何妨"走在世界"?》,《世界文学》1998

年第 1 期。

68.《整体文化、民俗文化与修辞论诗学》,《中国文化研究》1998 年第 1 期。

69.《现代性文学：中国文学的新传统》,《文学评论》1998 年第 2 期。

70.《九十年代文论状况及修辞论批评》,《山花》1998 年第 6 期。

71.《小品式喜剧与市民社会乌托邦——〈有话好好说〉印象》,《电影艺术》1998 年第 6 期。

72.《汉语形象与汉语形象美学》,《浙江学刊》1999 年第 1 期。

73.《倾听跨体文学潮》,《山花》1999 年第 1 期。

74.《文明与文明的野蛮——〈一个都不能少〉中的文化装置形象》,《当代电影》1999 年第 2 期。

75.《语言神话的终结——王朔作品中的调侃及其美学功能》,《学习与探索》1999 年第 3 期。

76.《王韬——中国最早的现代性问题思想家》,《南京大学学报》1999 年第 3 期。

77.《近五十年文学语言研究札记》,《文学评论》1999 年第 4 期。

78.《汉语形象与文化现代性问题》,《文艺研究》1999 年版 5 期。

79.《重塑关于国乐的想象的记忆》,《当代电影》2001 年第 1 期。

80.《高雅型大众片与影片文化类型》,《当代电影》2001 年第 2 期。

81.《批评的理论化——当前学理批评的一种新趋势》,《文艺争鸣》2001 年第 2 期。

82.《当代大众文化与中国大众文化学》,《艺术广角》2001 年第 2 期。

83.《通向中国现代性诗学》,《北京师范大学学报》2001 年第 3 期。

84.《断零体验、乡愁与现代中国的身份认同》,《甘肃社会科学》2002 年第 1 期。

85. 《无地焦虑和流体性格的生成》，《当代电影》2002 年第 3 期。

86. 《皇风帝雨吹野史——我看当前中国电视的后历史剧现象》，《电影艺术》，2002 年第 3 期。

87. 《多元汇通与成型》，《电影艺术》2002 年第 4 期。

88. 《当前文学的全球民族性问题》，《求索》2002 年第 4 期。

89. 《在规范中走向创造的境界——我看研究生学位论文写作》，《西北民族研究》2002 年第 4 期。

90. 《走向文化的多元化生——以文学艺术为范例》，《社会科学》2003 年第 1 期。

91. 《与影视共舞的 20 世纪 90 年代的北京文学——兼论京味文学第四波》，《北京社会科学》2003 年第 1 期。

92. 《全球化时代的中国视觉流——〈英雄〉与视觉凸现性美学的惨胜》，《电影艺术》2003 年第 2 期。

93. 《中国电影的后情感时代——〈英雄〉启示录》，《当代电影》2003 年第 2 期。

94. 《晚清：中国文学现代性的发生时段》，《江苏社会科学》2003 年第 2 期。

95. 《全球性与民族性的悖论性共生》，《天津社会科学》2003 年第 2 期。

96. 《中国底层小资生活的错位修辞》，《当代电影》2003 年第 3 期。

97. 《中国诗学现代 2 刍议——再谈中国现代性诗学》，《北京师范大学学报》2003 年第 3 期。

98. 《现代性体验与文学现代性分期》，《河北学刊》2003 年第 4 期。

99. 《媒介与文学的修辞性》，《文艺争鸣》2003 年第 5 期。

100. 《个人回忆与古典传统的现代建构》，《当代电影》2003 年第 6 期。

101. 《空间恐惧与化空为时》，《当代电影》2004 年第 5 期。

102. 《现代性的先锋主义颜面》，《人文杂志》2004 年第 3 期。

103. 《审美现代性的革命颜面——革命主义简论》，《浙江学刊》

2004 年第 3 期。

104.《全球性语境中的中国式乡愁》,《当代电影》2004 年第 2 期。

105.《"伤痕文学"的三种体验类型》,《文艺研究》2005 年第 1 期。

106.《理论的批评化——在走向批评理论中重构兴辞诗学》,《文艺争鸣》2005 年第 2 期。

107.《媒介变化与京味文学的终结》,《求是学刊》2005 年第 2 期。

108.《从双轮革命到独轮旋转——第五代电影的内在演变及其影响》,《当代电影》2005 年第 3 期。

109.《中国现代性的景观与品格——认识后古典远缘杂种文化》,《南京大学学报》(哲学人文社会科学版) 2005 年第 3 期。

110.《泛媒介场中的京味文学第三代》,《天津社会科学》2005 年第 5 期。

111.《想像的革命——王朔与王朔主义》,《文艺争鸣》2005 年第 5 期。

112.《中国现代性的特征（上）》,《河北学刊》2005 年第 5 期。

113.《中国现代性的特征（下）》,《河北学刊》2005 年第 6 期。

114.《市场经济下多元互渗中的文学表现力》,《探索与争鸣》2006 年第 11 期。

115.《中国大陆类型片的本土特征——以冯小刚贺岁片为个案》,《文艺研究》2006 年第 7 期。

116.《今日文艺美学的限度与开放》,《当代文坛》2006 年第 6 期。

117.《京味文学：绝响中换味》,《北京社会科学》2006 年第 6 期。

118.《中国消费文化中的悖谬：身体热消费与头脑冷思考》,《学术月刊》2006 年第 5 期。

119.《现代性的颜面》,《文艺争鸣》2006 年第 5 期。

120.《两种审美主义变体及其互渗特征》,《社会科学》2006 年第 5 期。

121. 《中国现代文论的传统性品格》,《当代文坛》2006 年第 4 期。

122. 《短信笑话与文学语言的新景观》,《江汉论坛》2006 年第 3 期。

123. 《第三种现代思风——中国现代学再思考》,《求是学刊》2006 年第 3 期。

124. 《古今融汇出兴辞——对文学属性的新思考》,《人文杂志》2006 年第 3 期。

125. 《京味文学的含义、要素和特征》,《当代文坛》2006 年第 2 期。

126. 《从〈无极〉看中国电影与文化的悖逆》,《当代电影》2006 年第 1 期。

127. 《异趣沟通与臻美心灵的养成——从影片〈三峡好人〉到美学》,《文艺争鸣》2007 年第 9 期。

128. 《眼热心冷:中式大片的美学困境》,《文艺研究》2007 年第 8 期。

129. 《对研究型大学提高本科人才培养质量的思考》,《中国高等教育》2007 年第 7 期。

130. 《西方文论的知识型及其转向——兼谈中国文论的现代性转向》,《当代文坛》2007 年第 6 期。

131. 《中国现代文论的现代性品格》,《文学评论》2007 年第 5 期。

132. 《重新召唤诗意启蒙——电子媒介主导年代的文学教育》,《当代文坛》2007 年第 3 期。

133. 《"典型"东渐 70 年及其启示》,《社会科学辑刊》2007 年第 3 期。

134. 《泛媒介互动路径与文学转变》,《天津社会科学》2007 年第 1 期。

135. 《通向在世共生型文化——改革开放 30 年中国电影文化转型》,《当代电影》2008 年第 11 期。

136.《中国现代Ⅰ文学与现代Ⅱ文学的断连带》,《文艺研究》2008年第4期。

137.《从启蒙思想者到素养教育者——改革开放30年文艺理论的三次转向》,《当代文坛》2008年第3期。

138.《从大众戏谑到大众感奋——〈集结号〉与冯小刚和中国大陆电影的转型》,《文艺争鸣》2008年第3期。

139.《电影软实力及其效果层面》,《当代电影》2008年第2期。

140.《励志偶像与中国家族成人传统——从〈士兵突击〉看电视类型剧的本土化》,《天津社会科学》2008年第2期。

141.《全球化东扩的本土诗学投影——"诗界革命"论的渐进发生》,《北京师范大学学报(社会科学版)》2008年第2期。

142.《主旋律影片的儒学化转向》,《当代电影》2008年第1期。

143.《理解中国"国家文化软实力"》,《艺术评论》2009年第10期。

144.《中国电影文化60年地形图》,《文艺争鸣》2009年第7期。

145.《革命年代的"世界学术"——中国现代文论的知识型》,《文艺理论研究》2009年第6期。

146.《外国文论在中国六十年(1949—2009)》,《当代文坛》2009年第5期。

147.《中国电影文化:从模块位移到类型互渗》,《社会科学》2009年第5期。

148.《想象的公民社会跨文化对话——艺术公赏力视野中的〈南京!南京!〉》,《电影艺术》2009年第4期。

149.《近年军事题材影视创作中的悖谬现象》,《解放军艺术学院学报》2009年第4期。

150.《论艺术公赏力——艺术学与美学的一个新关键词》,《当代文坛》2009年第4期。

151.《建国60年艺术学重心位移及国民艺术素养研究》,《天津社会科学》2009年第3期。

152.《杜书瀛先生〈价值美学〉读后》,《文学评论》2009 年第 2 期。

153.《灵活的中式类型片模式——2008 年中国内地电影的类型互渗现象》,《北京电影学院学报》2009 年第 2 期。

154.《国家硬形象、软形象及其交融态——兼谈中国电影的影像政治修辞》,《当代电影》2009 年第 2 期。

155.《中国西部电影模块及其终结——一种电影文化范式的兴衰》,《电影艺术》2009 年第 1 期。

156.《通向询构批评——当前文学批评的一种取向》,《当代文坛》2009 年第 1 期。

157.《通向艺术素养学——改革开放 30 年艺术理论转向与新的选择》,《社会科学辑刊》2009 年第 1 期。

158.《艺术批评的素养论转向》,《文艺争鸣》2009 年第 1 期。

159.《中国晚熟现实主义的三元交融及其意义——读路遥的〈平凡的世界〉》,《文艺争鸣》2010 年第 23 期。

160.《文化的物化年代——新世纪十年中国艺术景观》,《艺术评论》2010 年第 7 期。

161.《感兴传统面对生活-文化的物化——当代美学的一个新课题》,《文艺争鸣》2010 年第 13 期。

162.《论公众的艺术辨识力——艺术公赏力系列研究》,《文艺争鸣》2010 年第 5 期。

163.《中国现代文论中的若隐传统——以"感兴"论为个案》,《文艺争鸣》2010 年第 5 期。

164.《主流文化与中式主流大片》,《电影艺术》2010 年第 1 期。

165.《中国古典"从游"传统与重建本科艺术专业教育》,《北京师范大学学报(社会科学版)》2010 年第 1 期。

166.《主流大片奇观与喜剧片新潮——2009 年度中国内地电影一瞥》,《北京电影学院学报》2010 年第 1 期。

167.《以"反英雄"姿态向国民成才原型宣战——读杨争光〈少

年张冲六章〉》,《文艺争鸣》2011 年第 3 期。

168.《革命年代的心化美学——简论中国现代美学Ⅰ及其传统渊源》,《江海学刊》2011 年第 2 期。

169.《理解文学文本层面及其余衍层》,《文学理论研究》2011 年第 1 期。

170.《物化年代的兴辞美学——生活论与中国现代美学Ⅱ》,《文艺争鸣》2011 年第 1 期。

171.《2011 年:中国大陆电影中的悖逆景观》,《文艺争鸣》2012 年第 1 期。

172.《历史影像再现中的价值取向——以 21 世纪头十年四部国产片为例》,《当代文坛》2012 年第 1 期。

173.《论艺术可赏质——艺术公赏力系列研究之三》,《当代文坛》2012 年第 2 期。

174.《"中国之眼"及其他——蒋彝与全球化语境中的跨文化对话》,《当代文坛》2012 年第 3 期。

175.《通向公民社会的艺术批评》,《艺术评论》2012 年第 3 期。

176.《论艺术公信度——艺术公赏力系列研究之五》,《当代文坛》2012 年第 4 期。

177.《艺术学门下需要艺术理论吗?》,《文艺争鸣》2012 年第 4 期。

178.《身体美学与心灵美学的分离——〈英雄〉与中式大片十年回顾》,《当代电影》2012 年第 11 期。

179.《当前中国现实主义范式及其三重景观——以新世纪以来电影为例》,《社会科学》2012 年第 12 期。

180.《典型切片中的历史无意识——电视剧〈圣天门口〉中的杭九枫及其他》,《当代电视》2012 年第 12 期。

181.《百年中国现代文论的反思与建构》,《文艺理论研究》2013 年第 1 期。

182.《死地上的族群生存实验——〈一九四二〉中的人生境界探

求》,《当代电影》2013 年第 1 期。

183.《艺术史中的社会变化视角及其位移——以中国电影史研究为个案》,《当代文坛》2013 年第 3 期。

184.《艺术学:独立学门旗不湿?》,《艺术评论》2013 年第 3 期。

185.《涵濡中的中国文艺理论长时段》,《中国文学研究》2013 年第 4 期。

186.《旋风中的升降——〈尘埃落定〉发表 15 周年及其经典化》,《当代文坛》2013 年第 5 期。

187.《"天门"下的忧思——艺术学门的新挑战》,《社会科学辑刊》2013 年第 5 期。

188.《传统人文精神砥砺与创新人才培育》,《新疆师范大学学报(哲学社会科学版)》2013 年第 7 期。

189.《层累涵濡的现代性——中国现代文艺理论的发生与演变》,《文艺争鸣》2013 年第 7 期。

190.《时代精神的抽离与变形——从〈中国合伙人〉看改革时代的文化价值建构》,《当代电影》2013 年第 7 期。

191.《〈下海〉:当代中国生活方式革命的一面镜子》,《当代电视》2013 年第 10 期。

192.《革命式改革——改革开放时代电影文化引论》,《当代文坛》2014 年第 1 期。

193.《艺术学理论:在体制空间与中西差异中探路——2013 年度学科观察》,《艺术评论》2014 年第 1 期。

194.《当电影回归时尚本义时——从"现象电影"概念引发的思考》,《当代电影》2014 年第 2 期。

195.《华语电影的跨模块拼贴——21 世纪以来"两岸三地"电影新景观》,《电影艺术》2014 年第 3 期。

196.《评刘恪〈现代小说语言美学〉》,《中国现代文学研究丛刊》2014 年第 4 期。

197.《艺术公赏力的重心位移——艺术公赏力系列研究之六》,

《当代文坛》2014 年第 4 期。

198. 《教师之乐在于从游》,《艺术百家》2014 年第 4 期。

199. 《艺术公赏力的动力》,《天津社会科学》2015 年第 2 期。

200. 《当代社会的新审美构型——2014 年度中国电影的文化景观》,《当代电影》2015 年第 3 期。

201. 《当前文化产业中的艺术与生活互融——从两类文化产业之间的关系看（上）》,《扬子江评论》2015 年第 4 期。

202. 《当前文化产业中的艺术与生活互融——从两类文化产业之间的关系看（下）》,《扬子江评论》2015 年第 5 期。

203. 《中国电影的网众自娱时代——当前中国电影新力量观察》,《当代电影》2015 年第 5 期。

204. 《文化产业中的艺术——兼谈艺术学视野中的文化产业》,《当代文坛》2015 年第 5 期。

205. 《破解当前中国艺术学的学科性争论》,《中国社会科学评价》2015 年第 3 期。

206. 《"种咱们的园地要紧"》,《读书》2016 年第 1 期。

207. 《论中国艺术公心——中国艺术精神问题新探》,《艺术百家》2016 年第 1 期。

208. 《现代艺术理论中的"中国艺术精神"》,《东北师范大学学报（哲学社会科学版）》2016 年第 2 期。

209. 《德国"文化心灵"论在中国——以宗白华"中国艺术精神"论为个案》,《北京大学学报（哲学社会科学版）》2016 年第 2 期。

210. 《兴味蕴藉：中国艺术品的本土美质及其世界性意义》,《河南社会科学》2016 年第 2 期。

211. 《互联网时代的艺术传播偏向》,《民族艺术研究》2016 年第 3 期。

212. 《论观有品无——中国艺术公心中的宇宙图式层面》,《文艺争鸣》2016 第 4 期。

213. 《艺术美学穷困与商业美学丰盈及二者之调和——2015 年度

国产片美学景观》,《当代电影》2016 第 3 期。

214.《照镜子、传基因和接新环——兼论艺术作为公民文化自信养成的审美中介》,《中国文艺评论》2016 年第 10 期。

215.《"顾忌"下的救心方案——朱光潜早期跨文化艺术美学探索》,《文艺争鸣》2016 年第 11 期。

216.《通向身感心赏之学——现代中国的美学需求》,《社会科学》2016 年第 11 期。

217.《从影片〈搬迁〉看传家之计在于"心功"》,《中国文艺评论》2017 年第 1 期。

218.《民族艺术理论传统的世界性意义》,《文艺争鸣》2017 年第 2 期。

219.《中国电影文化生态链及其未来——2016 年国产片的文化景观》,《当代电影》2017 年第 3 期。

220.《艺术家的可能性及其当代范例——以韩美林艺术创作为个案》,《民族艺术研究》2017 年第 5 期。

221.《精致的温情主义——影片〈芳华〉中的两个"冯小刚"》,《北京电影学院学报》2018 年第 1 期。

222.《文化自信视角下公共艺术教育的三重维度》,《天津社会科学》2018 年第 1 期。

223.《难以入心的盛唐气象幻灭图——影片〈妖猫传〉分析》,《当代电影》2018 年第 2 期。

224.《什么样的艺术才能承担文化使命?》,《民族艺术研究》2018 年第 2 期。

225.《无根且模仿的想象力——影片〈战神纪〉观后》,《当代电影》2018 年第 6 期。

226.《熔铸心灵化的人生惊奇感》,《美术》2018 年第 6 期。

227.《中外文艺高峰观及其当代启示》,《文艺争鸣》2018 年第 6 期。

228.《迈向间性特质的建构之旅——改革开放 40 年中文学科位移

及其启示》,《东南学术》2018 年第 4 期。

229.《大片时代记忆与文化论转向——2003 年至 2012 年中国电影的文化修辞景观》,《湘潭大学学报》2018 年第 4 期。

230.《思想之乡——兼谈北大艺术学科传统的渊源与特征》,《中国文艺评论》2018 年第 8 期。

231.《改革开放 40 年中国艺术学学科变迁及当前学科构型》,《当代文坛》2018 年第 5 期。

232.《改革开放 40 年电影中的城市记忆——以北京城市影像模式变迁为例》,《电影艺术》2018 年第 5 期。

233.《美育树信仰——互联网时代大学美育的目标》,《美育学刊》2018 年第 5 期。

234.《当代中国青年的招魂记——电视剧〈归去来〉的转折性意义辨析》,《中国电视》2018 年第 10 期。

235.《影像奇观美学及其当前症候——以近期部分影片为例》,《艺术百家》2019 年第 1 期。

236.《让伟大艺术品开放其伟大:艺术研究之于艺术高峰》,《深圳大学学报(人文社会科学版)》2019 年第 1 期。

237.《艺术高峰的含义和层面》,《美术》2019 年第 2 期。

238.《回到语言艺术原点——文艺美学的三次转向与当前文学的间性特征》,《文学评论》2019 年第 2 期。

239.《论艺术高峰场》,《民族艺术研究》2019 年第 2 期。

240.《从宋运萍之早死说开去——电视剧〈大江大河〉观感》,《中国电视》2019 年第 4 期。

241.《重建当代历史记忆的背面——简析影片〈风中有朵雨做的云〉》,《当代电影》2019 年第 5 期。

后　　记

　　本书收录的论文，是我在1998—2012年间发表的论文中的一部分，可以约略呈现我那时从修辞论美学视角分析文学、影视艺术、文化和现代性等问题的成果，是我继《修辞论美学》(1997)之后15年里在这片自己选择的园地里持续耕耘的一次概略汇集，就取名"修辞论美学述略"吧。既然如此，本书中的问题、观点、论证、行文及体例等都基本保留了那时的印迹。

　　在汇编本书过程中，不时地浮现起往昔求学路上的一幕幕，格外怀念逝去的恩师们：本科时领我和同学们一道编撰《美学辞典》的王世德先生、攻读博士学位时激励我以马克思的社会实践观分析体验美学的黄药眠先生和童庆炳先生（童先生同时还是我多年的领导）。近几年来每年都有机会去深圳拜望我的硕士导师胡经之先生，老人家年过八十五仍每天坚持去游泳馆游泳，长年不断，令我敬仰及欣慰。没有他们当年的引领和多年的关爱，是不可能有我的后来的，其中就包括这本《修辞论美学述略》。

　　当年能获准申报"长江学者"，要感谢时任北京师范大学文学院院长的张健教授、时任学院党委书记的李国英教授及其他院领导。在后来的推荐和评审过程中，要感谢童庆炳先生、程正民先生、吴思敬先生、项楚先生等前辈师长，感谢朱立元兄、董晓萍兄、胡亚敏兄、刘恪兄、张法兄、杨春茂兄等友人，恕我无法在此一一列出。正像我的其他书一样,内子金英总是背后的默默支持者。

本书现在能汇集出版,要感谢"学术中国文丛"总主编张江先生、执行主编王兆胜先生、文学卷主编陈剑晖先生等的美意。

同时,还要感谢广东高等教育出版社黄红丽总编辑、靳辉编辑和吴晓谷编辑等的热情关照和辛勤付出。

2020 年 6 月 29 日

 学术中国文丛

策 划：黄红丽　　主 编：张 江

文学卷

陈思和：《走在复旦的支路上》
曹顺庆：《中国比较文学话语建构》
吴承学：《近古文章与文体学研究》
王一川：《修辞论美学述略》
张福贵：《走向历史的深处》
陈晓明：《纯文学的困境与拓路》
孙　郁：《新旧文学的话语维度》
王　尧：《如何现实，怎样思想》
袁毓林：《认知科学背景上的汉语语法研究》
程章灿：《走进古典的过程》

历史学卷

桑　兵：《历史研究的碎与通》
阎步克：《爵秩品阶：权势金字塔的结构原理》
朱　英：《近代中国商人与商会》
张国刚：《大唐气象：制度、家庭与社会新论》

李剑鸣：《美国社会和政治史管窥》
霍　巍：《吐蕃与高原丝绸之路》
荣新江：《丝绸之路与中古中国》
韩东育：《学理日本》
黄　洋：《古希腊史散论》
包伟民：《两宋社会与读史心路》

哲学卷

俞吾金：《思想史视域中的马克思哲学》
吴晓明：《马克思哲学与当代中国》
杨　耕：《多维视野中的马克思》
倪梁康：《意识现象学的理会与践行》
杨国荣：《史与思：面向具体的存在》
万俊人：《他山问石：西方伦理学摄义》
孙周兴：《哲思的迷局：从现代哲学到当代艺术》
朱　菁：《认知、意志与行动》
王中江：《道通万有：本源·本真·本善》
韩水法：《未来之思》